中小学职初班主任百问百答

秦蓁　等著

文汇出版社

CONTENTS

目录

序

　　班主任是中小学日常思想道德教育和学生管理工作的主要实施者，是中小学生健康成长的引领者，亦是学校德育工作的主力军。加强班主任队伍建设，是搞好学校德育工作的关键，是加强未成年人思想道德建设的重要保障。

　　近些年，中小学面临的新问题、新挑战越来越多，许多教育热点工作和难点的克服都要靠班主任去落实，对当下班主任的专业素养提出了更高标准、更严要求。职初班主任是中小学班主任群体中很重要的一部分，他们的专业发展水平将直接关系到学校育人目标的实现，关系到学生能否快乐健康地成长。一批批90后甚至00后的青年群体陆续承担起教书育人的重任，完成从"学生"到"教师"的过渡，逐渐适应"班主任""学科教师"的角色转换。这一群体优势明显：他们年轻热情，有亲和力；他们思维活跃，有创意；他们善于学习，信息技术能力强……

　　但班主任是一门专业的学问，是一门实践性很强的学问。职初班主任由于实践经验不足，协调沟通能力不强，应知应会的知识技能都较为匮乏等原因，难以积极、科学地应对班主任日常工作中碰到的各种问题，加之目前缺乏完整、系统、具有针对性的提升职初班主任专业能力的培训，也使得他们在工作中上下交困，步履维艰。

　　发现问题、解决问题是促进一个人快速成长的有效途径。那么，这一批批处在职业初期的年轻班主任在建班育人中将会面临哪些迫切需要解决的问题？他们的内在需求是什么？他们的职业期待是什么？如何促使这批年轻班主任快速成长起来？这是我们着手撰写这本书的逻辑起点。

　　这本书是由区域班主任工作研究者和中小学骨干班主任组成的团队，花费三年多时间对职初班主任群体进行深入研究的成果，从调研队伍现状、了解真实需求、提炼典型问题、提出解决策略，直到形成指导性读本。这本书在架构和内容上呈现以下特点：一是真实性，聚焦职初班主任在工作中面临的真问题、急问题；二是全面性，主题涉及班主任建班育人多个方面，包括班集体建设管理、心理健康教育、家班共育等；三是具象化，文中不仅呈现问题，还对问题发生的情景做了具体描述，更易于职初班主任理解与迁移；四是深刻性，每个问题呈现后，不仅阐述了解决该问题的具体做法，还清晰地分析了这样做的原因。我们期望能规范职初班主任建班育人的举措，扎扎实实练好基本功，促使他们进一步增强对班主任岗位的认同感和归属感。

这本书将以一个个生动的情景故事来展现中小学职初班主任在建班育人过程中碰到的真问题。链接理论依据，映射实践经验，探寻问题产生的真实原因。由点及面，提出解决此类问题的智慧妙招。本书偏重于实操，能有效弥补当前中小学职初班主任培训上的不足，为他们的专业发展提供针对性的"巧思妙策"，或可为攻玉的他山之石。

2022 年 8 月

第一篇　班干部队伍建设

    班干部是在班主任的组织下，由学生民主选举产生的班级学生管理团队。班干部在学生中起到模范带头和管理班级的作用。一个好的班干部团队能协助班主任管理班级，营造出良好的班级氛围，使班级中的学生受到积极的影响。

    但在班干部的选拔中，职初班主任可能遇到因对班级学生不了解而难以选拔的困境。在竞选时，又会遇到因为参选人数过多，难以引导的麻烦。等到终于组建了一支班干部团队，班干部培养又成了难题。学生没有担任心仪的职务，要如何安抚？班干部无法胜任岗位，要如何培养？班干部缺乏威信，要如何找到问题的根源，给予班干部支持？……

    职初班主任遇到问题是十分正常的。遇事不慌，在处理前，先了解，再思考，学会利用"他山之石"，相信所有问题都会迎刃而解。

推介人：上海市静安区教育学院附属学校　陈岑
上海市静安区第四中心小学　秦佳颖

初中起始年级，要如何公平、公正地选拔班干部？

——明确班干部选拔制度，以活动促彼此了解

• 【情景扫描】

　　学校指派年轻的小李老师担任预备年级的班主任。开学后，小李老师渐渐认识到，面对一个班级几十名学生，光靠班主任一个人的力量是远远不够的。要提高班级的整体实力、维持班级秩序、构建积极向上的班集体，就必须选拔得力的班干部，充分发挥学生的主观能动性，开展双主体班级管理。

　　但是从小学升入初中，学生来自各个学校，加上师生彼此之间不熟悉，不管教师阅人能力有多强，也很难直接选出优秀的班干部。很多学生在小学时就当过班干部，在新班级中都跃跃欲试，想要一展身手，但是小李老师认为一定要公平公正地选拔。如何统一选拔的标准，使得选出来的班干部都能得到大家的信服呢？小李老师陷入了沉思……

• 【问题归因】

　　1. 学生在新集体中强烈的表现欲望

　　在五年的小学生活中，很多同学都曾有过担任班干部或者班级小岗位的经历。在任职期间，他们也都积累了一定的工作经验。即使是没有机会做班干部的同学，心中或许也有一份"执念"——想在中学找到能够发挥自己作用的岗位。升入中学的学生，心中带着满满的仪式感，大多希望在新集体中能够贡献自己的一份力量，因此对班干部选举充满了强烈的期待。

　　2. 信息时代下学生对民主与公平的诉求

　　在当今社会，家长都会极力为学生提供良好的物质条件，所以学生并不缺少

物质上的满足，他们更追求精神世界的自由。加上学生处于信息爆炸的时代，通过网络，他们接触到的内容更加丰富。整个社会对于公平公正的强烈诉求也在潜移默化地影响着学生，使得他们的自我意识快速增强，因此对于公平公正的诉求远大于过去的学生，对此更敏感，也更关注。

3. 青春期孩子心理需求的变化

目前，青春期孩子的早熟是一种普遍的现象，他们更加渴望自己被当作"大人"来看待，渴望得到尊重、认可。所以在选拔班干部的时候，孩子非常希望得到平等的对待，而不是老师以权威来一味地强压与控制。

· 【实践支招】

在初中起始年级组建新班集体，此时师生之间还比较陌生，且对于学生来说，他们刚进入初中，许多特点无法在短时间内展现出来。作为班主任，需要在第一时间尽快了解学生。

1. 细致入微，增加对学生的了解

（1）家访调查，初步了解

班集体组建初期，班主任需要做到百分百全员家访，目的是通过家访，能够对学生的表现以及家庭状况做一个初步了解。在家访期间，班主任可以让学生谈谈自己的优势和长处、对于初中阶段的想法、自己的目标等，从中初步物色出比较适合发展为班干部的人选。

与此同时，班主任也可以设计一项问卷调查，从班级发展的愿景设想、班级岗位的工作设想、同学朋友关系等角度，通过文字的形式，让学生能够更真实地吐露自己的心声。

（2）委派任务，细心观察

班集体建立伊始，杂事最多——收缴材料、登记信息、填写表格、出黑板报等，这都是深入了解学生的好机会。班主任可以在班级中先进行动员："现在我们已经成为一个集体，虽然还未竞选班干部，但老师看到有许多同学很愿意为这个班集体服务。老师希望大家能多为集体献计献策，各尽所能为班级出力，也希望大家做伯乐，发现他人的长处，为把我们这个集体建设得更好出一份力。"平时，一有新的任务，就让学生自愿报名或临时指定负责学生，并细心观察，加以指导。经过一段时间的观察培养，再由学生民主投票，这样的过程必然是公平公正的，且能够获得全班学生的信任。

同时要注意的是，刚开学时学生互不了解，最先为大家所了解的肯定是那些开朗外向、能玩会闹的学生，但是从长远考虑，这些同学不一定有组织能力和工作能力，在同学中不一定有较高的威信。班主任需要做有心人，通过观察发现那些自愿为班级服务、工作能力较强的学生。通过这些任务，能够让其他同学更加了解彼此，同时也更有利于班干部的选拔和任命。

2. 策划活动，提供学生展现自我的机会

能够胜任班干部岗位的学生，其能力应该是多维度的，不仅仅是学业成绩优秀，同时也应该是乐于为班级和同学们服务的。因此在选拔班干部之前，班主任可以多组织一些集体活动，如新生座谈会、主题班会、班级运动会等等。通过活动，让学生拥有自我表现的机会，增进彼此之间的了解。

与此同时，学生之间都会互相观察：学生能力状况如何，号召力有多强，为人怎么样，是否具有正义感，是否具有组织管理能力，他身边的同学最有发言权、评判权。因此，要判断一个学生是否适合担任班干部，应多到学生中间走一走，多听一听学生的评价，关注周围学生的所见所闻所感，不失为一良策。

3. 明确选举制度，确保过程公平公正

（1）前期宣传，积极动员

在选举班干部筹备阶段，班主任需要将选举的时间、方式、岗位、要求等清晰明确地告知全体学生并且及时解答学生的疑惑。

同时，班主任可以结合前期的家访、调查结果以及学生在班级活动中的表现，找同学们谈谈心，从侧面了解一下他们的参选意愿，进行适当的动员。

（2）监督过程，实时记录

在正式进行选举议程之时，班主任需要对所有竞选学生一视同仁，不可以有言语的导向。要确保每一位同学都有选举权和弃权的资格。在所有竞选同学发言完毕之后，全体学生无记名投票。唱票时，必须由三名学生分别担任写票、唱票、监票的职务，班主任全程监督，做好记录。当选的同学得票数一定要大于班级总人数的一半，班主任还需要记录每一位同学的得票数。班委产生后，全班掌声通过。竞选结束后，选票必须保留一段时间，允许学生提出异议，并可查看选票，以示公平公正。

4. 情景模拟演绎，清晰自我认知

班主任可以根据某个班干部的岗位职责，编制一套与该职务实际情况相似的测试题目。要求学生扮演某一角色，并进入角色情境中，处理各种事务及各种问题。班主任对学生在模拟情景中所表现出来的行为进行观察和记录，以测评其素质潜能，看其是否能适应或胜任工作。例如：身为劳动委员的你，面对今天的值日生放学都要去参加学校排练的情况，这时的你会怎么办？

将参选的班干部候选人安排在模拟的工作情境中处理可能出现的各种问题，观察他解决问题的思路是否合理，对待同学是否公平，解决问题的方法是否可行，能否得到同学的认可，预期会达到什么效果，从而判断学生是否适合和胜任这个干部岗位的工作。通过情景模拟测试，可以比较直观地观测到班干部候选人的管理能力。

5. 双主体制定班干部评价标准

想要班级稳定、健康、向上地发展，班级制度的建设不可或缺，然而班级制度需要班主任与学生一同制定与修改，班干部评价制度亦是如此。虽然是民主产生的班干部队伍，但由于是刚组建的班集体和班干部队伍，学生在工作中难免会出现困难或失职的情况。因此，完善的评价制度与标准不但能够督促班干部更好地做好自己的工作，而且也凸显了班级制度的公平与公正，这样才能够服众。

通过家访、问卷调查来充分了解学生的情况，通过活动对学生能力进行进一步的观察，通过双主体模式开发统一的评价标准和制度，营造公平公正的班级氛围，通过情景模拟演绎，让班主任和学生更加清晰地看到自身的优势和短板。班干部的选拔涉及方方面面的工作，班主任要把工作做得细致，才能让学生在公平公正的环境下，选出能够真正服务于集体的班干部团队。

执笔人：上海市静安区教育学院附属学校　马世杰

参与班干部竞选的学生较多，怎么办？

——基于多元评价方式，引导学生正确认识自身能力

【情景扫描】

小张老师新接手了一个七年级的班级，班级整体氛围活泼、融洽，学生也大多外向积极。开学后不久，小张老师就宣布要改选班干部。由于是新接班，小张老师想先了解一下有竞选意愿的学生。"这次想要参与竞选的同学请举一下手。"谁知，齐刷刷地举起了十来只手。小张老师扫视了一下，有些同学确实很适合担任班干部，但有些同学却并不适合。全班18位同学，半数以上都要竞选。参与竞选的同学个个跃跃欲试，小张老师不愿意打击他们的积极性，但让不适合的学生担任班干部又会造成班级管理上的问题，这让小张老师陷入了深深的烦恼。

【问题归因】

1.缺乏正确的自我评价

初中阶段学生开始能够深入自己的内心世界来认识和评价自己，支配和调节自己的行为，但他们在评价自我的时候，往往出现两种心理状态。

一方面，极度渴望他人的肯定，当不断受到外界的称赞时，他们就很容易过高地评价自我，经不起一点点的失败和批评，看不到自己的不足，自信心过剩。另一方面，当他们受到外界的冷遇，遭遇了几次失败后，又很容易产生自卑心理，看待问题极为负面，极不自信，凡事退缩，或者不断寻找种种理由来解释自己的失败，以弥补内心的不平衡。

可见，这一阶段的学生在自我评价时，很大程度上会依赖外界的评价对自己的能力进行判断，出现自满或者过谦的情况。

2. 较少关注他人，缺乏对同伴的正确评价

从儿童时期过渡到少年时期，很明显的标志就是他们的支持系统的侧重发生了改变。从过去对父母、师长的依赖，慢慢过渡到同伴的相处和信任，他们期望按照自己的意志行事，摆脱父母的关注而独立自主地生活。他们不仅不太听得进去老师和家长的话，甚至有意无意地顶撞老师、父母。因为现在的孩子大多从小在两代人的呵护下长大，很容易以自我为中心，甚少关注他人。而且他们虽然想要独立，可又渴望被所有人照顾。因此，在与同伴的相处中，他们更希望他人能看到自身的能力，而不是去关注他人的能力。因此，他们既希望同伴的高评价，但又缺少对同伴的正确评价。

3. 青春期的自身心理需求渴望得到满足

处于青春期的学生，表现出来的叛逆是不承认自己是小孩，要求老师家长平等对待，尤其要求老师父母理解他们，具有较强的自尊心、自信心，要求有一种"独立人格"。为了满足这种需求，他们需要获得师长、父母和同伴的认可与肯定。而通过竞选班干部能让他们在人群中被人关注到，成为众人的焦点，能够行使他人没有的权力，这让他们觉得自己与众不同，但同时他们只看到竞选时的光辉，却并没有想到自己是否适合，能否胜任，如果不能胜任要如何履行自己的职责。他们喜欢独立思考，不喜欢按部就班，但由于缺乏社会经验，思考问题往往较为单纯幼稚，因而导致分析问题、处理问题时，仍带有很大的片面性和表面性，一意孤行，只为了满足内心的需求。

• 【实践支招】

1. 设计活动，各显神通

在正式竞选之前，可以将候选人进行分组，完成指定的任务。例如：每个人做一个简单的规划，每个人提出 3 条提高班级整体优势的建议。在竞选前，通过课余时间将这些建议交给班级同学讨论，选出一些优秀的建议，同时也可以进行部分修改。每个同学不仅仅是班干部的竞选者，更是为班级创优的主人翁。大家在出谋划策的同时，还要对自己在完成过程中的优缺点进行批判性的认识，发挥出自己的长处，弥补自己的不足。在这样的过程中，几个参与竞选的学生意识到

初中阶段担任班干部比自己想象的要责任大，所做的事情也较多，自己可能没有时间和精力去完成。这样一来，他们就能够认清自己的能力，从而避免选举中出现票数过低的情况。

2. 分组比拼，了解他人

多人参与班干部的竞选，必然有竞选相同岗位的同学。因此，可以将同岗位的学生分为一组进行班级内部展示，在同组的比较中，看到他人的能力。例如：竞选中队主席的 3 位同学，可以先自拟一份简单的班级管理规划方案，交由老师和同学传看，进行投票。学生小奚是班里原来的中队主席，最先上台"自荐"的也是他，可是当他看到还有同学也想和他一起竞选相同岗位时，感到非常失落。在和每个参与竞选的学生谈话中，班主任了解到小奚自信心不足，总觉得是因为自己做得不够好，所以其他同学才想和他比拼。青春期的孩子会多虑、敏感，因此，班主任将班级的整体情况分析给他听，告诉他这一年中，班级所有同学都有很大的进步，大家竞选的目的是让班级更优秀。而且同学们能选择与他比拼，也证明他们看到了他的能力。比较的过程是了解他人能力的最好时机。如果仅仅是因为有人要和他比拼，他就开始畏惧退缩的话，这就不是能够成为领导班级的中队主席的样子。和每位学生的谈话既是帮助他们认清自己的能力，又是一个鼓励他们更加积极向上的机会。

3. 个别谈话，安抚情绪

除了集体教育外，有时班主任还需要进行个别谈话。无论是个人能力的展示，还是小组内的比较，有些孩子可能心理上会产生落差，这时就需要班主任进一步地跟进。如果学生还是要参选，班主任可以通过面谈，请他给出自己的承诺，不单单是成为班干部之后的工作的承诺，更是对自己有高要求的承诺。所以，当班主任遇到一些能力不足，却愿意为班级服务的学生参与竞选时，可以采用个别谈话的方法，让他们自己总结自身的不足，明确班干部岗位职责，通过自身努力来弥补这种不足，相信他通过锻炼后，能够胜任。但同时，如果竞选失败，也要勇于接受，并为下一次做准备。

参与班干部竞选的学生较多，缘于他们对于自身能力和他人能力的评价出现偏差，但通过活动，进行个人展示、组内比拼后，学生不仅认识到自身能力的不足，同时也明确了班干部的岗位职责。最后通过个别面谈，安抚情绪，所有同学无论在"面子"上还是自信心上都没有受挫，反而有了更强大的内心，去面对更大的学习挑战，成为更好的自己。

执笔人：上海市朝阳中学　张祎萍

竞选后，学生担任的并非心仪的岗位，不能胜任怎么办？

——建立班级管理团队，培养班干部服务意识

• 【情景扫描】

七年级的班干部竞选，在一番激烈的竞争后，7位同学顺利当上了中队委员。根据学生的意愿和能力安排岗位，但有两位同学想担任学习委员，根据票数和能力，最终小A同学没能担任自己心仪的学习委员一职，而是担任了体育委员。这时，小陈老师看到原本为竞选成功而高兴的他，一下子耷拉下了嘴角，显得颇不情愿。小陈老师也不知道要如何安慰他，看在眼里，急在心里。

担任体育委员后，小A同学需要负责早操的带队、晚锻炼的领跑等职责，但小陈老师发现他始终消极怠工，早操排队不组织整队，队伍散乱；晚锻炼跑步只管自己领跑，不考虑跑步节奏；早锻炼也不点名，需要班主任提醒……两周过去了，小A同学似乎无法胜任体育委员。小陈老师不禁想：这可怎么办？他真的是不能胜任体育委员吗？

• 【问题归因】

经过一段时间的观察，发现小A同学其实并不是不能胜任体育委员，而是主观上不愿意担任。在交谈后，发现主要有以下几个问题：

1. 缺乏对班干部职责的正确认识

从小学到初中，学生和家长都十分重视能否担任班干部这件事。深究其心理，绝大部分仍然认为担任班干部是一种个人荣誉，能够对未来升学有所帮助。因此，在这种心理下，就会出现班干部的职务有了"高低贵贱"之分，未选上中队委员而放弃竞选小队委员等情况出现。这与现在社会功利化的倾向有着很大关系，强调个人利益，而缺乏集体意识、公民意识。

11

《中小学德育工作规程》中明确提出："中小学德育工作的基本任务是，培养学生成为热爱社会主义祖国、具有社会公德、文明行为习惯、遵纪守法的公民。"《中小学德育工作指南》对中小学德育目标也明确规定，初中阶段以社会主义合格公民教育为主，高中阶段以世界观、人生观和价值观教育即"三观"教育为主。因此，在初中阶段的德育工作中需要重视对学生集体意识、公民意识的培养。班主任需要向学生明确竞选班干部不仅是为了个人荣誉，而是出于自愿为班级服务的服务意识。若是基于这个出发点，那无论担任什么岗位都能发挥自己的作用，履行自己的职责。

2. 缺乏积极看待问题的方法

初中阶段的学生进入青春期，自我意识逐渐增强，个人能力也不断提高，因此表现出强烈的自尊心，渴望获得他人的肯定和认可，以此来证明自己长大了，获得大家的尊重，获得友谊。这也符合马斯洛的需求层次理论，处于青春期的学生对于社交需求、尊重和自我实现需求激增。

小 A 虽然竞选成功，但在与另一位同学竞争学习委员的过程中却落败了，使他原本的预期没有获得满足，且在小 A 的认知中体育委员远不如学习委员重要，学习委员是对其学习成绩和能力的认可，而落败则表示自己技不如人，在同学面前失了面子，伤害了他的自尊心，由此产生消极的心态。从中也可以看出，学生缺乏面对逆境时积极看待问题的心态和方法。

这也缘于进入中学后，他们遇到的挫折和不如意逐渐增多，缺乏应对方法时，就容易采取消极的应对方式。这时就需要培养学生积极的心态，以及应对负面情绪的方法。

3. 缺乏分工协调能力

最后，由于学生担任的并非心仪的岗位，对担任体育委员也缺乏经验，一时无法胜任实属正常，但问题在于当自身能力不足时，他不懂得求助他人。

在班级中，班干部并非独立存在。体育委员的背后可以有体育课代表、志愿者等。如何与同学团结协作，共同管理班级的体育相关内容，是需要思考与规划的，这也是班干部能力之一。

但由于小学时，学生的分工合作大多由教师和家长安排，学生只需各司其职便可。进入初中后，随着岗位任务的难度加大，自主性又增多，"单打独斗"已经无法完成工作，需要求助他人，分工协调。此时就暴露出学生缺乏独立解决问题的方法。因此，需要培养学生分工协作的能力，帮助其学会互助。

【实践支招】

1. 共情安抚——调整心理

作为班主任，首先就要与学生共情。站在小 A 的角度，经历了竞选成功，又无法担任心仪岗位的过程，内心一定不好受。班主任在观察到学生的失望时，应第一时间给予学生安慰，询问其感受。可以先恭喜学生竞选成功，肯定其优秀与努力，再对其不能担任心仪岗位表示惋惜，理解他的心情，最后是对如何积极看待这件事情的引导。

引导可分为两个部分：一是让其明白班干部岗位的职责意义，二是引导他换个角度看待问题，看到其中积极的一面。

前者可以进行集体教育，因为这是需要全班统一思想的。进入初中后，每一位学生都需要主动承担班级管理的职责，其中班干部起到的是引领和榜样作用。而且通过班干部岗位可以发挥自身能力，更能锻炼自身能力，获得更快成长。一个拥有优秀班干部团队的班级，对每一位在其中学习生活的学生来说都是大有益处的，正所谓 1+1＞2。

后者更适合与学生个别化交流。需要引导学生明白今天成功担任学习委员，固然能发挥其学习上的优势，但担任体育委员却能培养他体育方面的才能，或许更合适也未可知。每个人的潜力都是无限的，去尝试不同的领域才能最终知道自己适合什么，积累不同方面的经验，更是一笔难能可贵的财富。如果学生真有一份为班级服务的心的话，那无论在哪个岗位都能发光发热，而且马上就要开运动会了，正好是一个锻炼的机会，老师表示十分期待。

通过集体教育和个别化教育双管齐下，学生能感受到班干部岗位的意义，以及班主任对他能力的肯定和期待，从而使学生获得满足感和成就感，更愿意投入班干部的岗位服务中。

2. 组建团队——增添助力

可是学生就算愿意担任，还存在胜任的问题。因此，就需要组建团队来增添助力。在班级中每一个岗位都不是独立存在的。以班干部为核心，组建班级管理团队，可分为七大部门——管理部、生活部、学习部、体育部、劳动部、宣传部和艺术部。七大部门自行招募成员，班主任可以拟定招募模板，模板中包含岗位要求、岗位职责、报名栏三部分。招募过程实行双向选择。部门团队成立后，召开部门会议，班主任参加。在会议上，中队委员即部长可以进行分工，前任中队委员可以担任副部长从旁协助，以保证新老干部进行工作交接。这样使新的班干部不至于孤立无援，一上任就茫然无措。

而且组建班级管理团队，也能够锻炼学生的分工协调能力，使班干部不至于"独揽大权"或是"吃力不讨好"。而组建团队的效果也十分不错。小 A 同学从最初的消极怠工，到后来体育部的志愿者络绎不绝，领跑员成了抢手岗位。在看到其他人的领跑后，小 A 同学也从中学会了领跑的技巧，在互助中有所收获。刚开始小 A 同学会忘事出错，但在大家的善意提醒下，小 A 同学很快就胜任了工作，获得了同学们的支持和表扬。

3. 考评激励——提升信心

前期的引导加上过程中的团队助力，最后还要辅之以评价。可以班级管理团队为单位进行评价，完成部门的任务进行积分的奖励评价。班干部即部长还可以对团队成员进行个别积分评价。以半学期为周期，在期中、期末的两次班干部会议上总结部门成绩及不足，部门与部门之间互相提改进意见，总结后，在班级中进行反馈。这种阶段性自我评价和互相评价，既能对班干部起到督促作用，同时积分的奖励也能给班干部带来信心，激发其责任心和积极性。

竞选后，学生担任的并非心仪的岗位，不能胜任怎么办？班主任通过个别化交谈，疏导学生情绪，通过集体教育引导学生正确看待班干部岗位意义，并通过组建班级管理团队给班干部以助力，通过同伴互助，帮助其胜任岗位，最后辅以自评与互评，给班干部以激励，增加其从岗位服务中获得的成就感，从而使其主观上愿意担任，在能力上能够胜任。

执笔人：上海市静安区教育学院附属学校　陈岑

班干部在班级中缺乏威信，怎么办？
——学会沟通协调，发挥榜样引领作用

• 【情景扫描】

经过新一轮班干部选举，班主任小徐老师班中的胡同学当选了班级的体育委员。她大方热情、认真负责，不但在体育课上主动带领班级同学进行课前热身，并且在各项体育活动中表现出色，是老师眼中体育委员的不二人选。

有一天放学，她向小徐老师诉苦：这届同学真难带！了解后得知原来在体育委员的日常工作中，班级里很多同学处处与她对着干。课前排队时，大家你一言我一语，队伍排得歪歪扭扭，影响上课。运动会前填报项目，即使在班级多次询问，同学们也都不愿参加。临近报名结束时，报名表上的报名人数屈指可数。这些表现让小胡同学十分苦恼：明明已经十分努力为班级同学服务了，为什么结果却不尽如人意呢？听完这番话，小徐老师也深表认同，可是要如何帮助她来提高她在班级里的威信呢？小徐老师陷入了思考……

• 【问题归因】

到底是什么原因会让学生对班干部不信服，甚至当面顶撞呢？为了解开这个谜题，班主任对体育委员的工作进行了一周的细致观察，在班级中也进行了小范围的调查。班主任发现小胡同学在工作中存在以下问题：

1. 缺乏恰当的语言表达能力

班干部在协助老师管理班级、布置任务的时候，常常由于语言表达不当而导致同学的误解和抵触。常言道：良言一句三冬暖，恶语伤人六月寒。小胡同学虽深受老师信赖，但在体育委员这一角色中说出的话常常因自己的语言习惯而变了

味儿。"你必须……不然的话……"等此类命令式的话语时常出现。同学都觉得小胡同学独断专行、漠视他人感受，因此对她发号施令的行为十分抵触。同时，小胡同学忽视了与同学们的沟通交流，导致同学们对她不满，但她毫不知情，继续沉浸在自认为完美的管理过程中。其实小胡同学并不自负，在其他场合与同学们关系十分融洽，也愿意为班级做贡献，她缺乏的是传递信息、布置任务时恰当、有效的语言表达。

2. 缺少良好的自我管理能力

在观察中，班主任还发现小胡同学作为班干部虽具备基本的班级管理意识，但在要求同学们完成任务时，自我管理能力较为欠缺。例如，小胡同学自己提到的课前整队问题。她要求全班同学两分钟预备铃一响就在走廊中做到快、静、齐，但她自己却行动缓慢，与同学嬉戏打闹，还常常因为没听到铃声导致带队迟到。体育委员在日常管理中没有起到带头引领作用，因此同学们的整队意识始终无法形成，对这位体育委员的信赖程度也大打折扣。

3. 缺乏紧密的团队协作能力

班级的班干部群体是一个一起合作的团队，体育委员是班干部群体的一员，上有班长、副班长、大队委员，下有小队委员等。小胡同学在日常管理中十分有冲劲，但常常"单打独斗"，忽视了团队合作的重要性。其实，发挥团队精神、互补互助以达到最大工作效率是一种团队协作能力，如果小胡同学愿意及时将问题反馈给班长，或者请求其他班干部支援来维持纪律，动员班干部带头参加班级体育活动，那么这些问题也许就会迎刃而解，也不会出现运动会无人报名的窘况。

• 【实践支招】

班干部是班集体中不可或缺的中坚力量，是班主任的得力助手。因此，培养一支有号召力、有威信的班干部团队是组成一个积极向上的班集体的必经之路。

1. 讲究管理方法，提升沟通协调能力

班干部既是班级的管理者，也是沟通者，更是服务者。在工作实践中，很多班干部由于工作方法不当而影响工作顺利进展。这时，班主任要及时召开班干部会议，或是进行个别面谈，教他们一些工作的技巧和方法。例如：如何虚心听取同学意见？如何与有误会的同学化解矛盾？使他们掌握灵活有效的办法，增强他们的办事能力。班干部要多采取与同学协商的方式来解决问题。小胡同学可以把经常使用的"你必须……不然的话……"转变为"有件小事需要你帮忙，能不能麻烦你……"这类委婉的表达方式。语言沟通是建立集体和谐的重要桥梁，班干部需要做到下情上知，上意下达。良好的沟通也能让班级成员感受到被尊重、被信任，从而产生极大的认同感和归属感。

语言沟通能力是班干部素养的一部分，它可以确保学生管理的有效实施。因此，班干部在班级管理中需要做到谦虚谨慎、真诚相处、学会倾听、主动沟通，这样才能得到班级同学的尊重，被大家接受，管理工作才能取得良好的预期效果。

2. 明确班干部职责，起到榜样引领作用

班干部应该在班级中起到组织作用、桥梁作用、检查监督作用，更应该起到榜样作用。怎样树立班干部的威信？那就只有以身作则，真正做到"正人先正己"，方可树立自己的威信。

班干部选举之前，班主任必须明确成为一名班干部所需具备的条件：

①有责任心，务实肯干，主动带头管理班级。

②有自律心，积极进取，为同学们树立榜样。

③有团结心，乐于助人，打造温馨的班集体。

班干部是班集体中的先进分子，他们的言行举止会直接影响班集体的其他同学。因此，班干部选举产生之后，班主任要时刻关注对他们的培养与教育，使他们建立起责任感和使命感。同时，针对每个班干部的优点及存在的不足之处，班主任要有意识地帮助他们扬长避短，利用集体教育的时间，分析问题，提出表扬，不断提高他们在同学中的威信，也要尽力创造各种机会，利用好班会课、升旗仪式、大扫除、运动会等各类活动平台，鼓励每位班干部有意识地锻炼自己，起到榜样引领作用。

孔子曰："其身正，不令而行；其身不正，虽令不从。"有了班干部以身作则为班级建设添砖加瓦的付出后，经过一段时间的磨合，相信班级成员会自觉遵从班干部的管理，为建设一个团结优秀的集体共同努力。

3. 召开班干部会议，增强团队凝聚力

在班级管理中，班主任需协同班长定期召开班干部会议，班长全面负责，班干部群策群力。除了明确各自具体职责、制定工作计划和奋斗目标外，班干部还需要对每周班级情况及时汇报。如此，大家对一周班级情况有较为全面的把握，发现的小问题也可以及时解决。在日常管理中，还可以实行中队长和小队长联合工作制，将任务合理分工，集合班干部团队的力量，班集体中每一位班干部团结一致，协同作战，共同管理班级日常事务。即使工作中遇到困难，其他成员也会共同协商解决办法，提高办事效率。

班主任还要给予班干部施展的舞台，让他们学会相互配合，共同完成班级工作。如运动会入场式、学科展示月活动、社会实践活动等，大家集思广益，引导班干部思考制定活动方案，彩排演练，共同合作完成。在班干部完成任务后，班主任及时评价，并给予适当的奖励，让同学们了解班干部在班级管理中做出的贡献，同样能够帮助班干部树立威信。

班干部是班级风气的指向标，树立班干部的威信除了需要通过培养，提升班干部自身的能力外，班主任的及时评价也尤为重要。一个正向的舆论导向，能给予班干部极大的支持，并使他们更有动力完善自我，服务班级。就整个集体而言，也会对班干部更有信心，使整个班集体积极健康地发展。

执笔人：上海市风华初级中学　徐雯斐

班主任如何在选班干部之前，在班级中做好舆论引导？

- **【情景扫描】**

本学期，工作第二年的韩老师在班干部选举上遇到了一些困难。在选举前，韩老师内心已有了理想的人选，她自信地认为这些品学兼优的学生通过投票肯定能成为班级的小干部。但是，投票结束后，韩老师发现学生投票的结果和自己的想法不完全一致，甚至出入很大。为此，韩老师陷入了深深的困惑之中，不知是哪里出了问题。

- **【问题归因】**

我们知道，班干部是团结全班同学共同进步的"火车头"，是联系学生和老师的纽带。老师和学生共同认可的班干部，既可以高效地配合老师完成班级工作，也可以很大程度地提升班级凝聚力，从而形成一个良好向上的班级氛围。所以，如何选出大家都满意的班干部，是需要班主任用智慧去解决的。作为年轻的班主任，韩老师陷入深深的困惑之中，除了缺乏经验之外，可能还有以下原因：

1. 选举前，没有全面深入了解学生的想法

班干部选举制度的优势之一在于能够培养学生的民主意识，充分发扬民主精神。这时，充分了解学生的想法就显得尤为必要。比如说：学生们喜欢和什么样的同学相处交往？学生们希望的班干部是什么样的？以上信息是学生内心想法的真实写照，更是"民意"的集中体现。如果忽略了这些，老师就容易做出比较主观和武断的决策，最终无法把握选举的结果。

2. 选举前，缺少必要的思想教育和标准的制定

当下，由学生自主投票选举班干部是班主任普遍采取的选举方式，因为它可以充分体现公平、公正的原则，有利于调动学生的积极性和参与性。所以，学生手中的选票也就显得至关重要。"选择谁成为班干部""选择的标准是什么"这些都

将是决定班干部人选的重要因素。如果在选举之前，老师没有对学生进行相关的思想教育，没有组织学生进行"选举标准"的讨论和制定，就会造成学生在投票时"盲投"，从而对选举结果造成负面的影响。

3. 选举前，缺少学生自荐和他人推荐的宣传形式

实际上，投票的主体是学生，特别是中、低年段的学生，由于其认知能力的局限性，往往更需要正向、明确的引导，才能做出正确的判断。班干部的选举自然不能是班主任的"一言堂"，但可以结合学生自荐、各任课老师推荐和同学推荐的形式，选出若干名班干部候选人，然后全班同学进行投票选拔。

• 【实践支招】

一直以来，班主任都是班级的管理者，更是掌舵人。因此，在班干部的选举上，也应该未雨绸缪，提前进行信息的调查、思想的教育、标准的制定、舆论的引导，以此帮助学生树立正确的"选择观"，从而选出老师和同学都认可的班干部，为后续班级建设提供坚实的助力。

1. 充分倾听学生的意见，全面了解学生眼中的那个"他 / 她"

要充分倾听学生的意见，关键的一点就是老师要放下架子，主动亲近学生，深入班级。下课后，班主任可以寻找机会加入学生中间，在闲聊中拉近和学生的距离，从而慢慢引入正题。在沟通中，老师可以多方位地询问学生心目中的干部人选，广泛地了解学生的真实想法。同时，多关注自己的理想人选在同学们口中的评价，进而更全面地对该学生做出判断。毕竟，老师往往只能看到某个学生的一面，而同学相互之间则看到的更完整。

2. 营造风清气正的良好班风，建立良好舆论导向

一个健全的集体，除了选拔培养学生干部、培养优良的班风外，在班级建设中还离不开正确的舆论导向。所谓的班级舆论，就是在集体中占优势和多数人赞同的正确言论和意见，它是一种无形的力量，保证集体的发展方向，发扬积极因素，克服消极因素。

（1）结合行为规范课和主题班会课，对学生进行日常的思想品德教育

行为规范课和主题班会课，是老师进行德育的主阵地。通过召开主题班会课，

班主任可以及时了解每个学生的思想动态。同时，通过学习先进人物事迹等方式，对学生进行政治思想、道德规范等方面的引导和教育，让学生通过某一个典范、某一种现象，对社会的公序良俗有一个具体客观的学习和模仿，知道什么是榜样，什么是模范，从而建立起正确的是非观，营造风清气正的良好班风。

（2）通过组织各种活动，促使班级形成正确的舆论氛围

学校的各种教学活动、体育活动、社会实践活动，都可以使学生受到教育和引导。这些活动还可以提供平台，使学生之间有相互协作、彼此磨合的机会。在活动中，激发学生明白"我是班级的一分子，团结就是力量"这个道理，培养他们的集体主义和积极向上的精神状态，为形成良好的舆论氛围打下坚实的基础。

（3）结合班级学生实际，及时进行批评和表扬，进一步巩固正确舆论导向

良好的道德品质仅仅靠说教是不够的，还需要班主任结合学生的表现，及时进行批评和表扬。发现好的典型，及时树立榜样，弘扬正气。而对于班级里出现的不文明行为和现象，也要及时地进行批评和纠正，带领学生抵制歪风邪气，从而进一步形成人人要求进步、人人为集体的良好风气。只有这样，不良的言行和错误的舆论才会没有立足之地，整个班集体也会越来越好。而以上这些，都是保证选举顺利开展的思想保障。

3. 以"你心中的班干部"为主题，确立和制定选举标准

在确立了良好的舆论导向和班风后，下一步就是及时召开讨论会，将同学们认可的模范典型转化成具体的标准确立下来，比如乐于奉献、热心助人、勤恳踏实、勇于实践、不怕困难等，让学生能够直观地知道要成为班干部所需要拥有的特质和品格，从而做出准确的判断。这样，在选举的过程中也能很大程度上避免出现盲投、跟风、拉帮结派等现象。

班干部的选举是班级建设的重要内容，此活动学生关注度高，敏感性强，因此在选举过程中，更需要班主任静下心来做足功课，从日常德育入手，做好学生的思想品德教育。同时，营造良好的班级氛围，配合科学调控，保证选举的有序正常进行，激励更多的学生参与班级的管理中，为后续班级工作的开展打下良好的基础。

执笔人：上海市静安区彭浦新村第一小学   周文婷

学生竞选失败后，班主任该如何安抚其情绪？

- **【情景扫描】**

　　一年一度的班干部竞选如期拉开序幕，从毛遂自荐申领自荐表，到公开讲演展示个人风采，再到紧张激烈的投票唱票环节，一切似乎都按部就班地进行着……但是最后的选举结果显示，这次中队委员竞选，小妍同学意外落选了。小妍一直是老师眼中的"优等生"，同学眼中的"好伙伴"，父母眼中的"乖乖女"，大家口中的"完美小孩"。面对选举结果，作为职初班主任也非常震惊，从9月初接班到现在10月班干部选举，在这一个月时间里，小妍可都是班主任的左膀右臂，是什么让朝夕相处的同学对小妍同学投了否定票呢？为什么学生的选举结果与班主任的想法相去甚远呢？作为班主任，又该如何去安抚竞选失利的小妍同学呢？

- **【问题归因】**

　　1. "完美小孩"并不完美

　　由于班级竞选采取的是无记名投票方式，因此结果有一定的参考价值。班主任通过与班级同学私下沟通交流的方式，让学生聊聊小妍票数不足的原因。原来在同学们心目中，小妍同学虽然成绩名列前茅，奖状成果颇丰，但是在参与班级活动中却处处与同学相处"不和谐"。同学反映她总是站在指挥者的角度，口中总是"你们要怎样怎样，不然我就告诉老师""你去干吗干吗，你得听我的"等话语，对同学一副盛气凌人的架势，但是脏活累活自己却从不参与，班级同学与之相处总是充满着距离感，老师眼中的"完美小孩"并不完美。

　　2. 二孩家庭原因导致其讨好型人格

作为教师，我们不仅要关心了解学生的在校学习生活，还要对学生的家庭情况有一定的了解，这样才能更客观全面地认识班级学生的情况。事后，班主任老师了解到小妍是二孩家庭。随着国家全面开放"二孩"政策，"二孩"就成了社会热点，二孩家庭中长子心理问题的增加，已经受到人们越来越多的关注。在小妍的家庭中也是如此，由于弟弟的出生，让她觉得自己的爱被分走了，因此在父母面前，她极力表现最好，赢得父母的赞扬从而博取关注。而对待弟弟，则会摆出一副高高在上的姿态加以训斥。同样在学校，她对待老师也会有一定的讨好情况，在老师面前积极表现，热心班集体工作，就为赢得关注与表扬，而对待班级同学，就会拿出家中对待弟弟的态度，充满了不屑与轻视，从而导致老师眼中的小妍和同学眼中的她判若两人。作为班主任老师，如果对小妍的家庭情况有所了解，了解孩子这段时间性格的转变，就会发现她身上的问题所在，帮助她找出自身问题，从而及时解决。

【实践支招】

1. 以情动人，引发学生思想共鸣

小妍竞选失利，伤心的情绪可想而知。作为班主任，我们要有洞察能力和行动能力，当感觉到学生情绪发生波动的时候，第一时间能与该生进行沟通交流。教师首先要做的事情是共情，共情是体验孩子内心世界的能力。你能体会到孩子多少，关系着你与孩子共情的程度。如何去理解孩子，是站在孩子的角度去体验孩子的内心世界，而不是站在教师自己的角度去体会孩子。告诉小妍：老师能体会到她竞选失利所产生的不开心、沮丧的心情，可以试着分享老师的一个类似经历，让孩子感受到老师的真诚，从而愿意"敞开心扉"和老师做进一步的交流。

2. 以理服人，激发学生进步动力

表达共情与理解，安抚学生的情绪后，教师要学会倾听学生的委屈以及对于该事件的看法，教师可以试着引导小妍同学分析自己与当选同学之间的差距，了解自己今后需要努力的方向。

（1）转变思想，在意识上提高

之前的小妍，对自己信心满满，觉得用成绩说话可以赢得一切。通过这次失利，要让小妍明白，作为班级中队委员，除了要做学风的表率和模范，还要用自己的学习行为去影响班级的同学，去感染班级的同学，从而带动全班的同学积极学习，使班级形成一种良好的学习气氛，创造一个优秀的学习环境。除此之外，班干部要有集体主义观念，积极参与班集体活动，主动为班集体奉献自己的力量。在班级管理中，怎样的方式方法才是可取的，怎样与同学沟通交流、友好相处。让小妍从思想上认识到作为班干部的标准有哪些，同学和老师眼中的班干部又要具备哪些条件。这种意识的提高对小妍之后的行为养成会起到非常好的促进作用。

（2）参与活动，在能力上提高

"孩子，当同学们在投上自己神圣选票的时候，你知道大家最看重的品质是什么吗？""你觉得怎样的同学才能担负起班干部的责任与使命呢？"班主任可以让学生进一步思考自己可以改变的地方。意识转变了，能力的提高也会随之发生。小妍愿意尝试，作为班主任，在后续也要及时关注及时培养。学校开展为红色场馆打 call 的活动，需要进行红色场馆的讲解与视频制作，看到小妍高举小手，主动参与班集体活动，班主任公开表扬，肯定她这种积极主动的精神。安排座位时，班主任将学习较为困难的小钟与小妍同桌，希望两位同学能取长补短，共同进步。私下班主任在和小妍的谈心中，时时给她支招与同学们的相处之道，比如可以主动帮助小钟解决一些学习上的困难，增进同学间的感情。当班主任问小妍自己学习方面的优势如何能将其发挥最大效益，为班级活动贡献自己的力量时，小妍很聪明，马上想到"当周围同学有困难的时候，可以主动提供帮助，带领大家一起进步"。小妍的日常行为也在慢慢转变。看到每月一次的感恩卡，小钟把卡片亲手交给小妍的那一刻，班主任欣喜地感受到了小妍的变化。

作为班主任老师，除了当下安抚学生的情绪外，还要关心学生的后续发展，让他们克服自己的弱点，努力绽放最美的光，教育的延续性才能让其发挥最大实效。

3. 拉动家长，关注孩子情绪波动

作为职初班主任，有时候会很怕和家长沟通，本着能不接触就尽量少接触的原则，但是有些问题只有寻求家长合力，才能助力学生更好地成长。班主任向小妍妈妈大致说明了小妍这次竞选失利的情况，请父母在家也要关注孩子的心理变化，并一同鼓励孩子能够正确看待这次的失利，不要一味地打击与指责，帮助孩子从这次的失利中尽快调适好自己的心情。

4. 自助助人，唤醒学生的自信心

竞选失利对小妍来说是个不小的打击，作为班主任，要适时用赞美与鼓励帮孩子塑造自我价值、建立自信，做孩子的"啦啦队长"。"啦啦队长"从字面上理解，只是在孩子表现好时极力地欢呼呐喊摇旗助威，但是在孩子表现不好时，我们更需要打气鼓励加油支持，总之就是要做孩子最好的"后援团"。孩子的抗压能力与自我调节能力相较成人欠缺很多，这就更需要我们不断地像啦啦队一样给他们鼓励、加油、打气，给他们力量让他们做好。

成年人能够做到"胜败乃兵家常事"，但是对于幼小的孩子来说，认真做一件事当然想要得到最好的回报，失败了哪能那么轻易地"喜"得起来呢？而适当的挫折和失败会让孩子明白，这个世界自有运行的规则，不可能自己想做什么都成功，这样才能在未来的日子里更加淡定从容。"老师，如果下一次有竞选，我还会参加，我肯定会成功的！"当小妍说出这句话的时候，班主任知道，她释然了。

执笔人：上海市静安区第四中心小学　秦佳颖

班干部竞选后，家长质疑竞选结果，该如何与家长沟通？

• 【情景扫描】

班干部竞选后，有人欢喜有人忧，许多同学戴上了中、小队长的标志，也有些同学有些气馁，学习动力不足。这不，班级里品德优良、学习能力还可以的"热心肠"小杨今天一天心不在焉，从早到晚愁眉苦脸的，班级里再也没看到她忙忙碌碌帮助同学的身影了。90后职初教师张老师还收到了小杨妈妈的微信消息："张老师，您好，听小杨说已经选好班干部了，可是我们家小杨没有选上，我也觉得很奇怪，我觉得以小杨各方面的条件完全能胜任，小杨昨天回来就很难过，饭也不好好吃，觉也不好好睡，所以想来问问您，班级的班干部究竟是怎样选拔出来的呢？"张老师看了微信，一阵苦笑，这"兴师问罪"还挺委婉的，哎，这么棘手的事究竟该怎么处理呢？

• 【问题归因】

1. 缺少家校沟通引发对教师的不信任

伴随着时代的发展，教师是权威的观点已逐渐消失，学生、家长、教师之间的关系越来越平等。在高度信息化的时代，关于教师的负面新闻越来越多，舆论使得家长对教师职业产生怀疑，这就导致在和教师相处时，不信任的想法也会先入为主，从而影响教师和家长之间的关系。当代父母的学历越来越高，许多家长乐于学习，非常关注教育方面的信息，也有着自己的一套教育理念，但教育不可能只有一种理念，因此高学历的家长更容易对教师的某些教育方式或理念产生不认同，从而引发冲突。

现在的职初教师大多为个性十足的90后，张老师由于年纪轻、经验少，代沟等原因导致某些行为不被家长认可，如果缺少沟通，家长对张老师的品德、性格、能力等都不了解，那么当然是不放心把自己的"心肝宝贝"交给张老师的。相反，如果家校及时沟通，家长能掌握孩子的情况，从沟通中了解张老师，真实地感受到张老师的真诚，感受到张老师对学生的爱，那么也就能放下戒心和对立情绪，真正信任张老师，从而避免许多不必要的误会。

2. 当代家长对教育空前重视引发焦虑

小杨的家长是 80 后，她从自身的成长过程认识到了学习的重要，还会进行自我学习，不断关注、学习教育知识，形成自己的教育理念。许多家长都认为自己的孩子非常优秀，优秀的父母认为拥有自己基因的孩子应该也和自己一般优秀，资历平平的家长则将希望投射在孩子身上，但无论是哪种类型的家长，大多是"望子成龙、望女成凤"的，出于社会关系，他们又往往会在孩子的各方面互相攀比，这种对孩子的过度关注、对教育的过度重视就会演变成焦虑，也正是这种焦虑给孩子和教师带来了压力，影响孩子的心理健康，形成负面影响。

3. 家长忽视客观标准，独生子女缺乏对比

受计划生育的影响，许多学生都是独生子女，小杨也是如此，父母倾注所有的爱和关注在一个孩子身上，爱让部分家长蒙蔽了双眼，忽视了孩子的缺点，将孩子的闪光点无限放大，加上家庭中只有一个孩子，也缺乏对比，所以家长有时不能客观地看待孩子身上存在的问题，反而认为自己的孩子是个"完美小孩"。

【实践支招】

1. 规范班干部竞选，过程公开化透明化

班干部竞选是班级中的大事，应当格外重视，过程也应该公开化透明化，流程如下：公开演讲展示自我—提名（自我推荐、同学互荐、教师推荐）—民主匿名投票—公开唱票（保存选票）—各科教师商讨—确定名单—公布结果。其间可以拍下照片、视频，保留好选票、名单，将过程发送在班级群，让家长见证这一大事件，以积极主动的态度向家长分享，如此一来，家长便不会对这件事有所质疑，从而也能建立良性的家校互动关系。

2. 加强家校沟通，及时反馈学生情况

无论是家长还是教师，双方的出发点都是为了孩子，所以家长和教师不应该站在对立面，而是应该共同合作，但是出于角色和思考角度的不同，难免会引发许多误会和不理解，这个时候沟通就是唯一的解决办法。教师用沟通架起家校之间的桥梁，将被动转化为主动，在问题出现之前预防出现问题，打消家长的质疑，如此一来就能加深家长和教师之间的相互信任。家长信任教师，便会站在教师的角度想问题，从而理解教师的难处。

当家长质疑班干部竞选结果时，或许我们可以这样与家长沟通：

"××家长，我很开心你能跟我反映这样的情况，说明你很重视孩子的能力培养，谢谢你主动发消息与我沟通，共同探讨孩子的情况，这样也有助于帮助孩子，让孩子能有更大的进步。"——肯定家长，表达感谢。

"我很能理解你此刻的心情，你们家孩子非常优秀，担任班干部是提高能力的好机会，她这次没有竞选成功，我也为她感到可惜，得知她在家这样消极的状态，我也很心疼。"——换位思考，表达理解，肯定学生。

"今天我在学校也关注到她和平时不一样，观察下来我觉得可能是这次竞选失败感到气馁了。"——表达关注，获得信任。

"孩子很优秀，她很热心，在班级里经常帮助他人，不过我们班级的学生也真的都非常厉害，大家在各方面都是互相你追我赶。这次投票也是非常公平公正的，我让学生匿名投票，当着全班同学公开唱票，连他们的选票我都还保留着呢！我觉得如果小杨同学能再自信些会更好，我也私下问过几个同学，他们觉得小杨同学还能有更大的进步，比如可以在完成学习任务时速度快些，这样才能有更多的时间帮助同学和老师。"——陈述规则，分析情况，提出建议，消除质疑。

"我今天还会找小杨同学私下谈谈，希望她能化悲愤为力量，争取下次成功当上班干部，我对她有信心，也很看好她，还希望家长今天能多多安慰和开导孩子。今后有什么问题我们随时沟通。"——陈述措施，寄予厚望，给予信心，家校合作。

质疑往往来自误会，消除质疑的方式不是争辩，而是证明，相信真诚地与家长沟通，真心地去关爱学生，家长一定会越来越信任教师，也会越来越支持教师的工作。

3. 搭建活动平台，绽放学生个性风采

教师可以将学生各项班、校活动中出彩的作品、获得的奖状等在班级群内展示，还可以鼓励家长在班级圈中展示孩子的点滴进步，家长通过互相点赞可以知晓与自己孩子同一年龄段的孩子们的能力水平，家长也能对自己的孩子有更加正确、客观的认识。提供这样的平台，还能让学生大胆、积极地展示自我，变得更加自信。

执笔人：上海市静安区大宁路小学　陈晨

如何应对劳动委员无人当不愿当的现象

- **【情景扫描】**

又到了一年一度的班干部竞选，同学们热火朝天，精心准备演讲稿，为自己要竞选的岗位做足了准备。竞选当天，班长、体育委员、学习委员等岗位竞选激烈，每一个竞选者都在讲台上展示着自己的风采，可是当竞选轮到劳动委员岗位时，教室里竟然出现了冷场，无人愿意竞选劳动委员，最后班主任无奈只能让其他岗位的落选者小张担任。听到这个消息，小张满脸不高兴和不情愿，竞选结束后就跟同学诉苦："这劳动委员太苦了，事情多，做好了也不受老师和同学喜欢，爸爸妈妈也让我不要竞选这个劳动委员，现在硬是推给我，真是太倒霉了。"小张对班级的卫生工作总是提不起劲，一段时间后更是主动找到班主任推掉了劳动委员的职责。劳动委员没人当了，班主任又开始犯愁了。

- **【问题归因】**

1. 对岗位的认识上有偏差

在孩子们的认识中，班长、体育委员等往往是班级中最风光的，帮助老师组织各项活动，代表班级去领各种荣誉，深受孩子们的喜爱，劳动委员反而要承担班中很多的琐事如扫地、倒垃圾、擦黑板、检查卫生等，不仅又脏又累，容易得罪同学，听上去也不风光，孩子们很少愿意去干这些吃力不讨好的活，导致劳动委员的岗位始终少人竞争。

2. 家庭中对于劳动的不重视

在家里孩子是大家的"宝贝疙瘩"，往往孩子一伸手拿起抹布和扫帚，家长马上就会阻止孩子，叫孩子快点去读书，久而久之，孩子开始变得对劳动不亲近。

一些望子成龙的家长都希望自己的孩子能担任"光鲜"一点的学生干部，因为这样的经历对今后的成长会大有帮助。所以，他们经常鼓励孩子，要当班长、学习委员等"体面"的学生干部才能有更好的发展。劳动委员不仅不好听，而且尽做一些费力不讨好的事情，自然不受欢迎。在走亲访友的过程中，劳动委员仿佛也是家长之间最难以言明的职位。长此以往，孩子也变得不喜欢劳动委员这个职责。

3. 集体意识薄弱

班干部应该有服务班级的意愿，并有很强的集体意识，而很多孩子在竞选班干部上也以展示自己的才华为主，在提到集体时，往往也是以一句较为宽泛的"我愿意为班级贡献自己的一份力量"作为总结，没有具体措施，没有落实方案，显然在竞选时也把自己放在了集体的前面，这样默默无闻为班级做贡献的劳动委员自然而然地就被孩子们所忽略，导致无人竞选。

- 【实践支招】

1. 注重劳动意识的培养

（1）开展主题班会，树立劳动意识

结合主题班会引导孩子认识劳动的意义，激发孩子学习生活与劳动课的兴趣，使劳动实践意识深入孩子的心灵，让孩子们说一说劳动的含义，交流自己对劳动的想法，结合名人事例，消除对劳动又脏又累的误解。在班会中，我们还可以邀请其他班级的优秀劳动委员，介绍自己在担任劳动委员时所获得的经验和喜悦，提升孩子们对于劳动委员这一岗位的荣誉感和归属感。

（2）适时奖励，增强劳动意识

我们可以用劳动奖励法对劳动习惯进行培养，即将擦黑板、清扫教室等劳动，作为一种荣誉和奖励，每一轮值日生过后，对表现优秀者都会有一张荣誉证书和盛大的"颁奖仪式"，抓拍一些日常劳动的瞬间，如主动捡起地上的纸屑等，放在班级中的展示墙，让孩子将劳动看成一件很光荣的事。

2. 养成爱劳动的日常习惯

（1）家校联合，注重习惯养成

大部分家长希望孩子能把书念好，多学些知识，只要学习好，家里其他事都不用管。家长望子成龙、望女成凤的心理我们都可以理解，但劳动教育中必不可少的一定是家庭教育这一环节，我们在与家长沟通时，要强调劳动教育是必定能让孩子受益一生的教育，倡导家长要从孩子的全面发展着眼，从家务等细节入手，坚持不懈地培养孩子的劳动观念和必要的生活自理能力。孩子可以挑选力所能及的家务，如整理自己的玩具和书本，打扫自己的区域等，每天给孩子安排一定量的劳动，由简单到复杂。不光强调"自己的事情自己干"，还可以随着年龄的增长逐步提高要求："家里的事情主动干""不会的事情学着干""集体的事情抢着干"等。让家长适当放手，做一个"懒"父母，反而能够培养出一个爱劳动、爱整理的孩子。

（2）多参与劳动实践，培养集体意识

有很多孩子也许在学习、体育等方面并不突出，但在参与劳动实践的过程中，你会发现他们身上有很多"闪光点"，认真负责，并愿意为班级付出，这些都是集体意识的萌芽，我们可以将劳动实践中的表现也作为班干部的考察项目之一，在班中宣传劳动对于集体的重要性，有助于孩子改变对于劳动委员的认识。

3. 采用轮岗制，培养服务集体的意识

在竞选后我们可以安排其他班干部以轮岗形式协助劳动委员，不管是竞选何种职位的班干部，都必须接受在一段时间内协助劳动委员一起搞好教室的卫生，并在轮岗协助结束后，在班会课上交流自己的想法和体会。让每位班干部参与到劳动中来，真正意识到如何为班集体服务，如何为班级做贡献，抛开对班干部岗位的偏见，对劳动委员进行一个全面的认识。在下一次选举时，作为劳动委员的孩子，可以将担任劳动委员作为优秀的履历向全班介绍，以此来鼓励班级中其他优秀的孩子来竞选劳动委员。

面对劳动委员无人当的困境，班主任应做好引导工作，在阐述职责的同时，让孩子们明白劳动委员的奉献和光荣。家校联动，了解劳动并不是狭义上的脏活和累活，其中更包含有大智慧与责任心，让孩子以劳动为荣，以担任劳动委员为荣，更能以为集体奉献为荣。

执笔人：上海市静安区万航渡路小学　薛奇超

第二篇　班集体管理

班集体是学生学习、生活和成长的重要场所，班级管理是以班集体为基础展开的。因此，建设良好的班集体是班级管理的核心工作。

对于职初班主任，如何建立良好的师生关系是班级建设管理的第一个难题。过于亲近，会使班级难以管理，过于疏远则又会引起家长的质疑。

本板块给职初班主任支招，帮助他们走近学生，了解和关注学生的心理，遵循学生的实际需求及情况，智慧引导、因材施教。同时通过班级文化建设，有效激发和调动学生参与班级活动的积极性、主动性和创造性，营造优良班风，增加班级凝聚力。

班集体好似一个无形的磁场，具有一种无形的教育力量，是学生受教育最直接、最重要的影响源之一。我们只需从学生出发，用对方法，定能在增强班级凝聚力的同时，让职初期的你也能应对自如。期待你在阅读中收获更多感悟和启发。

推介人：上海市静安区第一中心小学　朱玉萍
上海市静安区临汾路小学　沈颖婧

如何恰如其分地评价"敏感学生"

· 【情景扫描】

小玉是个很敏感的孩子：课间几个小伙伴凑在一起聊天，她就会以为同学们是在说她的坏话；课上老师提问，如果回答错了，她就会忐忑不安，担心同学嘲笑自己笨；有时，小玉举手，老师没有提问她，她也会表现得非常伤心，觉得老师不喜欢自己。放学到家，她也很在意父母说的话，担心父母觉得自己不如姐姐，会不喜欢自己。有一次，小玉称同学为"学渣"，班主任知道这件事情并且了解清楚之后，就在课间教育小玉。小玉当即承认了错误，但是回家之后，她妈妈就打来了电话，说小玉回家哭了很久，觉得今天老师找她谈话了，班上小朋友都会觉得她是个坏小孩了，还说老师不会再喜欢她，她不想来学校上学了。对此，班主任既惊讶又困惑：小玉也太敏感了，类似和小玉这样的师生谈话交流是再寻常不过的，怎么就在小玉心中留下了她以为的不当"评价"呢？怎样才能恰如其分地评价小玉这样的"敏感学生"？

· 【问题归因】

随着时代的发展，学习压力的增加，像小玉这种内心敏感、性格好强的孩子越来越多。和他们相处的时候，要小心翼翼，注意方式方法。如果不能恰如其分地评价他们，无疑会对他们的心理以及成长产生负面影响。

其实，小玉这类"敏感学生"，给班主任教育和评价带来困扰的主要原因在于以下方面：

1. 自身个性气质所致

气质是指先天秉承于父母，后天伴随身体发育、社会经历、生理心理的成熟发展起来的人格心理特征，主要表现为情绪体验的快慢、强弱，外在表现的隐显和动作的灵敏迟钝等方面的人格心理特征。而小玉自身在心理、生理上有着超乎寻常程度的感受和反应，容易对外界情况产生迅速而强烈的反应。小玉在班级环境中，会特别关注别人的话语、表情、动作，继而去猜测别人的心理状态。同时，小玉思考问题往往趋向于消极，容易困限于某一种自以为是的情绪中而无法自拔，往往需要一段时间，借助很多外力才能调节好情绪。她经常会胡思乱想，思绪繁多，找不到出口。小学是儿童心理发展的关键阶段，小学阶段儿童的心理发展具有独特性并且自我意识也在不断发展，自我评价能力比较低，更多的是依赖于外部评价。这类学生会特别在意他人的评价，行为和情绪起伏较大，自尊心不断增强，越来越在乎他人对自己的看法，希望获得认可和欣赏。

2. 家庭压力所致

（1）过于骄纵

随着时代的发展，二孩家庭越来越多，2016 年实施"全面二孩"，2021 年又提出了"三孩政策"。已有相当比例的家庭非独生子女正在经历二孩家庭带来的影响，原本孩子都是家长眼中的小祖宗，尤其是二孩，更加宠爱有加。小玉这类学生的家长普遍宠溺孩子，孩子在和同学相处过程中更多地以自我为中心。同时，如果父母教育方式不对，二孩家庭存在争宠吃醋问题，孩子都想要得到父母更多的肯定和陪伴，在成长过程中，会变得敏感多疑。此外，小玉这类学生由于从小被溺爱，往往生活习惯和学习习惯比较差，在学校生活中容易受挫，在学校中获得的评价和在家中相差甚远。因此他们渴望得到的肯定和鼓励与自己的预期相差甚远，不知不觉就会"受伤"，导致情绪不稳定。

（2）无形比较

在二孩家庭中，父母对待子女的方式总是不同的。因为有过大宝，所以他们对二宝表现出更有效的养育经验。相关研究可知，面对不同子女，父母往往对二宝表现出比大宝更多的温情和情感，同时，对二宝的要求预期值也会更高。以往的研究还发现，二宝作为一种压力事件，会让大宝产生更多的消极情绪，而大宝如果非常优秀，也会给二宝无形中造成很大的压力，因此会产生很多负面情绪。情绪调节能力和心理健康息息相关。

【实践支招】

作为和学生接触最多的老师，班主任应该时刻关注"敏感学生"的话语、表情、行为，关注他们的心理特点，走进他们的内心，分析敏感背后的原因，开出适合他们的"良方"，采取行之有效的评价方法，作出恰如其分的评价，使他们能融于班集体，开心快乐地成长。

1. 个人定制，实行引导计划

（1）情感疏导，正向引导

有的"敏感学生"自身在心理、生理上有着超乎寻常的感受和反应，容易对外界情况引起迅速而强烈的反应。对于这类学生，可以与家长进行真诚交流，并给予建议，推荐一些专业机构，进行专业的诊断和帮助，如情感疏导、情感训练等。在心理老师的辅导下，帮助学生每日进行情绪、情感疏导训练，逐步提高学生的情绪管理能力。

（2）察言观色，正向看待

针对"敏感学生"容易多想，在乎别人的话语、表情、动作，班主任应该引导他们正确面对他人的话语、表情、动作。比如玩一玩"说真心话"的游戏。小朋友面对面，互相说一说对对方的看法。通过这样的方式，让小玉这类学生明白沟通与倾诉可以拉近双方的距离，避免很多不必要的猜忌。日常进行有针对性的谈话引导，让小玉这类学生明白，上课回答问题错了是很寻常的一件事。小朋友补充、指正、微笑等，大多数是欣赏举手的勇气、欣赏声音的响亮等。

（3）家校合力，沟通理解

学校应加强和家长的沟通，分析孩子校内校外异常的"敏感"言行，探究其背后真正原因，然后调整教育方法。儿童的心理健康发展是学校教育和家庭教育的重要话题，"三孩"政策与儿童的心理健康密切相关，已有相当比例的家庭非独生子女正在接受兄弟姐妹带来的心理影响。父母应该平等、公正地对待孩子。因此，父母和老师应该善于观察，深入了解孩子的内心需求和变化。在陪伴中与孩子分享快乐与悲伤，倾听孩子的诉求，和孩子谈心，交流学校生活。这样在孩子遇到困难时，会觉得父母是自己的依靠，能勇于直面自己的不足，克服困难，勇往直前。

2. 恰如其分，实行评价计划

（1）注重评价的方法

班主任要注意评价的方法。儿童喜欢新鲜有趣的活动，在对学生进行评价时，应考虑学生的年龄特征，丰富评价活动形式，设计丰富多样的评价活动。班主任应该增强自己制定评价方案的设计能力，规范评价方法。要在评价中，以"敏感学生"为主，倾听学生的真实想法，走进学生的内心深处。学会理解学生，读懂学生，看懂学生的行为，了解行为背后真实的想法。正确认识评价在促进"敏感学生"个体发展中的作用，了解这类学生的心理状态，真正地理解他们的想法，有针对性地进行评价。同时，评价的时候教师可以和颜悦色，语气轻柔，发现学生情绪有问题时，还可以拍拍学生的肩膀给他们一些宽慰，让他们感受到老师的爱，这样有利于情绪的排解。

（2）注意评价的时间

教育具有时效性，及时评价，效果会更好。"敏感学生"容易对外界情况产生迅速强烈的反应，一旦评价不及时，他们就会胡思乱想。等老师再去沟通评价的时候，学生可能已经关闭心门了，所以老师要抓住评价的时机，及时评价。

（3）讲究评价的环境

班主任要注意评价的情境，这能体现班主任的教育智慧和评价素养。教师应该注意到评价对象的敏感性，尊重和理解学生，关心和爱护学生，以促进学生的身心发展作为一切评价活动的前提。"敏感学生"特别要面子，自信心强，评价这类学生要注意周围环境的隐蔽性，可带学生去办公室。如果在教室进行评价，会对这些学生的情绪产生影响。

班级"敏感学生"很多受到内外因素如自身气质、家庭亲子关系等影响。作为班主任，我们要从学生自身以及外界原因入手，恰如其分地评价这类"敏感学生"。只有恰如其分地评价，才能真正有效地帮助学生取得进步。相信在家校合力的基础上，班主任不断提升自己的评价素养，就一定能够恰如其分地评价"敏感学生"，促进他们的心理健康。

执笔人：上海市静安区第一中心小学　王蓉

如何引导低年级学生课间文明游戏

• 【情景扫描】

　　随着一阵美妙的下课铃声响起，一群入学不久的低年级孩子像刚出笼的小鸟一样，争先恐后地跑出教室。顿时，原本安静的走廊和小天井立刻喧嚣起来。有的孩子在走廊里奔跑，有的在小天井里追逐打闹，玩抓人游戏，有的男孩子模仿电视里奥特曼的样子挥拳搏斗，更有甚者直接趴在地上做滚翻。课间护导老师劝阻教导的声音此起彼伏，教室和办公室里告状求助的声音也不少："老师，小周和小张打起来了。""老师，小郭的头撞在地上了，在走廊里哭。""老师，小袁的脚受伤了，趴在地上爬不起来。"……新班主任李老师就像"救火队长"，接连不断地处理各种纠纷和伤害事故。上课铃声响起，出笼的小鸟终于回到了教室，走廊虽然恢复了之前的宁静，但是小李老师望着教室里一张张红扑扑还淌着汗滴的小脸蛋，不由得暗暗担心，这课还能静下心来听吗……

• 【问题归因】

　　1. 学生的年龄特点

　　低年级的学生大都是六七岁的样子，属于学龄早期儿童。这一阶段的孩子活泼好动，情感比较外露、容易激动。尤其对一年级的孩子来说，刚离开以游戏、活动为主的幼儿园，进入每天七节课、每节课 35 分钟的学校学习，的确是一个巨大的挑战。因此课间十分钟必定会成为他们宣泄情感、缓解疲劳的最佳时刻。如果说女孩子喜欢一起聊聊天、看看书，做一些相对文静的室内游戏，那么男孩子喜欢的就是几个人一起从事冒险、猎奇、球类等室外活动。他们不仅爱看、爱玩动作类的电视和游戏，还喜欢模仿，常常自诩为"大英雄""奥特曼"，手持各类文具用品，与同伴进行肢体的"搏斗"。

2. 社会（家庭）的原因

现在的孩子，基本都是家长眼中的宝贝疙瘩，家中六位大人细心呵护，唯恐出了什么意外。平时的业余时间，除了在各项补习班中来回奔波，就是宅在家里看电视、玩电脑游戏。弄堂里一群小伙伴一起玩耍的情景早已成为过去。他们缺乏和同龄人交往的时间。他们想玩，又不会玩；他们需要交流，但除了电脑游戏，又没有共同的话题。更有研究表明，学龄早期的孩子常常会从电视和网络中学到各种各样的行为，网络的丰富性、虚拟性和互动性非常适合他们的心理特点。暴力电视或游戏看得多的孩子会变得更具有攻击性。

• 【实践支招】

1. 从游戏的内容着手

（1）结合争章，自己介绍（创编）文明游戏

少年雏鹰争章活动贯穿小学各个年级，一年级有一枚雏鹰奖章就是争"游戏章"，它要求学生自己介绍或创编一个小游戏。班主任老师可以结合这个争章活动，布置任务，让学生自己策划课间的文明游戏。通过实践，会发现学生的兴致都非常高，他们有的带来了"数独纸牌"，有的带来了"拼字卡片"，这类益智游戏深受孩子们的欢迎。除了介绍这些动脑筋的益智游戏外，学生还创编了"开小火车"以及"手指碰碰乐"等活动性的游戏。他们制定安全游戏的规则，在同学们面前进行游戏的展示。由于是自己创编的游戏，更具有童趣和娱乐性，孩子们课间玩得不亦乐乎。

（2）家校联动，共同弘扬传统游戏

"翻花绳""跳房子""丢沙包"等传统游戏，是 70 后、80 后童年的美好回忆。这些传统游戏不仅安全有趣，更因其特有的文化性和时代性，成为开阔学生多元文化视野、引导学生初识文化差异的途径。在二年级的道德与法治课中，就有"传统游戏知多少""传统游戏我会玩"的内容。老师可以在课前布置任务，让学生去采访家里的长辈：他们小时候喜欢玩什么游戏？为什么喜欢玩？又是怎么玩的？然后把游戏的规则和玩的过程制作成 PPT 或录制成视频，在道德与法治课上

进行交流、展示。整个过程，学生既了解了传统游戏，收获了玩传统游戏的快乐，又享受了亲子之间的欢愉时光，还抒发了他们对祖先的敬仰，激发了学生的爱国主义情怀。

（3）跨学科合作，教授各类经典游戏

除了在道德与法治课中教授孩子们玩传统游戏，其他科任老师也可以结合各自的学科特点进行经典游戏的教学。比如说，在数学活动课上，数学老师教授学生玩"七巧板"，在玩的同时，还可以培养学生的观察力、想象力。又比如说，科学常识老师教授学生折纸飞机，比一比、赛一赛，看谁的飞机飞得远。学生们一个个兴致盎然，既动手又动脑；至于"飞行棋""五子棋""跳棋"这些棋类游戏，可以交给体育老师来教学。有意义的棋类游戏由于多个伙伴的参与，更能吸引低年级的学生。如果学校场地允许，体育老师还可以教授学生玩"老鹰捉小鸡""我们都是木头人"等经典的运动类游戏，让两节课中间的大休息，变得充实有趣。

2. 从游戏的环境着手

（1）开辟课间游戏区

老师可以带领学生在教室或走廊里开辟一个或几个小小的游戏区，游戏区里放一些桌椅和放置游戏道具的箱子。课间，便于同学们去专门的游戏区进行游戏，不至于大家混在一起互相干扰。

（2）增设游戏小岗位

由于低年级学生的自控、自律能力相对薄弱，在游戏时难免会因为一些小问题发生争执。所以老师可以增设游戏小岗位，由同学们自主报名参加课间游戏区的管理，负责宣布游戏的规则和游戏用品的摆放，必要时可以做小小安全员，和老师一起维护游戏时的秩序。

（3）结对互助共游戏

低年级的学生喜欢过群体生活，喜欢几个人一起做游戏。但是一个集体中总有几个比较调皮好动、约束能力弱的孩子，而他们又往往是文明游戏的干扰者。老师可以让这样的"小皮蛋"和自己心仪向往的小伙伴结成好朋友对子，发挥小伙伴的正能量，带动"小皮蛋"课间一起休息，一起游戏。关键时刻，能及时提醒，互相帮助。

低年级学生的课间游戏是困扰很多班主任老师的问题，其实只要方法得当，充分考虑这个年龄段孩子的身心特点，利用好家长、科任老师的多方资源，课间十分钟就是孩子们学本领、长知识、悦身心的美好时光。

执笔人：上海市静安区第一中心小学　胡燕

如何培养学生的合作意识，增强班级凝聚力？

- 【情景扫描】

上课铃响了，职初班主任小刘老师开始上数学课，恰好是教授竖式计算的内容。小刘老师想着计算内容较为枯燥，为了让小朋友们学起来有趣一些，更投入一些，她在教学过程中增添了不少"做做小老师"、一起拨一拨计数器等小组合作活动。可是"理想很丰满，现实却很骨感"，一到小组活动环节，有的小组就吵起来了："我先拨！""不好，我先拨，你先看！""老师，他总是霸占着计数器，不给我拨！""老师，她一直不说话，没有人和我讨论！""老师，我不想和他一组讨论，他一直被老师批评的。""老师，你明明说轮流做小老师，他总是做老师，一直让我做学生，我不要和他一组。"……小组活动全程，学生互不相让，"纠纷"此起彼伏，小刘老师就像居委会的调解员，不停地帮助他们解决活动中产生的问题。学具的使用先后等情况，在老师看来似乎微不足道，但却能让学生争执不休甚至脸红脖子粗。好不容易，一节课总算过去了，可小组合作活动的效果却让人大跌眼镜，完全出乎小刘老师的意料！明明师徒两人都在课堂中采用了一样的小组活动，但为什么师父的课堂上，学生小组活动如此默契和谐，而小刘老师课堂内的小组活动，学生却各管各、各做各的，乱成了一锅粥，课堂成效大相径庭呢？

- 【问题归因】

1. 以自我为中心

小刘老师课内组织的小组活动，需要学生一人做老师提问题，一人来回答，然后交换角色。可是很多小组都出现了争着做小老师，不愿意做学生的情况。这应该与如今大部分学生都是独生子女有关。每个孩子在家中都是家长眼中的宝贝，并且现在大部分的家庭，经济条件都不错，对于孩子们的各种需求，都会给予最大的满足。这样的成长环境导致现在大部分的孩子都以自我为中心：日常自己的想法、自己的要求，别人都得无条件满足他（她）；课余或生活中，别人犯了错必须向自己道歉，自己犯了错却可以视而不见、忽略不计，有时甚至是发一发脾气、哭一哭就蒙混过去，是典型的双重标准。

2. 缺少合作机会

我们时常看到在集体活动中，许多学生习惯自己玩自己的玩具，如果有其他小朋友想要玩他的玩具，往往不愿意分享。他们对于自己的玩具等物品有着强烈的占有欲，这是因为在家中，所有的玩具、物品，通常都归他一个人所有。他可以随心所欲，想玩哪一个就玩哪一个。即便有时家人、长辈会与其一同玩耍，但长辈总是会让着他们的，因此孩子很少能感受到与同龄人分享玩具的快乐，他们逐渐习惯了独享一切。于是，课堂上，在两人一组拨计数器时，由于计数器是个新学具，每个学生都对它很好奇，就出现了一人霸占计数器的情况。

3. 兴趣性格不一

每个学生的性格各不相同，他们有的天生爱讲话，在新环境中很容易就与新朋友打成一片；有的学生性格内向，就算与同学们相处了很久，在课间还是喜欢一个人坐在位子上看书、发呆等。这些孩子的性格、兴趣、能力，其实反映了他们与人合作、沟通的能力。课堂中，有的小组人人都抢"麦克风"，抢着发表自己的观点，不愿意倾听他人，争吵不断；有的小组却不愿意表达，不是各做各的，就是在发呆。

4. 他人评价干扰

有的学生在课间课上与同学频频发生矛盾，其他同学就会知道哪些同学不好相处，哪些同学和他玩在一起更开心，对此学生也会在私底下议论。那些经常与同学发生矛盾的孩子，老师也会频繁地教育他们。这一切，其他学生都是看在眼里的。所以，当有小组合作活动时，会出现不愿意与这类表现不好的学生合作的现象。

5. 创设合作不宜

职初教师在授课前，往往更注重教学内容的教授，想好了教学合作的大环节，预设了学生的回答，但是容易忽略学生年龄的特点、个性的特点，甚至是性别的差异。例如本案例中，小刘老师正是忽略了班级学生处于低年段这一特性，课前对于学生合作环节的细节，如：小组人员的配比、任务的分工、学具的分配等细节没有在意；小组活动只定了主题和要求，并没有指导学生如何合作、怎样讨论等。活动的开展全凭学生自己领悟，成效当然达不到预期。

【实践支招】

1. 指导育儿方法

家校合作可以帮助学生在家中树立正确地与人相处的思想。老师可以给予家长一些育儿指导，告知家长一些日常家庭教育中需要注意的地方，例如：吃饭时，应等长辈先动筷，孩子再吃；孩子爱吃的菜是红烧肉，可以适当地给孩子多夹一些，但是不能将整盘红烧肉放在他的面前，让他独享……学生以自我为中心并不是一天养成的，所以不能认为一天就能改变这种习惯，要从生活中的点点滴滴入手，才能改变以自我为中心的想法。

2. 创建合作机会

人员结构简单、活动环境相对封闭的家庭生活，其实也是适合培养合作意识的。家长不应该因为溺爱而忽视培养孩子的合作能力。家庭成员的育儿任务也可以进行分工合作：例如老一辈负责孩子的吃穿生活起居，爸爸妈妈管理孩子的学习习惯和行为习惯的培养。日常家庭卫生劳动，也可以给每人安排一个岗位，这样可以让学生感受到是全家人有条不紊的合作，才让这个家变得干净整洁。当孩子遇到困难时，也不是一味地包办，而是告诉他应该如何去做。此外，家长在家中也要正确客观地评价孩子，不应该将成绩当作一切衡量标准，可以与孩子的同伴进行比较，但是应将所比较的内容范围变大，例如德、智、体、美……甚至可以加入合作能力这一项，让孩子看看同学在班中是不是经常与人合作。学生只有学会合作，才能更好地融入集体，在集体生活中学会分享。

3. 发现各自优点

寸有所长，尺有所短。每个人都会有缺点，更何况孩子。每个人都需要有发现美的眼睛，有的孩子虽然比较调皮，但动手能力极强；有的孩子很话痨，但性格开朗，很有主见；有的孩子性格内向，不爱与人多交往，但会聆听……在日常的教育教学活动设计时，教师要通盘考虑，兼顾每一位学生在集体活动中的地位，注重根据学生的特点进行有效的组合,把性格内向的孩子和外向的孩子安排在一组,把爱出主意的和动手能力强的放在一组……这样兼顾优劣互补的分组,能够让每个孩子在合作中看到同组其他同学的优点,慢慢学会欣赏他人,悦纳他人,并逐步将他人的优点转化为自己的,从而达到共同进步。

4. 建立正确导向

尊重学生是每一位教师应具备的基本素质,尊重学生对于培养学生的合作意识有着极大的帮助。古人常说"无规矩不成方圆",班集体中也需有相应的规章制度。以往大多是老师直接制定班级制度,过于主观。所以在制定班规时,可以全班共同参与其中,让学生说说平时观察到的不好的行为。当班规是由学生和老师共同制定时,学生更愿意去遵守。特别是平时比较调皮的学生,原来没有参与班规的制定时,他们会选择与老师唱反调,但是当他参与其中,班规中有他的意见时,他会更加愿意去遵守。这种共同制定规则的方式将合作精神潜移默化地传递给了学生,长此以往,良好的班级合作氛围就产生了。每个人的转变,同学们都看在眼里,只有同学之间彼此认同,才能增加班级的凝聚力。

5. 改进指导方法

老师应该善于教给学生合作的方法。课堂上,除了明确学生所要学的教学内容要求,还应告诉他们如何进行小组合作:例如,在分组后,让学生组内推选小小指挥员等。每个学生可以先从自己擅长的岗位做起,在活动的过程中,逐步学习、尝试和适应更多的岗位,获得更多合作的机会,体验更丰富的合作成功的喜悦。

无论是学校还是家庭,其实都期望学生能融入集体,拥有团队合作的品质。通过家校配合,让学生无论是在家庭还是班集体,都能感受和意识到成员合作的重要性,都能努力学会与人合作,那么班级的凝聚力也会随之增强。

执笔人:上海市静安区第一中心小学 刘诗嘉

如何提高学生的自主、自律意识，促进班集体自主管理建设？

·【情景扫描】

小喻老师当了两年班主任，愈加感受到学生的自我管理能力差距逐年递增。能力强的孩子会主动表现、帮助老师做事，而有些孩子就显得不起眼。他们在班级生活中处于被管理的从属地位，时常游离于班级管理活动之外，在班集体中缺少担当、缺少话语权。久而久之，其能力水平和小干部们相比差了一大截。

小艾，就是一个总不能如愿以偿的孩子。在一次班干部竞选后，他垂头丧气地找到小喻老师："为什么我不能当小队长？我的成绩不差，也很热心。为什么同学们都不选我？"小艾的眼眶里已经有泪珠在打转了，低着头手上来回拨弄指甲。他真的很在意这个职务，可为何每次竞选，他在队员心目中的人气总是不旺呢？课间，老师私下分别询问了一些学生，谈谈对小艾的看法。淘气鬼元元说："小艾很热心肠，但有的时候太爱管闲事。"卫生委员兼同桌说："他自己的桌面经常乱丢纸屑。"课代表说："老师，您当时委派他做'本子收发员'，他一开始时很负责任，但没过多久就懈怠了，要催着才收齐本子。"

向学生了解情况后，老师便和小艾进行了一次谈心，让他明白了小队长的职责所在，以及怎样才能胜任好这个职位，谈话重点倾向于同学反映的问题。小艾也很有悟性，他结合队长竞选标准进行了自我反思。谈话后的几天，老师看到他的卫生习惯和小岗位任职情况都大有改善，很为他高兴。

但是一周后，老师发现他重蹈覆辙……

- 【问题归因】

1. 忽视管理热情

（1）聘任制度有待创新

"班长—班委—小组长"的班级管理模式，是将传统的成年人行政管理模式运用到未成年人的教育管理之中，只有少数学生担任干部，他们行使着对班级的管理职责。因此这部分学生的干部地位和职务意识不断被强化，而其他学生由于能力不突出，不受重用，缺少参与班级决策和服务大家的锻炼机会，始终没有"用武之地"，于是学生之间的能力差距越来越大，管理热情也没有被激发出来。

（2）管理尺度把握不当

学生自主管理有风险，管理尺度易过松或过紧。年轻班主任对于学生自主管理的理解容易走向这两种极端：第一种，认为学生自主管理等同于教师放手不管，全权交给班委管理。由于学生处事经验和能力尚浅，班级管理工作虽然进展迅速，但是往往办事不稳、容易走弯路；第二种是"假民主"，班主任没有从内心深处相信学生能力，还是牢牢把控着班级一切事务的管理。学生缺乏彻底"做主"的机会，因而没有"权力"在握的荣耀感。这种情况下，学生的斗志和效率未得到正向强化，管理无活力也是必然。

（3）管理人才未被"挖掘"

火车开得快，全靠车头带。选好带队"火车头"是班级自主管理有序进行的首要与关键。人才需要认真物色，需要伯乐赏识。并不是"所有金子都会主动发光"，班主任如果没有对学生进行仔细的动态考察，"人才"就会被埋没。像小艾这样的学生并不少，他们固然有缺点，但闪光点也不少，而且是在发展中的儿童。老师如果已经将其定性，没有好好把握他的优点，有意识地挖掘这些有潜力、有热情的能人干将，那么班内的管理团队就不会发展壮大。

2. 评价体系不完善

（1）评价人员不广泛

班干部能否高效、公平地开展工作，有赖于第三只眼的观察，即监督和考核。传统的监督机制，是班主任扮演"管理者"角色的一言堂管束、训斥和说教式教育，或者是教师提前安排好剧本让学生主持，围绕学生日常中暴露的问题大讲特讲。在这种评价模式下，参与评价和监督的学生不多，积极性不高。缺乏师生互评、生生互评的机制，忽视了学生自我监督和师生共情这两个关键点，存在导致学生和班主任"对着干、反着做"的隐患。

（2）评价内容单维度

职初班主任在刚接班时，最先关注学生的表面化行为。但是对于学生日常行为的评定如果仅仅停留于表面化行为，过分强调表面化行为的一致，不通过谈心等方式去倾听学生的内心，将会降低学生的积极性和创造性。此外，过分注重成绩也是一个误区，通过成绩等第来评判容易导致"有色眼镜"和形式化的现象出现，不利于对班级存在问题本身的分析与反思。

【实践支招】

1. 翻新管理体系

（1）建立核心智囊团

传统管理模式已跟不上学生个性特征的新变化和自主管理的新需求，基于学生"班级决策参与和服务意识不足"的现状，需要转变管理模式。若要建立一个自主且平等的班集体，首先需要一个核心的议事部门，由学生自荐报名、教师指导班委会选举，产生班级议事部门——核心智囊团，由5人左右的学生组成，一学期聘任一次，采用轮岗制。由核心延伸开去，按班级管理需要，分别配置具体岗位，以学生能力，量材录用。

（2）简政放权不放任

班主任要在开学初的两周带领班委开展各项工作，向核心智囊团明确管理职能，确保班级事务运行安全有序。核心智囊团的管理职能是：协助班主任制定班规；观察、督促同学日常情况；及时收集同学反馈并与老师沟通交流；对班级工作出谋划策，协助班主任开展班级管理工作等。总之，"智囊团"类似于"村民自治委员会"的角色，发挥班级学生自主管理的督察、议事和决策的功能。比如发现某天某学科作业布置偏多时，他们会及时主动向学科老师反馈并协调；当班级某位同学学习成绩下滑严重时，他们会主动成立帮扶小组对学困同学进行帮助；在参加学校大型活动时，他们会为班主任出谋划策，并承担活动的组织工作。

（3）岗位配置个性化

人才的发现至关重要，"全能型"人才比较容易挖掘，他们各方面优秀且突出，他们属于"多面手"，往往代表着班级的核心力量；而有一部分学生是"单面手"，他们在学习方面比较薄弱，但在某些事务上却有独当一面的能力。因此，针对这些核心团外的孩子，我们要根据其特点和优点设岗，做到"全员担当"，即让每位学生都分配专属岗位、参与管理。

班级生活的每一项具体事务交由每位学生去关注、检查。例如，"学科小达人"关注学科课堂、关注学科学习；"门窗电脑维护专员"管理班级门窗、电脑等电器的开关；"花卉仙子"承担班级花草、饰物的整理照料……每位学生自主选择，承担起班级至少一项具体的事务管理工作。这样一来，充分调动了学生创造性做事的意识，由学生自主定岗、自主命名、自主担任班级管理。

全员参与让孩子们不再是被制度约束、被"干部"管理的"群众"，而是班级文化、班级制度构建的参与者和创造者，让他们更具管理热情，在班级管理的实践活动中学会担当、培养责任。

2. 建立周期性互评机制

（1）评价形式全员化

"学生对自己做出的自我评价很大程度上受到周遭对本人评价的影响，特别是集体内部的评价。"学生互评是自我评价的一个补充，学生互相评价时往往是站在同一个高度来看问题，这样更直接，也更容易被学生所接受；学生在评价别人的同时，自己也会不断加深认识，甚至是对问题的理解上升一个层次，调动起自主参与管理的积极性，渐渐成为班级管理的主人。班主任可以把学生互评运用到每天的值日评价、自习课和期末的德育评价等，以此提高学生的自我约束能力。

（2）评价内容多维度

关于智囊核心团及各个岗位的评价，我们要求班级中每位学生在每月第二周的班会课上进行自主总结和互相评价，有表扬、有提醒、有建议。

例如：刘某某：我是礼仪检查员，本周着装情况：同学们上下着装统一，也按照要求穿了夏季校服。但 A 同学和 B 同学喜欢把衣服敞开，这样不仅会使班级扣分，还会影响班容。希望大家注意着装规范，同时我也会加大检查力度，请同学们一定要配合工作。

陈某某：我是餐盒小卫士。这一周来同学们用餐的整体情况是好的。但依然存在浪费现象，包括只喝汤不吃饭、饭吃几口就倒掉，还有些同学不注意，把水杯打翻，弄得周围水漫金山。同学们，这两年有些地方大旱，那边好多人连饮水都无法保证，我们却还在这儿浪费水，能行吗？希望大家节约用水。

在学生主持下，围绕日常管理中的具体问题和成效，学生展开自我总结评价。通过这一过程，岗位上的人员进一步明确职责，其他学生也意识到自己在班级管理和自身行为上存在的问题，从而实现了由教师管束式、训诫式教育向学生自我教育和师生共情、润物无声的教育行为的转变。

执笔人：上海市静安区第一中心小学　喻意钦

如何有效规范学生的日常言行，培养和提高学生的规则意识？

• 【情景扫描】

　　当第一节课预备铃声响起，几位同学拖着书包懒洋洋地走进来，李老师质问道："怎么又迟到了？还有没有时间观念？"此时，又有同学拿着水杯正准备出去倒水，李老师又大叫道："两分钟预备铃是干什么的？下课光顾着聊天了！"课堂进行当中，有的同学交头接耳，有的同学在偷偷吃零食，李老师把他们叫到了后排罚站，仅有的下课休息时间花在了教育他们上。饭后午休时，有的男生在走廊上"赛跑"，差点将捧着作业的李老师撞倒，李老师把那两位同学喊到了办公室，整整一个午休都在训诫他们。下午放学时分，有些同学玩起了扑克，时不时还能听到一些粗鄙之语。这时，李老师已然筋疲力尽，一声叹息。之后几天，李老师每次看到违纪行为时，几乎都会苦口婆心地教育这些违规学生，可是纠正之后往往好景不长，他们又会再犯同样的错误，李老师也束手无策了。似乎在这些学生的眼里，学校就像是游乐场，可以随心所欲，视规则为无物。李老师刚入职不久就喊哑了嗓子，整天疲于处理学生的违纪行为，苦不堪言。

• 【问题归因】

　　上述一些情形可能只是冰山一角，这类学生常常让职初班主任尤为头疼，他们会占用老师很多时间和精力来单独管教，并且很难通过说教根治；如果处理不当，还容易出现"人传人"现象，当人数众多时，班主任会分身乏术。想要根治，我们要先分析他们违纪的原因。

　　1. 缺乏规则意识、行为指导

　　学生在校的言行举止能反映出学生平时在家的表现，很难想象一位在家的乖孩子在学校会不断违纪。物质生活的进步使得很多孩子从小就受到全方位的关怀和宠爱，因此养成了比较有个性的性格，他们的规则意识比较薄弱，做任何事都是随心所欲，不考虑后果。俗话说：习惯成自然。家里的行为模式迁移到了学校，才导致经常做出逾矩的行为，所以家庭教育不当是学生漠视规则的原因之一。当然，学生缺乏良好的习惯，不能完全苛责于家庭教育，老师也有义务帮助学生养成好的行为习惯，一周五天的相处时间足以改正学生不当的行为，并提高该学生的规则意识。而职初班主任由于事务繁多，可能会疏于对学生进行行为指导。

2. 缺乏集体意识、健康班风

案例中同学们一天中做了不少给班级抹黑的事情，缺乏集体荣誉感；同样，也没有出现劝诫违规者、维护班级形象的同学，可见班级缺少优良班风。

一个文明班集体内很少会见到严重的违纪现象，原因在于它拥有健康、积极、向上的班风，同学们有良好的集体观念，希望能为班级增光添彩。试想班级里有一位同学开始使用带有侮辱性的网络用语，如果其他同学对这种行为嗤之以鼻，并加以劝导，他发现自讨没趣后便会有所收敛。因此，氛围的力量很强大，好的班级氛围能促使他人向上向善发展，品德优良的学生能带领其他同学，有时都不需要班主任出面，一些不良的苗头在即将成形之际就能被健康的氛围及时摁灭。职初老师在接手新班级的时候，没有班委，班风也尚未形成，缺乏良好的班级氛围并任其恶化的话，班级很容易走向歧途。

3. 缺乏持续性、决心和合作

孤军奋战的李老师到最后已放弃管教，并且始终没有和家长取得联系，也是原因之一。

一个孩子在成长过程中接触时间最长的人是家长和老师，因此家校合力至关重要。然而，现今这两方面教育都不足够，部分家长工作忙碌，将孩子托管于老人，老人把孩子当"皇帝"一般宠爱，怎能教会孩子优良品德？另外，有些老师在教育违规学生时显得有些畏首畏尾，生怕家长反对并且惹火上身；"三天打鱼，两天晒网"是不可取的。部分职初老师因为精力有限，对一些不良的班级风气教育不到位，有些老师甚至对一些违规行为习以为常，到最后索性选择放弃。最后，在对于孩子的教育上，家长和老师缺乏沟通，缺少合作，这也是学生行为规范不佳的重要原因。

•【实践支招】

我们都希望班级能安稳，学生品行端正，不闯祸，这是我们前进的动力。但是，我们也要清醒地知道：我们面对的几十条鲜活的生命还只是孩子，正所谓"人非圣贤孰能无过"，更别说处于童年期或青春期的孩子了。哪怕是一位向来循规蹈矩的学生，也可能在某一天犯错；哪怕是一个文明班集体，也会有一两个学生让老师头疼。但是，我们千万不能逃避问题，要想方设法解决问题，提高他们的规则意识。这里提供一些思路。

1.设立规矩，整顿班风

当职初老师新接班的时候，首先需要思考如何创造班级的氛围，试着想象一下理想中班集体的样子，例如：注重卫生、尊敬师长、上课不随意讲话、互帮互助……带着这些对一个优秀文明班级的憧憬，开学之际就组织一场与学生的共创，大多数拥有基本是非观的学生一定会提供更多正确的行为准则，这便是所谓的规矩，将班级学生都认可的行为准则整理之后，修订为班规。"无规矩不成方圆"，班级风气从这一步就逐渐建立起来。

在制定并出台班规之后，如何让学生自觉遵守成了一个难题。这个时候需要发动群众的力量，激发起他们内心的正义。当看到班级中有不良风气的苗头时，他们能尝试加以制止，或向班主任老师及时汇报。正能量在互相传递的过程中达到一定的阈值，形成积极向上的班级氛围后，偶尔出现的"歪风邪气"就会被正能量所吞噬。这样，职初老师的班级管理工作会轻松很多。

2.完善制度，调动积极性

持续向上的班级风气需要一套完善的制度。我们的角色是促进者，而不是掌控者，我们需要接着带领同学们完善制度，并调动其积极性。

班主任需要组织班委定期开展一次会议，总结最近在班级里发生的事情，若班规上有漏洞需要及时弥补，有不良风气的苗头要及时扼制。当然也可以让班委带领普通队员开展意见会，收集各方同学的意见，甚至可以邀请那些行为规范不良的同学，让他们参与其中能调动其积极性，从而主动思考自己的所作所为是对是错。

班规只是一行行冰冷的文字，没有温度。学生在违规的时候不会想到班规，因此我们可以通过一些奖罚制度来积极强化好的行为。可以让班委自行统计班级内同学意见，订好细则以及奖励或扣除的积分数，比如上课顶撞老师，便扣去该同学一定的积分；反之，如果某同学热心助人，应当有积分奖励。这些积分可以兑换一些奖品，例如文具、零食、免作业券等；扣分严重的同学将受到一些有意义的"惩罚"，例如校园清洁工作、图书馆整理工作等。

职初老师不必事必躬亲，而是尽量把主动权还给学生，让学生来完善规则。只有他们公认的规则，才会用心遵守。

3. 家校合力，持续关心

对于那些屡教不改的同学，老师务必及时与家长沟通，只有老师和家长达成共识，才有可能扭转该同学行为表现恶性发展的趋势。

首先，在和家长的交流过程中，了解一些客观情况，例如亲子共处时间、关系是否融洽等。若您是案例中的李老师，对于经常迟到的学生，一定要了解其家里的情况，并和家长取得联系。有一类学生，他们经常在学校里漠视规则，做出违纪的事情，原因竟是想要获得家长的注意和关心，所以只有事先了解家里的客观情况，才能对症下药。

其次，多共情，少责备。老师应以解决问题为核心，和家长共同分析学生的问题，设立阶段性目标，通过多鼓励、多表扬来帮助孩子实现。我们切不可报"流水账"，将学生所有的问题一股脑地讲给家长听，这样很容易造成老师和家长的关系疏远，一旦双方不处于同一阵线，学生的问题就更加难以解决。

往往我们在处理这类学生问题的时候会发现，一味地管教和限制毫无用处，只有走进学生的内心，他们才会往好的方向发展。

最后，提高这类学生的规则意识需要一个长期的过程，老师要做好打持久战的准备，在优良班风的加持下，才会事半功倍。唯有老师和家长劲往一处使，才能改变学生。

执笔人：上海市市西初级中学　金哲昊

如何在集体活动中培养和提高学生的责任意识?

• 【情景扫描】

放学没多久，小王老师收到了班主任工作群内"每周班级卫生检查结果反馈"，不禁有些郁闷：今日教室卫生检查，三（1）班又没达标。总护导反馈：教室桌椅没排整齐；垃圾没及时清理；总电源没有切断。为何班里的值日生工作始终做不好？王老师下定决心，这次一定要深究，找到相关责任人，好好批评教育和惩罚一番。第二天一早，小王老师了解后得知：昨天本该洋洋和小言值日。洋洋振振有词：他有社团活动，临时和好朋友悦悦换了值日。可悦悦也是一脸无辜：放学时他忘了这事，直接回家了。小言更是委屈至极，说教室里很脏，他一个人扫地、擦黑板、关窗……后来天都快黑了，接他的钟点工阿姨等不及，就把他带走了。学生似乎都不觉得教室卫生没做好是自己的错，他们每一个都在竭力撇清自己的责任。小王老师一筹莫展：学生值日懈怠，遇到问题急于推卸从侧面暴露了班级学生普遍存在的问题——缺乏责任感。

• 【问题归因】

为何班级的学生，普遍责任心不强？

1. 家庭教育越俎代庖，大包大揽

随着时代发展，学生家庭生活环境、物质条件等日益提高，而且很多家庭都是三代同堂，因此，日常家庭生活中，家长普遍比较宠溺、娇惯孩子。他们围着孩子转，孩子力所能及的事，家长都为之代劳：做完功课，家长帮着削笔、整理书包；上学路上，家长帮着背书包；鞋带松了，家长蹲下帮着系。孩子可以自己学着做的一些小家务劳动，如端饭菜、扫地、浇花、扔垃圾等，家长都全部揽下。

学生在家中习惯了饭来张口、衣来伸手的模式，这样，家长以爱的名义，剥夺了孩子独立自主、责任担当的能力发展。于是，学生遇到问题怕担责，互相推诿的现象也就屡见不鲜了。甚至有的时候，孩子做错了事情，家长生怕孩子挨批评，就把责任都归咎于自己。久而久之，孩子对自己应做的事情就缺乏责任心。

2.学校教育重学业成绩，轻责任教育

苏联教育家马卡连科说过："培养一种认真的责任心，是解决许多问题的教育手段。"就目前学校教育现状而言，受现代教育环境大背景的影响，家长、社会对于学校教育的评价往往过多取决于这所学校教育质量如何。在教育舆论影响下，教师的育人重点也失之偏颇，会过多注重提高学生学业成绩，忽略培养学生的综合素养，尤其是忽略对学生责任心的培养。很多时候，很多教师对学生责任意识的培养，停留于说教层面，如："我们每一个人，从小就要有责任心，我们要对自己，对家长，对国家负责任，将来成为建设祖国的新一代接班人。"长期这样的教育，学生责任心的培养大大缺失。

【实践支招】

当前社会，学生责任意识比较欠缺，培养学生高度的责任感，成为德育的重要内容，也是为培养学生成为人格健全的发展型人才奠定基础。教师可以在班集体建设中，有侧重地培养学生的责任心，鼓励学生自己的事情自己做，班级的事情抢着做，以培养和浸润学生的责任素养。

1.赋予责任意识

责任心不能强迫养成，而是一种自觉行为。要培养和增强学生的责任意识，首先要让学生懂得责任，明晰自己的担当。教师可以利用晨会、十分钟队会或主题班会课，开展责任意识教育。通过讨论、交流，明明白白告诉学生：什么是责任心？每个人都有自己的权利和责任，大人有大人的责任，他们需要工作养家、教育子女等。同样，孩子也有孩子的责任，孩子的责任就是自己的事情自己做，不会的事情学着做：按时上学，课堂认真听讲，课后按时完成作业，自己整理学习用品等。同时，在家为父母分担力所能及的家务事，也是自己的责任；在学校在班级，热爱集体，做好值日生工作，为集体争得荣誉等都是学生的责任。

2. 委以实践重任

教师可以组织、开展"我为班级服务"之类的活动，从而加强学生的责任心：根据班级日常需要，先设置一个个具体的服务岗位，然后全班商议明确岗位职责，接着鼓励学生自主选择服务小岗位，做到人人有岗位，人人明责任，人人有担当。又如，班级施行"小班长一日管理"。每日由一位中队干部和一位普通队员搭档，从进校到放学，自主管理好班级"早读、课间、午餐、做操……直至放学完成值日"全天的工作。聘请不记作业的"小马虎"担当"小助教"，每日班群内发布当天的作业或各类通知，鼓励和鞭策"小马虎"每日认真做好作业记录，及时发布重要信息。这样的"重任"和"殊荣"同样有利于培养和提高学生的责任意识。其实，无论是"我为班级服务"活动，还是"小班长一日管理"活动，或是聘请"小助教"，都是赋予学生责任，为学生创设践行责任的平台，让他们在实践活动中意识到：班级是全班同学的"家"，"家"要靠大家齐心协力一起管。"家"里的事要大家一起做，"家"里的每一个成员都应该为"家"出力。这样，学生在履行义务的同时，也增强了责任心。

3. 加以实践指导

教师培养学生的责任心，重在方法指导，在课内外、生活中，于细节处渗透具体指导，比如培养值日生的责任意识。在学生确认了劳动岗位，明确了岗位职责后，教师要手把手地指导学生学会劳动：扫地要从前往后，一组一组扫，值日生扫到哪，其他同学就协助挪桌椅；擦黑板，要先用板擦擦干净，然后再用湿抹布擦干净。又如，每日做好功课，要按照备忘录收纳好所有作业本；整理书包时，要学会对照课程表，把课本按顺序整理好；还要自己削好铅笔，备好文具……这样，将行为习惯培养渗透于日常每一天，落实于每一个细节，日复一日，日积月累，教师的指导就会转变成学生的一种习惯使然，继而转换成一种责任心、责任感。

4. 辅以榜样引领

榜样的力量是无穷的。教师要做有心人，善于发现班集体中有责任心、有责任担当的典型人物，以真实具体的事例，带给学生情感的冲击和内心的震撼，从而发挥"榜样"的示范作用，取得良好的教育效果。例如，树立劳动典型：班里有位男生原本很调皮，课间、午间总是闲不住，爱奔跑打闹、惹是生非。可是自从他认领了"擦黑板"的小岗位后，每次下课，都及时擦黑板；每天中午用完午餐，就主动默默打水，用湿抹布把黑板擦得如镜子一般锃亮。教师及时予以表扬，树立典型。这样不仅增强了这个男孩的责任心，也激励了这个小男孩的转变，同时也能增强全班学生的责任意识。

5. 给予担责勇气

教师要协同家长，善于鼓励和引导学生勇敢地承担责任。无论事情的结果是好是坏，只要是学生独立行为的结果，就应该引导并鼓励学生学会勇敢面对，自己担责。比如，学生之间发生矛盾，教师要教育学生，客观如实陈述事情原委，然后引导学生找出自己的问题与不足，接着找到弥补过错、改正不足的方法，最后付诸行动，即刻改正，这就是责任担当。有时，学生作业忘记带了，就实话实说，向老师承认错误，并自主认真补上作业，以后再也不犯同类错误，这就是有责任心。又如，开篇案例中，王老师可以引导三位值日生进行反思，当天轮到洋洋值日，洋洋临时和同学换了值日，那么放学时，洋洋有责任提醒悦悦践行约定，代为履行做值日的职责。悦悦既然答应了洋洋换值日，那么当天他就应该信守承诺，认真完成值日再回家，这才是责任担当。小言的表现是不错，一人独自打扫教室，但是他没有将值日做完，导致班级扣分，他也是有责任的。三位学生都没有尽职。在分别指出他们各自存在的问题后，王老师还可以鼓励他们自己设法弥补过错，比如：向全班同学做出检讨，或者第二天补一次值日等。这样的引导可以给予学生面对错误的勇气，有利于学生责任感的养成。

执笔人：上海市静安区第一中心小学　朱玉萍

新教师如何提升学生内驱力，培养自觉完成、按时上交作业的好习惯

- 【情景扫描】

"老师！今天的作业又没有收齐。"第一节课后，语文课代表向老师具体汇报了作业收交情况，一脸的无奈："小浩和翔翔两个人没交。小浩说自己忘带了，但我觉得他压根没做；翔翔说他做是做了，可是理书包时放在书桌上，忘了带来；今天晓华虽然交了作业，但还是我们提醒他，让他从书包里找出来的。他呀，每天一来学校，书包不理作业不交，就知道看书……"

课代表的一番"吐槽"，让小王老师陷入了沉思：即使已经到了三年级，每次各学科交作业，仍会时不时出现类似的状况。上岗没多久的王老师很困惑：为什么其他老师的班级收作业总是又快又齐？有什么办法可以帮助这些"不自觉"的学生养成自觉完成、按时上交作业的好习惯呢？

- 【问题归因】

回家作业，是一种巩固和检测学生当天学习成果最为快速、有效的形式。按时交作业表面上看只是学生日常的一种行为，其实根本上是学生的学习习惯和学习内驱力的外显表现。从上述案例情境的描绘中，我们发现同样是"不交作业"，但细分下来各自的原因还是不同的，一般可以归为三种。

1. 自身学科能力不强

以小浩为代表的这类学生，从客观上来说其自身在某一学科方面的学习能力比较薄弱。他们上课时常处于"听天书"的游离状态，有时走神发呆，有时做小动作，听讲成效不大。于是，到了课后做作业时，就会处于茫然的状态，要么长时间握着笔不动，要么索性空着不做。第二天来到学校，交不出作业又害怕被老

师追责，就只能谎称忘带。

这类学生另一方面往往惰性也较强，加之长时间缺乏学习的成就感和满足感，久而久之，他们易产生一种对学习、作业本能的抗拒感和畏难情绪。这一系列连锁反应，不仅会使学生在学习上的空缺越发突出，还会让老师和同学对其产生不信任感。

2. 作业管理能力不强

以翔翔为代表的学生，往往不拘小节，言行比较随性，学习起步阶段大多没有养成按时完成作业、主动上交作业的习惯，缺乏自我管理。小时候忘带作业、不能按时完成老师布置的任务，长大成人后多半也会延续这样的状态。如果说学习能力是由先天智力因素所决定的，那么自我管理能力，尤其是交作业这样的日常行为应该是后天训练所习得的。

大量的心理学研究表明：如果不及早重视和培养自我管理能力，学生原有的习惯很难更改，不良的习惯会根深蒂固。所以，对于新接班的教师，尤其是低年段的教师而言，应引导学生养成按时做作业并主动上交的好习惯，并在成长过程中逐步强化训练，从而形成稳定的自觉行为，这一点远远比知识的传授更为重要。

3. 学生身份意识模糊

当孩子处于"学生"的身份，最主要的责任和义务就是好好学习、认真完成老师布置的任务。作为三年级的学生，晓华显然还停留在需要别人提醒的状态。这类学生往往责任意识不强，依赖他人过多。除了和学生自身的性格有关，更多的是缘于家庭教育的缺失，他们往往会被好几位家长围着转，生活中被安排得妥妥帖帖的。但学校和家庭毕竟不同，他们往往不能很快地进行身份的切换，因而总是要在同学和老师的提醒、催促下上交作业，完成学生应尽的责任。

由此可见，由于没有养成自己的作业自己交、完成的作业按时交、布置的作业回家认真做这样良好的学习习惯，不仅给学生自己造成了麻烦，还给同学和老师留下了不好的印象。

· 【实践支招】

随着人工智能时代的到来，大量的数据和迭代的知识使得"终身学习"变得愈发可能实现。因而,维持良好的习惯、保持较高水平的学习驱动力在终身学习的时代背景下,显得尤为重要。作为陪伴学生终身的品质,"按时交作业"等良好学习习惯的养成,早已超越了学校和家庭仅仅在行为规范上的界定。针对此情况,建议新教师可以采取以下策略。

1. 加强个性化作业指导,提高学科能力

针对案例中第一种情况的学生,教师可以从难易度入手,通过布置个性化的作业来提高学生完成作业的能力,帮助他们逐渐提升学习的兴趣。

个性化的学习以尊重学生的学习能力为大前提,因此对于学习上有困难的这类学生,教师可以适当降低作业的难度。但降低难度并不代表只让学生做练习册上简单的题目,而是应该帮助学生去拆解题干,找到破解的方法,从而完成作业。在辅导学生作业的时候,教师要发现学生的卡点在哪里,从而对症下药。例如:有时是因为看不懂题目的意思,导致牛头不对马嘴;有时是因为解题方法不对,导致回答得南辕北辙。教师不能一味地指责学生为什么别人会做的题目你还不会,而是应该和学生站在一起共同解决。此外,教师还可以借助课余午休、学科爱心班等时段,通过面对面或网络平台,对学生进行个别化学科辅导和作业指导,从而逐步提高学生的作业能力、学科能力。

2. 建立激励制度,提高作业管理能力

对于第二种情况的学生,教师若要提高学生的作业管理能力,既要从培养学习习惯抓起,又要有针对性地建立专项激励。

良好的学习习惯不是一朝一夕就能够促成的,尤其是对于心智还未成熟的小学生而言。因此,我们要根据学生的年龄特点,根据教学的具体情况,结合能力增长的需要,循序渐进。在此过程中,教师可以和学生共同讨论建立小组激励机制。例如:比一比哪一组交作业的速度最快、完成的质量最高。通过一定的竞争,让组内所有成员都有一种参与感,既能提高他们对管理作业的重视程度,让按时、主动交作业成为一种习惯,又能培养他们的集体荣誉感。对于表现优异的小组可以进行一定的物质奖励。

3. 及时鼓励,增强身份认同感

第三种情况的学生往往爱看书、知识面较广,喜欢得到表扬和关注。教师可以从学生感兴趣的"书"入手进行引导。

对小学低年级学生要多树立一些现实生活中的榜样。一旦发现学生有较大的进步或者有明显的改善，教师要不吝夸奖，进行正向的反馈和适当的激励，让学生感受到自己的进步，感受到同学和老师对他的认可，从而巩固之前的成果，继续朝着既定的目标前进。如在班上多表扬一些上课认真听讲、作业工整、遵守纪律的学生，使其他学生自觉模仿，形成习惯。对学生取得的点滴进步，教师不仅要及时给予表扬，而且要在班上营造一种积极向上的良好氛围。对高年级的学生则要给他们多讲一些名人持之以恒、勤奋好学、刻苦钻研等方面的故事，引导他们多读一些课外书籍，从中感受良好习惯对一个人成材的重要影响，从而自觉培养良好的学习习惯。这样，有意识地树立榜样，不仅能增强学生个体的身份认同，还有利于积极向上的班集体学习氛围营造。

4. 严格要求，家校密切配合

其实无论是哪一类学生，学习内驱力的提升都需要学校教师、学生自身以及家长达成积极改变的共识，然后通过学生自身的努力，家校师长共同提醒、敦促其有所改观。这样，校内有激励机制，校外有督促机制，二者相互结合，帮助学生养成并巩固主动交作业的习惯。

小学低年级学生自制能力差，一些良好学习习惯易产生，也易消退，所以对他们要严格要求，反复训练，直至巩固为止。环境的营造对于学生而言是相当重要的。家长的言传身教、教师的潜移默化都会给学生的成长轨迹烙下深刻的印记。定期与家长进行沟通和反馈，能够更加全面地了解学生的变化，从而找到解决问题的突破口。

执笔人：上海市静安区第一中心小学　汤君婷

孩子经常不能完成作业，职初班主任如何处理？

- 【情景扫描】

小俊同学是一名学习、做事比较独立的高一男生，家中父母离异，平时跟随母亲生活，不喜欢主动与人交往。他右耳先天听力微弱，身体素质不强。自进入高中就读以来，他的成绩基本处于年级中上，但在学习过程中却经常会出现各科作业无法及时上交或不交的情况。刚入职不久的班主任对此感到担忧，一方面忧虑小俊同学不通过完成作业来巩固课堂所学的话，久而久之会产生学业差距；另一方面担心班级同学会受其影响，认为不交作业老师也不会拿自己怎么样。此后虽然班主任也与小俊的母亲沟通过，力求家校共同督促，但小俊的母亲经常上晚班，只能在晚饭时打电话叮嘱小俊，因此收效甚微。

万般焦急之下，班主任仔细观察起了小俊，发现他在课堂上经常低着头听讲，可当老师讲到他感兴趣或是不了解的地方时，他又总会抬起头来专注聆听。课后，班主任找小俊进行了单独沟通，先是夸奖他有自己的学习方法，能够结合自身情况自主汲取学习重点，随后又语重心长地告知他做作业的必要性，希望他能跟紧老师的节奏，及时地完成和提交作业。在交流过程中，小俊始终注视着老师并沉默地听着，可当班主任再一次询问他是否能改正自己目前的作业问题时，小俊撇了撇嘴说："我太累了，回家后就是用来休息的，我有自己的节奏，而且有的作业比较无聊。"这使得年轻的班主任老师不知如何是好。

- 【问题归因】

1. 家庭环境潜在地影响学生的学习心态

首先，每个孩子都来自一个独特的家庭，家庭环境潜移默化地影响着孩子的性格形成和身心成长。对于像小俊这样来自离异家庭的孩子来说，他们比较敏感又缺少安全感，对外界人和事的信任度不高。他们一方面可能会表现出不愿主动与他人建立联系，希望更多地获取自我掌控，另一方面内心又渴望着被人关注、被人认可。就像案例中的小俊，他在学习生活中常常独立做事，会关注自己的学业情况，向外取己所需，但就是不愿意别人否定他对自己的学习安排，因而也就不愿意按部就班地听从老师建议完成全部的作业。

2. 学生的身心需求优于学业需要

其次，每个孩子的身心成长状况都不同，内在的需求也各异。身心健康情况不同的孩子，他们的学习兴趣、学习精力、学习内驱力等都会显示出差异。案例中的小俊体质相对较弱，他对自己的身体健康状况比较在意。因此，在学校高度紧张的学习结束后，充分的休息的确会是他的生理需求。

当然，除了生理需求上应给予关注外，小俊同学更需要的是心理上的关怀。由于怕受伤害，小俊习惯于在人群中封闭自我。加之由于母亲工作时间较晚，无法面对面地倾听、陪伴小俊，从而导致小俊所有的情绪、困惑等都要自己消化解决。因此比之于提供学习帮助，小俊更需要有人能真正地倾听他、理解他。

3. 课后作业设计机械，缺乏趣味性与选择性

教与学应是师生间良性的互动。布置作业不仅应从教师角度考虑其是否能有效反馈教学效果、巩固深化学生学习能力，同时也应结合学生的心理需要和社会实践需要等，设计一些能够激发不同学生思考兴趣的作业。当下，多数学校的作业设计确实存在形式单一、缺乏弹性等问题，这也会导致学生在面对课后作业时学习动力较弱，进而不愿完成作业的问题。

4. 不了解学生的真正需要，致使有针对性的家校帮助缺位

一个学生无法及时或不愿完成作业，背后肯定有其原因。教师和家长在引导孩子直面问题前，必须全面地了解和理解孩子的真正需求。对于学生来说，他们需要的首先是理解者，而后才是引导者。面对学生经常不能完成作业的情况，教师和家长只有走近孩子，找到他真正的需求点，才能让家校帮助切中肯綮。

• 【实践支招】

1. 理解与对话，师生共同寻找产生作业问题的根本原因

有温度的沟通是叩开心灵之门的良方。面对未完成作业的学生，教师固然会有生气、焦急等情绪，总想快点帮助学生解决学习问题，殊不知欲速则不达。教师不妨心平气和地和学生坐下来，先进行一场对话，倾听和理解学生的难处，再提供有针对性的帮助。

所谓对话并非教师单方面地站在道德和规则的高地上进行演讲，而应是调整情绪，平等理解，双向交流。对话时，教师需学会多询问和倾听"你信息"，多使用"你感到""你认为""你希望"等句式，这样更能够传递出尊重和理解的信号。反之，"我感到""我认为""我希望"等句式则更容易激起学生的抵触心理。同时教师可以先和学生聊一些日常话题，然后再回归到作业问题的探讨。在倾听的过程中，教师的眼神、肢体都需要传达出肯定和专注，从而给予学生被尊重、被理解、被接纳的安全感。

2. 考虑"师生""家校"二者的对话顺序，家校沟通时预先准备好对话内容

职初教师在处理教育问题时，往往希望有更多支持者与自己一起去解决问题，于是常常在第一时间联系家长。家校合力无可厚非，但是教师应考虑好"师生""家校"二者的对话顺序，并预先准备好对话的具体内容，否则或许会激化师生矛盾，并引发家长不必要的担忧。

联系家长前，教师可以先思考以下四个问题：我是否对学生状况了解全面？告知家长学生在校情况后是否会使学生产生抵触心理？与家长联系时要向他了解些什么？有哪些亲子沟通建议我可以提供给家长？对于教师来说，只有全面地了解学生及其家庭两方面信息后，方能为两者的有效沟通、解决问题搭建起坚实的桥梁。

3. 开展关于作业问题的主题班会，生生互助"约法三章"

为避免个别学生学习问题诱发班级性"传染"，最好的解决方式就是让班集体成员一起来认识问题和解决问题。而教师引领下学生自主组织的主题班会，恰能一定程度上引导学生自我教育、自我管理。

针对形形色色的作业问题，班主任可以组织一次"我眼中的作业"主题班会。可以试着让学生讨论如下问题：自己近期在做作业时的心情；是什么导致自己做

作业时会产生不良情绪；自己认为做作业的意义是什么；什么样才叫作真正地会做作业；自己希望老师们能够布置怎样的作业……当然，班主任也可以邀请不同学科的老师，进一步和学生谈谈从教师角度来看完成所布置的各项作业的意义。最后，班主任还可以组织班集体成员共同讨论制定一份"我们的作业公约"，明确限定完成和提交作业的要求以及相关的小惩罚。这样，通过"约法三章"，教师能借助群体的力量对学生个体产生一定的约束力。

4. 了解各学科的作业布置情况，沟通协调实现共赢

当然，学生经常不能完成作业有时候也可能是作业布置的质与量出现了问题。虽然有时单从一门学科来看作业量并不算大，但对于像小俊一样的高一学生来说，一旦学习的九门功课都布置了课后作业，从总量上来看并不算少。加之有时候作业形式比较单一，学生写作业的内驱力相对就会较小。作为班主任，教师可以先询问部分不同学习水平的学生，了解在他们眼里每天的作业总量是否适切，以及对于不同学科作业是否有想要和任课老师沟通的地方。随后，班主任可将学生的某些合理需求反馈给相应的任课老师。沟通时既要肯定任课老师对孩子们的关心和负责，又需将学生真实遇到的问题理性地与任课老师进行交流。

执笔人：上海市新中高级中学　沙伊露

职初班主任遇到学生故意违反课堂纪律，怎么办?

• 【情景扫描】

刚从师范大学毕业的小王走上教师工作岗位后，担任了一个班的班主任。她满怀热情，好学上进，却遇到了一个让她极其苦恼的问题。部分学生在有些老师的课上爱插嘴讲闲话，或是听课心不在焉，还传小纸条闹着玩。那天，英语老师把小杰拉到了小王老师的办公室。原因是小杰没有按照要求做好默写的准备工作，还在课堂上故意转笔，扭动椅子发出杂音，在英语老师制止后还不停止，惹得同学有的笑、有的喊，有几个甚至起哄看热闹。英语老师气不过，就把他带到了小王老师的办公室，找小王老师告状，要求她好好管管班级纪律。

• 【问题归因】

1. 自身缺乏纪律观念，自控能力弱

课堂上故意违反课堂纪律的学生，一般来说都是自控能力弱，漠视课堂纪律的。他们习惯于在课堂上想干什么就干什么，想说什么就说什么。这与孩子的先天性格和家庭教育的缺失有很大关系。家长也拿孩子没办法，亲子关系紧张。

2. 渴望吸引他人关注，获得存在感

故意违反课堂纪律的学生，因为在日常生活中受到的批评教育比较多，在班级里渐渐地被冷落，没什么朋友。加上学生数量多、教师精力有限以及完成教学任务的压力等因素，使得教师在课堂上无法关注到每个学生。因而，一些学生便误以为要想得到老师的关注，就要违反课堂纪律；或者别的同学不敢违反课堂纪律，而这些同学就误以为自己违反课堂纪律，会让其他同学觉得他们厉害，从而可以得到同学们的关注，获得在班级里的存在感。

3.师生关系不够和谐，"欺负"任课老师

有的老师与学生关系过于随意，在班级里没有树立起威信，导致学生的行为完全不受约束。学生很"聪明"，他们了解了老师的脾气个性之后，就知道在什么老师面前可以"放肆"一点儿，在什么老师面前要"老实"一点儿。有的老师与学生关系疏远甚至紧张，导致学生不愿意上他的课，进而出现故意违反课堂纪律的情况。

4.觉得课堂内容无聊，丧失兴趣

课堂教学如果冗长乏味，无聊沉闷，或者听不懂，那么一些组织性纪律性较差的学生就会想制造点动静出来，从而通过扰乱课堂纪律来表达不满。

5.学生自身情绪波动，借课堂发泄

青春期的孩子情绪不稳定。当学生因为与家人或者与同学发生矛盾，抑或是因为考试成绩不理想，而导致处于情绪波动或者烦躁的状态时，极易引发违反课堂纪律的行为。这可以说是一种情绪的宣泄，与课堂教学本身并无关系。

- 【实践支招】

1.了解心理需求，积极对话

（1）客观沟通，了解情况

当遇到学生故意违反课堂纪律时，班主任要冷静处理。首先要客观地展开调查，可以先和班长、纪律委员、课代表等班级管理人员进行沟通，了解事情的主要经过。切勿简单粗暴地批评打击，否则很容易造成师生关系紧张，且长此以往不利于良好课堂氛围的形成。然后和违反课堂纪律的学生在一个相对安静的环境中进行单独的对话沟通，谈话过程中尽量对事件不带有既定的感情色彩。

（2）准确析因，对症下药

在了解了事情的来龙去脉之后，要引导学生说出这么做的原因。若学生沉默不语，或者给出的理由敷衍了事，则可以该行为可能产生的后果来引导学生做出反思和价值判断。通过摆事实讲道理，让学生明白违反课堂纪律的行为于人于己皆不利，从而真实地表达自己的想法。班主任根据学生的表述和自己的观察，准确地分析背后的原因。

（3）帮助改进，提升修养

无论是哪种原因，学生在课堂上故意违反课堂纪律，都显示其缺少教养，不顾及他人感受。因而，在学生意识到自己的问题之后，班主任进一步引导并陪伴他去向任课老师认错并道歉。接着，便要重点加强对学生个人综合素养的提升。可以和学生进行一些约定，订立改进的目标。同时，班主任要正确看待过程中的反复，坚持引导，耐心应对。此外，在生活中多关心、多谈心，和学生建立情感连接，对于其课堂纪律问题的改善亦可起到积极的作用。

2. 增强纪律意识，营造氛围

（1）建章立制，严格执行

针对班级已经和可能出现的纪律问题，班主任可组织学生讨论，在达成共识的基础上，制定相关的规章制度。针对不同的情况，采取不同的处理方法。制度要严谨，易操作，在班级管理的过程中严格执行，从而有效地约束、引导学生的行为。

（2）集体引导，营造氛围

学生生活在班级的大环境中，其个人行为势必会对集体产生影响，因而集体的态度非常重要。如果违反课堂纪律的学生属于自身缺乏纪律观念，自控能力差，在班级里没有好朋友，常遭到同学们的嘲笑，甚至被孤立，则要引导同学们真诚地接纳他，帮助他，让他感受到集体的温暖，从而收敛扰乱课堂的行为。如果违反课堂纪律的学生属于有一种错误的价值观，误以为自己违反课堂纪律，会让其他同学觉得自己厉害，且每一次他故意违反纪律，在班级里还会有同学应和，让他觉得自己有市场，那么，则应该在班级里引导同学们，面对不守规矩、故意扰乱课堂的同学，要表明态度，表达不满，全班一起抵制不守纪律的行为，从而在班级里营造遵守纪律、共同维护课堂秩序的良好氛围。

3. 加强沟通协调，和谐关系

（1）换位思考，树立威信

在日常管理中，要慎用突发事件的惩罚，一旦不谨慎就有可能造成情绪的愈发对立。可以尝试着通过一些课堂环节的真实体验，让学生印象深刻，也学会换位思考，从而理解老师的良苦用心。此外，班主任要努力帮助任课教师树立威信，主动宣传任课老师的特长、教学成果、对班级的认真投入等，树立任课老师的形象。在任课老师面前，多讲讲学生对他（她）的期待，给老师以幸福感、满足感。

（2）丰富活动，搭建心桥

在班级活动中，班主任可以提醒学生邀请任课老师参与，大家一起在活动中交流沟通，拉近情感，可以更好地亲其师、信其道。作为班主任，多给孩子们几次改进自我的机会，多给老师们创设师生沟通的温馨平台，可以为师生架设一座和谐共生的心灵之桥。

执笔人：上海市风华初级中学　蒋典雅

职初班主任如何设立符合实际的班级发展愿景？
——广泛学习、关注发展、综合评价

- **【情景扫描】**

工作刚满 3 年的王老师，新学期担任起始预备年级的班主任。小王老师满怀对教育的热情，憧憬着带领全班 30 多位同学迈向成功辉煌的彼岸。假期入学教育，王老师情绪激昂地引导同学们："各位同学，这次入学教育会根据大家表现，评选最佳班级，我们一定要成功。"结果并不理想……校运会临近，"下周我们开校运会，大家放学后去操场练练，我们争取拿个总分第一"。但由于预备年级与初一年级在一个组别，王老师的班级被初一的 4 个班级横扫……期末考试临近，王老师再次给全班鼓劲："期末考，大家加油呀，如果我们三门成绩都比其他班高，我请大家吃可爱多。"结果仍没有达到目标……慢慢地，王老师发现班级氛围整天死气沉沉的，同学们好像做什么事都不是很积极，王老师也渐渐陷入了迷茫：追求优秀（第一）不对吗？还是自己的方式有问题？

- **【问题归因】**

1. 理论学习及实践经验缺乏，影响了愿景设立的科学性

职初班主任，刚刚进入建班育人的角色岗位，还没有经历系统的相关理论学习，也缺少实际的建班育人经验，对于班级发展愿景的思考往往会比较茫然。一个班级从组建、发展到成熟，会有一个较长周期的循序渐进的过程，如果仅仅靠自己"头脑风暴""闭门造车"，往往设立的班级发展愿景不一定符合校情学情，影响了愿景设立的科学性。

2. 班级阶段目标不清晰，模糊了愿景设立的发展性

"举止文明、环境高雅、学风浓厚";"品行端正、学习优良、特长鲜明";"自信、自律、自强";"自主、合作、探究"……综观现状，班级目标的设立林林总总，其内容涵盖品德、品格、素养、班级氛围、学习风气、管理品质、制度建设、人文教育、师生关系等，五花八门。一个班集体确立了共同的班级愿景才能目标一致，同心同德，齐心协力，在为共同目标的奋斗中培养强烈的集体荣誉感。不少职初班主任在设立班级发展愿景时，这也想要，那也想要，结果导致愿景形散意广，反而无法突出重点，导致班级的发展路径十分模糊。

3. 缺少学生参与，缺失了愿景设立的认同度

班级发展愿景是整个班集体的发展方向，班级的主体是学生。作为班级发展目标，要发挥引导、推动、激励学生积极奋斗等功能的前提是，愿景设立需要充分凝聚班级学生的价值认同。有些职初班主任在设立班级发展愿景时，凭借自己学生时代的经历，或者完全依托自己的价值认定，脱离了班情学情。这样的愿景目标提出之后，无法充分引起学生内心的价值共鸣，自然就很难吸引和鼓舞学生前进。

【实践支招】

1. 广泛学习

作为职初班主任，育人理论相对缺乏，实践经验也相对缺少，这就需要进行及时的学习。对班主任来说，目前市区校都有广泛的学习平台：上海市班主任高研班、上海市班主任实训基地、上海市班主任名师工作室、区班主任工作研究坊、区班主任研究中心组、校青年班主任工作坊……众多的高端学习平台，都是我们班主任汲取"营养"的优质沃土。除此之外，各校带教制度、班际同仁互助学习等也是非常系统和接地气的学习方式。在设立班级发展愿景时，我们可以先与身边同仁交流，进行自我提升之后的班级愿景设立才会更加精准、有效、优质。

2. 关注发展

一个班集体的产生、发展不是一成不变的。一个班的学生，从刚刚组建的群体发展为坚强的班集体，或许需要经历一个发展过程。

（1）形成时期（组建阶段或松散群体）。班级初建，组织形式建立。这时班级

的核心与动力是班主任本身，班主任要对学生提出明确的集体目标和应当遵守的制度和要求。

（2）发展时期（核心初步形成阶段或合作群体）。班级核心队伍成长，班级的组织与功能比较健全，班主任与集体机构一起履行集体的领导与教育职能。

（3）成熟时期（集体阶段或自主活动）。各种学生小群体在相互交流、为实现班级目标而共同奋斗的过程中，彼此融合而成为班级组织的有机组成部分，班级群体逐渐发展成为作为教育主体的班集体。

因此，这就需要我们将班级发展的"终极"愿景，结合班级发展阶段特点、学生心理年龄特点、班主任自身特点，细化分割为不同发展阶段的小愿景。例如"自信"：低维阶段，进校/在校内，看到陌生老师主动热情招呼就是一种自信；中维阶段，积极参与各类活动，不断在公共场合"多亮相"，展现风采也是一种自信；高维阶段，积极参加社会实践，在各类领域中能够带领团队，解决问题、获得成功，更是一种自信。

3.综合评价

在实现共同目标的过程中，及时地反馈信息、科学评价的公平激励是非常重要的环节。如针对学生中正确的思想、良好的行为、积极的态度、可喜的成绩及时给予肯定、鼓励、赞扬、奖励，使同学们有成功的体验，激发成就感，激发更大的积极性和创造性。不断在评比评价中，树典型、扬正气、表扬先进、激励后进，形成良好的班级环境。具体评价方式可以结合自我评价、互相评价、项目评价等，也可以有基于学生起始基础的特色评价，基于发展形成的过程性态度评价等。

执笔人：上海市久隆模范中学　汪珏

如何对小学学段学生采取恰当的评价方式与激励机制？

- **【情景扫描】**

　　小徐是一名职初教师，面对一群初来乍到的"小皮娃"们，她非常渴望得到家长的认可与孩子们的信服。于是她通过积分奖励的方法，让孩子们通过积分来兑换小奖品。如此一来，孩子们的积极性都很高，班级进入了前所未有的"高光时刻"，只要提到积分券，孩子们就会听从老师的指令。然而好景不长，孩子们对积分券的渴望出现了两种不同的态度。一类孩子始终非常渴望积分券，会因为积分券的获得和失去而情绪起伏。在老师布置一些班级劳动任务或进行学科练习时，学生非常关心能够获得的奖券，或在任务完成后主动向老师讨要奖券。如此一来，学生的关注点和驱动性来源于教师的物质奖励，而非规范自己的行为本身，内驱力逐渐变弱。另一类学生则因为表现不够优异，很少能获得教师的奖券，久而久之抱着一种破罐子破摔的态度，不再具有积极性。

　　不仅如此，家长也对该措施有一些建议与反馈。如，小徐老师在奖品中设置了孩子们非常喜欢的棒棒糖，之后收到家长委婉的建议，表示孩子有龋齿的现象，在家中已经戒甜食了，但是老师发的奖品孩子却一定要吃，家长表示担忧。对此，小徐老师觉得非常伤心和困扰，她付出心血设立了积分制，还给班级孩子购置奖品，为什么最后的效果却和她预想的有所出入？究竟怎么做，才能合理有效地对孩子进行评价与激励呢？

- **【问题归因】**

　　低年级阶段正是学生树立正确价值观、养成良好学习习惯的关键时期，该阶段的班级管理至关重要，而教师对学生的引导与教育则是重中之重。在这一基础上，应当在教育实践中通过评价与激励，为学生树立正确的目标，充分激发学生的自主性，从而达到自我教育。在这一环节的实施过程中，小徐老师主要有以下两项问题。

1. 激励方式过于单一，过分依赖"物质激励"

小徐老师的激励方式主要以物质奖励为主，起初施行效果较好，长此以往，学生将良好的行为习惯与物质奖励紧密联系在了一起，在自我激励与自我进取方面反而缺失了，他们意识不到优秀的表现是为了自己，而是为了获得老师新奇的奖品，过分依赖物质奖励的刺激，从而埋下了隐患。事实上，在班级管理过程中，评价与激励方式应立足学情，根据学生心理需求，进行丰富与调整。

2. 评价与激励方式没有做到"因人而异"

小徐老师采用了"一刀切"的评价与积分激励制度对学生进行管理教育，事实上，学生的学情和个人特点各不相同，有文静、乖巧的学生，也有调皮、自控力较差的孩子。有学有余力的优等生，也有需要提高的"后进生"。通过统一的标准对学生进行评价，忽视了学生个体的不同需求。只有根据不同学生的个人状况与心理需求，设立分层、多变的评价激励方式，从学生的最近发展区出发，才能充分落实有效的评价激励制度。

• 【实践支招】

在班级管理中，教师的评价机制就像无形的标杆与指明灯，时刻指引着学生进取的方向。教师的激励则如孩子的强心针，通过合适的激励方式调动孩子的积极性和自我驱动力，引导他们形成发自内心的精神力量，不断自我完善与发展。在这里，对有效实施小学阶段评价激励制度进行梳理与陈述。

1. 立足个体，施行个性化评价方式

每一个学生都是不同的个体，教师应当从学生个体出发，关注每一位学生所匹配的能力目标与心理需求。根据每一个学生的"最近发展区"，设立他的进步目标，依此对其表现进行合理评价，才能充分调动每一位学生的积极性。

在这一过程中，教师应当引导、鼓励学生充分参与其中。如请孩子制作一份自己的"成长档案袋"，或是每周、每月设立一个小目标，并在整个评价机制中引入目标管理。无论是班级或小组的群体目标，还是孩子的个人目标，都要让每一位孩子参与其中，以此深化孩子的集体意识，同时增强他们的责任感。目标的设立应当进行分层化，学优生、中等生和学困生的目标各不相同，依据目标的达成度进行个性化评价。除了教师评价外，也要充分利用集体的作用，适当展开"生生互评"的集体评价机制，让学生在评价他人的过程中提升参与感，同时通过这一过程反向审视自身，发现自己的问题与不足。

通过分层目标设立与个性化评价方式，确保每一位学生都能在自己的"最近发展区"中尝试进步。

2. 多管齐下，实施多元化激励机制

合适的激励是学生心理能量的来源，能够合理用好各种激励手段，就能使学生始终向着明确的目标不断努力，最终达成自我教育。构建合理的激励机制，是现代化班级管理的重要标识，通过充分提升学生的积极性，使班级成为一个向上、团结的凝聚体。教师应当依据学生学情与心理特点，抓住教育时机，使用不同的激励方法。

（1）语言激励法

小学生都有向师性的特点，非常在意来自教师的肯定与鼓励。语言激励是教育实践中最常见、最普遍的方法之一，事实上，如果能够用好语言激励，同样能给予学生正确的指引与巨大的鼓舞。然而，一味地夸赞和批评都是不可取的，语言激励应当包含两种信息，其一是对于学生行为的实时评价与反馈，对学生行为给出指引方向，其二则是情感上的交流与沟通，通过语言激励与学生进行情感共鸣，让他们更主动地向着老师指引的方向前行。语言激励的形式丰富多样，需要教师根据学生特点和时机进行选择。如，对于高自尊的孩子，当众表扬的效果往往出奇的好。对内向、情感细腻的孩子提出批评，教师可以选择私下沟通或书面交流。

（2）班级职务及荣誉激励法

小学学段的孩子已经逐渐拥有了自己的个性和特点，表现欲与竞争意识逐渐萌芽，班集体正是进行群体教育的最好场所。教师应当充分利用这一资源，通过"无形"的荣誉或班级职务对学生进行激励与褒奖。如设立班级小岗位与小干部，定期进行表现评比，施行班级干部轮岗制等，荣誉激励旨在设立明确的目标，鼓励孩子驱动自我，不断向着目标前进。在这类激励法的实践过程中，教师需要关注到每一个孩子，职务及荣誉的设立要分层化、多样化，有"学习之星"，也应有"劳动之星"，有表现优异奖，也应该有最佳进步奖。尤其要关注班级中下游的学生，同样给他们展示自我的舞台，推动他们的进步热情，做到因人而异，因材施教。

（3）物质奖励要适时、适切

盲目使用物质奖励会使学生的学习目的逐渐产生偏移，从"自己想要获得知识"逐渐变成"想要获得奖品"，长此以往，容易造成学习主动性丧失。然而，物质奖励也并非洪水猛兽，并具有见效快、趣味性浓的特点，同样能拉近师生感情。但是教师要在适当的时间，正确恰当地使用物质奖励。

首先，物质奖励的选择应当谨慎，需避开具有负面作用的奖品，食物奖励要保证健康安全，其他奖励要注意具有正确的价值观，并适合该年段的孩子。

同时，物质奖励具有导向性不明确、维持动力时间较短的缺陷。教师应当将物质奖励与精神奖励相结合，保证该奖励的价值观导向性，同时在精神层面提升这一奖励的驱动力，将物质奖励的效用最大化，起到"锦上添花"的作用。

以上是关于评价激励机制施行的建议与方法。合理运用评价与激励机制，能够使班级管理更高效，班级凝聚力更出色。

执笔人：上海市静安区第一中心小学　杨璐华

如何发挥榜样作用，引导叛逆期的学生学习他们的闪光点？

· 【情景扫描】

班长小王学习成绩优异，为人友善正直，能力出众，深得班主任和同学们的信任和喜爱。在每学期末的评优评先选拔中，他总是高居榜首，是名副其实的好榜样和模范学生。然而，随着时间的推移，班级里有几位男同学对小王产生不服气的情绪，甚至到了有些敌意的地步。比如小李过度关注小王同学的一举一动，只要逮住小王偶尔犯的小错误，或是某次小测小王的成绩不够理想，就无限放大，幸灾乐祸，恨不得敲锣打鼓、广而告之；与此同时，小王的行为稍有差池，小孙便十分关注老师的处理方式。一旦老师的处理力度未达到他的预期，小孙就认为老师偏心，不够公平。很显然，这样的情况违背了老师在班级中树立榜样的初衷，这几位同学造成的舆论波动也对班级文化建设产生一定的影响。为此，年轻的班主任陷入了深深的困惑……

· 【问题归因】

班主任在班级中树立榜样，目的是利用榜样人物的成就、行为等影响学生的思想、情感和行为，帮助他们形成优秀的品德，成为更好的自己。事实上，榜样示范法也是经无数教育实践证明行之有效的一种方法。可是，为什么如此经典的德育手段也会出现水土不服的情况呢？

1.青春期逆反心理作祟

首先要从孩子们的心理变化说起。初中低年级的学生处在由儿童期向青春期过渡矛盾阶段：他们身上还留存着儿童期的幼稚心性，青春期的逆反心理又逐渐开始生发、萌芽。根据埃里克森人格发展理论，青春期的主要任务是建立一个新的同一感，青春期的孩子非常关注自己在别人眼中的形象，以及他在集体中所占的情感位置。这一时期，他们面对自我同一性和角色混乱的冲突，追求和渴望来自外部（尤其是同辈）的肯定与认可。与此同时，他们开始产生自我意识，不再对师长的教导言听计从，却还不够成熟，心理处于半独立、半依赖的状态。种种矛盾致使他们常常做出失之偏颇的鲁莽行为，这些行为背后不是完整的逻辑，只是冲动的情绪。

老师在班级内部树立、宣传榜样，本意是想激起青少年的斗志和内驱力，引导他们向榜样看齐。小李自然也渴望来自老师和同学们的认可，成为榜样和焦点，成为大家赞不绝口的模范学生，然而，心理状态敏感而矛盾的他，面对老师和家长反复表扬和宣传的"别人家的孩子"，为了证明和宣告自己的独立和自我，维护自尊，反而产生了本能的排斥和反感情绪。因此，为了表示自己的不服气，他拿着放大镜寻找小王的瑕疵，恨不得让全天下都知道：老师天天夸奖的小王也就不过如此。

2. 职初班主任公信力有缺

个别孩子之所以会对班主任树立的模范学生产生敌意，还有一个重要的原因，其实在于他们对年轻（职初）班主任不够信任。前文提到，模范学生小王的行为稍有差池，孩子们关注的不仅是小王，更关注老师的处理方式。一旦老师的处理力度未达到小孙的预期，他就认为老师偏心，不够公平。与经验丰富、公信力十足的老班主任相比，职初班主任显得不那么"德高望重"。他们树立的榜样可能一开始就未能得到一些同学全心全意的认可，倘若在一些事件的处理上，职初班主任未能做到标准统一、一以贯之，那么被质疑就再正常不过了。

倘若仍由这样的声音滋长而不加以引导，不仅会对班级的风气与班主任的威信产生不良影响，而且不利于这部分同学的心理健康和人格健全。更严重的是，如果这样的声音形成一股力量，那些被树立为榜样的同学恐怕也会产生自我怀疑，甚至可能遭受某种程度的校园暴力。因此，职初班主任在关注到这种现象时，应当马上采取行动，阻止其进一步发酵。

• 【实践支招】

1.营造积极正向的班风

班级文化的建设分为班风与学风两方面，班风是集体中一切行为的土壤，是班级文化建设中至关重要的基石。而班风的形成具有自发性和稳定性，一经形成，便难以更改，因此，职初班主任一定要抢占领地，防患于未然，播撒真善美的种子。风气的塑造有赖于细节的堆砌，作为职初班主任，更要从细微小事入手，引领正能量的流动，防止不好的现象形成风气，量变引起质变。比如，个别学生喜欢抓住同学的错误或缺点不放，得理不饶人，或者习惯在同学犯错误、"出丑"、被批评等时候喝倒彩（鼓掌、欢呼）、幸灾乐祸，这样的行为在第一次出现时，职初班主任就应当严肃认真地处理，告诉学生，班级应该是一个温馨、和谐的共同体，面对别人的高光时刻，我们要由衷地鼓掌喝彩。诚然，人生有起有伏，每个人也都会面对人生的灰暗时刻甚至至暗时刻，作为同伴，我们应该友善地互帮互助，而不是落井下石。如果班主任一开始就将这样的行为扼杀在摇篮中，负能量在班级里无处滋长，在模范生犯错误时，其他同学自然也不会下意识地幸灾乐祸；就算有这种负面情绪的苗头，但得不到同学的理解与支持，也能在一个充满正能量的环境里被消解。

在青春期这一人生阶段，同伴是孩子们生命中的重要他人，因此班主任要充分发挥同伴的积极作用，利用中学生的跟风心理和群体意识，引导正确的价值取向，营造正向的班级风气。如此，那些小小的恶意也就没有生长、壮大的土壤。

2.公平公正，拒绝"造神"运动

"欲戴皇冠，必承其重"，作为榜样的同学应该用更高的标准要求自己；作为班主任，公平公正、一视同仁既是教师的基本职业道德素质，也是教育教学的基本要求；而作为职初班主任，更要重视自己的一言一行是否公正，奖惩标准是否一以贯之。只有在前期获得足够的公信力，树立威信，得到同学信任，后期工作才能更好地落实下去。班主任树立榜样，如果给其他同学造成偏心的印象，不但不能维护这些班级榜样的形象，反而容易滋生同学矛盾、引发不满，更不利于班级管理和班级文化建设。因此，对于这些班级的领头羊，班主任应当严格要求，遇到问题客观评价。

作为职初班主任，还要注意的是，榜样的力量固然强大，但如果班主任平日里把模范学生塑造成完美无瑕的"神"，那么在他们出现瑕疵时，难免会招致排斥，最后"跌落神坛"，两败俱伤。这样的榜样是不真实的，也是无效的。因此，职初班主任在树立榜样的时候，要注意就事论事，应该让学生明白，人无完人，榜样并不意味着纯白无瑕，没有缺点，只是在某些方面做得比其他同学更好；而相应地，每个人身上都有自己的闪光点，有自己独特的价值，每个人都应该努力在某方面成为榜样。榜样有缺点、会犯错，更显得真实可亲。这样的榜样不是一个不可触及、高不可攀的神像，而是跳一跳就能触碰到的目标，同学们能够与他共情，自然也少了些攻击性，也更有动力向他学习，与他共同进步。

3. 安抚情绪，鼓励齐头并进

自己眼里的模范学生被其他同学针对，完全违背了自己树立榜样的本意，一定会让职初班主任感到沮丧、不解甚至愤怒。但对于那些在班级榜样暴露缺点时喝倒彩、落井下石的学生，职初班主任假如在这时与他们急了眼，可能只会导致事情恶化，加剧他们的逆反心理。因此，此时不应急于指责、批评甚至惩罚，而应当先安抚他们的情绪。很多时候，这类学生的鲁莽行为都只是在自卑又自傲的青春期受情绪控制所致，也许只是一时钻了死胡同。此时班主任应当"顺毛撸"，动之以情，晓之以理，请他们相信，班级榜样犯了错误，老师一样会严肃处理，作为模范学生，他们并不享受特殊优待；并且在老师眼中，每个孩子在某些特定的方面都有成为模范学生的禀赋，在一个集体当中，可以取长补短，共同进步。告诉这些孩子"见贤思齐焉，见不贤而内自省也"，面对榜样，我们要做的不是拿放大镜找缺点，而是选择他的长处学习；在榜样犯错误的时候，不看热闹、落井下石，而是反省自己身上是否存在这样的问题，有则改之，无则加勉，并且尽自己所能给他提供帮助。这才是我们与他人相处应有的态度，只有这样，才能在一个集体中收获共同进步。

执笔人：上海市风华初级中学　罗子萱

如何合理引导班级学生在课间文明休息

• 【情景扫描】

　　"老师，老师，小胖摔跤了，头砰的一声就摔在地上了！""老师，小胖刚刚头着地倒在地上了，他刚刚都哭了。"下课走向教室的途中，小王老师就听到班级学生七嘴八舌的"小报告"。一听到有学生受伤，她加快脚步冲向教室。小胖捂着自己的后脑勺眼泪汪汪地站在后门处，说自己头晕晕的，脑袋很痛，还有些想吐；而小卷在旁边一脸无措——他看看小胖，再低头看看地板，紧张地不停绕着自己的两个手指头。看样子，是两个好朋友做游戏时出了意外。虽然小胖没有外伤流血的情况，但是否有内伤小王老师不能自己判断。她将班级交托给搭班老师，立刻带着小胖和小卷到医务室卫生老师处，并联系了小胖和小卷的家长马上到校。在卫生室等待的时间里，小王老师先简单向学生了解事情发生的经过。原来"罪魁祸首"是某综艺的热播，小胖和小卷模仿节目中的"撕名牌"环节，两人下课在走廊上就开始操练起来。小卷为了撕到小胖背后的纸条，不小心绊倒了小胖，小胖重心不稳后脑勺着地。双方家长到校后，小王老师马上和他们一起带小胖去医院检查，所幸，在一系列检查后，小胖并无大碍，大家的心终于放回肚子里了。

　　小王老师作为职初班主任，听到学生下课受伤的消息真是又惊又怕，确保学生安全是她最关注的，但自己也不能每分每秒都与学生在一起，那么如何合理引导班级学生在课间文明休息呢？

• 【问题归因】

1. 一年级学生对"课间休息"理解模糊

　　一年级小学生刚刚踏进校门，犹如一张白纸，他们对于小学生活懵懵懂懂，也对小学生活作息和学校规章制度了解甚少。因此，需要时间去适应。并且，他们的行为意识比较淡薄，需要班主任抓住教育关键期，引导学生养成良好的行为和习惯。在幼儿园阶段，老师以"保育"为主，没有太多学科知识的学习，学生课间休息大多是在室外游乐设施处和同伴们一起玩耍，下课对他们而言是游戏时间。但是到了小学后，学校有严格的上下课作息时间，铃声就是召唤。但在小胖和小卷的心中，他们想的是"终于可以和好朋友一起玩耍啦"。何为课间休息？怎么进行课间休息？对此，他们一无所知。

2. 学生接触网络过多过早

尤其现在处于网络盛行的时代，多数学生从小就有很多机会接触电子产品，小胖和小卷是某网络热门综艺的小粉丝，里面的经典环节——"撕名牌"令他们印象深刻，他们接受外部新鲜事物快、模仿能力强，下课当然忍不住要和好朋友试一试。且他们对于网络信息照单全收，自己不能辨别是非，他们也不明白这个游戏并不合适小学生在无人指导的情况下玩。

所以在小学低年级阶段，特别是刚入学时，对一年级新生，要在校园教学与德育中，帮助他们建立规则意识和时间意识，让他们意识到自己身份的转变——我是一名小学生。

• 【实践支招】

1. 与家长沟通，建议进行健康有益体质的活动

低年级学生学习任务轻，有时父母也不知在家该让孩子们做些什么。教师发现问题后应该及时与家长沟通联系，建议家长尽量让学生少接触电子产品并说明原因：过多接触电子产品不利于学生视力的发展；过早接触电子产品不利于学生注意力的发展。

同时教师可以给予家长一些其他活动建议：希望家长重视学生体质，加强体育锻炼，休息时间多带孩子进行户外体育活动；也可以建议家长多增加亲子阅读时间，帮助学生培养良好的阅读习惯，增加阅读量，拓宽视野。

2. 举例说明，让学生形成安全意识

教师可从学生的生活情境入手，选择学生身边发生的事例作为教学内容，让

他们谈谈自己的看法，学生亲眼所见、亲身感受，能理解安全的重要性。教师也可以选择几张课间活动的照片（如学生在走廊追逐打闹、在楼梯口玩耍、大声喧哗），让学生畅所欲言，说一说照片中其他学生的行为是否可取。通过教师绘声绘色的讲述和图片展示，学生能明白不文明的行为存在很大的安全隐患，知道危险的事情不能做，懂得在校要遵守纪律，有序进行校园活动。

学生初步形成安全意识后，教师要通过日常关心和谈话让学生进一步明白他们的安全永远是老师和父母最关心的，所以一定要树立自我保护意识，危险的事情不去做，下课要文明休息。

3. 引导学生思考和学习课间文明休息的范例

为帮助学生了解怎么做才是课间文明休息，需要老师给出明确的指令并树立良好的榜样。教师可通过丰富多样的形式（如师生问答、小组讨论等）和班级学生一起进行约定。比如喝水上厕所、和好朋友分享生活趣事、一起画画、看班级植物角（放松心情的同时，也保护视力）等等。教师也可从学生的特点和兴趣爱好出发，为学生提供一些寓教于乐的游戏，如成语接龙、背儿歌、古诗比赛、汉诺塔等，这些游戏比较轻缓，不会让学生体力透支而影响下一节课。这些活动既可以和同伴一起合作完成，培养同伴合作意识、增强班级凝聚力，又可以做到下课文明休息，学生的安全也得到了保障，一举两得。

4. 解释说明设立课间休息的初衷

学生知道文明休息的方式还不够，还要让他们知道为什么要文明休息。在小学低年段培养学生良好的时间意识，遵守学校制定的作息，让学生听懂上下课铃声，能够根据铃声进行校园生活也是养成教育的重要内容。教师可进一步解释说明安排课间休息的原因——小学生进入校园后首要任务是学习，课间休息也是为了让大家缓解上一节课的疲劳，使眼睛和精神适度放松，稍作休息后，以更好的状态投入下一节课，提高学习效率。他们知道课间休息设立的初衷后，也更能理解下课追逐打闹是万万不可的，不仅会让自己筋疲力尽、不能好好休息，也会影响下一节课的学习状态，更不是一个安全、文明的行为。

5. 创编儿歌，树立集体规范，强化日常行为规范

为了让学生养成在课间文明休息的好习惯，教师可结合上课内容创编《文明休息歌》张贴在"班级约定"栏，朗朗上口的旋律，学生跟读觉得非常有趣也愿意配合，且要求具体明确，学生能知道怎么做。教师要经常对学生的文明休息行

为进行反馈表扬，在班级树立良好榜样，学生也更乐意模仿，从而养成良好习惯。

文明休息歌

下课铃声叮铃铃，外出游戏不着急。

课本文具摆放好，喝水如厕别忘记。

课间休息讲文明，讲话轻声不乱叫。

教室走廊不奔跑，奔跑打闹太危险。

益智游戏也不少，有序文明我安全。

铃声一响进课堂，安静等候老师来。

对于一年级学生而言，他们刚刚进入新环境，还需要时间去适应，这时候更需要老师循循善诱，帮助他们了解学校生活节奏，做一个讲道理、明是非的好孩子。教师树立良好榜样，合理引导学生，给予学生的口令要细化要具体，学生更能理解并模仿养成良好习惯。在低年级抓住学生养成教育的关键期，有助于为后续学生的行为规范奠定良好基础。

执笔人：上海市静安区爱国学校　孙诗旖

如何及时发现班中不良风气和学生动向

• 【情景扫描】

职初教师张老师在带学生时，发现不管是什么样的班级，哪怕好学生扎堆的班级，也会有或多或少的不良风气，比如欺负弱小，只重视主课，不重视副课，对老师阳奉阴违，表面一套背后一套等等；另外，学生中有时悄悄有着这样那样的动向，比如和异性较亲密、追星、盲目崇尚颜值、认为学习无用等等，如果能尽早发现，则可以尽早干预。

有一次课间，张老师进教室巡视，看见小黄同学正在看一本笔记本，边看还边神秘兮兮地和小姚同学说着什么"他好帅呢"。看见张老师进来了，她马上把笔记本还给小姚，小姚立刻把笔记本塞到桌肚里，神情很紧张的样子。张老师随口问："这是什么笔记啊？"小姚摇摇头，笑了笑，没有回答她。张老师觉得她们一定有什么秘密，但直接问她们又不会告诉她。又有几次，张老师进教室巡视的时候，看见有几个同学在悄悄地传看小姚同学的那本神秘笔记本，隐约听见她们说"某某好看""某某好丑"之类的。被老师看见的时候，她们都显得很紧张，很快地把本子藏起来。张老师觉得一定有什么事情，可能与班级风气有关，要想办法了解一下。

进入初三，张老师发现许多同学上课精神不好，尤其在副课上，打瞌睡现象很严重。比如小张同学，上课总是没精神，甚至在主课上也打瞌睡。张老师问他为什么总是没精神，他说做作业太晚了。联系到他的成绩总是在低位徘徊，张老师觉得他肯定有别的原因。

自从进入初二下半学期和初三，张老师明显感到有的学生学习没有动力。小欧、小赵等好几位同学似乎对自己的未来很迷茫，没有方向，于是也没有动力。可是如果直接问他们"你未来想做什么"，他们一定会说不知道，或者随便说一个答案应付老师。

• 【问题归因】

进入青春期的孩子因自我意识的建立而特别需要被认同，于是也会变得特别固执。这时候就需要班主任及时地发现学生的思想动向和班级中的不良风气，进行引导和改变。如果不及时发现问题，那么等到问题变大了，可能就很难引导和改变。

1. 青春期少年缺乏对事物的判断力和分析能力

小姚同学正值青春期，她在这个年龄开始关注和重视颜值是很正常的现象。这个年龄她开始有意识地关注异性的长相。各种选秀活动在电视上、网络上层出不穷，初中学生很容易受其影响，认为只要颜值高，就会受人欢迎。在青春期，个人意识在快速增长，这时期对事物形成自己的看法很正常，同时接触的东西比较多、比较杂，可以说良莠不齐，手机、电视上的信息呈爆炸式向他们涌来，但是他们又缺乏对这些新鲜事物的判断能力和分析能力，同时也缺乏抵制诱惑的能力。

2. 学生回避向老师诉说真实情况，教师难以发现真正问题所在

小张说自己做作业做到很晚，似乎很用功，但是成绩又总是很差，这是矛盾的，肯定存在什么问题。可能是他做作业时思想不集中，也可能时间根本不是用在写作业上，而是在看小说、打游戏，也可能就是学习能力不足。老师必须先知道他晚上的时间究竟是怎样利用的。初二、初三的学生很机灵，有时候老师一开口，他们就能很敏锐地知道你想问什么，然后给你一个正确答案。如小张，当老师直接问他，为什么上课没有精神，老是打瞌睡，他知道老师想打探他的课余时间在干什么，他就会说自己做作业太晚了，这是个标准答案。如果老师直接去向他的好朋友们打听，他们也不会"出卖"自己的朋友，于是你也得不到真实答案。所以一定要想办法婉转打探。

3. 学生学习目标不明确

初三的学生说小不小，说大不大，看似是个大人，但心智还欠成熟，甚至幼稚，对自己的未来没有明确的概念。所以小欧、小赵等几位同学对于自己学习的目标是不明确的，对于自己要成为什么样的人也是没有概念的。

•【实践支招】

1. 创造机会多和学生聊天

这里的聊天是指随便瞎聊，不带有刻意的教育目的、很随意的聊天。

比如张老师在带初二年级的学生时，发现班级同学暗地里在传看小姚同学的一本笔记本，还神秘兮兮的。张老师就主动和学生聊天，在一次聊天中，无意中知道小姚给班级中的学生按颜值排了一个排行榜，写在她的笔记本上。她的笔记本在班级中悄悄地传开。她把班级中的女生和男生都按照颜值排了顺序，还打了分数。最漂亮的男生女生打 98—100 分，其他的依此类推，逐渐减少，最低的一位女生打了不及格——56 分。班级中的同学谈到这张表时还笑嘻嘻地说："某某的分数打低了，某某的分数打高了。"张老师问他们："你们觉得小姚的这张表准吗？"他们说："挺好玩的……"老师问："那被打低分的同学多尴尬啊，也难受啊！"有一个学生说："她的确不好看啊，大家在玩啊！"有时候课间，张老师还听见学生很有兴致地讨论哪个明星好看，哪个颜值太低；同学中谁好看，谁不好看。班级中漂亮的学生往往得到很多不必要的关注和谈论，而且哪怕他故意做一些哗众取宠的事情时，也会有同学赞同他，投去欣赏的目光。这个现象在女生中比较多见，一些男生也会这样。

通过这次聊天，张老师意识到班级中学生的风气不太好，学生盲目崇尚"颜值"，甚至把颜值当作考量一个人的最重要的标准。

2. 寻找得力的小帮手

老师还可以在学生中刻意观察哪些同学人缘比较好，交际比较广，让他帮忙，观察了解班级中学生的风气和动向。当然，不能让学生觉得老师是在让他做学生中的"奸细"和"叛徒"，在"出卖"同学。而是平时随意和他聊聊，有意识地问问班级中其他学生在干什么、想什么。

比如，班级里小赵人缘很好，天生一张笑眯眯的脸，和谁都聊得来，也很愿意关心其他同学，所以老师就想到让他帮忙，观察了解班级中学生的风气和动向。

经常，老师有意识地找他聊天。一次，老师在放学时和他一起离开学校。在和他一起下楼时，老师说："你们现在作业做到几点啊？"他说："我反正作业基本在学校就做完了。"言语中透着骄傲。老师顺势说："你好厉害啊，动作好快！比别人快多了！"他马上接着说："那个小张，天天要到半夜三更。"老师问："他做到几点啊？"他说："他说他昨天做到 12 点，前天 11 点半。"老师接着问："还有谁这么晚吗？"他说："他最晚，还有小钱、小唐也很晚，要到 11 点以后。"老师说："原来他们那么晚睡都是在做作业啊？"他很有深意地笑了："其他人是在做作业，小张就不一定了。"老师显出很疑惑的样子："那他在干什么啊？""他熬夜修仙，打游戏啊！"通过和他的随意聊天，老师知道了学生普遍做作业到很晚，也知道了这几个学生为什么上课精神不好的原因。如果老师在班级里问大家做作业的时间，可能不一定能得到真实的答案，如果直接找这几个学生问他们为什么上课精神不好，也不一定能得到实情。

3. 针对问题开展问卷调查

在班级中做小型的问卷调查，可以帮助班主任及时发现班中不良风气和学生动向。可以设计一个或者几个简单明了的问题，让学生回答，根据需要，可以实名也可以不实名。根据经验，往往不实名可能会了解到更多信息，会有更好的效果。

比如，老师想了解学生对自我的认识及期望，就设计了一个小调查。有这样几个问题：请用几个词语简要地概括你自己（3 个左右）。请用几个词语概括你想成为的人（3 个左右）。目前的你和你想成为的人有差距吗？你觉得该怎样弥补这个差距？在做了小调查后，再根据调查结果对某些学生进行有针对性的引导和帮助。

执笔人：上海市久隆模范中学　谢晓露

班主任面对好学生不愿参加班级活动，该怎么办？

- **【情景扫描】**

　　年轻的班主任张老师最近有点犯难，因为班上小 A 同学最近的表现让老师又爱又恨。小 A 同学不仅学习成绩优异，还乖巧听话，是许多老师眼里的好学生。不仅如此，小 A 乐于助人，性格开朗活泼，人缘极好。如此优秀的学生通常会得到班主任的"重用"，但就是这样的"三好学生"小 A，对于班级活动却很冷漠，不愿意参加任何活动，总以各种理由拒绝。班主任张老师让小 A 组织几个同学放学后一块儿出黑板报，小 A 说父母不允许自己放学后继续留在学校。张老师让小 A 做升旗仪式上班级才艺展示的主持人，小 A 却以"怕自己会紧张，万一说不好就给班级丢脸"为由拒绝了。不仅如此，让张老师更头疼的是，她发现其他同学看在眼里，也纷纷效仿，视小 A 为他们的榜样，面对班级事务，总是很被动消极。面对这一情形，张老师该怎么处理才好呢？

- **【问题归因】**

　　往往一个学生品行端正、热爱学习、成绩优异、纪律良好、乐于助人，他就是老师和同学们心目中的好学生。但如果这样的学生就是不愿意参加班级里的各种活动，每次报名时都是一副冷漠的态度，随着问题的突出，作为班主任会担心其他同学也跟着学样，需要防止个体问题扩散成群体现象。因此要想解决这类事件，还要找到问题的症结，剖析背后深层的原因。

　　1. 学生主观因素

　　首先可以从这名学生的个体因素出发。作为班主任，需要深层了解该学生的性格特点、品行爱好。只有老师的心里对这名学生有了更立体丰满的印象，才能更好地找到问题原因。张老师真的了解小 A 吗？小 A 不愿意上台表演或许是他真的没自信。无论如何，行为背后一定有它的动机，走近学生，才能真正了解背后的原因。

2. 父母间接因素

最了解孩子、对孩子影响最大的通常是他的父母。除了在校表现，孩子在家里的情况班主任是不清楚的，需要与家长沟通获取更多信息。面对当下不断内卷的大环境，大部分家长都有种种焦虑，最看重的还是孩子的学习成绩。小 A 同学成绩优异，相信父母在背后一定也没少花功夫。所以当老师提出放学后为班级出黑板报时，小 A 说父母不允许自己放学后继续留在学校。家长期盼孩子学习好这种心情都能理解，只怕有些父母心里眼里只有学习成绩，就会导致在家里给孩子灌输学校活动一律不许参加，这些都是在浪费时间的观念。家长如此的想法怎会不影响他的孩子呢？

3. 班级整体因素

往往班主任针对个别学生问题会采取个别化教育。但在这个案例中，小 A 的个别现象很容易转变成班级群体现象，这也是班主任担心的一大隐患。因为小 A 是同学们、老师们眼里的好学生，他除了不参加班级活动外，各方面表现都不错。同学们心目中的好学生就是他们学习的榜样，看到小 A 同学对于班队活动的懈怠态度后，他们很容易受其影响，紧跟其后。一旦有了更多类似的学生出现，整个班集体的氛围一定会受影响。班级活动的意义就是希望能在活动的过程中，同学们学会互相合作，包容理解，感受班集体的意义以及自己作为班集体里的一分子强烈的存在感、价值感和荣誉感。一旦更多的同学效仿小 A 同学的行为，整个班集体的精神面貌会受到影响，学生的个人主义思想会更严重，他们的能力无法提升，随之而来的问题也会越来越多。

• 【实践支招】

遇到此类现象，年轻班主任一开始往往容易忽视，而自我感觉良好的好学生也常常敢在年轻班主任面前说"不"。等到班主任发现问题的严重性、引起重视时，常常已经是从个别现象演变成"班级群像"了。这时班主任已经很被动了。

因此，年轻的职初班主任们，面对好学生不愿参加班级活动，我们可以分成以下三步走。

1.走进学生中，寻根溯源，对症下药

首先班主任可以通过询问这名学生身边的伙伴，与他交好的同学，了解他的性格、爱好，观察他的行为习惯，与其他任课老师沟通他的上课表现，与父母联系获取他在家情况，并与他面对面单独谈心等，详细了解他的想法，找到他不参与活动的真正原因。并根据原因进行分析反馈，有针对性地给出解决方案。

例如面对内向害羞，不敢与同学多些接触的学生，班主任一定要给予他更多信心与鼓励，与他共同制定计划以改善目前的情况，鼓励他多与其他同学交谈，走到同学中去。也可以私下和性格开朗的同学交流，希望他们能多带带他，扩宽他的社交圈，此外也要鼓励他做自己感兴趣的事。当孩子在伙伴的影响下，慢慢打开心扉，开始有了自己的固定伙伴，在好朋友的陪伴下，会一起尝试参加活动。当班主任慢慢走近他，了解到他的兴趣爱好时，也可以有意设计一些他感兴趣、适合他的活动，让他在活动中感受到快乐，找到自己的存在感和价值感，活动后，还要记得与他交流，谈谈活动中的感受与收获。相信这名学生一定很快会喜欢班队活动，他的性格也会随之改变，成长也会随之更快。

2.走进家庭中，打开心结，家校合作

家校共育，才能事半功倍。班主任除了在学校做大量工作外，还需要及时与家长沟通。通过家访、电话联系、家长到校面谈等多种方式，全面了解孩子家庭情况以及在家表现。并与家长沟通思想，将老师在校打算进行的策略方法与家长交流，取得家长的理解、信任。家校共同重视这一问题，并有了家校配合的组合拳，相信孩子的改变一定会很快出现。

但如果班主任在与家长沟通中，感受到家长对于学校的各类活动、班级事务也是漠不关心，甚至有唯分数论的思想，班主任这时就必须先做通家长的思想工作，不然就算孩子在校热情高涨想要参加，但回到家受到父母阻挠，也会处于两难境地。

班主任在与家长交谈过程中，首先肯定父母一直以来对孩子学习上的付出。表达自己的同理心，理解父母希望孩子能好好读书的心理。接着老师可以用大白话解释现在的教育政策与背景，比起学习成绩，孩子的全面发展在现阶段更为重要。通过介绍各种丰富的班队活动，让家长了解每项活动背后的意义，希望孩子从中收获的成长内涵，从而让父母感受并理解参加活动不仅不会影响孩子学习，还对孩子能力培养、人际交往、性格养成等都起到至关重要的作用。相信解开了父母的心结，在取得家长的谅解、支持后，孩子也会更积极主动地参加各类活动。

3.走进班级中，倾听心声，活动改进

往往个别学生的问题暴露的是当下一部分学生的心理。因此为了杜绝类似的情况发生，及时制止班级不良风气的蔓延，班主任非常有必要对全班进行思想教育。可以通过主题班会、集体和个别谈话的方式，对学生进行思想教育，让同学们共同探讨"我们为什么要组织参加各类班级活动，它的意义何在，有哪些好处等"。让每次积极参加班队活动的同学上台说说自己活动中的感受以及活动后的收获，也邀请不愿意参加活动的同学说说理由，不好意思上台的，那就小组讨论，了解孩子们的真实想法。无论是当事学生还是其他同学，都可以通过这件事的处理过程作为契机，谈谈对活动的看法，以及改进建议和意见。老师也可以更好地帮助每个同学参与、组织活动，建立活动的融入感。

相信当学生了解了学校、班级组织各类活动的目的和意义，参加活动的益处，消除他们的主观认识偏差，转变部分错误观念后，一定能重新激发他们参与班队活动的积极性。

执笔人：上海市静安区临汾路小学　沈颖婧

第三篇　主题教育

开展主题教育是班主任必须具备的一项重要基本功，本板块主要介绍主题班会的设计与实施、主题活动的设计与开展。

本板块通过现状调查，了解到大部分职初班主任未系统学习过如何开展主题班会，对主题班会的内涵、功能不太清晰；在面对主题班会中超出"预设"的状况时难以应对；当主题班会未达到预期效果时，班主任该如何继续引导学生的行为成为很多职初班主任心头上的难题；在主题活动的设计与实施中，多数职初班主任表示学生的参与度及感兴趣程度差异较大，对班主任依赖性较强，活动形式较雷同，如何激发学生的自主性、增强班级特色是很多职初班主任"头痛"的症结。

在实际工作中，职初班主任遇到的问题千差万别，本板块抽丝剥茧，寻找情景背后的深层原因，给出适合的解决方式，为职初班主任答疑解惑。

推介人：上海市静安区教育学院　李萌

如何应对主题班会中超出"预设"的"小"状况

•【情景扫描】

张老师是一位班龄不足一年的新班主任，她带教的班级是五（3）班，平日里，她经常忙于处理班级事务。张老师注重与家长的沟通，每次电话联系，家长也是客客气气，但似乎一遇到学生问题，家长虽然表示会配合班主任，却总是收效甚微。近期，张老师遇到了一件棘手的事，应学校要求，每位老师需要开设一节劳动教育主题班会，张老师信心满满，她认为自己做了充分的准备，还要求每位家长拍摄孩子们劳动的照片。张老师收集了很多照片。班会如期而至，张老师出示了同学们在家劳动的照片，有包馄饨的、有炒菜的、有洗衣服的、有整理房间的……老师特别表扬了小刘的拿手好菜，色香味俱全，这时小李悄悄说："小玲告诉我，小刘的糖醋排骨是奶奶做好了让她摆拍的。"小刘大声对小李说："你也说了那碗馄饨只有那个最难看的是你自己包的。"于是有同学说，那个洗衣服也是做做样子的，那个房间本来就是干净的……顿时，班级里炸开了锅，同学们议论着，有的忍不住偷偷笑，有的低下头……

•【问题归因】

主题班会的开展是一个动态的过程，是一门不同于学科教学的特殊的课。职初班主任通过新教师培训习得的知识和技能是开展好主题班会课的基础，但这无法保证课堂的顺利进行。职初班主任需要在实践中不断学习和反思，获得更多的实践性知识与智慧，帮助学生更好地解决教育问题。

张老师遇到的困境正是大部分职初班主任经常会遇到及担忧的问题。以张老师的情况为例，通过案例剖析，她在主题班会中遇到超出"预设"的"小"状况的原因主要有以下几点。

1. 课前缺乏充分的学情调查

在开设主题班会之前，先从选题出发。选题可以从班级已经发生的问题中提炼，从可能发生的问题中选择，从常规工作中寻找，从偶然事件中确定。案例中的张老师在接到学校的要求之后，准备开设劳动教育主题班会，在这之前她并没有对学生开展充分的学情调查，没有了解学生是否存在劳动意识淡薄、劳动方法缺失等问题，以及家务劳动现状，就告知家长需要配合自己完成拍摄与上传任务，这必然为后续主题班会中发生的"小"状况埋下伏笔，看似偶然，实属必然。

2. 学生的劳动意识较淡薄

学生劳动素养发展的前提来自学生劳动意识的高低，通过静安区关于小学生劳动教育现状的数据调查可以发现，小学生对劳动的态度是比较积极的，但仍然有部分学生对待劳动的意识较淡薄，积极性有待提高。学生劳动素养多维度发展的基础来源于劳动认知的高低，通过问卷调查发现，大部分学生对劳动的认知较好，但一部分学生对于劳动的认知范畴还比较片面，停留在简单的体力劳动，忽视了脑力劳动、创造型劳动和复合型劳动。劳动情感为小学生劳动素养的发展提供了动力支持，大部分学生的劳动情感积极向上，部分学生持无所谓的态度，小部分学生对劳动缺乏认同感。

3. 与家长的沟通存在障碍

现阶段，家长本身对劳动教育的重视程度和价值认同不一。对于很多职初班主任来说，与家长的沟通常常不怎么顺畅，指导家长更是一件有困难的事情。其内在的原因比较多样，一是班主任与家长的年龄差异较大，家长对职初班主任的带班能力及教育理念存在质疑与不信任；二是家长自身的劳动意识淡薄，认为孩子还小，做不好家务，现阶段主要任务是学习，不认同孩子要参与家庭劳动；三是班主任与家长沟通方式存在问题，沟通是门艺术，遇到不同的问题，选择沟通的场景、渠道、询问方式都有所不同，但职初班主任可能恰恰缺乏这些技巧，在以往的沟通中，已经埋下不愉快的伏笔。当班主任要家长配合时，家长可能出现抵触心理，表面上配合，但内心却不认同，非常不利于对孩子教育问题的解决。

4. 班主任对教学设计的把握不充分

当发生主题班会中超出"预设"的"小"状况时，国内大部分学者的关注点在班主任的处理方式上，喜欢从教师的角度出发，探讨的话题大多是如何运用教育智慧而非遵从学生的内在感受与实际需求。案例中的张老师课堂中遇到的尴尬问题，其中一个重要的原因是她没有充分考虑从学生的实际问题出发设置教育目标，难以激发学生的情感体验与内在感悟；课前的准备流于形式，班主任和学生对自身应做的准备并不清晰。张老师没有做好课前对学生和家长的调查，对学生的认知基础并不了解。在实施的环节设计上，张老师虽然认为自己准备充分，花了很多时间设置活动和展示环节，但仅停留在了"布置任务—展示交流"的浅层面，前期并没有做好充分的准备与铺垫，后来出现了摆拍，学生和家长都趋于形式化。

【实践支招】

通过案例剖析，张老师这类的"小"状况在现实中普遍存在，很多教师都经历过类似的情境。班主任采取不同的处理方式会带来截然不同的效果。"小"状况自身存在着两面性和可塑性，班主任如果能将其视为重要的德育资源，以理性、宽容、求真的态度作出正确的处理，对于主题班会的精彩生成及实现育德价值的最大化，甚至是班主任的专业发展都具有重要价值。遇到这类情况应该怎么处理，或怎样避免此类问题的发生，是值得班主任们进行深刻思考的。笔者主要围绕案例发生的原因，从以下几点来谈谈解决方法。

1.重视课前准备，关注学生与家长的需求

班主任在确定主题班会的主题前或教学环节的设置前，根据需要，围绕学生的实际问题、认知基础、情感认同、环境支持等展开调查，充分了解学生，尊重学生的真实想法，在课堂中巧妙地呈现，能够直击学生的内心，让学生体会到这节课并不是凭空而开，而是针对班级中真实存在的问题量身打造，能够增加学生的认同感，有效减少课堂中因为价值不认同产生的意外状况。有些课堂还需要对家长开展调查，类似于案例中张老师的班级，她其实并不了解家长的真实想法，更何谈对家长进行劳动教育指导。只有先了解家长对劳动教育的看法，孩子在家参与家务劳动的频率，家长的担忧，家长希望以怎样的形式开展等，才能更好地获得家长的认同，取得家长的配合，使教育的效果事半功倍。

2. 规范教学设计，关注整体性与逻辑性

从教学目标的设计来说，应充分考虑从学生的实际问题出发，解决具体的问题，实现情感体验与内在感悟，目标应聚焦，切忌假、大、空。课前的准备分为班主任的准备与学生的准备两部分，班主任要从整体上布局，做好课前对学生的调查，像案例中的张老师还需要增加对家长的调查，切实做到以生为本，多角度深入了解学生的实际需求及所处的环境。在实施的环节设计上，应注重对学生高阶思维的提升，激发学生的内在情感共鸣，而不应流于形式。

3. 重视家班共育，提升与家长的沟通技巧

在对静安区班主任与家长沟通现状的调查中，发现影响班主任与家长有效沟通的因素主要有以下几点：第一，信息不对等；第二，信息交换不充分；第三，需求了解不全面；第四，隐瞒真实的想法；第五，情绪状态因素；第六，选择性倾听；第七，环境因素。随着多媒体时代的迅速发展，当微信和电话成为家校沟通的重要渠道，家访、面谈等传统的家校沟通方式受到时空、生活方式、精力耗费等因素的影响，似乎越来越容易被大家忽视。电话家访、微信家访（文字家访、语音家访）能否取代传统意义上的家访？98%以上的班主任和家长认为家访和面谈不能被取代。

当在线沟通不能解决全部或者部分关于学生以及家校沟通的问题时，需要进行面对面问题的商讨。案例中的张老师喜欢用电话联系，但似乎一遇到学生问题，总是收效甚微。这时候可以根据情况选择面谈，会面的初衷是明确问题，引起双方的重视，在双方共同协商的基础上找出问题的最佳解决方法。然而，面对问题，班主任和家长因为立场和需求的不同，会产生不同的心理。班主任期望通过与家长面对面沟通，让家长意识到问题的严重性，并努力配合学校，解决问题。家长的心态会因为孩子感觉到挫败感，从而产生不安情绪，如果问题持续得不到缓解，找不到正确的方法，并被班主任不断地批评，可能会产生强烈的愤怒情绪，甚至质疑学校的教育工作。基于以上情况分析，面谈需要关注：环境自然放松，双向沟通；体现关注，真诚平和的态度；围绕问题，而非直奔问题；有效倾听，及时回应；接纳家长，学会共情；弹性沟通，不刻意辨对错。

4. 营造劳动氛围，拓宽主题班会的外延

回归案例中张老师遇到的劳动教育问题，在课前可以先让一部分有意愿的学生，在得到家长认同的前提下，先带头开展起来，亲子共创劳动经验和成果。

在班主任开设主题班会时，可以选择邀请部分家长与孩子分享他们一起参与家务劳动过程中的体验，通过同伴教育的方式让身边更多的家长明白，劳动教育不仅仅是完成老师布置的任务，它有着综合育人的作用。课堂中可以引入创新性劳动的概念，鼓励学生思考怎样让劳动的效率提高，可以动手创造发明一些小的劳动工具，成为一个小小发明家。孩子们的世界充满奇思妙想，让主题班会真正活起来。学生通过过程中的思考、实操，获得启示，延伸成小课题、小研究、小发明，让学生充分考虑到劳动形态的新变化。

重视班级文化建设，可以从制度文化、环境文化入手来创建班级的劳动氛围。制度文化上，积极向上的劳动制度让学生热爱劳动，而不是把它当作一种惩罚的手段。环境文化上，注重线下线上文化的传播，在班级的黑板报、展板中弘扬劳动精神，利用班级的公众号推广身边的榜样事迹。将劳动教育与新时代发展相结合，让学生感受到劳动也充满了智慧。

执笔人：上海市静安区教育学院　李萌

在集体活动中，如何凸显班级特色

- 【情景扫描】

学校举行以"上海的百年变化"为主题的人文节，安排高二年级开展"地上说政"活动。高二（6）班的方案提交上来后，班主任发现选题与其他班级的高度雷同，活动形式也大多是 PPT 展示、历史介绍等，活动流程单一，没有创意。作为一名职初教师，班主任胡老师很想借集体活动这个平台，展现自己班级的特色，同时也让同学们充分展现自己。她要如何指导学生在集体活动中结合班级实际情况来凸显班级特色呢？

- 【问题归因】

班级集体活动是班级生活重要的组成部分，主要有两个类型：其一是学校统一组织的活动，例如军训、学农、社会考察等；其二是班级自主策划的活动，如温馨教室的布置、假期生活交流等。集体活动是学习生活中重要的"润滑剂"，能帮助学生缓解学习紧张，融洽彼此的关系，发挥学生的才干。集体活动是班级社交的重要场合，可以加深班级成员之间的了解，提升师生、生生的磨合。集体活动是班级生态不可或缺的组成部分，班级成员基于对集体的认同，为班级建设付出自己的才智，共同为营造良好的班级氛围而努力。

但是在实际工作中，职初老师会发现，学生对学校统一集体活动的表现差异性比较大，一些学生总是愿意参与，而一些学生则游离于活动之外，即使参与的同学，自主性也不强，对班主任的依赖性比较强，导致年级中的集体活动形式比较雷同，班级特色模糊。分析原因，主要有以下几点。

1. 对集体活动的认同度比较低

对于一些从上而下布置的学校集体活动,学生的认同性比较低。活动设计的初衷并没有得到同学们的认可(可能学生对活动目的也是一知半解),学生无法从内心产生积极的活动参与驱动力,以完成任务的态度来应对。例如以上案例中的活动,学校在策划时旨在引导学生从人口、产业、生态等多方面搜集资料,将学习考察结果进行可视化的呈现,从而深刻认识和体会社会发展变革的历史。学生以为范围就是"上海",没想到其他方面,所以在选题上就照本宣科,直接从大主题方面去思考。此外,学生对自己班级的认同度不高(特别在起始年级),或者班级特色还不够凸显,导致学生无法将班级特点和集体活动结合起来。

2. 学生创新思维缺失

"创新意识"培养是现代教育重要的命题,所有学科都在有意识地培养学生的创新能力,但是,我们也看到,在互联网发达的当下,学生的创新意识还是比较薄弱的。网上大量的信息反而阻碍了学生自己的创新思维,表现在集体活动中就是新点子、新创意不多,班级之间容易"撞车",导致班级特色无法凸显。

3. 功利思想主导

当前学生学习压力大,占用时间多,功利思想比较突出,一切与学习、与成绩、与升学无关的事情都漠不关心。家长在功利思想主导下,也对孩子参与集体活动持反对意见,在一定程度上成为阻力,导致一些学生不愿意用课余时间参与到集体活动中来。

【实践支招】

班主任是集体活动的指导者、参与者,既不能做"甩手掌柜",布置任务后就置之不理,又不能"越位",事事亲力亲为,剥夺学生的参与性。在活动初期,要靠前指导,在活动过程中,要提供有力支持。要基于对自己班级和学生的了解,从班级实际去开展活动。

1. 利用学科优势,加强指导,凸显班级特色

要想在集体活动中有自己班级的特色,有两个方面可以突破,一个是内容,一个是形式。在内容方面,班主任要充分向同学们解读活动策划的意图,沟通集体活动的目的。班主任还有一个身份是学科教师,可以利用自己的学科优势,给

予学生适当的指导。比如，在上述案例中的"地上说政"活动中，班主任胡老师是一名地理学科的教师，她在与同学们充分讨论后，将活动方向定为"上海的生态建设"，因为这一内容与自己的学科有比较密切的关系，例如苏州河的治理、工业治污、交通工具控制排放等；最终班级选择"崇明岛生态建设"为切入点和呈现的抓手。崇明岛的生态建设主要体现在生态农业和生物保护方面：这里有中华鲟自然保护区、有候鸟栖息地——东滩湿地公园；在生态治理方面，可以谈垃圾分类、互花米草的引进与治理等。这些内容全部都是班主任自己专业领域的知识，她可以在广度和深度方面给学生较多的指导，班级特色就能较好地凸显。

2. 优化、细化活动方案

集体活动的实施依靠一个完整而科学的方案，班主任老师要指导学生针对内容细化方案，将板块（或者环节）、负责人员、需要的道具或设备、希望得到的支持等一一罗列，将一个比较大的活动项目细化为几个项目组，并由相关同学来承担。上述活动中班主任胡老师就通过班会课，将前期教师和部分同学收集的资料，如跨学科案例书籍、纪录片等一一呈现，在丰富的素材积累下，将整个活动确定为几个板块。接着就需要同学们发挥自己的才智，制定出详细的实施步骤了。这就如同做菜一样，现在食材丰富，如何把它们变成精致的菜肴，"做菜"的过程就是凸显班级特色的过程。例如，布置温馨教室，班主任针对"诚信、友爱、积极、健康、活力"的班级建设目标，和同学们一起集思广益，在班级现状的基础上，确定了"许愿瓶""解忧箱""广识阁""生物园""家庭故事"等板块，充分凸显了自己班级的特色。我们看到，通过个性化地对集体活动的多方面解读，从自己班级的实际出发，制定出用于实施的方案，对提升集体活动的效果能起到关键性的作用。

3. 鼓励和支持学生的创新想法，并做好合理分工

要想让集体活动出彩，新颖的创意是必不可少的。学生中总有一些奇思妙想，班主任老师要善于接受同学们的各种想法，并对不同的想法进行汇总和甄别，选择更利于实施的想法。在上述活动中，同学们提出可以结合当下很火的直播带货形式来展现生态农业成果，通过直播旅游串起其他景点。这就是一个很新颖的创意，实施起来也不是很难，班主任毫不犹豫地采纳了。接下来就是活动分工，这个直播活动的重头戏是直播台的搭建和布置，辅助的是 KT 板展示，还有一些模型展示和教室环境布置。让合适的人去负责合适的板块，班主任挑选同学是关键，

这取决于班主任对学生能力的全方位掌握。分工也可以让学生自由组合，由一个同学牵头，采取"组阁制"的形式，去寻找志同道合的同学一起参与。比如，班主任了解到班级中一位同学的老家就是崇明的，就让他负责直播呈现的"货"，也就是崇明的农产品。这位同学从崇明带了很多特产，如黄金瓜、老白酒、柑橘等，让直播台"熠熠生辉"。当学生的个性化创意和全员参与的合理分工相结合，集体活动就自然而然凸显出属于班级自己的特色，因为最大的特色就是学生的状态。

4. 挖掘多方资源，做好后勤等必要的支持工作

一次集体活动持续的时间比较长，班主任持续的关注和跟进很重要，在这个过程中，班主任也可以有意识地挖掘多方资源，比如家长资源、任课教师资源等，可以针对活动内容，邀请家长参与，就能更好地实施活动。善于利用家长资源，动用家长的力量是推进集体活动的一项有效助力。同时，班主任也要与学校的各部门沟通，例如总务处、教导处、德育处等，做好必要的后勤的保障工作，一般如 KT 板制作、道具的购买等，都需要班主任从旁协助。

一次集体活动就是一次展示班级风采的契机，班主任要抓住这种机会，调动学生的积极性，结合班级的班情，酝酿合适、合理的活动方案，鼓励同学们集思广益，尽最大可能地获得更多的资源和支持，将一次次的集体活动，变成师生共同参与、师生倾情投入的班级生活的一部分，从而不断打造班级特点，相信假以时日，在集体活动的推动下，一个个特色鲜明的班集体就会一一显现出来。

（以上案例由上海市民立中学胡彬老师提供）

执笔人：上海市民立中学　王敏皓

如何激发学生参与班级活动的积极性

- **【情景扫描】**

　　临近元旦，学校筹备迎新合唱比赛，要求每班出一个合唱。文艺委员小杨来找班主任诉苦：擅长唱歌的小王等人觉得这种合唱没意思，一点儿不想参加；小张等几位同学则觉得这种活动就是浪费时间，而且都快期末考试了，哪有空排练呀；小邓等几位同学在学习上比较吃力，也没什么特长，对合唱比赛直摆手。现在离比赛只有半个多月了，这可怎么办呀？

- **【问题归因】**

　　有效的班级活动，对学生个人的成长、班级良好人际关系的建立、优秀班级文化的形成都有着极为重要的价值。然而，我们发现，学生们对学校、班级活动的参与热情、参与效果却并不理想。究其根源，主要有如下原因。

　　1. 对活动意义认识不足

　　身边仍有不少班主任，对班级活动持比较排斥的态度，一听说学校搞活动，就担心学生会耽误上课、影响学习，害怕出现安全问题……总之，不太愿意开展活动，而宁愿学生"踏踏实实"地好好学习。如果班主任自己对开展活动都有排斥心理，又怎么能期望学生积极参加、认真对待呢？这主要是由于老师和学生对班级活动的意义认识不足而导致的。

　　2. 活动本身缺少乐趣

　　参观、班队会、讲座、运动会、读书节……学校里班级活动内容丰富，但不排除有很多活动确实内容重复，活动组织形式和方法也略显老套，不能吸引当下的学生。如上述情境中，班级很多同学很喜欢唱流行歌曲，经常相约去唱卡拉

OK，私下也喜欢用"全民 K 歌"等 App 进行练习、展示，但让他们合唱，特别是唱一些"老掉牙"的歌曲，实在很难让他们产生兴趣。

3. 活动覆盖不够广泛

班级活动中不乏比赛、评比性质的活动，而班级里有特长的同学往往就那么几个，这就会出现一个比较常见的现象：某几位有特长的同学不断接到新"任务"，疲于应付，虽然有的频频获奖，极有成就感，有的却时常名落孙山，颇感失落，但几年下来往往都缺少激情，不想继续参加；另一方面，大多数同学由于缺少特长，能力平平，一开始是被排挤在外，后来就逐渐主动屏蔽了此类活动。

4. 活动反馈比较单一

目前，很多班级活动有其明确的活动目的，而活动评价却仍然是比较薄弱的环节。参观、阅读、观看类活动，往往以提交"心得体会"作为活动成果；比赛、评比类活动，最后公布了名次，活动就宣告结束；更有许多活动，只追求"参加过了"……大多数学生参与活动的过程得不到肯定、反馈，更觉得很多活动是"走形式，没意义"。

【实践支招】

班主任应该充分认识到班级活动对学生成长的意义，积极了解班级活动的目的、要求，理解学生的需求，从而有针对性地调动学生对活动的热情。这正是班主任工作价值和工作艺术的重要体现。

因此，我们可以从以下几个方面入手，充分调动学生的参与热情。

1. 提高认识，理解班级活动的意义

班级活动是学校教育的重要手段，对学生的成长有着不可替代的意义。

（1）开展班级活动，有助于培养学生多方面能力，增强学生的团队意识，增加班级的凝聚力。

（2）开展班级活动，有助于学生自我发现、自我反思，从而实现自我提升。

（3）开展班级活动，有助于学生放松身心、开拓视野、实践体会，从而实现全面发展。

2. 认真研究，明确活动的真正意图

学校组织活动，必然有其明确的教育目的。班主任一定要对活动方案进行仔细研究，揣摩活动的设计意图，理解活动的要求，以更好地组织、指导学生参加活动，激发学生参加活动的热情。

以开头的情景为例，班主任对"迎新合唱比赛"的活动方案进行仔细研究后，对学生进行了如下动员：

（1）正值辞旧迎新，又逢"建党百年"系列活动开启，我们要用歌曲唱出对党和祖国的热爱、赞美。

（2）尽管快到期末考试了，但音乐可以让我们适当放松，洪亮的歌声也可以鼓舞士气，反而有助于我们的学习。

（3）合唱曲目可选范围比较大，形式也有发挥的空间，可以辅以其他表演形式，能给大家更多展现的机会。

（4）这次合唱要求全员参加，是班级风气的展现，参与情况会影响期末的"优秀班级"评比。

班主任将这些情况向学生做了解释后，学生很明显有了不一样的感触，反对的意见基本没了，话题也不再是"要不要参加"，而是"唱哪首歌""怎么表演"等等。

3. 结合自身，形成适合的活动方案

学校活动的开展，是从较大的层面来设计的，而各个班级应该结合自己的特点，综合班级的能力、兴趣、资源等，设计出属于自己的独特方案，这样，也更能调动学生的积极性，激发他们的参与热情。

在案例中，该班学生最终选择了《少年强则国强》这首歌曲，因为这首歌大气磅礴，铿锵有力，激情励志，实在是"太燃了"，已经在班级中广泛传唱，不需要花费太多的时间练习，又符合本次活动主题。在练习的过程中，确定唱得特别好的两位男生、两位女生领唱；又利用班级朗诵比较出色的优势，设计了前奏、过渡的朗诵环节；有两位男同学会武术，就在最高昂的部分安排了武术表演……比赛现场，同学们充满激情与力量的表演，点燃了全场的热情，最终斩获了本次比赛的"最佳表演奖"。同学们都欢呼雀跃！

4. 全员参与，争取人人贡献力量

班级是一个集体，在活动开展的过程中，总有一部分同学比较突出，但绝对不能因为这些同学"特别好用"而忽略了全员的作用。要提倡全员参与，尽量不让有些学生当"看客"，这是保证学生参与热情、提升学生归属感、增加班级凝聚力的重要保证。

又要举办一年一度的运动会了，田径比赛名额很快就报满了，而入场式表演和广播操比赛也选拔出了班级的大部分同学。班主任一看，还有十来个同学似乎"无所事事"，他们一边大肆"庆幸"，一边似乎又有些失落。于是，在其他同学排练时，班主任就请他们为入场式制作道具或做后勤保障。这些同学在擅长手工的小曾指导下，做出来的道具令同学们赞不绝口。而大大咧咧的小王，在同学生病缺席时爽快地做了替补，在同学归队后又痛快地退出，并主动给同学提供后勤服务，拿衣服，放音乐，跟着一起跑前跑后，令同学们非常感动。后来，班级中形成了以小曾为首的"美工团"和以小王为首的"后勤队"，在各项活动中为班级出力。历时近一个月的运动会，大家收获的绝不仅仅是比赛成绩。

5. 重视评价，提倡多样的反馈形式

参与活动的过程，是学生综合发展、全面进步的过程，不应以成绩、结果作为唯一的评价标准，而应关注整个活动的过程。在活动的过程中，班主任要时时关注、记录学生的表现，以作出相应的激励与引导。而活动的结束，也不代表教育的结束，要及时对活动进行总结，进行多种形式的反馈，引导学生反思自己在活动过程中的表现，多角度地寻找自己的成长点。这也有助于学生增强归属感，能有效地提升班级凝聚力，激发学生参与班级活动的积极性。

上个案例中，在运动会准备期间，班主任尽量陪同学生，用手机记录下孩子们的表现，并在朋友圈、晓黑板等平台展示，总是获得家长的高人气点赞。孩子接收到家长的鼓励，参与的热情更强了。运动会结束后，班委们对同学们的参加情况和获奖情况进行了汇总，设计了不同的奖项，如"飞人奖""大力士""服务之星"等等；又由同学们分享了"感动瞬间"等内容，捕捉活动过程中的美好体验。之后，又由宣传组做了主题墙报。这次运动会的过程，后来也反复出现在同学们的作文里，成为学生成长路上的美丽风景。

班级活动是学生获得成长、班级增强凝聚力的重要途径。每一个班主任都需要充分认识到班级活动的意义和重要性，了解学生的需求，采取多种方法，充分调动学生的热情，积极参与到活动过程中，从而促进学生和班级的全面发展、共同成长。

执笔人：上海市青云中学　孙友梅

主题班会后没有达到预期的效果，班主任该如何继续引导学生的行为

- 【情景扫描】

在一节"光盘行动"的主题班会课上，关于如何落实"光盘"，孩子们说得头头是道，可是中午吃饭的时间到了，班主任发现还是存在浪费饭菜的情况：小红在上完课后，知道了浪费粮食不好，但看到其他同学不吃，她也不想吃了；小明说在家中，爸爸妈妈从来不要求他"光盘"，不爱吃、不想吃就不吃，早就养成了习惯；小丁抱怨他不爱吃青菜，但是家里的长辈会逼迫他吃，导致他现在看到青菜就反胃；小兰反映她看到很多地方都说红烧肉的脂肪含量太高，吃了容易得三高，把不健康的食物倒掉不算浪费，让老师哭笑不得。看着大半桶浪费的饭菜，班主任该怎么办呢？

- 【问题归因】

其实很多职初班主任都会发现，在主题班会课后，班级问题并没有达到预期的改善效果，例如："好习惯"的主题班会后，学生依旧我行我素；"爱护环境"的主题班会后，孩子们还是欢快地奔跑在公园的大草坪上……主题班会的教育只是停留在"入耳"层面，离"入脑入心"距离还比较遥远，因此学生行为背后暴露出的问题原因，我们应该予以重视。

1. 指导不足

好的主题班会应当是一个被信赖着的成年人（班主任）与一群成长中的未成年人（班上的学生）之间的生命对话、心灵交流和精神引领。

不少职初班主任的主题班会常常表面上看起来很"完美"，但有时既没有真正贴近学生的思想实际，又没有激发学生的内心冲突；只讲大道理，没有针对学生

真正的问题进行分析引导，只是进行变相的"灌输"，这样就很容易产生像小兰同学这样过于片面的观念。

除了主题班会课上存在指导不足的问题之外，有时班会课会被职初班主任用来处理班级日常杂务，为说教提供了便利，导致班会流于形式，这样的教育是脆弱和异化的，尤其对学生核心素养的发展是不利的。

2. 跟风而行

在进入小学后，通过低年级段学习适应期的锻炼，学生个人的自我意识、道德观念和道德行为都会逐渐发展起来。类似小红这样的学生自我意识逐步深刻，逐渐形成了内化的行为准则。在班级中，这类学生还会逐步把握个人与他人的关系，形成大集体意识。

这样的大集体意识往往会表现为跟风。不论别人做什么事情，都会跟着去做。从本质上来说，他们绝大多数的跟风行为都是想要融入集体的一种表现，一旦他们没有拥有同龄人所拥有的东西或是行为与他人不同，很有可能让他们产生压力，觉得自己不被他人接纳。

3. 家庭影响

家庭在学生的行为教育上占有很大的因素，从小明和小丁两位同学的言行中，不难看出孩子的表现与家人的举动成正相关，小明的家长过于娇纵孩子，养成了小明不爱惜粮食的坏习惯，而小丁的家庭，家人想让孩子在饮食上营养均衡，却反而导致了孩子看到特定食物就害怕的心理。

父母的教育对孩子的成长具有很大的作用，可以直接或者间接影响孩子的行为。孩子从出生起就跟自己的父母亲生活在一起，对事物的接受往往也在模仿父母和家中的其他成年人，到了学校，不能一下子改善自己行为习惯情有可原。

【实践支招】

主题班会课的成果不应该是学生口头表态后依然我行我素，而要让学生落实在行动上。职初班主任要关注开班会课时学生的表现和课后的行为信息反馈，及时抓住学生思想的变化，结合家庭教育，引导学生将班会落实到实际行动上去。

1. 精心设计班会，关注实时反馈

一堂主题班会课最重要的就是"导行"环节，重在引导，鼓励为主，激励先进。所以职初班主任在设计班会课时就应该关注到潜在的教育问题，多问问自己。设计环节要具有针对性，能引发学生共鸣，引导学生进行回答时要追根问底。

在班会课上，我们可以通过重现学生自己经历过或身边发生过的事，先从一个旁观者的角度来探讨问题，然后再把自己放置到角色中，切身认识到问题所在。像小兰，我们就可以在主题班会的问题设计上善用两难问题来启发学生的道德认知，学生才能真正理解并真心实践。在课堂总结中善于借题发挥，点到实质，举一反三，以教育多数学生。

课后一旦发现班级普遍性和倾向性问题没有得到很好的解决，就需要积极分析原因，选择合适的时间召开班级会议，也可以与学生一同进行深入讨论，从根本上解决问题，总结经验，制定新的班会计划，以此抓住教育契机，引起学生重视，取得理想的教育成果。

2. 凝聚榜样力量，营造正确氛围

班主任要结合主题班会的内容在孩子的身上发现闪光点，树立榜样，使学生"择其善者而从之"。除此之外，还要注重建设相关班级文化，在班级中营造相关氛围，让每位学生在营造班级文化的过程中去实践，使班级成为主题班会后引领学生行为的好助手。

（1）榜样引领班级风气

在班会课后，职初班主任要时刻注意自身形象，率先垂范，潜移默化地影响学生。凡要求学生做到的，教师首先自己做到，而且做得更好，这样才能成为学生学习的对象。班主任树立良好的榜样形象，学生就会有样学样，学习知识更学习做人。

学生的成长固然离不开班主任的影响，但每天一起学习、一起玩乐的同学，有着更多的共性，更能激发学生的积极性。所以，班主任也要在学生中树立榜样。例如在进餐时，班主任对做到"光盘"行动的孩子大力表扬，去教育其他孩子，让他们主动调整自己不恰当的行为。这样，就能够引导像小红这类跟风的孩子规范自己的言行，促进良好班风的形成，使班会课的行为目标落实到位。

（2）氛围激发持续动力

"为孩子创设怎样的德育环境，孩子就会成长为怎样的人。"班主任可以通过具体的规章制度和班级文化来帮助学生在班会课后践行承诺。

规章制度应该结合主题班会的内容，职初班主任要勇于放手，由学生主动发现问题并制订方案，汇总并确定，使用一段时间后，可以适时调整，使规章制度变得更加优化，学生执行起来也会更加熟悉、规范，逐渐内化为自己的习惯。

配合规章制度，可以重点布置班级环境，利用班级文化激发学生的持续动力。让墙壁会"说话"，例如"光盘行动"的主题，可以让学生搜集自己喜欢的不同种类的食材、菜品，制作"食物墙"，营造一种节约粮食的良好氛围；传统文化节日的主题，可以贴窗花、挂灯笼等；革命传统教育的主题，可以让学生自己绘画黑板报、张贴英雄海报等。一块小小的"园地"产生的效果是不可估量的，从班级文化导向上影响了学生，使他们受到潜移默化的教育，进而影响到他们的行为。

3. 家校携手同行，助力养成教育

家庭教育对小学生的养成教育影响最大。父母自身的言传身教直接影响孩子，创设一个良好的家庭环境具有重要的作用。职初班主任除了做好学校的工作、学生的工作，还要注意做好家长的工作，引导他们切实担负起家庭教育方面的责任，履行好自己的义务。只有家校配合好，才能使主题班会发挥效益，从而真正促进孩子的健康成长。

首先职初班主任老师要善用、用好家校沟通的平台，帮助更多类似小明和小丁的家长树立正确观念，接着充分利用家长课堂开展专题活动，例如对于孩子在进餐中不能"光盘"的问题进行交流，班主任也要利用专业知识帮助家长剖析、解决这些问题。同时，还可以充分调动家长资源，特别是在珍惜粮食、传统文化、革命教育、爱国主义教育等方面，邀请长辈进课堂与孩子们面对面分享经历，不仅对主题班会的内容有一个延展的作用，更能直达孩子心灵，引发触动，只有孩子的内心认同了，才能真正落实到行动中去。

主题班会是德育的聚光灯。我们要不断努力探索，结合实际寻找新的方式与途径，灵活多样地开展主题班会，塑造孩子们健康向上的优良品质，培养新一代朝气蓬勃的社会主义事业接班人。

执笔人：上海市静安区彭浦新村第五小学 金奕玮

怎样用主题班会来解决班级建设或管理中的实际问题

• 【情景扫描】

　　生活委员小李清点饭费，最后发现少了 100 元，问了所有同学，都说交了。几位班干部在教室里找了一圈，也没有找到。今天是饭费上交的最后一天了，小李很着急，此时班长决定用班费来补充这 100 元，此事看似就这样平静地解决了。但是，下午放学后，几个同学在一起议论纷纷，对是不是该由班费来垫付这笔钱产生了不同的想法，一时间，猜疑、气愤、委屈的情绪在班级中蔓延。作为一名职初教师，班主任王老师该如何处理这起由突发事件引发的班级舆论危机呢？

• 【问题归因】

　　这是一次班级中的偶发事件，同学们针对班级问题有自己的想法并不是坏事，也不是学生存心和班主任作对，反而恰恰是学生的班级自主管理意识的体现，班主任应该及时发现并培植这种意识。但是，班级舆论之所以会发酵，有以下原因。

　　1. 同学之间的信任度不高

　　在班级成员之间，相互信任是促成班级建设的大前提，生生信任、师生信任才能提升班级凝聚力。当班级出现了问题，大家习惯性地会将错误指向同学，并用社会上一些关系法则来处理解决，如"公平原则"，一部分同学认为班费是大家的钱，生活委员由于自己工作的失误让大家来"买单"不公平，应该由小李自己承担。但班级是个特殊的群体，班级学生在担任一些工作的时候，并不是以自己得利为前提的，反而是出于为大家服务的心态，如果在出错之后，所有的责任都要由该同学来承担，就会形成"多做多错、少做少错、不做不错"的氛围，对班级的健康发展是极其不利的。班级成员要用更宽容的心态去面对错误，正确解决问题，形成"容错"的班级环境。

2. 班级管理缺乏一定的规章制度，班干部缺少相应的培训

少了饭费，有些班主任可能会采用"灭火式"的处理方式，就像小王老师当初所想，反正 100 元也不多，自己出一下就行了。班主任的这种急于将问题解决的做法，表面上矛盾平息，相安无事，但是不去思考问题背后的成因，头痛医头，脚痛医脚，那么班级问题就会层出不穷。在生活委员收饭费事件的背后，暴露出班主任对班干部工作的培训不够，班级管理岗位的制度还不够健全。班主任在任命班干部的时候，要根据学生特点来安排岗位，比如生活委员，需要细心的同学来担任。任命之后，还要根据岗位，形成制度，同时，要及时发现班级岗位中的隐形问题，将错误扼杀在"摇篮"之中。班主任在建立制度和对班委进行培训时，就是对学生一次很好的教育，在"试错""纠错"的过程中，教会学生处理工作，学生也会在工作中不断完善"岗位职责"，今后无论谁来担任这个工作，都能够得心应手了。

3. 学生负面情绪带来传染性，正向的情绪管理能力较弱

心理学上将有建设性的情绪称为正面情绪，具有破坏性的情绪称为负面情绪。情绪管理需要自我调节能力。在这个案例中，当大家都只聚焦于问题本身时，所有当事人都不知不觉被问题带出了消极情绪，而这种负面情绪在教室这个物理空间中具有很强的传染力，如此越争论问题就越大，随之而来的埋怨、指责、不信任、对立等情绪就会不断积聚，最终会"毁掉"班级生态。

同学之间之所以产生对问题的争论，归根结底是个体意识超越了集体意识。每个同学都站在自己的立场思考解决问题，从"我"的角度来看待问题对自己的影响，一旦"我"的需求得不到满足，就会产生负面情绪，而学生作为未成年人，本身对情绪的掌控就比较薄弱，想什么说什么，大家聚在一起，你一句我一句，表面看来情绪是发泄了，但问题是永远不可能找到大家都认可的统一解决方法。今天可能是饭费问题，明天可能是诸如评优、劳动分配等问题。

• 【实践支招】

面对班级的实际问题，班主任的"回避"态度、一味说教都不是最好的方法，

可以有效利用班会课的机会，将班级矛盾转变为教育的契机，抓住问题背后的核心，展开教育。

1. 班会课是班主任"班级观"的有效载体

作为班主任，如何理解"班级"，将决定采用什么形式解决班级问题。把班级看作是行政单元，它仅仅是繁杂事务的集合，就只有上传下达；把班级看作是教学组织形式，它必然去追逐秩序和效率，就只有令行禁止；把班级理解为社会化的通道，它就成了合格社会成员的练习场，就会有碰撞与融合；把班级理解为因缘相聚的生命时光，它就意味着温暖、归属与爱；把班级理解为精神家园，它就在潜移默化间雕琢形成每个人灵魂的样子，就会让每个班级成员有发声的机会，有自己意志的表达，有民主、和谐、对话，有情绪宣泄的渠道，当然也会有妥协和反思。

班主任王老师在事情发生后，召开了一次"饭费该由谁来赔"的主题班会。他希望学生直面问题的解决，而不是纠结于"谁对谁错"的问题上。所以他先请同学们找一找事件中的生活委员、班长、有意见的同学各自有哪些优点。学生们总结：生活委员诚实，主动承担责任，没有推诿，没有抱怨生活委员难当；班长乐于助人，关键时候敢于担当，不怕非议；愤愤不平的同学关心班集体，注重公平公正。此后，班主任提示大家再想想：大多数没有参与讨论的同学，接受了由班费来垫付的方案，他们身上的优点是什么？大家都认为这些同学大度、宽容。最后，王老师把问题抛给学生——"饭费问题该如何解决"，此时，同学们都支持由班费来支出。

2. 利用班会课，促进班级成员之间的信任，形成班级公共生活规则

班主任要摆正自己和学生的位置关系，相信自己的学生，在人格上尊重自己的学生，建立平等的师生关系，将班级管理的主动权放给学生。在班会课上充分讨论，尊重学生的想法，提供集体发声的机会，广泛听取和采纳大家的意见，做到真正的民主管理，而不是把对学生"民主"当作教师"集中"的一个程序。由学生自己发现问题，自己想办法解决问题，能增强同学的集体意识，制定的公约、做出的决定得到认可和支持，班级才能向良性的方向发展。在此案例中，班主任王老师最后表示，很高兴看到同学们积极参与班级管理，生活委员每月收取饭费也比较辛苦，希望再找一位同学共同承担这一工作，此时，大家纷纷表示愿意协助小李。

3. 利用班会课提高学生自我教育的能力，催化正向情绪在班级中的生成

在班会课上通过师生共同参与的形式，完成发现问题、分析问题、解决问题的步骤，最终达成共识。在分析问题的过程中，提升学生自我反省、自我教育的能力，教师做好适当的引导，将班级问题交给所有学生共同来解决，即使问题一时无法得到满意的结果，但也在解决问题的过程中促成了学生的成长和班级的构建。在这次班会课上，全体同学共同参与了问题的解决，并共同接受了结果。在这个过程中，生活委员和班长都认识到了自己的职责和不足，并表示今后会不断优化工作过程，避免出错。

4. 利用班会课，挖掘学生潜在能力，帮助学生健康成长

班会是区别于课堂的一个空间，学生在班会课上比较放松，抛开学习的压力，学生更愿意表达自己，各种能力能够得到最大限度的发挥，如：艺术才能、演讲才能、动手能力、组织能力等。组织得当的班会课，能充分调动学生的参与性，展现全面的自我，在多元评价学生方面产生积极的作用。同时，能提升班级凝聚力，起到促进班级团结，密切师生关系、生生关系的作用，从而助力学生全方位地健康成长。

班会课是学生进行自我教育最好的平台，在对自己的班级公共生活的参与和管理中，学生完成了自我教育，懂得行使权力就必须要承担相应的责任，享受权利的同时也要履行自己的义务的道理。班主任利用班会课来解决班级实际问题，凸显了班会课的育人价值。

执笔人：上海市民立中学　王敏皓

第四篇　心理健康教育

教育部印发的《中小学心理健康教育指导纲要》中指出："中小学生正处在身心发展的重要时期，随着生理、心理的发育和发展、社会阅历的扩展及思维方式的变化，特别是面对社会竞争的压力，他们在学习、生活、自我意识、情绪调适、人际交往和升学就业等方面，会遇到各种各样的心理困扰或问题。因此，在中小学开展心理健康教育，是学生身心健康成长的需要，是全面推进素质教育的必然要求。"

据此，关注学生的心理健康是当下中小学班主任工作职责的重要内容，也是班主任专业发展领域中的必要一环。

本板块选取不同学段学生常见的四种心理困惑或问题，包括小学生注意力不集中现象、初中生青春期现象、高中生学习高压下的高焦虑现象，以及各学段学生都可能面临的抗拒接受心理咨询的情况等，分享我们的思考与经验，希望能够给广大中小学班主任提供思路上、方法上的参考。

推介人：上海市静安区教育学院　张燕燕

如何应对行为、情绪异常但不愿接受心理咨询的学生？

·【情景扫描】

小 A 是一名七年级学生，平时性格内向，沉默寡言。最近一段时间，他感到自己情绪不好，无精打采。每天起床后，他总是懒洋洋的，觉着闷闷不乐，还经常失眠，睡眠质量很差，学习成绩大幅下滑，遇到什么事情总喜欢往不好的地方想。班主任发现了小 A 最近的异常，几次建议他去找学校心理老师聊一聊，都被小 A 拒绝了。当问及原因时，小 A 说："要是我去找心理老师，大家还不知道怎么想我呢，没事儿也变成有事儿了。"

·【问题归因】

班主任发现本班有学生行为或情绪异常，建议他与心理老师谈心，却遭本人拒绝。一般来说，学生不愿接受心理咨询可能出于以下原因。

1. 还没做好心理准备

学生还没做好与心理老师交谈的准备，不清楚自己找心理老师会给自己的生活、学习或者自我认知带来什么，不免有些担心。

2. 担心影响自己形象

有些学生误以为找心理老师谈话就等同于承认自己存在"心理问题"，会给自己带来较大的"病耻感"的心理压力，对自我认知带来负面评价；另一方面，学生还担心找心理老师谈心的事情被其他老师、同学发现，会影响到自己在他们心目中的形象。消极的自评或他评结果是一些学生尤其偏内向学生难以接受的。

3. 担心被同学议论

同伴关系是中学生非常重视的一种关系。学生担心同学、好朋友会用异样的眼光看待自己，或者在背后议论自己，或者受到老师、同学特殊的对待等，这会给学生带来抉择上的压力。

4.对心理教育有误解

有些家长、老师、同学对心理教育存在误解，可能会将"心理咨询"与"心理疾病""心理问题"甚至"精神病"等概念联系在一起，导致学生在心理教师面前止步。

5.认为心理咨询无效

"聊天"就能帮人看病，就能帮助自己解除心结，甚至帮助自己从痛苦中"拯救"出来？很多学生对此存在疑惑。另一方面，学生急于解决个人心理困扰的迫切性与心理咨询效果的长期性之间存在时间差，这会给当事人带来"心理咨询无效"的错觉，甚至会带来失望、绝望。

6.缺乏对老师的信任

心理咨询过程中可能会涉及一些秘密，包括和同学的关系、对某些老师的看法、家里的一些私事、自己对人或事的一些态度与看法等，其中可能会有自私或者丑恶的表现，如果和盘托出，就等于把自己不光彩的一面暴露在了老师面前，还担心心理老师会把这些事情告知班主任或者其他任课老师，自己对此难以承受。

• 【实践支招】

1.充分理解与陪伴，提出多种问题解决方式供学生参考

信任可以帮助一个人打消顾虑，对方因为相信一个人而接受这个人所提出的建议。职初班主任有自己的年龄优势，可以经常与孩子进行交心式谈话，在谈话过程中，可以讲述一些生活或学习中的小常识和故事，理解学生所思所想，真心陪伴他们走过一段路程，相互信赖的良性关系形成后，再提出共同寻求专业力量支持的建议，学生可能会更容易也更有力量接受。

情景中，小A提到了自己的一点担心，他担心找心理老师谈心这件事一旦被大家知道会影响到他们对自己的看法。为了打消这一顾虑，班主任可以做三方面尝试：一是让学生明白找心理老师谈心不等于自己有心理疾病。许多老师和学生都曾和心理老师聊过天，难道大家都有心理问题吗？二是如果无法消除这一担心，

可以找适当的时机找心理老师私聊，尽量不让其他老师、同学知道。三是如果学生不排斥，自己可以在班内和大家就心理方面可能的问题、心理老师的职责等进行交流，看看小 A 的反应。

2. 联合心理教师的力量，澄清对心理困扰的误解并习得相关知识、技能

班主任是一个班级的领头羊，与学生接触最为密切，相处的时间最长，谈心的机会也最多，但职初班主任常因缺乏教育经验和技巧而影响到育人的效果。心理老师在本班学生中的权威性往往不及班主任，学生对心理老师的抵触程度也往往大于班主任，但这一群体经过更加专业和长期的训练，对心理症状的评估标准更为熟悉，对心理咨询技巧运用得更为娴熟。倘若班主任的职位优势与心理老师的专业优势相结合，各展所长，共同作用在学生身上可能效果更佳。班主任在遇到类似于情景中的棘手问题时，可以先私下询问心理老师与学生相处、沟通的专业技巧，试图了解学生近期的情况以及产生这些情况的可能原因，然后再提出更进一步的建议，这有助于增强学生的接受度。班主任还可以通过联合心理老师一起设计主题班会课、组织班级活动、参加心理社团活动等途径，丰富学生的体验，拉近学生与心理教育／心理咨询的距离，让学生切实感受到当存在不同程度的心理困扰时，大家其实可以尝试多种方法去解决。

3. 联合家长力量，在全面了解孩子的基础上助力健康成长

家庭是学生重要的生活环境，家长是学生成长中的重要他人，家长的关注与帮助对孩子的身心发展起到不可忽视的作用。以情景中的个案为例，学生不接受寻求心理老师帮助的提议，班主任还可以寻求家长配合，请家长多加关注孩子生活与学习近况，包括在家的整体状态、亲子沟通、作息情况、饮食情况、待人接物、学习态度、学习效率以及近期是否存在异常举动等，必要时及时联系班主任或家长信任的其他老师，双方做好全面沟通，在充分了解孩子的基础上制定改善措施。同时，这段时间，家长在家里要给孩子提供相对宽松的环境、适当降低对孩子的学业要求、提供安静舒适的睡眠环境、保障适度规律的饮食与运动等，帮助孩子缓解现状，静观其变。

4. 借助班集体力量，让身在其中的孩子们感受到温暖和勇气

孩子不敢讲实话、不敢面对现状、不敢挑战困难，而是选择逃避，很多时候是一种"自我防御"，是不想让自己受伤的一种应对方式。在生态系统理论发展心理学中，由布朗芬·布伦纳提出的个体发展模型曾强调，发展个体嵌套于相互影

响的一系列环境系统之中，在这些系统中，系统与个体相互作用并影响着个体发展。同伴是中学生的重要他人，同伴的言行、评价常常会影响到班级系统中每个个体的思想、态度、行为，所以班主任要注意营造有爱、有归属、有教育力、有感染力的班级氛围，使学生能够彼此尊重、相互支持、消除心理障碍，让集体成为帮助每位学生成为更好的自己的助推器。

5.加强自我学习，将心理健康教育纳入专业成长的必修课

了解孩子是一门学问，2009 年，教育部印发的《中小学班主任工作规定》"总则"中提道："班主任是中小学生健康成长的引领者，班主任要努力成为中小学生的人生导师。"当今社会，要胜任这一任务，了解和保护学生的心理健康是必不可少的环节。作为班主任，应该了解孩子心理、生理发展的规律；了解孩子发展的年龄特征、生理特点、个性需要；了解孩子的成长过程、生活环境、日常态度和行为方式，以及他们的交际范围、内心矛盾、烦恼和思想动态。班主任还需要了解中学生常见的心理问题，学习与掌握一些心理技巧，包括倾听技巧、沟通技巧等，通过专业知识、专业技能的学习和运用来帮助自己提高教育敏感度与及时性，切实全面地了解孩子才能把握他们心理发展的脉搏，及时防范孩子不良情绪、行为的发生。

此外，需要注意的是，若学生已对自身或者其他学生有伤害的情况，要及时上报学校领导，尽快寻求解决方案；若学生实在不愿接受心理咨询也不宜强迫，对于明显有情绪行为异常的学生，经心理老师初步评估，班主任、任课教师可以收集学生的异常事件并做好记录，在心理教师的帮助下，与家长约谈，需要就医的建议就医。

执笔人：上海市静安区教育学院　张燕燕

如何干预多动倾向儿童频繁影响上课秩序的行为？

- 【情景扫描】

　　小吴同学是一年级新生，性格开朗、活泼，喜欢和其他小朋友打交道，可是小吴上课和完成学习任务时总是静不下心，不停插嘴，做小动作，还时不时走出座位，影响到周围同学，老师多次对其进行教育谈话，都收效甚微。渐渐地周围的同学不再愿意去搭理他，小吴脸上的笑容也越来越少。这天小吴迟迟未能到校，班主任从其母亲处得知小吴觉得自己总做不好，得不到老师和同学的认可，所以开始抗拒上学。通过与家长沟通，班主任了解到小吴小时候其实都是由阿姨照顾，上了小学后，母亲才开始关注他的学习和生活情况，也的确发现了小吴"坐不定"的毛病，完成家庭学习任务时，母亲只能是拿着小板凳坐在小吴旁边，注意力稍有分散就呵斥阻止，可非但效果不佳，两人也时常为此爆发很激烈的争吵，甚至接送放学时小吴都要问接送阿姨："妈妈在家吗？"如果母亲在家则情绪低落甚至不愿回家。休息日小吴的时间也被母亲安排得满满当当，绘画、钢琴、乐高还有各种训练营，自由活动时间少得可怜。班主任将小吴的情况与学校心理老师交流后，发现小吴其实有多动倾向，对于学校和家庭的教育有了一定的抗拒性，作为班主任需要想办法来帮助小吴渡过难关。

- 【问题归因】

　　多动倾向是指儿童注意力不集中，自我控制力差，不能持久地从事某些活动，过于好动的行为表现。多动倾向虽然是一种行为习惯，不至于到疾病程度，但少数幼儿的多动状态会持续到青年期，对其生活、学习、工作等造成很大影响。如今越来越多的"小吴"同学出现在了校园内，他们在课上多动，无法很好地进行自我控制，但又有着极强的自尊心，只能听表扬和赞美，对于老师指出的错误和批评，要么充耳不闻，要么以自暴自弃和逃避的行为来解决。班主任在与小吴同学和他的家长进行沟通时，可以考虑以下几个原因。

1. 家长的培育目标与孩子需求情况不匹配

现代家庭育儿观念已然发生了重大的改变，家长在培养孩子方面往往有自己的一套心得和规划，家长在注重知识与技能培养的同时，其实也很注重对孩子其他方面的培养，孩子往往不仅在学习上花费一定的时间，还要在音乐、美术等领域上耗费相当多的工夫，假期中更是要参加各类夏令营、短期培训班等。看似这些活动和课外班满足了家长对孩子培养的需求，也解决了家长很多的问题，但其实孩子本来的精力和需求可能并没有得到满足，多动倾向的孩子有着比一般孩子更旺盛的精力，无处安放的精力，让与小吴有着类似情况的孩子不能静下心来全心投入学习中。

2. 缺乏对多动行为的干预方法

学习习惯和注意力的集中需要家长的有效陪伴和不断针对孩子情况的及时评价和调整，是一个漫长而反复的过程，但这正是现在有些家长无法做到的。除了缺乏必要的有效陪伴，家长对于多动行为的干预方法了解也不够，往往在孩子出现注意力转移或分散的情况时，家长会用"不要""不许""不能"的词语对其行为进行呵斥和纠正，大部分时间也都以强制约束为主，这使得亲子之间往往矛盾不断，教育效果适得其反。

3. 同伴和老师的不认可与不悦纳

小吴同学看上去对于老师的话左耳进，右耳出，漫不经心，其实内心有着很强烈的自尊心，渴望得到老师和班级学生的认可，所以他们也会用自己的方式去努力，如：上课插嘴等行为本意是为了更多向同学和老师展示自己的优点，但是由于多方面的原因，总是适得其反，越努力越糟糕，面对其他孩子的否定和不接纳以及来自老师的批评和不满，他们脆弱的自尊心一次次受到了伤害，索性以"破罐子破摔"的方式来面对，甚至还会对上学产生惧怕的情绪，出现厌学和逃学的现象。

• 【实践支招】

作为班主任，面对小吴同学这样有多动倾向问题的孩子时，我们需要耐心地对孩子进行引导，给予家长合理的指导，面对不同的情况，我们可以从这几方面入手。

1. 协商沟通，设立目标

（1）正视问题，缓解焦虑

其实家长在被班主任约谈时是很不安和忐忑的，他们意识到孩子有注意力分散、坐立不安的问题，还会怀疑孩子是否得了多动症，回忆自己教育的过程也不知道哪个环节出了问题，这些都加剧了他们的焦虑。在谈话时我们首先要帮助家长分辨多动症和多动倾向的区别，减轻焦虑不安的同时，也让家长能够引起重视，认真倾听家长平时和孩子相处的一些小细节和小故事，在拉近与家长距离的同时，也能为接下来的谈话建立一个良好的基础。

（2）合理安排，指导方法

案例中小吴和母亲的矛盾很大一部分来自对时间的规划，很多孩子希望拥有更多的自我时间，在与家长的面谈中我们可以提出适当对作息时间进行调整，每天匀出一部分时间，让孩子走出去玩玩，在空旷安全的地方与其他孩子一起游戏，尽情跑跳，在游戏的过程中释放自己的天性和精力，完成自己想做的事。

我们在面谈时还可以让家长注意提供安静、舒适、简单的环境，引导孩子尝试静心做某件事，如画画、看书等，当出现注意力转移或要做其他事情时，家长不要用"不要""不能""不许"等来提醒孩子，可以用敲桌子、拍拍肩等方式，让孩子把注意力转回刚刚的事情上。家长要根据孩子已有的注意力持续时间为准，以层层递进的方式延长注意时间，逐步提高注意力。

（3）定期联络，增强信心

多动倾向的矫正是一个长期且会反复的过程，只凭一次沟通是不够的，我们需要跟家长长期保持有效联络，将孩子在校的进步表现及时反馈给家长，让家长增加信心，对家庭教育的情况也进行一个回访和了解，拉近与家长距离，让家长感受到老师的关心的同时，也能及时对我们的家庭教育策略做调整和改善。

2. 正确引导，用心关爱学生

（1）细心观察，及时表扬

在平时的校园生活中班主任可以主动与他们多聊聊，聊聊日常，聊聊爱好，聊聊家中的情况，帮助孩子释放压力的同时，对于孩子的情绪也做一个简单的疏导。当孩子出现了能够较长时间专注完成某个活动时，要及时正面表扬，肯定他们的表现，强化提高注意力的意识，提升他们的积极性。如果遇到有确实做得不好或者有退步的情况，悄悄地将孩子请到一边，以建议的形式向孩子指出，如"这件事我觉得你可以做得更好""我觉得你再……就更好了"，给孩子留下自我反思的空间。

（2）营造班级良好氛围

班主任切记不要给多动倾向的孩子贴上调皮、不乖这样的"标签"，更不要在公众场合当面指出其有多动倾向的问题，提倡班中其他同学多多帮助他，营造一个充满团结向上、温馨关心的集体气氛，让孩子在良好的情感环境中生活、成长，发挥集体的力量，减少其不专注行为的发生。

3. 和心理老师携手，从专业角度解决问题

心理健康教育在今后的班级管理和教育中的地位将会越来越重要。在学校时，我们还可以和学校的心理老师联手，借助专业的力量，定期约孩子谈谈心，让无情绪倾向和关联的第三者介入，从专业的角度，帮助孩子释放压力，疏导孩子的情绪，对其精神状态进行调整。下课时和孩子一起玩一些合适有趣的心理小游戏，如：大家来找碴、走迷宫等，帮助孩子提升专注力，克服课上多动的问题，也可将这些方法教授给家长，增强亲子之间的关系，使家庭关系更加和睦，真正做到家校共育。

面对像小吴一样有多动倾向的孩子，我们要有耐心和信心，给予家长合理的指导，建立长期有效的家校联动，真正帮助孩子改正问题，重拾信心。

执笔人：上海市静安区万航渡路小学　薛奇超

如何应对青春期异性交往的问题

· 【情景扫描】

　　小凌为人开朗热情，聪明能干，六年级的时候就开始担任班干部。从初一起，小凌和初二的一些男孩子走得比较近，有些风闻传到班主任耳朵，班主任旁敲侧击地提醒过小凌。小凌解释是在网络上认识的，大家只是朋友，没有什么的。到了初二，情况明朗起来了，有老师向班主任重点提到了和小凌交往的那个男孩子，班主任特意找小凌谈了这件事，小凌依旧坚持"大家只是聊得比较好的朋友"，班主任也就不再继续这个话题了。可没想到有天他俩手牵手在便利店门口，正给班主任撞个正着，一见班主任，两个人的手迅速分开。小凌的爸爸妈妈对女儿寄予厚望，听闻此事，勃然大怒。作为班主任的你，此时，将如何应对处理？

· 【问题归因】

　　小凌初二开始和男孩子交往距离过近，这就需要分析原因、好好引导了。原因分析可能有三。

　　1. 生理和心理的需要

　　案例中小凌的性格比较讨人喜欢，与异性交往过密是从初二开始的。初二的学生对异性产生好感，试图通过恋爱来了解异性是一个比较普遍的情况。在初中阶段，往往成绩好、性格佳的女生容易受到关注，小凌性格和学习都还可以，所以喜欢她的男生不少。男孩子对小凌的感情更多的其实是一种欣赏，小凌此时可能更多的是一种被认可的开心。

　　随着青春期的到来，少男少女进入身体发育的关键期，他们的心理也发生着极大的变化。他们开始关注异性，渴望接触、吸引和了解异性，甚至可能对异性萌生好感或爱慕之情，有些试图通过恋爱来了解异性，于是就导致青春期异性交往过密现象的发生。但是这种情感实际上并不明晰，是朦胧的。

2. 社交媒体影响

现在的网络发达，微博、微信、QQ、抖音等若干渠道传播的内容，不可避免地影响着学生的价值观，现在的孩子懂的比我们想象中的多得多。

小凌和这位男孩子先加为QQ好友，后来就经常聊天。

如果说身心的发育和需求是青春期异性交往过密现象产生的内因，那么，大众传媒无疑起到了推波助澜的作用。作为思想活跃、敏感热情的新一代，很容易受到来自网络、电视、广播等大众传媒的影响。现在部分电视剧对未成年人来说有点不太合适，学生在观看中会去学习和模仿，而且大多数学生家长对于性这方面的教育是缺失的。很多学生与异性接触会过密，不能理性对待。

3. 寻找精神寄托

初二俗称"泥水坑"，很多孩子过不了初二这个坎，它既不像初三吹响了"中考"的冲锋号，又不像别的年级相对单纯地学习、生活，而是处于一个很尴尬的阶段。小凌的爸爸妈妈对孩子的学习有着很高的要求，希望她能考上好的高中；而小凌觉得现在这样的自己挺好的。到了初二，这样的心理越发明显。每天按时完成作业，速度很快，但质量不是很高，老师家长向她指出问题，她常常虚心接受，但屡教不改，得过且过，所以成绩也长时间停留在一个很尴尬的处境。而且因为精力已经分散了，还不如之前。在老师和家长看来，她的成绩与她的能力不符，颇有"皇帝不急急太监"的感觉。

青春期的学生最渴望理解，也最缺少理解。在他们眼中，老师和父母不理解他们，"分、分、分"，是他们存在的唯一意义。这时，一个能够同感并帮她暂时缓解各方压力的异性自然成了精神寄托。

• 【实践支招】

"早开的花终将结出苦涩的果，在对的时间遇见对的人才是幸福才是爱。"用通俗一点的话说，就是在合适的年龄做合适的事。学生的主业是学习，异性交往过密显然不合适。当然很多时候外界干扰，越是硬分开两人，两人关系越好。作为班主任，不能蛮干，得巧干。那么可以怎么做呢？

1."隔"开过密的交往

班主任要运用多种手段和方式来避免交往过密的异性"一对一"接触，鼓励和引导他们融入班集体，与其他同学积极交往。可引导深陷"情感旋涡"的学生参加丰富多彩的集体活动或是他们喜欢、擅长的文体活动，用充实、快乐的集体生活和"广义的友谊"来稀释"狭义的爱情"。

学生到了能认识和异性过密交往与学习不可兼得的时候，就是老师帮助他们解除烦恼的时候。建议教给他们这样的方法：第一步，前三天，每天说话的次数减少一两次，依此类推，两周为一疗程。如果心理承受得了，就再减少每天说话的次数，如果承受不了，就再重复第一步。第二步，把每天的学习时间安排满，力争把注意力尽可能投到学习上，减少"思恋"的时间。第三步，反复提醒自己，在中学阶段搞好学习，为理想前途奋斗是第一重要的。在鱼和熊掌不可兼得的时候，要学会放弃。中考之路已经够艰难了，决不能再背着感情的沉重包袱向前迈步。

2."冻"却火热的情感

"冻"分"急速冷冻"和"慢速冷冻"。

何为"急速冷冻"呢？就是要求情感双方以理智为前提，摆明态度，在自己的"爱情萌芽"还没长成"参天大树"之前立马掐断。但这种方法操作起来有很大风险，而且效果可能并不理想，毕竟太过强硬的处理方式，会激起学生的逆反心理，逼着学生由"地上"转为"地下"，从而让原本在班主任管辖范围的行为脱离视线，甚至突破警戒线。

因此，更推崇"慢速冷冻"，让学生在潜移默化中完成蜕变，让火热的情感渐渐冷却，归于正常。

跟女生私密交谈，做她们值得信赖的良师益友。青春期恋情是人类美好的情感，恭喜她们有自己喜欢的异性伙伴，也恭喜她们长大。比如，在与小凌谈心之后，明确提出自己的要求：符合规范的联系和情感保持是被允许的，但方式和内容必须健康，而且作为女生要守好自己的底线。在得到小凌的信任之后，她有时候会主动向老师寻求情感上的帮助。在一次次的谈话中，燃烧在小凌心中的这团情感之火被控制在合理范围内。

3. "跳"出情感的旋涡

如何引导学生用理性战胜感性，主动"跳"出情感的旋涡呢？

捕捉学生的闪光点，发现学生的潜力，激发学生学习的内驱力，以此来帮助学生树立远大的理想和崇高的目标，不失为一种行之有效的方法。人一旦有了理想和目标，就会受到鼓舞和指引，不断努力进取。比如很多值得学习的正能量的榜样：钟南山、袁隆平等。

开设青春期性健康教育系列主题班会课。内容包括：青春期男女生的生理心理发展特点、青春期异性该如何适度交往、当遇到"我"喜欢的异性时怎么办等，让孩子们科学认识青春期萌动，正确处理异性交往，在班级中营造良好的氛围。

对学生家长做好青春期性健康方面的家庭教育指导，使家长能科学看待这个问题，不焦虑、不简单粗暴干涉，正确指引孩子，使孩子正确认识自己和他人，保护好自己，平稳度过青春期。

参考文献：

1. 吴慧玲. 如何正确引导青春期异性正常交往［N］. 浙江教育报，2019–07–12.
2. 周柏蔚. 解决异性交往过密现象三步曲［J］. 学校教育研究，2018（29）.

执笔人：上海市闸北第八中学　姚文君

如何对处于高焦虑、高压力状态下的学生进行心理健康教育指导？

•【情景扫描】

再过一个月就要进行高三等级考了，班级里的学生都在抓紧最后的复习阶段进行冲刺。然而班主任发现，越是临近重大考试，班里的学生反而越是状况不断。

先是几位一向学习认真、上课专注的学生竟然频频出现课堂中打瞌睡的情况，一问才知道，他们已经连着好几个晚上无法入睡，出现了严重的失眠现象。有时家长也会向班主任反映，感觉孩子这几天回家沉默了很多，甚至会躲在洗手间或被窝里默默哭泣。班中几位活跃的男生倒是更加活跃了，但从以往的难题讨论转变成了单纯的嘻嘻哈哈聊天打闹，叽叽喳喳的声音能持续整个课间。班里的小李同学近几日就像个炮仗，一点就炸，只要遇到一些不合心意或是稍微烦琐一些的事务，就会暴跳如雷发泄在周边同学身上，心直口快地发泄完后又会懊恼不已。

随着等级考的临近，值日生在地上扫出的头发越来越多，教室里无声的紧张气息也愈发浓重，学生的焦虑感不断在蔓延。

•【问题归因】

无论是难以入睡还是大量掉发，都是学习焦虑在生理上的外显特征，是身体在巨大压力下发出的求救信号。故意对压力源头避而不谈，寻求短暂、表面的愉快，是一种下意识的逃避和自我调节，或许能有所缓解，但也可能带来更深层次的自责。哭泣同样如此。高中生普遍的学习焦虑情绪不得不让我们去探求这种高焦虑、高压力究竟出自什么原因。

1. 学生个体的预期与现实存在差距

焦虑的本质是紧张，而紧张是由预期带来的。当预期与现实出现差距时，便会产生紧张感，离节点时间愈近，紧张感愈强。高中生的认知和思维能力决定了他们一定会对学习有预期：预期到学习是必要的但不知能学什么；预期到有大量的学习内容但无从下手；预期到要提高学习效率但总是事倍功半。这些对学习的预期与现实的差距带来了学生的焦虑情绪。

2. 家长对成绩有过高的要求和过度的关心

一方面"望子成龙"是家长普遍的美好希望，有时还会把自身的遗憾或目标强加在孩子身上，而忽略了孩子的能力和意愿。另一方面十多年的"陪读"生活使得父母习惯性一张口便是分数，对学业的关心逐渐挤占了正常家庭生活中的其他内容，居家生活与学校生活不再有界限，孩子们失去了他们最需要的精神港湾。

3. 社会的负面影响和同伴的无形压力强化了焦虑感

社会经济的发展、信息网络的普及等都会对学习焦虑产生一定的影响。学生因校外学习的不断"内卷"而一味苦读，失去了青少年应有的活力，也未能在思想和情感方面得到相匹配的成长。同时在青春期的特殊阶段，消极的同伴压力更会加强学生的挫折感和自我否定感，"丧"文化的侵袭更是加剧了这一状况。

4. 基础的身心问题叠加学习焦虑后带来更严重的后果

案例中暴怒无常的小李原本是一个文静乖巧的女生，但缺失母爱的成长体验让她没能学会善待自己、善待自己的情绪，又极度依赖他人的认可和肯定，因而面对压力所带来的情绪她只能诉诸极端的言行，当这种情绪得到发泄之后，强烈的不安全感又让她产生对同伴患得患失的焦虑感。

【实践支招】

1. 从客观上全面分析

如果一个人以更为客观的角度去寻找事实，认清自己正处于焦虑的状态之中，分析焦虑的具体内容是什么，之后就会发现：原来焦虑一点都不可怕。但往往当局者迷旁观者清，因而职初班主任可以分别让案例中的学生找同伴来搜集他们学习焦虑的各种事实，并尽可能搜集有利与不利两方面的事实，如：同伴们发现课间嬉笑的男生手心出了很多汗，有刻意放大笑声的嫌疑，可见里面的喜悦带着极度的紧张。如此之后，便能使学生处于一个较为客观的角度，以更超然的立场分析焦虑。

2. 从情感上坦然接纳

在与学生交流或主题班会中，职初班主任可以从以下几个方面试着转换学生看待学习、看待事实的方式，引导学生以更从容的心态接纳焦虑。

（1）焦虑普遍存在，并不可怕，也没有对错

面对这个竞争尤为激烈的时代，父母与老师同样也会面临压力、产生焦虑，有情绪失控、焦躁不安的时候。尤其对于案例中的小李，老师若是能用自身的情绪经历现身说法，或许能够让她认识到没能很好地处理焦虑情绪是非常常见的，无需懊恼、羞愧。

（2）人生不止学习，找到乐趣，并享受其中

诸多方面的人生体验共同成就了人的追求和价值，而学习不过是其中的一个方面罢了，它会影响但不能决定人生，能够起决定作用的就是心态。老师可以引导失眠的学生尝试在睡前去回忆生活中与人交往、美食美景等其他愉悦的事情，或者去想想学习中的那些快乐瞬间，带着对生活的热爱进入梦乡。

（3）未知无法把控，把握当下，用足每一刻

与其为那些无法预测的未知和已然不可改变的过去而惶惶不可终日，不如放下担忧，把握当下，在自己力所能及的范围内尽最大的努力坚持到最后一刻，用具体的行动来代替无解的担忧，将每一个当下利用充分。

3. 从方法上有效缓解

职初班主任应给予学生具体多样的方法，指导学生采取行动，找到适合自己的方法来缓解焦虑情绪。

（1）让学生充实起来

对于那些苦于学习现状与理想预期不符的同学，指导他们制定每日、每周的学习计划，将一天的生活安排得尽量充实严谨，并鼓励他们根据计划去执行，体验这种充实感，并欣喜于这种充实感，不给焦虑留出时间。当然在制定作息表中也要考虑张弛有度。

（2）带学生放空自我

体育锻炼、欣赏音乐都可以使繁杂的大脑得到疏通，使紧张的情绪得以放松。老师可在上下午的大课间播放一些舒缓、轻快的音乐，或是带着学生一起仰望天空、吹拂暖风。老师也可在午饭过后组织学生进行 15～20 分钟的午睡，看似短

暂的小憩实际上在体力、脑力和精神上都是极大的补给，疲累感得到有效缓解之后，情绪也能有所改善。

（3）帮学生调整预期

为每一个学生建立成长档案，将与学生理想目标和现实情况相关的数据提供给学生，然后指导学生根据自身现状提高或降低预期，前者是让学生有所展望，后者让学生不惧失败。当预期与现实相符，而学生也有了触手可及的目标之后，焦虑也便自动退散了。

（4）成为学生的情绪垃圾桶

倾诉是非常好的一种减压方式。老师不妨借助分享小点心、在操场散步、整理教室等方式营造一个生活化的轻松氛围，让学生放心地吐露自己的担忧与烦恼，而此时老师只要做一个安静的聆听者，适时地共情与反馈就能给学生极大的安慰。

（5）指导家长为学生赋能

很多时候，学生的焦虑来源于家长的焦虑。班主任要积极地指导家长控制好自身的焦虑情绪，切勿将情绪发泄口面向孩子，尤其是在考试前，要将对学习的关心转化成对生活起居的关心，提供好衣食住行的后勤保障和温暖乐观的情感支持，以正向的语言鼓励孩子。

执笔人：上海市向东中学　钱佳慧

如何与有心理问题的孩子的家长沟通？

- **【情景扫描】**

　　升入高三后，小明开始失眠，情绪越来越容易焦虑，上课时常打瞌睡，日常的行为规范也出现了各种问题。每次老师善意提醒，他就会一脸的不耐烦，甚至气愤地摔书本，原本性格温和的孩子，变得十分暴躁。这样的状态导致他学习越来越吃力，考试时还会感到头昏、恶心……等级考前，他更加睡不着，每天复习的知识点总是前脚看过后脚就忘，而身边原来不如他的同学慢慢地超过了他，他内心感到很痛苦，有点害怕来学校，不敢面对同学和老师。开学以来，他的家长多次向班主任反映，说孩子总是找借口不愿来校上课。这不，临考前一周，小明又提出想要请假在家复习，可是年轻的班主任不敢轻易同意，害怕其他同学效仿，这样班级就很难管理。正当班主任发愁呢，小明的妈妈又打来电话，声泪俱下地数落着小明的各种问题。这该怎么办呢？年轻的班主任该如何与小明的家长沟通呢？

- **【问题归因】**

　　1. 家长教育方式不合理，亲子缺乏有效沟通

　　小明的爸爸妈妈出生于 20 世纪 70 年代末 80 年代初，也是第一批独生子女，他们从外地考到上海这边的大学，自己一向独立，又有着不错的事业，对自身有着比较高的要求。面临着职场压力，他们更懂得当今社会竞争的激烈，会特别注重对孩子的教育，对孩子要求也比较高，这就给孩子带来了无形的压力。进入高中后，他们不断搜集各种教育信息，生搬硬套地给小明设定好人生目标，规划好成才计划，反而影响了小明自我定位的准确性。小明爸爸的口头禅就是："我们家

考得最差的也是 211，你怎么也得考个 985 吧！"小明妈妈还常采取威胁教育，以自身的付出来逼迫小明学习，反而消减了孩子的学习兴趣。他们还总是喜欢拿小明和别的优秀孩子作比较，打击了孩子的学习积极性。进入高三后，小明时常对父母说自己晚上睡眠不好，早上不想起来，而他的家长总是认为小明在逃避，不想好好学习。

其实，现代学生面临的成长环境极为复杂，学习压力也是前所未有的大，再加上高中生身体特征发生了各种变化，心理上渴望独立、希望别人尊重自己，但是小明的家长总是什么都替他做主，以"都是为你好"的说辞主宰着小明的生活和学习。小明在身心成长和学习过程中出现了各种心理冲突、困惑，心理状态不良、不适应学习的现象，可是凭借他自己的主观能动作用难以自我调节，又不能及时得到家长的帮助和引导，所以就会呈现出持续性的不良心理症状，产生心理偏差和行为偏差，进而影响到他正常的心理活动，妨碍他的心理健康发展。

2. 学生自我认知有偏差，容易产生心理失衡

由于生活经验不足，也没有得到过系统、规范的指导，大多数高中生，对自我的认知不够清晰，对自我定位不准确，对自我成长没规划。正处于青春期的小明十分渴望通过提升学习成绩来获得家长、老师和同学的关注和认可。他对自身的实际学习能力评估偏高，给自己定下较高的学习目标。在人际交往上，他也单纯地认为，只要自己成绩好，大家就都会亲近他，主动和他交朋友，但他常常因自己的学习成绩没有达到自己的预设目标，就否定自己、封闭自我。他把得失看得过重，对自己的期望值过高，认为考不上重点大学就是辜负了父母的期望，自己就成了一个失败的人。于是他"争分夺秒"地学习，每天熬夜，最后导致常常失眠。严重的自我认知偏差直接影响了他的学习，使其难以选择适合自身能力的方式展开学习。在努力付出却难以获得相应成效时，他对自己产生了怀疑，对现实的自我越来越不满意，又没有足够的动力去改变当下的自己以达到理想的自我，于是在日积月累的过程中丧失信心，丧失内驱力，滋生众多负面情绪，甚至产生抑郁倾向。

而且，青春期的孩子，身心都在发生巨大的变化，对事物的认知还不成熟，却又觉得自己懂得很多；自我认知不准确，却又很难接受师长的建议。所以往往对父母缺乏理解，对父母的教育方式不太认同，甚至产生反感、抵触等情绪，这样就很难获得有效的帮助。而家长往往看到的只是事情的表面现象，有时候会忽

视孩子的身心成长需求，不尊重孩子的想法，甚至一意孤行地按照自己的要求拔苗助长，自然影响了家庭教育的效果。

3.心理健康教育不足，家长缺少专业指导

高中生的心理往往具有闭锁性，比较含蓄内隐。考试焦虑又是一种很复杂的心理现象。它是由一定的应考情境引起，以担心为基本特征，以防御或逃避为行为方式。严重的考试焦虑会对学生的身心健康造成极大的危害。等级考前，小明每天熬到深夜很认真地复习，结果还是差 3 分，差了一个等级。这样的失败经历，让他有了持久的负性情绪记忆，他不断地否定自己，而后每次走进考场，他总是越害怕失败就越容易再次失败，所以导致他一进入考场就会产生一些生理性的应激反应，时常感到胸闷、头昏。而面对应对考试产生错误认知，导致情绪上紊乱和行为上异常的小明，他的家长并没有太过重视，而是简单地理解为粗心、逃避、不努力……现实中，家长更多地关注孩子的学习成绩，忽视孩子的心理健康。而年轻的班主任由于这方面的教育经验不足，也没有更多地指导家长进行心理健康教育。

• 【实践支招】

小明对自己的定位过高，看待事情过于绝对化，认为考试失败就会导致可怕的后果，引发了考试焦虑。家长又过于看重成绩，对孩子心理健康关注不足，年轻的班主任该如何与有心理问题孩子的家长沟通，共同帮助孩子健康成长呢？

1.建立良好关系，帮助家长改变方式，了解孩子成长问题

与有心理问题的孩子的家长沟通，班主任先要和家长建立良好的关系，互相尊重，相互信任，要注意保护孩子的隐私。同时，班主任还要积极主动学习心理学相关知识，指导家长充分了解孩子的问题。小明是由于过度担心考试失败带来的后果，造成情绪高度紧张、焦虑，在考场上出现胸闷、头昏、注意力难以集中等症状，这种交感神经过度兴奋的状态直接影响个体正常的智力水平和知识水平的发挥，从而影响了考试成绩。而后，面对不如意的考试成绩，小明又过于自我否定，慢慢地恶性循环，考试焦虑就成了一种习惯性、条件性的情绪反应。当家长认识到孩子的实际问题后，再指导家长挖掘家庭教育的问题，进而指导家长更

新教育理念，改变教育方式。班主任可以通过家校活动、家长会、家长课堂等形式，帮助家长学习相关知识，引导家长认识到孩子的能力不同、个性的差异，不攀比，不越俎代庖，理性看待孩子的学习成绩，不要在学业上给孩子施压，不把成绩作为评价孩子的唯一标准，避免对孩子长期的心理惩罚等，最后落实到指导家长多观察、多聆听、多沟通，关注孩子的身心健康。

2. 提升专业能力，推动家校共同合作，积极采取应对策略

班主任应积极推动家校合作，与家长做好多次必要且深入的沟通。这种沟通是以促进学生健康成长为共同目标，以尊重学生的尊严和权利为前提，采取以鼓励为主，积极引导学生正视自己的情绪。班主任和家长还要积极寻求专业指导，在心理专家或心理医生的指导下，班主任和家长共同学习，共同商量，积极采取应对策略，建立孩子的家校成长档案。在家校共同努力下，小明慢慢认识到适当的紧张和焦虑是有助于促进我们积极迎考并取得较好成绩的。所以，考试前，班主任和家长就指导小明给自己积极的心理暗示，提醒他不要一发现自己有焦虑情绪就紧张，就认为会影响自己的复习和考试发挥，这样压力就会更大，容易加深紧张和焦虑感。有时候可以寻求适当的语言或适当的行为进行宣泄，以求得内心的平静，比如尽情地倾诉，听音乐……还指导他采取相关的放松练习和合理情绪疗法。指导他采用简单易行的"腹式呼吸放松法"，让他学会放松全身肌肉，保持稳定平和的心态。同时采取合理情绪疗法，帮助他改变因自我认知的偏差、自我定位过高而导致的情绪困扰。

3. 加强心理教育，创设良好成长环境，促进孩子健康成长

无论是在班级还是在家庭，都要加强心理健康教育。班主任可以利用晨会或班会，开展心理健康教育活动，还可以在班级开设"知心信箱"，鼓励学生书面提出各种成长困惑或心理难解问题。也可以开设社区课堂，借助专业人士介绍自我心理调适和情绪缓解的方法，开展心理保健或行为训练……当然还要加强家校联系，加强沟通，指导家长注重对孩子的生命教育，建议家长定期带孩子走进大自然，感受生活的多面，感受生命的美好；带着孩子参加公益活动，走进养老院、孤儿院，参加社区劳动，引导孩子树立正确的生命意识，体验生命的价值，教育孩子勇敢面对人生的挫折。及时发现孩子的优点，鼓励孩子的进步，给孩子创造一个和谐平等、民主宽松的家庭环境。

进入高三后，学生的心态越来越重要。家校合作，共同关注学生的一举一动，

学会见微知著，透过行为看心理，及时沟通，及时加强学生的心理调适。班主任和家长都要多给孩子倾诉的机会，当孩子肩负重担时，我们不要用爱和梦想绑架孩子，应该成为孩子倾诉和依靠的对象。

从长远来看，青少年的心理健康问题绝对不容忽视。学校教育与家庭教育都有着不可推卸的责任。帮助有心理问题的学生要从"心"入手，和有心理问题学生的家长沟通也要从"心"入手。班主任要通过定期召开家长会，定期家访，组织专业知识学习，组织专家讲座，开设家长课堂等多种形式和家长保持良好而有效的沟通，共同为孩子的健康成长保驾护航！

执笔人：上海市风华中学　杨芳

如何指导中学生家长与孩子进行有效亲子沟通？

· 【情景扫描】

一天，收到小威同学妈妈的微信："我进他房间给他送牛奶或者水果时，他都扑在电脑前，不是抄写古文翻译就是抄写英汉互译，每次微信头像都一直在闪动。昨晚又是这样，我提醒他几次，结果我一冲动上前关了他的电脑，于是爆发了一场母子战争，气得我差点'炸掉'……"说着发来一张与小威同学争吵后的微信聊天截图，微信对话中，小威说："我认为我长大了，有些地方我能管好自己，你总是干涉我，什么都要管……"同一屋檐下的母子，如此针锋相对，亲子关系究竟出现了怎样的问题？班主任该如何指导他们进行有效的亲子沟通呢？

· 【问题归因】

1. 学生方面的问题分析

（1）高中生仍处于青春期，心境浮躁，叛逆意识、自我意识崛起。这一时期的孩子更关注自我，容易从自我角度出发看待整体问题，且性情多变，因此面对亲子沟通问题时常常表现得较为极端，对于自身与父母沟通有效性的看法两极分化比较严重。

（2）高中时期的学生两性意识迅速提升，会出现所谓"早恋"现象。此外，高中学生同伴关系对他们影响较大，更倾向于和同伴沟通心事与烦恼。故而小威课后经常与同伴用微信、QQ、电话等方式交流情感，父母的反对和干预会引起其与父母产生更多的冲突。

（3）进入高中，小威的学习压力不断加大，常常面临苦苦努力却成绩迟迟不见上升的困境。此时父母出现一些不合其心意的言行，或者不恰当的归因，比如成绩退步肯定是因为你手机使用太多了等等，就会引爆"炸弹"，惹学生产生更大的愤怒，最终影响亲子关系。

2. 家长方面的问题分析

父亲的教育与母亲的教育容易产生分歧，家庭教育的不统一，也容易产生亲子沟通的不畅。父亲通常较为严格，具有一定威信，孩子对其有一种惧怕感，小威的父亲较为理性、现实，在和孩子沟通时会不由自主地利用自己的经验来驳斥孩子的观点，进而使孩子渐渐远离自己。而小威的母亲对孩子的管束又是零零碎碎、无微不至的，关注更多的是孩子的吃喝拉撒，忽视了孩子的心理变化，没能及时倾听孩子真实想法，从而造成孩子的强烈反抗。

3. 亲子沟通思想的差异

亲子关系不平衡还体现在思想差异方面，亲子沟通的时间短、频率低、效果差，并且在我国传统思想的影响下，亲子沟通的方法和话题都存在大大小小的问题。处于青春期的小威最需要的是一个可以倾诉的朋友，而自己的父母却很少能平等地和自己沟通。父母总给孩子一种束缚感，在孩子面前表现得过于严肃或唠叨，迫使孩子对家长顺从屈服，在这样的沟通中，家长试图主导孩子的情绪，却恰恰使孩子丧失了表达的欲望和机会。

【实践支招】

1. 换位思考，增强共情能力

在亲子关系中，家长往往习惯占据主导地位，但随着孩子的成长，孩子更渴望平等的沟通。因此，作为成年人的家长，可以换位思考，站在孩子的角度去看待问题，去尝试着理解孩子。在此基础上，家长再去倾听孩子所说，做出适当的回应。有时，当小威遇到困难发出抱怨时，或许仅仅是希望得到父母的认同和理解，希望得到安慰，而非真的希望得到所谓的"指导"。只有让孩子有被人理解和信任的感觉，他才会敞开心扉与父母沟通，而不是过多地依赖手机。做一个好的倾听者是解决沟通问题的前提，做好倾听工作，不要随意打断孩子的发言，要有耐心，学会倾听就抓住了亲子沟通问题的关键。父母成为孩子的良师益友，孩子就会愿意与父母沟通，从而才有可能接受引导。转变父母沟通的观念，提升父母的共情能力，亲子之间的沟通会变得更加顺畅。

2. 信任孩子，给予情感支持

作为一个新时代的中学生，已经有了自理能力及独立的人格，对父母的依赖降低，更多关注同伴之间的评价。多方数据表明，人类无论处于哪个年龄阶段，当他们确信在困难来临之时，自己身后站着一个或多个可以为自己提供援助、值得信赖的人时，他们就能成为幸福快乐且能够将自己的潜力发挥到极致的人。因此当代中学生父母更多的是要为孩子提供情感上的支持，成为孩子最坚实的后盾。家长要用积极阳光的心态培养孩子，在孩子面前以身作则，为孩子做出积极的表率。孩子如果没有满足家长的希冀，也不要表现得过分失望，不要用严厉的语气苛责孩子的过错，而要告诉孩子对他的期望和信心，相信他下次做得更好。

3. 加强家校联系，增进亲子沟通

亲子沟通是需要方法的，成年人习惯于使用和成年人的沟通方式与孩子进行沟通，或者一味地以高姿态指手画脚、说大道理，这些往往适得其反。如何有效地和子女沟通是需要学习的。班主任要建议家长抽出时间与孩子积极沟通，引导孩子正确看待自己的不足，积极面对问题。家长不要给孩子随意贴上标签，应给予孩子正面评价，鼓励孩子承担起自己的责任，若实在无法解决，就可以提出共同面对，共同制定解决方案，建立互相尊重的关系。在亲子教育中，家长还要注意学习沟通技巧，了解孩子的喜好和天马行空的想法。父母注重发展和孩子的共同爱好，培养共同语言，会让孩子眼前一亮，对父母有认同感，思想上也会积极接纳父母的意见。

总而言之，亲子沟通是维系亲子关系的桥梁，高中生处于心理成长发育的关键期，存在不成熟思想和叛逆行为，家庭教育面临很多困难，但为了孩子的身心健康发展，就要积极地进行有效的亲子沟通。班主任要积极指导家长，亲子沟通要以爱为基础，引导孩子倾诉自己的心声，耐心倾听孩子的困扰，尊重孩子，减少不必要的矛盾，促进亲子关系和谐发展。

执笔人：上海市风华中学　金菲菲

第五篇　家班共育

面对来自不同原生家庭的学生，身处复杂多变、充满矛盾和冲突的教育敏感阶段，如何构建"家班共育"模式，如何顺利推进家庭教育指导工作，是新时代职初班主任的一项重任。家校共育，即家校合作，协同育人。高效的家校共育，建立在各司其职、同向而行的基石之上。

本板块，聚焦了几个"家班共育"的热点问题：二孩教育、亲子沟通……在家班共育活动策划与实施、家长与班主任沟通方式与技巧、家庭教育问题诊断与指导等方面，列举了相关的典型案例，分享了有效的教育经验。

苏霍姆林斯基曾说："教育的效果取决于学校和家庭教育影响的一致性。"班主任应让每一位家长了解教育、理解教育、支持教育，逐步实现家班教育的目标一致、行动一致，这是促进学生健康成长的重要一步，也是职初班主任专业成长的重要一步！

推介人：上海市风华中学　杨芳

上海市新中高级中学　归蓓华

如何恰当处理家长的不合理要求

·【情景扫描】

　　新高三班主任小北，为了更好地了解学生情况，做好高三开学的衔接工作，利用暑假对每位学生进行了家访。家访期间，小北老师收获了大多数家长的信任，但也"收获"了家长们的不少要求："我怀疑我们家儿子谈恋爱了，您能不能帮我查查？""能不能把孩子的座位放前面点，最好还能在中间？""我家孩子上课容易开小差，能不能让所有老师每节课都提问他？""我们孩子特别喜欢打球，肯定是打球影响了成绩，您能不能帮我和体育老师打个招呼，高三体育课就让他在教室里做作业？""老师您能不能让我家闺女做个班长，这样综评简历上能写得漂亮点？"……面对这些千奇百怪的要求，如何妥善处理？小北老师遇到了大难题，也想方设法做出了积极处理。

·【问题归因】

　　1. 高考的巨大压力，激发家长潜在的焦虑

　　现在高三学生的家长，大多数是 20 世纪七八十年代出生的，在他们出生和成长的年代，考上大学是一件很不容易的事。因此，他们的成长经历影响了自己的教育观，好成绩—好学校—好工作，这种固化的思维模式，造成了他们对孩子日常表现的"容错度"急剧下降。在绝大多数家长眼中，高考关乎着孩子未来的前途命运，是人生的转折点。但部分家长对孩子的学习情况并不十分了解，常常忽视学生个体的差异，对孩子的期望值过高，所以只能到处找原因，自己又没有切实可行的办法，就会越来越焦虑。再者，现在社会上对毕业院校是不是985、211、双一流的重视，也促使家长越来越焦虑。部分过度焦虑的家长只能寄希望于

老师，希望对孩子给予"特殊照顾"，所以自然就容易提出一些"不合理要求"。

2. 家庭教育的缺位，放大家长对班主任的依赖

父母是孩子的第一任老师，原生家庭始终在教育中占据着重要地位，但部分家长教育理念过于简单粗暴，又常常伴随着家庭教育缺失的现象。父母未在家庭教育中扮演正确的角色，这样的成长环境常常会导致学生学习习惯较差，并且在短时间内很难改变。进入高三之后，之前缺位的家长又常常会以严父慈母的形象带着"为了你好"的说辞间断式地回归家庭教育，试图掌控孩子的学习生活，进而纠正不良的学习习惯。试图在家庭教育中重掌话语权的父母和长期脱离家庭教育的青少年在高考的巨大压力下，便不可避免地产生激烈的对峙和冲突。最终，学生的学习习惯非但没有改善，家庭的亲子关系也变得剑拔弩张，使得家长只能将希望寄托在老师身上，错误地认为"这么大的孩子只听老师的话，只能靠老师教育"，于是，凡事都依赖老师，希望老师"可以多管一管孩子"。在将家庭教育中所需承担的责任转移给老师和学校的过程中，家长便会不可避免地提出这样那样的不合理要求。

3. 学生的特殊情况，引发家长对"深度关注"的渴求

在学生中间有一类特殊群体，他们中有的因为父母工作原因长期与爷爷奶奶一起生活，有的因为父母离异长期缺少应有的父爱母爱，有的因为学习压力过大引发了抑郁和焦虑等心理疾病，有的因生理上的先天缺陷导致自卑和性格上的偏激，有的因沉迷游戏而产生厌学情绪。虽然他们的情况大相径庭，但他们有一个共同点——都需要班主任更多的关注和更细腻的关心。面对孩子的特殊情况，有些家长不知道该如何向老师寻求帮助，有些甚至耻于告知实情。到了高三阶段，为了提升孩子的学习成绩，这些家长不得不与老师进行沟通，但又因缺乏经验从而提出一些不合理的要求。

• 【实践支招】

1. 寻找不合理要求背后的真因由

当家长提出不合理的要求时，简单拒绝或是用学校的规章制度将家长的要求"堵"回去，这对解决问题没有任何实质性的帮助，更不利于未来进一步的家校合

作。实际上，老师们都非常清楚，不合理要求的背后通常会有家长的切实需求，只不过常常被家长对学校教育和规章制度的错误认知以及不准确的表达所掩盖。我们应和家长进行充分沟通，有时候还要追根溯源，联系孩子以前的学习经历，顺藤摸瓜地找到家长提出不合理要求背后的真正原因，这是处理问题的第一步。

比如，对于家长提出没收学生手机的要求，小北老师并没有借助学校的关于手机管理的规章条例直接拒绝家长，通过交流，发现没收手机其实就是小齐父亲为处理家中手机使用情况所引发的亲子矛盾而提出的一种惩罚性质的措施。老师找到了不合理要求背后的真因由，并提出和学生商量，是否每天到校后先将手机放入班级保管箱，每天放学作业以备忘录的方式进行记录。这样，解决手机是否应该使用的问题变成了如何纠正学生的手机使用习惯问题，提出建议后，三方达成协议，再加上后期的督促和调整，这样才能较好地解决问题。所以，找到问题的深层因素后，才能真正处理好家长的要求。不合理的要求对应的是家长不能有效解决问题的无奈，班主任要多点耐心，多点智慧，帮助家长找到表象后面的真因由，才能真正解决家长心中真正的困惑。

2. 巧妙运用同理心，设身处地理解家长的要求

高考面前，孩子身上所有的问题都在放大镜下呈现，家长恨不能解决所有可能影响高考成绩的因素。当束手无策时，他们会带着不安、焦急和沮丧的心情向班主任寻求帮助，这些情绪下提出的要求很难完全合理的。所以面对家长时，我们要善于换位思考，调动我们的同理心，去认真倾听他们的诉求。其实，看似零碎的倾诉和埋怨中往往包含着解决问题的拼图，我们需要为之后设计解决方案寻找这些拼图碎片。不过在此之前，我们需要利用自己的沟通技巧与家长拉近距离，站在家长的角度上回应他们的要求，并引导他们认识到真正需要解决的问题。

当家长提出不让孩子上体育课，其实我们换位思考一下：有哪位家长不关心孩子的身体健康的？他们内心一定希望孩子身体好、学习好。但孩子成绩不好，家长就思考各种可能干扰孩子学习的原因，于是提出篮球不要打了，身体不要锻炼了，就坐在教室里抓紧一切时间学习，似乎这样成绩就没理由不好了。从家长的抱怨中，班主任慢慢找到了原因，实际是因为孩子在家做作业效率太低，经常做到 12 点以后，严重影响了睡眠，上课精神状态不好，经常打瞌睡，知识点总有缺漏，然后晚上做作业因为总有不会或不熟悉的，所以又熬到很晚……这样的恶性循环，学习成绩如何提高？而适当的运动是有利于改善这种情况的，所以停掉

孩子的体育课是万万解决不了问题的。小北老师带着家长和学生一起制定了学习计划，加强孩子学习时间管理，保证一定的睡眠时间，慢慢通过食补和运动的方式提升孩子的精气神，真正从家长的角度关心孩子的成长，深入了解家长的需求，量身打造解决方案，从而有效地解决问题。

有时候，我们要将家长视为解决问题的合作伙伴，充分信任，引导家长用科学合理的教育理念取代原先简单粗暴的教育模式，完善、更新家长的教育理念。

家校合作应是持续性的，任何方案都不是一成不变的。冰冻三尺非一日之寒，高三学生身上的不良习惯和问题通常是十几年的积累所导致的，没有可以药到病除的"特效药"，只有在实施过程中根据反馈情况不断调整方案，才能真正解决家长的切实需求。

执笔人：上海市风华中学　赵婧怡

学生出现问题，家长不重视，班主任该怎么办？

· 【情景扫描】

高二女生小明出生在一个普通家庭，性格内向、文静、寡言少语，在学校里日常表现一切正常，是个很乖巧的学生。然而私底下，小明经常会在 QQ 空间上转发一些很阴郁、负面的图片或文字，和同学聊天时表现出的状态也很消极。原来从初中开始，她就出现了一些负面情绪，到了高中又开始失眠，所以情绪问题逐步加重，时而低落，时而暴躁。

小明知道自己这样的状态不太好，她曾反复向自己的父母求助，希望父母能陪同她一起去进行心理咨询和治疗，可惜的是每次都被父母批评、责骂，认为这是她在"作"，借机偷懒，故意找借口不学习。长此以往，小明每况愈下。有一次，她在学校课间突然无故地情绪崩溃，全身发抖，不愿意进教室继续学习。这可给年轻的班主任带来了极大的压力，她马上联系家长，可家长似乎还没有意识到孩子的问题。那么，当发现学生出现心理问题时，班主任该如何和家长沟通呢？

· 【问题归因】

1. 长期的家庭矛盾是造成学生心理问题的主因

家长是孩子成长过程的第一任也是最重要的老师，因此，家庭氛围和家庭教育对于一个孩子的身心建设与发展起到了至关重要的影响。在与小明沟通的过程中，小明自述道，初中时，经常看到父母争吵，有父母因婆媳关系不顺利发生的争吵，也有父母因为自己的舅舅欠债，母亲主张帮舅舅还债而发生的争吵……每一次都闹得鸡飞狗跳，自己常常躲在墙角，吓得痛哭不已。而且父母从小对她要求比较严格，主要关注学习成绩，如果有学习成绩下滑的情况，他们就会采用打骂的教育方式进行惩罚。进入高中后打的情况变少了，但讽刺挖苦依然很多。这些情况使得小明从小就缺乏家庭安全感，情绪变得极为敏感，在平日交往中也容易产生自卑感，不敢和同学走近。疫情防控期间，家庭内部又陆续发生了多次矛盾，使得小明内心更为焦虑。

2. 父母对于孩子心理状况的忽视加重了病情

学生自述家长非常不重视她的心理状态，家长认为这一系列的症状是孩子不学习的借口。她的家长不愿意陪她一起找专家咨询，也不愿意让学校老师知道家里的情况。同样，班主任和学生的父亲联系过，父亲认为孩子没有很严重，只是返校复学前的一些小恐慌而已，对于孩子的问题明显不够重视。由于孩子没有得到及时的心理干预，她周遭也没有人可以理解她内心的痛苦和焦灼，每次向父母求助，表达想去就医咨询，却被父母冷眼相待，这令她备感无力和痛苦。

3. 学校对于学生心理教育重视不足

虽然学校里有心理教育课程，也配备了专业的心理老师给小明进行心理辅导，但遗憾的是，学校对于学生心理教育的力度不够。类似的学生心理危机事件时有发生，这也折射出青少年学生心理健康需要更多的重视。青少年在初高中阶段需要承受中高考的压力、学校的学业压力和家庭对他们寄予的厚望，他们需要学会一些调节情绪和舒缓个人压力的心理方法和技巧。如果一味忽视学生的心理健康，那这样培养出来的"人才"必然走不长远。

• 【实践支招】

1. 明确家校沟通目的，注意谈话艺术，理解当事人的情感宣泄

有效的家校沟通的前提是要有明确的目的性，而不是走过场，尤其在解决棘手的学生心理危机问题时。基于目前的情况，眼下小明最需要的是父母对她的理解和帮助。因此，此次家校沟通的目的便是促使其父母重视孩子的心理情况，带孩子及时就医以及进行恰当的家庭教育指导。

其次，针对小明家长不愿意学校知道家里的情况，也不愿意学校来干涉这一情况，采取什么样的方式进行正式沟通就显得很重要。在这个案例中，教师可以

采取迂回的方式进行交流，切勿直接挑明了话说，否则可能会导致家长的反感和抵触。教师可以采取先围绕学校目前的重点工作展开，再谈谈孩子最近在校的表现，尤其就孩子表现突出的方面可以着重说一说，同时也表达出教师对家长配合日常工作的感谢，最后再进入正题。这样给家长一个过渡与缓冲，帮助整个沟通交流更为顺畅自然。

随着沟通的深入，父母对孩子的诉求依旧抱着怀疑且抵触的情绪，同时父母在和教师沟通时主要倾诉很多自己在工作、家庭生活中的烦恼和压力，强调自己平日对于孩子事无巨细的照顾，在生活上、物质上都尽量满足孩子的需求。在这个阶段，无论家长的表达多么激动、焦虑或愤怒，教师不能被家长的情绪所影响，要知道这个过程不只是发发牢骚、吐吐苦水而已，更是家长释放积聚于内心负面情绪的时刻。教师需要做的就是认真倾听，给予家长理解与支持，主动表达感同身受，认同身为家长的不易，拉近双方的距离，让家长明白学校和老师们是希望与家长形成同盟，共同一起帮助孩子，这也为之后的工作做好铺垫。

2. 借助专业力量，纠正家长对于心理问题的错误认知

在目前的大环境下，依然有部分家长对于心理咨询这个领域有着误解和偏见。在他们的思想观念中，心理疾病是"妖魔鬼怪"，因此他们会去回避，不愿意承认，也不愿意带孩子进行必要的咨询。

为了纠正家长错误的认知，专业人员的介入就十分必要了。因此，校心理中心的老师也一同参与，通过以下两方面与家长沟通。

（1）引导家长了解"心理问题"并不是"妖魔鬼怪"。

心理和生理一样，在漫长的成长过程中，一个人的心理情况或多或少会发生波动。当心理问题不大时，是可以自愈的，但当这个心理问题愈发严重，那它就会和生理疾病一样，必须进行治疗。所以当孩子出现心理状况并向父母求助时，我们需要给予支持和关爱，而非讳疾忌医，要相信科学，心理疾病是需要治疗的，也是可以治愈的。

另外，需要引导家长认识到孩子目前处于青春期这个敏感阶段，心理状况产生波动是正常的，应该尊重这个自然的成长规律，更为包容地接纳孩子外显出的心理状况，提供正向的关注与支持。

（2）客观告知家长情况，积极回应家长困惑。

班主任应定期将心理老师收集到的平时学生出现心理危机状态的事实，包括

心理测试的结果数据等，以客观的态度平和地告诉家长，既不夸大也不隐瞒。同时，邀请心理老师一起来回应家长的疑问和困惑，强调心理干预的必要性和重要性，承诺予以保密，给予家长充分的支持和理解，大家共同携手帮助孩子走出困境。

3.进行适当的家庭教育指导，努力营造良好的家庭氛围

长期处在不和谐的家庭环境中对学生的心理发育发展有着极大的负面影响。在家校沟通的过程中，学校需要给予家长一定的家庭教育指导，缓和较为紧张的亲子关系，帮助构建和谐的家庭氛围。良好家庭氛围的重要前提是需要每个家庭成员学会调节控制好个人情绪：（1）在遇到不顺心的事情时尽量保持冷静的头脑和意识，要时刻想到作为父母应具备的修养，根据具体环境和实际情况决定个人情感倾向和表达方式；（2）当情绪冲动时，可以通过转移话题或做一些别的事情来调节情绪；（3）通过自我暗示的方式，告诫自己"不要发怒，生气有害无益"等来调节个人消极情绪。

4.提供家长和学生必要支持，跟进家校沟通后的工作

学校可提供一些外界更专业与权威的心理咨询渠道。根据心理咨询后的结果，班主任继续与家长和学生讨论下一阶段在生活、学习上的安排；关注学生在校期间的表现，适时了解学生心理状态；定期邀请家长来校参加学校家庭教育和心理健康培训等活动，从孩子日常学习生活中的疑惑和误区入手，解释学生心理危机的成因，指引家长在教育孩子的过程中，理解孩子需求，提供安全感。同样，在这些活动中，家长也可以注重自己的心理健康，注意排解自身压力和情绪，营造一个更和谐、温暖的家庭氛围。

"冰冻三尺非一日之寒"，学生的家庭内部矛盾和心理问题也不是仅靠一次沟通就能彻底解决的。通过这个案例，我们可以总结出一些沟通的方式、方法，当然还需要采取一系列的后续应对措施，这也是将来值得我们共同思考研究的问题。

执笔人：上海市回民中学　　滕美琳

如何与因家庭矛盾导致成绩下滑的学生的家长沟通

· 【情景扫描】

　　小小是一个漂亮有个性的姑娘，刚入校时她活泼开朗，积极参与班级的各项文体活动，成绩虽在班里属于中等，但是十分努力。半个学期后，老师们发现小小平时总是趴在桌上，学习下滑很多。在学习状态下降的同时，班主任老师也发现她总是躲在同学们的后面，不愿意参加集体活动，脸上也没了笑容。好学生出现了这样的问题，让刚接班的新班主任多了许多焦虑。多次沟通后，小小表示自小与外公外婆生活，进入初中后，父母才把她接回身边。但母亲总是固执己见，完全不理会她的想法，装监控，翻手机，她觉得母亲十分不信任她。在家里，除了学习，不和她讨论其他话题。最近父母之间也是频频吵架，虽然父母一直说不关小小的事，但是母亲每次看到小小的成绩就会说："你真是一点不像我，不知道像谁。""你不知道我为你付出了多少，你再这样下去，妈妈就不管你了。"……而每次家庭吵得不可开交时，外公外婆因为心疼小小，也会加入指责争吵的队伍中，于是家里常常充满了指责声、抱怨声，闹得不得安宁。了解情况后，班主任决定和小小的家长进行一次沟通。

· 【问题归因】

　　初中学生在生理和心理上正进行着重大的变化，青春期的到来让这个阶段的学生情感上变得尤为细腻且敏感，特别是在同学关系和家庭成员的关系上。他们的情绪也非常容易爆发，但很多时候他们没有解决问题的办法，同时也会对目前的状况感到迷茫，容易闷在心里，慢慢地就会产生很多负面情绪，甚至自暴自弃。这时候，如果没有好好引导，会对他们的性格和行为产生极大的影响。

其实像小小这样因家庭矛盾而导致各方面状态下滑的学生，班主任在与其家长沟通前要考虑以下几种原因。

1. 养育方式——隔代抚养后的摩擦

由于工作的压力和强度，现阶段隔代抚养的学生数量也越来越多，在幼年时期，需要父母陪伴和习惯养成的时候，没有和父母生活在一起，而是在祖辈的教育下成长。不少孩子在幼年阶段被祖辈过度溺爱，极度保护甚至有些放纵。进入初中时期，家长开始意识到孩子即将进入一个新的成长阶段，选择接回孩子，亲自教导，却发现孩子的生活方式和行为习惯并非他们所了解。不同的生活方式与行为习惯，再加上青春期，家长和孩子的情绪都容易爆发，导致学生负面情绪积累，家庭矛盾激化，最后造成学生性情变化。

2. 心理压力——家庭冲突后的压抑

在小小的案例中，我们不难看出，小小自己与父母的争吵，父母之间的冲突，祖辈与父母的相互指责都是让她性情大变的原因。从亲子关系来说，父母没有看到孩子的闪光点，由于成绩焦虑带来的对孩子的不信任让小小不断感到自卑；从家庭关系来说，父母长期的争吵让她陷入一种无法控制的负面情绪中，而母亲的话又会让小小觉得自己成绩不好就得不到父母的关心，从而产生焦虑；从隔代关系来说，父母与祖辈之间的相互指责让小小处于话题的中心，可就她的能力而言又无法找到解决问题的办法，所以这些家庭冲突把她逼进了充满自责和不安全感的情绪里，从而导致她最后的自暴自弃。

3. 沟通方式——不同表达的碰撞

家长在对孩子进行教育的时候，往往会先入为主地代入自己的想法和情绪，同时站在制高点对孩子的种种行为进行批判。罗伯特的"角色采择"理论认为，青少年追求关系中的平等，如果父母不能很好地适应这种平等的相处，亲子冲突就容易发生。身处青春期的孩子又较为敏感且无法精准地表达自己内心的想法，这就容易激化矛盾。孩子在这样的家庭矛盾中越来越沉默，而家长在孩子沉默的反抗中越来越焦虑，导致情况进一步恶化。

• 【实践支招】

作为班集体的"大家长"，班主任老师在面对这一类因为家庭矛盾而导致成绩下滑的学生时，首先不应当只关注成绩本身，而是要耐心地与学生沟通，打开学生的心扉，深究学生成绩下滑背后的根本原因，从而对症下药，才能够真正解决问题，帮助学生调整好状态。

而在与学生家长的沟通中，根据不同的情况，应当注意以下几点。

1. 尊重隐私，共情倾听

在前期与学生的沟通中，老师或多或少地会了解到孩子的家庭情况和现状。约谈家长时，会发现其实很多家长是能够意识到家庭矛盾对孩子产生的影响的。然而，这样的问题并不是一时半会儿可以解决的，他们也有深深的无力感，对于老师的约谈他们多是深感无奈的。因此，老师首先要理解家长的情绪，理解孩子所处家庭的实际情况，与他们产生共情，还要尊重家长的隐私。在了解家庭情况的过程中，要让家长清楚地了解到，老师不会因为孩子家庭的情况而将孩子及其家庭视为异类，不会因为孩子目前成绩的下滑而区别对待孩子，老师会公平公正且客观地对孩子进行教育，会想方设法地帮助孩子。要让家长明白老师的出发点都是对孩子的关心和爱护，达成共识，产生共情，建立信任才能进一步解决问题。

2. 循循善诱，提供建议

当老师与家长建立了一定的信任关系后，再在沟通中慢慢引导家长一起去思考和探讨如何调整孩子的状态。家庭矛盾的解决不是一朝一夕的，因此在家庭矛盾还没有那么快能够得以解决的当下，要以孩子的身心健康为大前提，让孩子在一个相对平稳的状态下成长才是沟通最大的重点。

（1）多方沟通，达成共识。在这一类问题的沟通中牵涉的可能不仅仅是家长的某一方，而往往涉及家庭的多个成员，他们互相之间可能各有矛盾，但是他们都关心孩子的成长，都关爱孩子的未来，因此可以鼓励这些家庭成员共同就孩子健康成长为核心问题进行沟通。在家庭中，特别是孩子在的情况下，作为成年人应当尽可能地控制自己情绪，不要让负面情绪一直笼罩在孩子的成长环境中。同时，当孩子已经感受到了家庭矛盾时，隐瞒只会让问题更糟糕，家长应该站在孩子的角度，共同去引导孩子向着积极的方向思考，不要将孩子作为自己情绪的宣泄口，而是要学会倾听孩子的心声。

（2）打开心扉，有效沟通。有不少家长认为，学生的任务就是学习，家里矛盾往往会用一句"和你无关"就直接结束。但往往在实际的交流中又不能完全做到与孩子无关。而且孩子也是家庭成员之一，孩子也关心这个家庭的变化，但孩子往往不会直接说出口。在家庭问题中，他们成了边缘人物。因此家长不应当堵塞孩子了解和表达的通道，而是应当打开孩子的心扉，给予他们表达的机会，倾听孩子的心声，充分尊重孩子的想法，让孩子在家庭中寻觅到一个合适的位置，更好地完成青春期心理的转变。当然，家长首先要打开自己的心扉，在与孩子的沟通中，应该适当引导而非强压，有效沟通才能减少彼此的冲突和矛盾。当家长和孩子在沟通时出现问题，可以与班主任协作进行家校联动，一起帮助孩子及时调整自己。

（3）长期随访，跟踪情况。因家庭矛盾导致成绩下滑的学生，他们往往不仅仅是学习成绩下滑，同时伴随情绪不稳定。要解决这个问题，一两次谈话是不够的，而是要做好长期随访的准备。班主任老师要定期了解学生家庭情况的变化，对一个阶段的亲子关系互动提出建议，帮助家长和孩子解决问题。指导家长和孩子的沟通技巧，促使他们能够长期处于一个相对稳定的亲子关系中。家校关系的紧密结合，让孩子在各方的关心下，慢慢恢复状态，找回自我，从而健康成长。

执笔人：上海市风华初级中学西校　韩文颖

职初班主任如何顺利开展特殊家庭教育的指导工作

- **【情景扫描】**

　　新生家访中，小徐老师走访了阿哲同学的家。迎接老师的是阿哲的外公外婆，两位老人年纪很大，耳朵有点背，行动也不太灵活。谈起阿哲，外公外婆满是宠溺，但说到孩子的父母，两位老人深感无奈。据老人介绍，阿哲的父母在她很小的时候就离婚了，阿哲从小就和外公外婆一起生活。而且她的妈妈因婚姻失败深受打击，一直以来寄情于工作，常常出差在外，对孩子很少关心。而今孩子大了，学业难度也大了，两位老人表示平时没法督促孩子的学习，和孩子的日常沟通也不多。

　　在这样特殊的家庭环境中，阿哲越来越孤僻，平时很少和别人交谈，学习成绩也处在下游。面对这样的特殊家庭，年轻的班主任该如何做好家庭教育指导工作呢？

- **【问题归因】**

　　面对阿哲家庭指导工作该如何开展这个问题，班主任首先要认清孩子生长的家庭环境的"特殊性"及其影响。

　　1.离异家庭，孩子容易产生异常心理

　　随着经济发展，人的价值观念的改变，特殊家庭的数量逐年上升，解决这类家庭孩子的教育问题成了社会问题。健全的家庭结构，孩子会得到较多的关心和爱护，孩子很容易产生安全感，这就有利于青少年保持一种阳光、健康的成长状态。而在离异的家庭环境影响下，在较大的生活、心理和经济的压力之下，单亲家庭子女的抚养者容易在孩子的教育上产生偏差，往往表现为：（1）对孩子要求过高，管教过严；（2）忙于生计或缺乏责任感；（3）心怀愧疚，对孩子过度溺爱等等。而阿哲的妈妈就是这样，她因为离婚，把对孩子爸爸的一些不满情绪不自觉地迁移到孩子身上。又因为独自养家，生活压力过大，所以只能把更多的精力放在工作上，陪伴孩子的时间很少。孩子的爸爸又在外地，偶尔电话联系，对孩子而言就是一个"符号"般的存在。孩子因为与父母很少沟通，缺乏父母的关心，情感缺失，变得细腻而敏感。孩子又值青春期，生理、心理都发生了巨大的变化，遇到了很多成长的困惑，却难以寻求亲人的帮助，所以很容易把问题积压在心里，日复一日就会表现出一些不良情绪，越来越封闭自我。

对于阿哲而言，父母离异、家庭破碎等家庭变故是她人生道路上的一个巨大挫折。由于生活阅历缺乏，对各种突发事件的自我调节能力较差，孩子在与人交往中，很容易产生强烈的自卑感。与人交往能力的下降，又会导致她的孤独、焦虑、压抑、烦躁等异常心理的产生。

2. 隔代教育，孩子容易形成不良性格

我国历来有"隔代亲"的说法，祖辈教养的比例、形式和参与度都很高。尤其是独生子女一代成为父母后，更注重追求自身价值的实现，面临自我生存发展与抚养孩子的矛盾冲突时，祖辈自然成为帮助甚至替代教养的重要力量。我们不否认，家庭教育主要是做人的教育，祖辈大多在日常生活中，会通过自身的言传身教，把中华民族的传统美德，如勤劳简朴、艰苦奋斗、拼搏进取等潜移默化地传给子孙，这对孙辈的健康成长具有重要的积极影响。但隔代教育中的一些消极影响也要引起重视。祖辈的观念相对落后，教育方式也比较陈旧。受自身所处时代和环境所限，祖辈的教育理念和经验往往不能适应当下的需求。一般祖辈更愿意为孙辈提供优越的物质生活，对于孙辈的心灵发展、习惯养成等方面却相对重视不足。阿哲的外公外婆认为只要孩子放学准备好饭菜就行，她不愿意和他们聊天就不聊。阿哲每天把自己关在房间里，外公外婆也不知道她在房间做什么，孩子一天和他们说不了几句话。随着阿哲的长大，外公外婆发觉老方法不管用，新方法不会用，在许多行为面前她常常束手无策。可见，如何真正发挥祖辈教养的优势，避免祖辈教养的负面影响？这是班主任在进行家庭教育指导时需要重点关注的。

【实践支招】

在认识了特殊家庭环境的特点和影响后，班主任还要根据实例中家访的实际信息转化为阿哲同学所表现出的"成长需求"，以此作为突破口进行相关的家庭教育指导。

信息1："成长过程中越来越孤僻。"

成长需求：渴望理解和帮助。在进行家庭教育指导时，班主任首先要肯定孩子母亲以及祖辈们的付出。同时把突破口放在孩子妈妈这里。班主任多次和孩子妈妈沟通，指出在进入中学后，随着学习压力的增大，孩子很容易产生焦虑情绪。此时更应该加强亲子沟通，尽可能多地对孩子进行正向反馈，多肯定、鼓励孩子的学习、生活的各种闪光点。建议组织家庭活动，大家一起参与，给孩子分配一定的角色和任务，鼓励孩子积极参与，勇敢承担，帮助孩子保持一种乐观、积极的情绪与心态。

信息2："朋友少，成绩不太好。"

成长需求：孩子需要一个较为稳定的家庭环境、学习环境。面对如此的成长需求，可以给予一个大的家庭指导方向，就是要求家长对于孩子的学习环境、家庭氛围尽量保持稳定。父母情感的缺失，祖辈教育理念和方式相对落后，这些都影响了阿哲的人际交往状态和学习状态。因为母亲经常出差很久，祖辈年纪较大，孩子遇到挫折时难以及时寻求到帮助，况且学业繁重，孩子很难适应。

对孩子的父母来说，都要加强责任意识，尽可能参与孩子成长过程中来，妈妈可以调整时间多陪伴孩子，爸爸可以多打电话，或以写信的方式，及时了解孩子，与孩子交流思想，发现孩子的问题，积极商量妥善寻找解决办法。关于学习，家长和孩子可以寻求老师的帮助，制定合理的学习计划，其间家长要起到督促作用。祖辈也要把握好尺度，不越界，该放手就放手，为孩子和她父母的沟通做好催化剂，尽力为孩子营造一个温馨舒适的家庭氛围。

作为班主任，要加强班级文化建设，积极引导学生正视困难，战胜困难。与学生和家长保持良好的沟通，及时发现，及时了解情况，及时帮助学生解决困难。开设多种多样的班级活动，鼓励学生分组合作，帮助阿哲融入集体，促进她改善人际关系。

家庭教育指导更多的是关注孩子的成长需求。在客观了解了家庭环境的特殊性后，对孩子表现出的成长需求进行针对性的分析并提出相应的解决措施，指导特殊家庭要以父母教育为主，祖辈教育为辅，并加强家校沟通，形成家校教育合力，给予孩子成长更全面、更有力的保障！

执笔人：上海市风华中学　徐文

如何提高家访的有效性？

• 【情景扫描】

年轻的李老师第一次担任班主任。短暂和学生接触后，李老师便想趁着暑假，对班级的 40 名学生进行家访，以便了解每个学生的情况，更好地开展班级工作。但是在整个家访过程中，李老师遇到了各种问题：有的家长临时有事改时间导致家访时间冲突，使得两家家访都很仓促；有的家访，因为家人众多，无法深入交流，闹哄哄地就结束了家访；有的家访，只听家长一方叙谈孩子过去的学习经历，家长和孩子对即将开始的高中学习根本没来得及规划；还有的家长见老师很年轻，所以大谈特谈自己的教育方式，根本不给老师说话的机会……为此，李老师感到自己辛苦利用了一个暑假时间去家访，却收获很少，自己的家访目的也没有达到。那么，第一次家访前到底要做哪些准备？如何与不同类型的家长进行沟通？如何提高沟通的有效性呢？

• 【问题归因】

1. 尊重原则落实不到位

家访时一定要遵循尊重性原则，在融洽和谐的氛围之中探讨。选择恰当的时机进行家访是尊重家长的表现，李老师这次家访的时机选择是正确的，但是事先没有跟家长沟通好，时间安排过于紧凑。特别是临时安排，让家长感到很意外，没有心理准备，有的家长甚至有些抵触情绪，这样家访效果就会大打折扣。家访中，李老师因为家长上班，天气又炎热，只能把家访时间集中安排在晚上。所以经常碰上吃晚饭的时间，有的家长累了一天，因为老师的到来只能饿着肚皮听老师说这说那，心里难免有些不满。再者，小李老师自己也觉得委屈，一家又一家，跑来跑去，自己也常常空着肚子，结果还要等家长吃饱了才能开始家访。带着这样的情绪，家访的状态自然不佳。况且，李老师作为年轻老师，思想比较新潮，讲话喜欢直来直去，双方交谈中，当家长请求老师多关注自己的孩子时，李老师常常觉得这是家长在推卸责任，所以言语就不太客气，直接回道："不能指望学校，家长教育更重要。"这样的话常常让家长无法应对，双方尊重都不到位，所以互相心里感到别扭，家访效果自然大打折扣。

2. 换位思考原则落实不到位

在家访中，要坚持换位思考。家访谈话的核心是评价学生，如何评价也要注意方式方法。既不能蜻蜓点水、浮光掠影，也不能完全直来直去。评价学生要在实事求是的基础上换位思考，讲究艺术，力求委婉。要时时站在家长的角度想一想：假如是自己的孩子，别人这样评价你会怎么想？老师的这种评语，你自己能不能接受，会不会反感？在家长面前评价学生，一定要以肯定为主，即肯定学生的进步，肯定成绩，使老师的评价易于被家长欣然接受。李老师在指出学生问题时，因为年轻，有时会把问题放大，很容易让家长产生误解，认为老师不喜欢自己家孩子，对孩子有偏见，这样就很难信任老师。可见，教师家访技能技巧的缺乏，致使李老师的家访未能达到理想的效果。

3. 差异性原则落实不到位

生活中差异无处不在，所以解决问题的方法也不能是单一的，没有哪一种沟通方法是万能的，只有根据不同类型家长的具体情况采取相应的沟通方式，才能增强家访沟通的有效性。因为与学校教育相比，家庭教育有一个显著的特点，那就是"个性"突出。孩子不一样，家庭环境不一样，家长的处事方式、接受能力不一样，导致了某种方法在这个家庭有效，但到另外一家则可能不灵。因此教师要不忘家访的个性化、差异性特征，预先多了解学生、学生家长及其家庭的诸多特点，了解家长对自己孩子的真实看法和培养目标等，了解学生问题存在的原因，并试着站在家长的角度给出一些可操作性的建议。李老师因为缺乏经验，又因为接触学生时间短，所以不太了解具体情况，也就不能给出具有针对性的家庭教育意见，导致家访目的的难以达到。

【实践支招】

1.家访要选择合适时机，择时而行

家访要选择合适的时机，但无论什么时机，家访前必须先通知学生家长，约定时间后方可前往，贸然前往可能会使家长感到惘然，甚至反感。家访要选择最佳的时机，比如学生取得进步之时，此时进行家访，有利于学生树立信心、促进亲子关系发展；还有学生的行为举止出现异常时，这时家访是为了帮助家长和孩子找出问题的原因，以便将问题解决在萌芽状态中；还有学生生病在家休养之时，此时不仅学生希望得到教师的关心和呵护，学生家长也希望能看到教师对学生的关爱，这时家访，更能增进教师、学生、家长间的感情，有利于教师以后教育工作的开展。另外必须指出的是，职初教师应尽量避免学生刚犯错误时就家访，很容易被学生误认为是"告黑状"，从而使学生对教师产生抵触情绪，甚至出现对抗行为。如此多次，还会引起家长的厌烦和对学校工作的不满，这会对教师以后的工作开展产生严重的负面影响。因此，恰到好处的家访，才能更好地帮助学生和家长，促使学生取得更大的进步。

2.家访要设定明确任务，有的放矢

在家访前教师应明确家访所要达到的目的和效果，以提高家访的针对性和有效性。家访目标明确，才能有条不紊地和家长开展交流，从而在短时间内取得家访的最大效果。教师在家访时首先要深入了解所访学生的家庭情况，包括学生的家庭成员及生活环境对他们的学习、生活和思想动向的影响，教师只有深入、全面地了解以上情况，才能避免教育工作的盲目性。其次，主动向家长反映学生的在校表现，介绍学校近期主要的教育活动，使家校间形成有效的沟通。然后通过与家长的交流和探讨，进一步加深对学生的了解，从而准确找出他们在日常学习、生活中存在的问题，一起分析原因，共商解决办法，形成教育共识。最后给家长提建议，为家长实施家庭教育提供行之有效的指导。家访过程中，教师要时时、处处换位思考，一切从家长易于接受的角度想问题、提意见、给建议。这就要求实施家访的教师本身要有过硬的素质、良好的师德、宽阔的胸怀和正确的学生观与成才观，客观、全面地评价每一个学生，使家长在家访过程中，时时感受到教师的诚恳之心和肺腑之言，从而收到事半功倍的家访效果。

3. 家访要掌握沟通技巧，科学有效

在和家长交谈时，老师语气要亲切委婉。遇到有争执的问题，教师要耐心地摆事实、讲道理，并虚心听取家长的意见。人们都乐意听到好消息，所以教师在谈及学生的学习生活情况时，要注意谈话技巧：值得发扬的，要毫不吝啬地加以表扬，鼓励其再接再厉；对于不足或错误，要婉转地提出，鼓励他们及时弥补不足，争取更好的成绩。对于学困生，要以表扬、鼓励为主，可从他们的闪光点切入话题，如遵守纪律、热爱劳动、助人为乐等，然后针对学生问题，给出专业的指导建议，和家长协商制订可行的学习计划，并协定家校互相合作、督促的具体内容，共同帮助学生进步。

苏联著名教育家苏霍姆林斯基曾经说过："只有学校教育而无家庭教育，或者只有家庭教育而无学校教育，都不能完成培养人这一极其细致而复杂的任务。最完备的教育是二者的结合。"家访是教师与学生、家长之间进行心灵沟通的极为有效的方式之一。恰到好处的家访不仅能激起师生之间情感的共鸣，更能在教育教学中促使家校形成强大的教育合力，为学生身心的健康发展和综合素质的全面提升营造良好的学习生活氛围。在家访中，职初教师要讲究策略方法，做到高效家访。当然家访是一门学问、一门艺术，如何做好家访工作，是一个值得我们教师深思和探讨的问题。

执笔人：上海市风华中学　白杨

班级层面如何推选家长委员会成员？

·【情景扫描】

开学第一周，职初班主任小 A 就收到了学校通知，要求每班推选两位家委会成员，主要负责班级层面的家班联系，并参加一些学校的会议，为学生的在校学习、生活等提出建议，对学校的管理及教学提出意见，督促与支持学校发展，以促进家校家班合作。而且在疫情防控特殊时期，班级家委会成员还有另外一项任务——与孩子所在班级共同参与值周，上学或放学时站在校门口，维持秩序、监督防疫工作。

职初班主任小 A 初次接班，未曾接触与了解过家委会，对于学生与家长也都不是很熟悉，只能通过学校给出的家委会推选要求和暑期家访得到的信息来选择候选人。为了更快地落实人选，小 A 利用周末个别联系了一些符合条件的家长，向家长如实说明家委会成员的职责，但是问了四五个家长，他们或是以工作忙为理由，或是以身体不好为原因婉言拒绝了。这让小 A 很为难，担心班级家委会无法成功建立起来。到底要如何准确地确定合适的家委会人选，或者说服条件合适的家长加入家委会呢？

·【问题归因】

班主任小 A 的问题是很多职初班主任会遇到的，一方面，他们的经验缺乏导致他们自身对家委会还没有足够的认识与了解，只是急于完成上级布置的任务。另一方面，他们在与家长沟通中往往自信不足、缺乏沟通技巧，这使得家委会成员推选过程不那么顺畅。以下是具体的问题归因分析。

1. 家委会职能没有得到重视，前期宣传不到位

从职初班主任的角度来看，家长委员会只是学校层面与家长代表的沟通渠道，职初班主任缺乏相关经验，在以前的专业学习中也没有接触过此项工作，对于家委会的职能与作用还缺乏具体的认知，没有意识到有效的家委会工作能够促进家班合作，有助于班主任工作更顺利高效地开展。因此，当收到学校要求推选家委会成员的通知时，职初班主任往往就把推选当作了一项任务，而没有足够的动力去花更多时间与精力做这件事，没有为家长做好对家委会职责和重要性的解读工作。

对于很多家长来说，由于缺乏前期宣传，他们也没有了解到家委会的职能，不了解家委会的存在价值。家长委员会需要占用家长的业余时间，付出更多精力与时间，而家长通常工作忙碌，所以愿意主动承担这一职责的家长本身就不多。另外，家长可能会认为家委会只是一个形式，家委会成员所做的事只是在为学校服务，比如在校门口站岗，家长觉得家委会工作并不能切实帮助到自己的孩子。

以上这些对于家委会职能的认识不足，都源于前期的宣传不到位，班主任自己首先要想办法主动了解清楚家委会的职责与要求，再从班级层面对家长进行家委会职能解读与宣传，消除家长对于家委会的误解，提升大家对于家委会职能的认识。

2. 家校之间信任尚未建立，沟通技巧有欠缺

孩子刚进校没多久，家长与班主任、学校之间还没有建立起足够多的联系与信任，家长对于职初班主任也没有足够的了解和信任，家长缺乏对学校工作的认同感和班级事务的参与感，因此，推选工作会遇到困难。

另外，职初班主任与家长的沟通方式也会影响到推选结果，职初班主任在与家长的沟通过程中往往比较直接，一五一十地把家长委员会的职责告诉家长，同时由于自身经验不足，缺乏自信，可能在与家长的沟通中过于谦卑，仿佛是在"请求"家长帮忙，急于求成，缺少沟通技巧。当家长了解了家委会成员的职责后，会觉得这是在要求家长做事，是老师给家长布置任务，使家长产生抗拒心理，而且班主任的"请求"态度也会让家长觉得这不是一份荣誉，而是一份没人愿意接受的负担，因此家长会拒绝。

【实践支招】

对于职初班主任来说，要意识到家委会的成立是促进家班沟通、家校合作的，是帮助自身工作更高效地开展的。从管理学的角度看，学校管理中由家长参与制定决策，能够增强家长在学校管理中的责任感，从而提高教育质量。没有人愿意做吃力不讨好的事，因此，班主任也要让家长认识到家委会存在的价值、家委会工作的重要性和可以从中获得的益处。在班级层面，班主任可以通过以下方法推进家委会成员推选工作的顺利开展。

1. 强调家委会职能与职责，制定章程制度

班主任在正式推选家委会成员之前，应向家长做一个宣传，让所有家长都了解到家长委员会的存在与作用，做到信息的公开透明，赢得家长的更多信任，有利于今后家校工作的推进。

比如，班主任利用新生家长会的契机，提议学校先下发学校层面的家委会成员招募通知，为班主任奠定与家长沟通该事宜的基础，之后再由班主任在班级层面进一步宣传此事宜。如在班级群中发布相关文件，强调家委会在家校沟通中起到的重要作用——家委会能够向学校传达家长具有代表性的需求与想法，督促学校改进，使孩子获得更好的学校教育，家长通过家委会行使监督权，可以最大限度地保障孩子的权利。家委会也能把学校的一些发展方案、政策等第一手信息及时地传达给家长，使家长更加了解孩子所在学校的最新情况。而且，家委会成员在担负着家校沟通使命的同时，也能通过他们的无私奉献、认真负责，为自己的孩子树立榜样。家校沟通中，班主任还可以在学校家委会职能职责的基础上，制定班级特有的家委会工作章程及工作保障制度，使家长相信家委会的存在不只是一种形式，而是有切实可行的管理措施与职能作用的，家委会成员的工作是会得到充分保障与支持的，而不仅仅是一种单方面的付出。

2. 增强班级文化建设，增加家长认同感

美国学者大卫·威廉姆斯研究发现：家长是渴望在学校扮演不同的角色的。班主任要从家长的角度考虑问题，了解家长的心理，激发出家长的潜在积极性，让更多家长愿意主动投入家班共育中。

为了激发出家长的潜在意愿，班主任首先要完善自身的工作，以增强家长对学校工作与班级事务的认同感、参与感。在平时的工作中，班主任要增强班级文

化建设，比如设立班级读书角、让学生轮流记录班级日志、主动与家长分享学生的在校生活，还可以借由节日和学生生日等契机，举办一些有仪式感的活动，体现班主任对班级学生的关爱，增强集体归属感与班级凝聚力。家长能够从中感受到班主任的用心，自然而然地增加对于学校工作的认同感，也更乐于参与到班级事务中，主动投入家班合作中。

3. 充分利用家访契机，建立班级家长档案

班主任在前期家访过程中，就要努力与家长建立起信任关系，并且注意了解每一位家长的工作、空闲时间、教育理念、对学校工作的支持度等，建立起家长档案。结合家委会的要求与家长档案中的信息，班主任可以更有针对性地选择合适的家委会人选，然后进一步沟通。

一般来说，家委会成员首先要有一定的空余时间，因为有效与及时的家校沟通势必会花更多时间。其次，家委会成员要拥有正确的教育观念，关注青少年教育，对于教育有自己的见解，有学习意识。此外，家委会成员要有一定的奉献精神与较强的责任心，因为要花业余时间参与到家委会的无偿工作中。当然，家委会成员还要有一定的组织能力和协调能力，善于听取意见，善于沟通表达，能赢得广大家长的信赖与支持。根据以上条件，班主任初步建立一个家委会成员推选名单，再与相关家长一一沟通，减少无效沟通，提高效率。

4. 合理运用沟通技巧，促进推选顺利进行

在所有家长都充分了解家委会的职能与作用，并且对学校与班主任建立起足够的信任后，班主任可以鼓励家长自荐成为家委会成员。同时，班主任根据自己对于各位家长的了解，结合家委会成员要求，与理想的推荐人选一对一积极沟通。在沟通的过程中，注意礼貌，使用更多积极肯定与鼓励的话语，使家长真切感受到被推选为家委会成员是一种荣誉，是老师对于家长及其孩子的信任与肯定，而且家委会确实能够促进班级与学校的进步与发展，提高教育质量。为了使推选过程更加公开透明，也为了使推选出的代表能符合广大家长的需求与利益，促进今后的家班良性合作，班主任可以在家长群中公示自荐与推荐名单，并简要介绍这些自荐与推荐家长，家长也可以作进一步自我展示，然后所有家长匿名投票，选出最终的班级家委会成员。

为了顺利推选家委会成员，班主任首先要与家长建立起互相信任的关系，前

期就要积极主动了解家长的情况，并且让家长看到一些具体的家委会管理与保障措施，对学校工作与班级建设产生认同感，在此基础上，推选过程中的沟通也就会更加顺利。同时，班主任也要发挥智慧，在与家长沟通的过程中展现出自信的态度，注意语言的艺术，使更多家长乐意主动承担起家委会成员的职责，推选过程做到自愿、公平。在这样的情况下，家委会不仅能更顺利地推选建立起来，而且在今后的实际工作中也能够充分有效地发挥其职能。

执笔人：上海市华东模范中学　季莉雯

如何调动家长参与班级活动的积极性?

- **【情景扫描】**

　　家长是班级教育活动的支持者、合作者和监督者,班主任只有更好地调动家长参与的积极性,才能顺利有效地开展班级工作。可是在现实中,高中生的家长普遍对学校和班级的各类活动兴趣不高,参与的积极性与主动性都很欠缺,而班主任又不能强制家长参与,因此班级很多活动很难顺利展开。刚接班,新班主任王老师就遇到了这样的问题:开学初,正好轮到他们班级值周,按常规需要几位家长作为志愿者一起参与班级的值周活动。起初,王老师把消息发在家长群里,可是直到下午也无人回应。而后,她又鼓励、宣传了一番,才有两名家长表示愿意配合班级的值周活动。可是人数远远不够,王老师只能根据平日了解的情况,单独沟通,结果找了六位家长,其中五位家长以各种理由拒绝了她,这或多或少让她产生了很大的挫败感。那么,作为一名职初班主任,如何调动家长参与班级活动的积极性?

- **【问题归因】**

　　1. 班主任层面问题分析

　　从班主任层面看,与有经验的资深班主任不同,职初班主任通常缺乏经验,尚未形成自己成熟的带班风格,也欠缺带班理念,因此比较难以获得所有家长的信任与支持,家长自然对于班级发起的集体活动热情不高。此外,班级或学校活动在开设之初,班主任没有和家长进行有效的沟通,家长对活动缺乏认识,很难激发其参与的热情。再者,年轻的班主任组织的各种活动,更多的是注重活动形式的多样,但质量和效果参差不齐,有的甚至流于形式,空喊口号,无实质性的内容，教育意义和价值也很难凸显，这样就可能会引起家长的不认同，一定程度上消减了他们参与班级活动的积极性。

2.家长层面问题分析

从家长层面看，一来，家长大多有自己的教育背景，教育理念与学校、班级的培养目标难以达成一致，对班主任组织的一系列班级活动常常报以观望态度。二来，通常家长会更多地从实际层面考虑，比如该活动是否对孩子的学习、人际交往等方面有所帮助。除此以外，很多家长平时工作很忙，无暇兼顾孩子的学校活动，有心无力。或者是班级文化建设不足，家长参加学校或班级组织的活动较少，家长之间并不熟，对要参加的活动考虑更多的是自己会不会很尴尬、自己不知道该做什么等情况。所以我们常常会看到，平时参与一些班级活动的仅局限于少数几位家委会成员。

【实践支招】

1.营造和谐健康的家校关系

首先，班主任应严格遵守师德规范，本着对学生认真负责的态度，营造和谐健康的家校关系。当今社会，因为教师工作方式方法的不当、个体成长的家庭情况的差异等原因，导致出现家校关系的一些紧张局面。因此，争取家长的主动配合，构建良好、健康的家校关系，赢得家长的信任，这是班主任工作的重中之重。

想要赢得家长的信任，就要管理好每一个孩子，带好自己的班级，这是赢得家长信任的基石。老师既要做学生的良师益友，为他们传道解惑，又要做他们的"临时家长"，生活上嘘寒问暖，心理上释疑解难，学习上关心督促。家校工作说到底是"人"的工作，要从"心"开始，多点责任心、爱心、热心、细心，才能赢得家长和学生的信任，才能更好地开展班级活动。

2.开设丰富多彩的班级活动

开设有意义的班级活动是教育的艺术，也是艺术的教育。班级活动要既能促进学生的个体成长，又能促进班集体的形成与发展。

首先，明确活动的意义，开展一些形式与内容兼备，轻松活泼、能愉悦心智、有利于身心健康，且富含教育意义的班级活动或主题班会尤为重要。青年班主任在策划班级活动时，可以根据班级文化建设目标，开设系列化的主题活动。也可以联系实际，比如和节日联系起来，开设以"感恩教育""劳动精神"等主题活动，邀请家长代表一同参加。活动可以展示孩子不同的一面，因为很多学生在家里的表现和在学校里的表现是不一样的，家长往往会对自己的孩子在学校里的言行举止感兴趣，这种活动又和孩子的家庭教育关注点比较一致，所以会调动家长想参加进来的积极性。

其次，积极鼓励每位家长从不同角度参与"学生评价"，邀请家长参与到班级活动的评价中来，比如运动会、迎新会、社区服务等，既可以提高家长对班级活动的参与兴趣，又可以增进家长与孩子的情感交流，一举两得。

再次，经常组织家校互动的家长会或交流会。帮助家长学习有关家庭教育的理论和经验，帮助家长掌握科学的教育方法。宣讲新的人生观、育人观，帮助家长走出家教误区，转变观念，更好地实施家庭教育。

最后，开展好总结分析会。其实总结分析会应该是一个座谈会和交流会。除了向家长反馈学生的学习情况，更多的是调动资源帮助家长和学生寻求解决问题的方法，还要对学生和家长进行心理辅导。

综上所述，青年班主任要提高家长参与班级活动的积极性，愿意主动参与和配合班级的各项工作，应努力做到以下两点：第一，要让家长觉得孩子在这个集体中充满主人翁意识，收获快乐和进步；第二，要让家长觉得班主任组织的活动能使他们的亲子沟通更融洽、更有效。年轻、充满活力是青年班主任的特质，这一特质让青年班主任与学生更易亲近，青年班主任也更应该拥有创新和与时俱进的精神，把班级的学生和家长团结在一起，共建和谐友爱的班集体。要善于借力，充分调动家长参与班级活动的积极性，是年轻班主任建班工作的重头戏。

执笔人：上海市风华中学　吴佳宝

二孩时代，如何指导家长合理平衡老大和老二的关系？

•【情景扫描】

小张老师一年来，和班级同学合力打造了一个"团结活泼，真诚友善"的班集体。可是，正当他沉浸在这种"舒适"的状态洋洋得意时，一个电话击破了这份平静。

期末的一天早晨，学生小雪的妈妈给张老师打了一个电话，说小雪生病了，起来晚了，要晚一会儿到学校……可是到了上午十点多，学生依然没到校。张老师赶紧联系家长，电话那头却传来了妈妈的哭声："老师，我带她去医院，结果发现她并未生病，她装病的。她竟然不想来学校。她还这么小，不读书怎么办啊？"电话那头还夹杂着小雪的哭声。张老师震惊之余，劝慰道："让孩子在家调整一下吧，晚上我们再沟通。"放下电话，张老师的心沉甸甸的。小雪平时成绩平平但也还算乖巧，日常按时上下学，认真完成作业，与同学关系也不错……事后张老师多次和小雪沟通，才逐步了解到她不想上学的原因：小雪一家四口，只依靠爸爸一人上班养家，妈妈长期在家带着快3岁的弟弟。小雪说：妈妈很偏心，眼中只有弟弟，每次都因自己的成绩不理想而多加指责，妈妈看不到她的努力，总是拿弟弟的聪明来打击她，她觉得一个人辛苦读书太不公平了！

了解情况后，张老师在班级里做了一个调查，发现班里40名同学，有32个孩子的家庭是二孩家庭，班级里不少学生都有着像小雪一样的烦恼和困惑。家里两个孩子，迫使很多家长忙于工作和生计，在某种程度上忽略了孩子的成长和身心健康。作为班主任，应该如何更科学、更专业地帮助班里孩子及家长呢？这些问题对职初班主任来说既是一个困难，也是一个挑战。

- **【问题归因】**

1. 老二导致老大失宠，造成老大心理失衡

在没有老二之前，老大是家庭核心，全家人都围着他一个人转，是在众人关爱中"圈养"的，这些都造就了老大的依赖性更强，对新事物往往就不知所措，不敢尝试，不愿接受。随着老二的到来，全家人把注意力转移到了老二的身上，老大自然而然地受到了冷落。对于老二的到来，大部分老大都缺乏足够的心理建设。突然自己的核心地位被动摇，自己被"冷落"，这让他们在短时间内根本无法适应。况且，两个孩子的家庭，难免会发生很多的矛盾和争端，家长很少能做到一视同仁，常常偏袒一方，多是批评教育老大。而长时间的忍让和受到众多不公平的待遇，老大的心理就会逐渐失衡。于是，他们便会通过各种方式来引起大人的关注，有的甚至使用较为极端的方式。而此时大多数家长并没有意识到这个问题，没有耐心地帮助老大度过这个适应期。有时候面对老大的各种行为，更多的是严厉的批评和指责，甚至拳打脚踢。这样做的结果只会让家庭矛盾不断升级，老大的安全感越来越少，两个孩子之间的对立加剧。

2. 家长忽略孩子个别差异，不能一视同仁

每个孩子都是独立的个体，都有自己独特的个性，不同的孩子应该采用不同的教育方式。可是，对于两个孩子的父母而言，这实在是个艰巨的任务。一方面要更投入工作来应对越来越紧张的生活开支，一方面要处理家里两个孩子的各种问题，身心俱疲，哪里还有时间和精力耐心处理两个孩子之间的关系？而且，作为两个孩子的家长难免会将两个孩子作比较，褒一个贬一个，用一个孩子身上的优点来与另一个的缺点作对比，导致孩子性格上的问题慢慢显现，甚至给孩子的心理造成极大的伤害。家长本以为是给老大生了个小伙伴，没想到却给孩子生了个"敌人"……面对这些棘手的问题，二孩的父母无助又无奈。

- **【实践支招】**

1. 合理分配，公平对待

在了解情况的基础上，给二孩父母一些建议。首先，作为二孩的家长要树立

榜样，友善地处理家庭成员关系，指导孩子学会相处，学会谦让，学会分享。其次，赞美鼓励要积极，批评指责要讲理。对待孩子的行为和想法，要积极鼓励，寻找亮点及时赞美。不要什么都偏袒老二，什么都是教育老大要忍让，对待两个孩子的原则和标准要统一。孩子犯错误，要及时指出错误的危害，寻求问题的根源，和孩子讲道理。不要不分青红皂白，一顿暴风骤雨。这样只会把孩子推得越来越远，造成孩子无理可讲，慢慢地也会越来越不讲理。

2. 高效陪伴，注重习惯养成

作为两个孩子的家长，要注意创设良好的家庭氛围，常常组织有利于两个孩子共同成长的家庭活动，促进两个孩子的关系。

要合理规划陪伴时间，早上，老大上学不能迟到，营养也很重要，早上的时间就给老大，做早餐，陪吃早餐，送去学校，利用陪吃早餐和陪去上学的时间和老大进行情感交流。送完老大，再带老二尽情玩耍，做运动。晚上，要保证老大安静学习的环境，饭后，把老二交给爸爸玩玩游戏，妈妈则可以陪伴在老大身边。在陪伴孩子成长的过程，要注重孩子的品格、习惯的养成。教会孩子时间管理，指导孩子做好学业规划，使得家长更游刃有余。

3. 尊重个性，尊重差异

作为两个孩子的家长，要时刻注意自身言行，不要时刻把两个孩子作比较，要尊重个性，尊重个体差异。教育专家说，二孩家庭中老大会更成熟稳重，而老二往往任性、乐观、无忧无虑、耍滑头，好像永远都没长大，但又深得大人的喜爱。这是因为老大是"圈养"，作为第一个孩子，家长很紧张，照着书本，听着专家的建议养大的。而到了二孩，父母都是有经验的了，所以养育方式往往更宽松，这样就造就了两个截然不同的孩子。

为此，建议家长将分不开身的同一时段把"怀抱"给老二，把"目光"与"交流"给老大。无论多忙多累，每天必须给老大专属的关注时间，如亲子阅读、学业辅导或是单独带老大外出。只有建立好老大足够的安全感，由老大滋生出来的摩擦就会减少，家庭成员间的关系才会日趋和谐。

二孩的教育问题还要引入社会力量、学校力量，多方合力，才能更好地促进两个孩子的健康成长！

执笔人：上海市风华中学　王宝玉

请家长来校解决学生问题，家长却当面指责班主任工作不到位，怎么办？
——有理有节，抓住问题症结

• 【情景扫描】

　　高一新生报到，开学第三天，学生小嘉就哭着找班主任要求换班。班主任王老师问她原因，她说不适应这个班级。当天晚上，小嘉妈妈给王老师打电话帮小嘉请假，说小嘉表示如果不换班，就不愿意来校上学。于是，王老师请小嘉家长来校一起解决小嘉的问题。

　　小嘉爸爸妈妈一起赴约，还没谈几句，小嘉爸爸妈妈就开始指责王老师带班没有经验，管理班级有诸多问题，还情绪激动地说："我们小嘉报到时因为没有带钱，饭卡没有充钱。后来我们把钱微信转给你，让你帮忙充卡，结果孩子因为饭卡问题在学校三天都没有吃午饭，你作为班主任知道吗？她的同学没有一个借给她饭卡，都是很冷漠的孩子。我们坚决支持孩子的想法，一定要换班！"

　　面对家长严厉的指责，第一次带班的王老师感到很委屈。因为小嘉妈妈微信转账给她两百元钱之后，她及时将现金给了小嘉，让她去财务室充饭卡，没想到小嘉没有去充值。王老师请家长来本来是想争取家长一起做小嘉的工作，让她赶快回班级上课，没想到现在非但没解决问题，反而还遭到家长的厉声指责。王老师禁不住流下了眼泪……

• 【问题归因】

　　1. 初高中衔接不适应与人际交往障碍带来的焦虑

　　初高中衔接是孩子与家长共同面临的挑战。与初中相比，高中阶段学习内容多、难度大、节奏快，学习方式也有很大转变。饭卡充值事件其实只是一个导火线，无论是小嘉本人还是小嘉父母，面对未知的高中生活，都有着巨大的焦虑。与此同时，小嘉也有可能是对人际交往有焦虑情绪。饭卡没钱，这是学生经常遇到的问题。一般情况下，学生都会向同学借饭卡，先解决吃饭问题。但小嘉既没有去财务室充值饭卡，也没有向老师和同学求助。可见，小嘉性格内向，不太善于与人交往。

2. 学生与家长逃避真正的问题，将换班当作"救命稻草"

无论是初高中衔接的学习问题，还是人际交往焦虑，都是无法一时解决的问题。家长追究饭卡充值事件，也是想以此作为换班的正当理由，增加谈判的筹码。王老师年纪轻，第一次带班，家长对年轻教师本来就不太信任，再加上孩子不愿来上学，心里一着急，就无所顾忌，态度强硬，当面斥责。但实际上这是一种逃避，即使换了一个班，依然不会对现状有所改善。但是现在家长和孩子都不愿意承认。

【实践支招】

1. 坦诚以待，承认在处理饭卡充值事件上考虑得不够周全

面对情绪激动的家长，面对厉声斥责，班主任既不要流泪示弱，也不要强行辩解，倒不如坦诚地表示，自己的工作应该更细致一点，并表示歉意。王老师可以这样说："我真的没想到小嘉三天没吃午饭，可把孩子饿坏了，我的工作不够细致，我应该问问小嘉饭卡充值了没有。真的很抱歉！"

面对班主任真诚的歉意以及对孩子发自内心的关切，家长的激动情绪自然也会得到缓解，这就为进一步沟通奠定了基础。

2. 建立共情，争取家校合作

家长激动，因为孩子三天没吃午饭；家长着急，因为孩子不肯来学校上课。对于这一点，我们要充分理解，设身处地换位思考，并且建立与家长的共情，恰切地表达共情。

老师的心情和家长是一样的，可以这样说："小嘉三天没吃饭，我也很心疼；小嘉不肯来学校上课，我也很着急。我们一起想办法解决问题。"老师的目标和家长是一致的，我们可以这样说："我们都希望小嘉早点来学校，正常参加学习生

活，尽快适应高中的学习节奏。"

与家长建立共情，急家长所急，建立同理心，关注家长的诉求，表达体谅与关切，传递理解与支持，从而使班主任与家长建立伙伴关系、合作关系。

3. 就事论事，客观分析饭卡充值事件

王老师当时没有直接帮小嘉饭卡充值，这是遭到家长诟病的重点。其实，高中阶段，孩子不但要学会学习，更要学会生活。此外，小嘉也应该学习与人交往的技巧。我们也可以和家长坦陈这些看法，当然要注意言辞得当。我们可以这样说："小嘉爸爸妈妈，我当时把现金交给小嘉，让她去财务室充饭卡。我没有包办代办，主要是因为在高中阶段，学会自我管理也是重要一课。不过我倒是真的没有想到她没有充值。下次我会问问她，是什么原因导致的。到底是找不到财务室，还是不好意思找财务室老师？有没有向周围的同学求助？为什么不向班主任求助？以后碰到问题，我们一起帮小嘉面对。"

班主任在与家长建立共情之后，增加了情感的连接，缓和了情绪的激动，在此基础上引领家长理性思考，客观分析，用长远的眼光审视问题。

4. 直面问题，家校配合，商量对策

老师要让小嘉父母意识到换班解决不了孩子的问题，可以这样跟他们分析："如果说现在换班，她又到了一个新环境，依然会碰到相同的问题，甚至可能会更加不适应，那时候就没有退路了。不如我们一起帮她找到问题症结所在，和她一起面对，帮她一起解决，这样才是真正的解决办法。"

老师要引导家长面对小嘉真正的问题，争取家长的支持，可以这样说："其实高一开学，像小嘉这样的情况别的班级也有。与初中相比，高中阶段学习内容多、难度大、节奏快、作业多，学习方式也有很大的转变。这是每一个学生都必须迈过的一道坎。有的孩子适应得快一点，有的孩子慢一点。我们家长也要转换角色，从初中生家长转变成高中生家长，有意识地引导孩子调适心态，悦纳自己。不着急，回去和小嘉好好聊聊，我们一起帮小嘉适应。"

与家长的交流，可以帮助我们更好地了解孩子的性格、原生家庭、成长经历，这些都是班主任与孩子沟通的重要基础。

5. 抽丝剥茧，寻根溯源，充当学生解决问题的守护者

小嘉向王老师讲过想换班的原因是不适应班集体。如果真的因为不适应班集体，那么是哪些方面不适应？学习节奏？与同学相处？任课老师？这些问题有待

班主任和小嘉一起去找到答案。然后帮小嘉面对问题，解决问题。班主任也要适时家访，进一步了解小嘉的家庭生态环境，对症下药，家校合力，帮助小嘉迈过这道坎。

年轻，是职初班主任的优势。因为年轻，所以有活力有创意；因为年轻，所以与学生拥有更多共同语境、共同话题，更能走进孩子的内心，成为孩子成长的守护者。

执笔人：上海市新中高级中学　归蓓华

如何让家长信服一位体育老师做班主任？

——个性成长、全面发展

• 【情景扫描】

作为高中的一名体育教师，这是小明老师做班主任的第一年，在他的班上有一个特殊的学生——小 A 同学。

小 A 同学性格比较孤僻，在班上没有要好的朋友。同时学习动力不足，上课笔记不认真做，许多作业都是班上最后一个交的，任课老师与家长沟通多次，效果甚微。显然，小 A 在家里和父母的关系处理得也很糟糕。

小 A 同学的家长为此深深苦恼，得知班主任还是一名体育老师，对此表示了深深的怀疑，认为不能够在课上抓孩子成绩的"副科"老师，就不能够胜任班主任这份工作。小 A 同学的家长因此还来到学校校长室，找相关领导反映情况。小 A 在得知家长来学校后，觉得父母没有考虑自己的感受，自己在学校里更丢人了，性格变得更内向了，小明老师也受到了来自家长方面的一些"挫折"。

• 【问题归因】

1.家长受传统思想观念的影响，对体育老师不信任

这些家长其实是非常不愿意让体育老师担任班主任的，他们会觉得班主任是体育老师又那么年轻，高中学业那么重，他可以胜任吗？有的体育老师能力受到质疑，并不是说家长质疑体育老师的专业能力，而是指家长更关注文化课，也更信任文化课老师，以至于"体育老师能不能当班主任"都成了争论点。"他们能抓好学习吗？""会不会让学生感觉太放松了？"这样的质疑声往往不绝于耳。

2. 文化课老师在学校日常教学中更占优势

文化课要比体育课时更多，一些文化课老师在学风和班风建设上对孩子的要求更加严格，这点往往与学校和家长的教育理念较为一致。所以在担任班主任时往往会优先考虑这些老师。文化课老师和体育老师相比，和学生接触的时间更多，与家长联系也更为频繁，这对学生在学习上有着很好的监督效果。这点往往是学校和家长所乐见的。

3. 小 A 同学的心理问题以及学习状态引发的家长焦虑

进入青春期的学生在身心发育过程中，心理容易出现问题，也易产生一段孤独情绪，会影响与同学、朋友的正常相处和交往，容易形成自我封闭、自我孤立的性格，影响正常的学习生活。小 A 的家长缺少与孩子的沟通交流，没有为孩子创设一个和睦、融洽、温馨的家庭氛围，同时也没有站在孩子的角度考虑问题。

【实践支招】

1. 多与家长建立沟通，用关心与恒心打动家长

小 A 家长认为班主任由班上的文化课老师担任对学生是有利的，其实这个观念是片面的。第一步要先将小 A 家长的这个观点转变过来，无论任课老师是否为班主任，教学质量和负责态度都是一样的。相反，由于无作业批改和出考卷等任务傍身，小明老师可以利用自身时间上充裕的特点，经常与家长通话、借助短信或用聊天工具等交流沟通，使家长对自己的孩子在学校的表现有一个充分的认识，也让同学找到在学校的存在感。积极的沟通是有效打破隔阂屏障的有效手段，并且能稳固家、校、生三者的相互联系，久而久之，相信小 A 家长对小明老师的看法会发生改变。

2. 身教重于言教，用行动表率，改变家长的看法

教师的言谈举止，看似是一件小事，但学生、家长往往就是从这里来认识、评价老师的。良好的教态、健壮的体魄，特别是强烈的事业心、严肃认真的工作作风，会对学生产生潜移默化的影响。时时提醒自己，在教学能力、思想品德、为人处事上处处做学生的表率。如：早上比学生到得早，而且凡学校要求班主任该到位时，提前到场，学生当然就不好意思迟到。通过体育课培养学生良好的行

为习惯，如上课不迟到、早退，更不许无故旷课；特殊情况一定得请假；爱护场地器材；每节课都要认真做好准备活动及整理活动等。

3.利用体育老师的身份，帮家长认识到学生的全面发展

小 A 家长"以成绩论英雄"的观点影响了和孩子的沟通。一方面，作为班主任，要引导家长理解健康的体魄、开朗的性格是孩子成长的基石，用全面和发展的眼光来评价孩子，与孩子建立良好的沟通。

另一方面，作为小 A 的班主任，同时也是一名体育老师，应该以自身个人魅力和爱好特长影响小 A，比如可以利用运动会、艺术节表演、班会等让他积极参与。小 A 特别喜欢长跑，那么可以利用比赛让全班同学为他加油，增加孩子的团队感，这对于培养小 A 自信心很有帮助，在学习上也会找到同伴，重拾努力的方向，当家长看到小 A 在性格和表现上都有质变时，相信已经非常认可小明这位班主任老师了。

4.多从小 A 同学身上找优点，帮助孩子和家长建立信心

小 A 的性格孤僻、学习动力不足再加上家长焦虑，很不利于孩子的成长和学习的进步，作为一名合格的班主任，要不吝啬对学生的赞美，抓住小 A 的闪光点，努力让他有一个好心情。多赞扬，少批评。即使批评也要注意方法，让学生在微笑中接受批评。教师要有博大的爱心，关心呵护每一个学生，尊重、理解每一个学生，平等地对待每一个学生。同时将小 A 的优点和进步多与家长交流，帮助家长改善焦虑，建立信心。

5.协同同班同学、任课老师，给予小 A 同学关怀和指导

在班级减少对小 A 的压力和紧张。一位充满活力的老师，更能激发孩子的学习动力，让学生更容易在一种轻松的环境里敞开心扉爱上学习。结合班级干部，让多才多艺、活动能力强、特别会调动气氛的同学多影响小 A 同学，给他的学习生活增添更多色彩。作为班主任，要有耐心多沟通，多了解他的想法，才能好好把他引导到正确的道路上。

与此同时，班主任协同任课老师，给予小 A 同学学习方法和学科知识方面的指导。小 A 性格内向，不善于和任课老师沟通，班主任适时为他与任课老师之间搭起桥梁，增加互动。

当下，越来越多的体育、艺术老师加入了班主任的队伍之中，其实他们是有

得天独厚的优势的。高中学习生活中，他们有更多的时间陪伴学生成长，有更多精力注重学生在各方面的表现，可以花更多的心思去观察学生，跟学生沟通。

与此同时，体育、艺术老师做班主任往往有一双独特的"慧眼"，能从另一视角认识学生。不以成绩论英雄，能发现孩子身上的特长，看到学生更多的可能性，还可以把孩子从紧张的学习生活中"解放"出来。

执笔人：上海市彭浦中学　何音

如何把握与家长的边界
——互相理解、不让界不越界、科学引导

• 【情景扫描】

刚工作一年的小李老师担任了新高一年级的班主任，第一次当上班主任，她怀着满腔的热情和崇高的责任感展开了新的工作。"李老师，我家孩子在家里玩手机，老师帮忙管管。""老师，我家孩子晚上回家磨蹭到很晚才开始做作业，每天睡得很晚，麻烦老师帮忙管管。""李老师，我家孩子水杯没带，麻烦你今天给他找个一次性杯子倒点水喝。""老师，孩子说减肥，麻烦您留意一下孩子中午米饭吃多少。""李老师，您做孩子的老师，我们太开心了，您家住哪儿啊？年纪多大了，孩子多大啦？""老师，我们因为没考好，才考到这个学校来，能成为您的学生，我们心生欢喜。"……慢慢地，部分家长毫无缘由地夸赞示好、自来熟让李老师感到莫名其妙，还有家长会提出不合理的要求，想拒绝，又担心与家长之间产生隔阂，失去家长的信任，这个刚接触班主任岗位的李老师一时间觉得难以招架。

• 【问题归因】

1. 如何把握边界，把握度

职初教师社会经历少，对人性和人心的洞察稍显简单，结果就会对度的把握不是很恰当。教师和家长的关系非常微妙，因为孩子在老师班级接受教育，有的家长会对老师表现得特别热情，还有家长会自来熟地跟老师唠家常以示亲近。教师与家长打交道要注意边界，把握好度。关系太热，距离太近，某些细节容易成为后续矛盾点。关系太冷，距离太远，家长会觉得老师不好亲近，不好沟通，对自家孩子关心不够。教师对孩子要一视同仁，用责任心和爱对待每一个孩子。与

家长保持合适距离，建立一个与家长彼此都安全、舒适自然的家校关系，既不能让界，也不能越界。

2.家长把教育孩子的希望全部寄托在老师身上

一些家长把孩子送去学校之后，无论是在学校还是在家里，觉得孩子的管教都是老师的责任。教育，不应该是托管关系，而是需要家长和老师共同承担起教育的责任。家长通过和老师高效沟通、互相理解、互相配合，才能真正切实地解决问题。孩子作为家长的唯一，同时也是班主任老师的几十分之一，仅凭教师努力，无法将全部精力顾及每个孩子。

3.习惯养成部分的家庭教育缺失

教师在生活中被赋予了某种程度上的道德色彩，也被期待承担更多的责任，但是并不代表教师的职责和义务可以无限延伸。学校要帮助学生从小树立正确的人生观、价值观，学校通过"家校共育"，帮助青少年树立远大理想。学校通过丰富的家校合作、校园文化、社区公益活动，帮助孩子在集体生活中培养能力，在社会实践中增加才干。家庭教育中的生活教育、人格教育和行为养成教育与学校传道授业不同。家庭教育是个别化的教育，针对孩子的个别关注、指导和教育，学校是无法替代的。

【实践支招】

1.换位思考、互相理解

家长每一个看似不合理要求的背后一定有他的真实需求，可能家长是对学校教育的认知并不那么清晰，也可能是他的表达方式不太合适，或许是家长对孩子太过宠爱。教师首先要学会换位思考，先体会到家长教育的不易，理解家长的苦衷，这样，家长才会理解老师工作的不易。在相互信任、理解的基础上才能更好地沟通，家长才会配合老师。

例如：家长让老师帮忙给孩子找杯子倒水喝、让老师关注要减肥的孩子米饭吃多少等生活要求，作为老师不可能每天都关注和参与学生的这些生活细节，在充分理解家长的基础上，可以这么做：

首先，解决家长最直接的需求，拉近距离。"小明家长，我给孩子拿了水杯，不用担心喝水问题啦。""小明家长，今天中午午饭我观察了一下孩子，米饭都吃完了，不用担心。"其次，委婉表达，给出建议。孩子长大了，不用太担心喝水吃饭此类问题，相信孩子会有办法解决，适当给孩子一些独自面对问题的空间，也是帮助孩子培养自我照顾的能力。

2. 不让界、不越界

教育需要各方合力，学校、家长各司其职，各尽其责，守好自己的边界，既不越界，也不让界，才能促进孩子健康成长。每个家长性格不同，对孩子期望不同，表达也不相同。有一类家长就是过度热情，虽然家长的出发点是好的，但是老师未必舒服。教师面对很多教学和日常事务，每天的时间和精力已经基本耗尽，大部分教师没有时间和精力来应对家长的客套和寒暄。

这类家长其实希望获得老师的好印象，从而让孩子得到老师更多的关注。如果对家长的客套不予回复，家长就会觉得教师不好沟通。可以这么做：

首先，在第一次家长会上，就要立规矩。请家长免去不必要的客套和寒暄，家校沟通的主题是家、校有关的话题。在家长还不了解老师的基础上，大家态度都相对中立，立规矩也更能让家长心理上接受。

其次，聊天时，私人问题不予回答。有些过度热情的家长，不顾班规，还是经常要和老师套近乎，老师不能把这个天聊起来。私人问题不予回答，家长作为成年人能感受到老师的度，进而也不会就教师的私人话题再聊下去。

3. 科学引导

家长有时会提出让班主任管管白家孩子，但是孩子行为都是在家里产生。家里的事情，并非教师不能管，管不了，但是，作为教师要厘清边界，科学引导家长和孩子，不能多管，也不能不管。

例如：孩子在家里玩手机，老师帮忙管管。大部分提出此类问题的家长，都是手机刚开始放手给孩子之后，没有管控住，随后就再也管不了了。在明确问题之后，可以这么做。

首先，要鼓励家长多去了解孩子利用手机做了什么，而不是一味斥责孩子玩手机。鼓励家长对孩子的陪伴增加内容性的陪伴，不是时间的积累。

其次，面对家长和孩子，要肯定新媒体带来的机会，多做一些积极方面的引导，不是孩子玩手机就一定会成瘾会变坏。

再次，教师向家长说明，会单独找孩子谈谈，做做孩子的理想教育。学生没有明确的目标，失去了方向，久而久之，学习没有热情，最终被手机丰富多彩的内容吸引。中学生可以通过自身的内驱力实现自己的目标，教师通过谈话帮助孩子建立可行性目标，进而帮助孩子一步一步实现自己的理想。

执笔人：上海市彭浦中学　郭元丁

当学生发生矛盾纠纷时，双方家长都偏袒自己的孩子，班主任如何做到公平客观地处理？

——晓之以理，动之以情

• 【情景扫描】

小徐个性开朗、活泼好动，身形健硕，喜欢与人打闹嬉戏，尤其是课间，常常能看到他跟其他同学在教室里追逐打闹。有一天下午的课间，小徐把另一名同学踢出了鼻血。班主任听闻赶紧跑到教室，只见小徐跟另一名同学被大家团团围住。班主任走近一看，小徐不知所措地站在原地，另一名同学小宇则用手捏住鼻子，手上全是血。班主任立刻带两人前往医务室进行了处理。等小宇止血后，他们向班主任承认是在课间玩闹的过程中没掌握分寸，才导致了伤害事故的发生。事后，班主任对两个孩子进行了安全教育，并在放学后和双方家长进行了说明和沟通。

在后续的交流中，双方家长各自打电话再次向班主任询问事件发生的经过，情绪都有些激动，小徐的家长更是指出之前小徐好几次被班级同学（包括小宇）欺负，因此将此次事件上升到了"校园暴力"的层面。而另一方面，小宇的家长在回家听了小朋友的说辞后则直指这件事情全是对方的错，反映当时小宇只是在喝水，对方无来由地就来踢小宇。面对矛盾发生后，双方家长都表现出对自己孩子的偏袒，班主任真是两头为难。

• 【问题归因】

在一个班级里，因为学生个性不同，处事方式不同，在交往过程中常常会出现矛盾和纠纷。针对学生间发生矛盾，双方家长都偏袒自己孩子的情况，究其原因，主要可以分为以下几类。

1. 家长爱子心切导致失去客观判断力

在当今社会，独生子女家庭的家长往往会因为爱子心切而在问题发生时倾向于偏袒自己的孩子，从而失去客观评价事件本身的能力。从家长的角度来说，护犊之心，是父母的一种天性，也是人之常情。当孩子之间发生矛盾时，第一反应总是先看自己孩子是否受到"欺负"，有没有受伤，从而在向孩子询问事件经过时，就会完全听信自己孩子的片面说辞，更倾向于关注他人的过错，从而产生偏袒自己孩子的言行。

2. 家长自身教育理念不同而导致的教育观念偏差

一个孩子在行为习惯方面的问题有很大一部分原因来自他的家庭教育。以案例中的小徐为例，小徐是一个喜欢通过肢体语言和他人交往的孩子，平时总能看见他和其他同学打闹。在和家长反馈的过程中可以发现，小徐家长认为男孩子之间打打闹闹是很正常的现象，只要不打出血就没问题，甚至，当孩子被其他孩子"欺负"时，家长还会直接教导孩子要"打回去"。由此，小徐的所有行为规范问题就都有了解释，正是在家长这种充分"理解"的支持下，小徐才会始终不改爱打人的不良习惯，甚至把这种行为合理化，认为这是正常的人际交往方式。

3. 孩子对矛盾过程的错误认知导致家长偏听则暗

在学生发生矛盾后，班主任往往会第一时间告知家长，并能相对客观地说明事件经过以及事态处理情况。但实际上，家长则是更直接地从放学归来的孩子那里了解事情的原委，这时候若孩子对事件本身未有清晰的认知，往往会给家长传递错误的信息，让家长形成错误的情感导向，从而偏袒自己的孩子，苛责矛盾的另一方。

• 【实践支招】

1. 冷静平和，照顾情感

在和家长沟通的过程中，面对有偏袒之心、"护犊"心重的家长，班主任千万不能被家长的情绪带偏，需要努力保持冷静理性。如果感到家长有过度溺爱保护的言行，班主任要尝试换位思考，保持心态平和。否则，情绪一旦失控，矛盾势必升级，不仅不利于问题的解决，还会将本不严重的问题扩大化。

家长偏袒自己孩子最根本的原因就在于担心自己的孩子是否有事，因此，针对矛盾双方家长的不同角度，班主任应给予不同的情感关怀。比如对于受伤一方的家长，班主任应该首先询问孩子的身体和心理情况，说明事件发生的当下已经帮助孩子进行了及时的伤势处理，并再三提醒家长务必再带孩子去医院检查，若有问题再和对方家长协商后续的赔偿事宜。因为对于父母来说，孩子的身体健康一定是第一位的，只有让家长真正体会到老师对于自己孩子的关怀和照顾，才能让家长卸下防备，从而愿意进行进一步的沟通。而对于打人一方的家长来说，同样也要照顾到家长的情绪，询问家长，孩子在打闹过程中是否有受伤，以表达对孩子同样的关切之情。

2. 陈述事实，客观公正

在与护犊情深的家长交流、处理问题时，班主任切记要保持客观，尽量只说事实，不带任何批评和指责。毕竟事实是客观的，是谁也无法辩驳的。只陈述事实，也可以避免家长抓住老师某些模糊的措辞漏洞，上纲上线，扩大事态。另外，在陈述事实时，要注意多方求证，即不仅要说明班主任自己观察到的现象，还可以请事件的当事人——包括其他相关学生、其他老师多角度进行说明，以避免一叶障目。

3. 直言危害，统一目标

若遇到沟通后仍态度强硬，极力偏袒自己孩子的家长，班主任也不能任其强词夺理，而要以冷静严肃的口吻直言家长执意偏袒自己孩子做法的危害。首先，如果家长过度偏袒自己孩子，一味地指责他人、推卸责任，表面上看是在保护自己孩子，实际上是在教孩子遇事逃避责任，不利于孩子今后走上社会。其次，家长一味偏袒自家孩子，代替孩子处理矛盾，实际上也剥夺了孩子自我成长的机会。本来是孩子之间的矛盾，孩子会有自己的处理方式，不管成败得失，孩子自己都会有收获，但是一旦家长介入，可能会放大、曲解孩子间的行为。眼前来看，孩子没有吃亏，但从长远来看，孩子会失去判断是非的能力，从而无力自主，停滞成长。最后，家长过度娇惯的孩子，不会懂得感恩，也不会换位思考，若不能培养其同情心、同理心，就会进一步助长其骄横心态，养成唯我独尊、自私自利的性格，对孩子今后的性格发展产生极其不利的影响。

家长偏袒自己的孩子，无非是想让孩子少一些伤害，多一些快乐。因此，班主任在和家长沟通时，需要站在家长和孩子的角度，为孩子的未来着想，让家长明白老师与家长的目标是一致的，如此一来，家长的戒备之心和护犊之心也会缓释很多。

4.交流引导，解决问题

当然，班主任也应该给家长提供一些正确处理孩子之间矛盾的方法。一旦孩子之间发生纠纷，应该本着正确调解、引导和处理的原则，使孩子平静下来，学会宽容别人、接纳别人。比如说，要站在孩子的角度，找出孩子之间闹矛盾的原因。如果是小矛盾，那么引导孩子自己去化解；如果是需要家长介入调和的矛盾，那么需要花时间同孩子们进行对话，共同商量解决问题的办法，帮助孩子树立自主解决问题的意识。在矛盾解决后，还要和孩子进行亲子对话，总结这次矛盾中孩子犯的错误，教会孩子要严于律己、宽以待人的道理。

执笔人：上海市静安区闸北第三中心小学　金露阳

面对家长眼中"管不了"的孩子，如何有效进行家庭教育指导？

——真诚交流、深入沟通、家校合作

• 【情景扫描】

　　小 A 同学是一个比较典型的青春期男孩，爱面子且自尊心极强。从高一开始，平日的喜怒哀乐都可从他的神情举止中看出。在校，他情绪不稳定，暴躁易怒，与同学相处有一定难度。第一次家访后，了解到其父母早年离异，父亲在后阶段的学习生活中教育角色缺失，母亲对其寄予厚望，且相对强势，加上孩子性格火暴，在家有时母子俩也会大吵大闹。其母经常对其束手无策，因而寻求老师的帮助。

• 【问题归因】

　　1. 易情绪波动，比较敏感，不懂换位思考

　　小 A 同学在高一刚开始时，曾与老师、同学都有过较多摩擦。原因大多是小 A 认为对方触及自己的敏感区域，自尊心不允许受到别人的"践踏"，因此有过较多口角，偶尔在班级中也会有摔书、敲课桌等现象，同学们经常对他"敬而远之"。

　　2. 家庭成员期待值过高，学生有压迫感及落差感

　　这个时期的孩子盼望拥有自己的小天地，而小 A 母亲在离异之后经常自作主张，以自己的意愿将孩子的时间排满，自认为这就是对他最好的安排。

　　3. 人际交往障碍

　　除了在班级中和个别同学关系不能缓和，喜欢运动的小 A 同学在球场上也容易与同学起争执，也发生过运动受伤事件。

【实践支招】

1. 加强家校沟通

班主任需要与家长定期进行沟通，这样就能及时了解孩子在学校中不大流露的思想状况和行为习惯，家长也能了解孩子在学校的行为规范、学习习惯、学习成绩等。这样双方可以及时地调整，进行针对性的教育活动，从而促进孩子更好的发展。

2. 引导情绪管理

家长要管理好个人情绪，营造一个积极的家庭氛围，才能更好地帮助孩子管理情绪。学生年幼时，学习如何管理情绪最直接的模仿对象就是父母。

如果父母不能很好地管理自己的情绪，孩子大概率也无法管理好自己的情绪。当家长不可避免地出现生气、郁闷等负面情绪时，尽量在孩子不在的地方发泄，及时调整自己的情绪后，再出现在孩子面前。父母若能管理好自己的情绪，孩子的情绪管理能力也会得到提升。在积极情绪的家庭环境中成长的孩子更会关注他人感受、更会为他人着想，而在消极情绪的家庭环境中成长的孩子经常需要抵御消极情绪的攻击，那么会更在意自身的感受而忽略他人的感受。

3. 改善亲子模式

家长要多与孩子交流，但不要总以学习成绩作为切入点，这样只会让孩子更有压力，质疑家长与其交流的动机。交流时家长最好从其他事宜着手，待孩子的情绪稳定下来后，再谈正事。

（1）高中这个阶段恰好是孩子比较叛逆的时期，小错难免，所以家长应当容许孩子犯点错、吃点亏，不要一味地包容或一味地指责。家长也不应在心烦意乱的时候说教孩子，应该待冷静后，再去同孩子交流。

（2）在孩子的学习方面，要将时间交给孩子自己去安排，对安排的不合理处，家长再以商量的口吻提出适当的建议，千万不要全盘否定孩子。孩子在进入高中后，一些家长发现，孩子变得不太爱搭理自己了，总觉得藏有很多秘密。假如孩子不愿同家长交流，不要强迫孩子，尤其是不要偷偷去查孩子的隐私，学会尊重孩子，也是为自己赢得孩子的尊重。

（3）家校合作教给孩子基本的交往技能。有些社会交往技能是必须教的，比如怎样参与到别人的活动中去，怎样对同伴的友善行为作出回应，怎样给予同伴关心及帮助，在这时适合说什么话，做出什么样的动作和表情，经常向学生讲述这些，比仅仅让学生模仿别人效果要好得多。

通过教师的适当介入，可以促进家长的学习意识觉醒与能力提高，帮助孩子构筑强大的心理屏障、学会更好地待人处事，形成有效的教育合力。

执笔人：上海田家炳中学　郭平平

家长对职初班主任提出过于苛刻的要求，应该怎么沟通？

·【情景扫描】

小 D 是新高一的学生，学习态度认真，但学习习惯不好，学习能力偏弱，对一些问题的理解比较困难。因体形偏胖，诱发了一些疾病，小 D 经常去医院。小 D 父亲 60 岁左右，母亲 40 多岁，属于老来得子。父亲经营一家公司，平日比较忙，母亲全职带孩子上学。

小 D 平日学习生活由母亲负责。母亲对儿子的期望很高，和班主任王老师每次沟通，都要先表扬儿子聪明能干，只是因为其他的什么原因才会有一些问题的出现。在高一上学期结束时，因多门学科不合格，王老师联系小 D 的母亲，她做了一番解释，觉得孩子没有问题，一定是身体的原因。在与小 D 母亲的沟通中能明显感觉到她的焦虑，非常迫切地想要解决一切问题，但最终又不能改变任何现实的问题。

在倾诉情绪之后，家长提出三个要求：老师可否让学校设重点班级，把她的孩子转到重点班级重点培养；各科老师可否为她儿子制定一份专门的学习计划；对于她儿子薄弱的学科，老师可否把每次的教案提供给她，她让孩子课下补习。

·【问题归因】

1. 感知觉系统

小 D 从小身体不大好，他也会被过多地暗示不可以多运动，因此容易看起来体弱多病，不那么有活力。父母老来得子，因而父母对孩子的问题可能会过于敏感。无论是学习还是身体，习惯性先从客观情况找原因，而忽略了主观方面。

2. 想当然的家长

无论是低文化水平还是高文化水平的家长，他们会以自己的生活经历、认识水平为标准，在孩子未出现严重问题之前都固守自己的教育方式方法，认为自己的教育没问题，而问题往往出现在孩子和老师身上。

3. 只知其一不知其二的家庭教育

家庭教育是一件很复杂的工作，一个很难把握的问题就是在教育子女的过程中，家长如何讲究分寸，把握尺度。同样，严格要求也是需要的，但过度了，不讲分寸，就会成为苛求，不但不能对孩子起积极的教育作用，反而会引起孩子的反感，会束缚孩子个性的发展，使孩子成为一个萎靡不振、少年老成的"小老头"。

在小 D 的家庭中，年龄较大的父亲在其教育过程中缺席，作为全职妈妈的母亲将所有的精力投入孩子身上，因而她很容易产生焦虑情绪。小 D 的母亲在遇到问题时，习惯性地从自己的角度出发，而很少从孩子及其学习的角度考虑，想问题很理所当然，很片面。

• 【实践支招】

1. 彼此尊重，肩负彼此责任

学会换位思考，尊重学生家长，摆正摆好自己与家长的位置。家长与教师都是孩子健康成长的引路人，都肩负着教育好孩子的重任。学生在校接受教师的教育，在家接受家长的教育。我们教师与家长加强联系，目的是共同的，教师与家长其实是同盟军，家长和教师都应该对孩子的成长起教育、引导和示范作用。教师与家长若能够相互信任，相互激励，则会出现友好、愉悦和互相合作的气氛。所以教师要以真诚与平等的态度对待学生家长，取得他们的信任，争取他们最好的配合，共同探讨对孩子的最佳教育方法，以达到共同的教育目的。

2. 学会倾听，了解真正需求

爱是一种能力，需要学习。其实很多父母很爱孩子，但往往不知道该怎么爱。比如小 D 的母亲，她其实有很多倾诉的需求，而她的倾诉对象往往只有还未成年的儿子，儿子本就处在各种认知能力的形成过程中，没办法给予她积极的反馈。

所以每次与老师的沟通其实是她发泄各种情绪的一个平台，她表达更多的是情绪的宣泄，而非她真正的需求。所以教师更需要学会倾听，掌握自我情绪管理的主动权，尽量避免被家长的话语激起负面情绪，一旦双方陷入情绪之中，问题便得不到合理的解决。教师可在倾听的同时，通过观察，发现家长真正的需求，从而找到问题，解决问题，达到教育的目的。

3. 家班沟通，共探教育方法

矛盾的产生多数是因为信息不对等，而信息不对等很大一部分原因便在于沟通不到位，因而家班沟通尤为重要。日常可采用微信、电话沟通，有特殊问题需要当面解决可以进行家访。"家访"是教师与家长沟通的重要手段。家访一定要围绕事先确定的目的进行。教师每次家访最好事先与家长约定，不做"不速之客"，以免使家长因教师的突然来访而感到不自在。要避免只有批评的时候联系沟通，在进行一些班级活动时，若学生有突出表现，也可及时与家长分享，让家长一起见证孩子的成长。

4. 真诚表达，缓解情绪压力

小 D 母亲提出了王老师能力范围之外的要求，教师可真诚地直接告知，教师并非万能，孩子的成长除了学校教育之外，另外不可或缺的一个部分是家庭教育。应鼓励父亲加入家庭教育中来，缓解分担母亲的焦虑。学生、家长、教师三方共同努力和相互配合，才能更好地帮助孩子健康成长。

执笔人：上海市风范中学　林易恕

突发事故后如何与家长沟通？
——理解尊重冷静，搭建沟通桥梁

• 【情景扫描】

新学期伊始，工作两年的王老师受命担任新高一年级的班主任。开学第二周，班中的小丽同学就在体育课上发生了意外事故。班级的男同学在打篮球时把球打飞了，打在了小丽的鼻梁上，她痛得哭了起来。体育老师第一时间就把小丽送到了校医务室，并通知了班主任王老师，王老师立即联系了小丽的家长，并和体育老师一起陪同家长把小丽送到医院。医生诊断后表示鼻子没有问题，痛感几天后就会消失，但是小丽的家长却比较"难缠较真儿"，坚持这个突发事故给他女儿的身心带来了伤害，一会儿提出要让打篮球的男同学道歉赔偿，一会儿指责体育老师管理不当才会发生事故要向学校问责，王老师被小丽家长的种种要求搞得束手无策，不知如何跟这样的家长沟通才好。

• 【问题归因】

1. 家长对孩子的"过度呵护"

当今社会，大部分孩子一出生，就在六位大人的悉心呵护下成长，而随着时代的发展，家长群体的学历也逐年提升，法律意识不断增强，媒体对青少年成长问题的关注，使学生在校园发生的人身安全与伤害事故成了学校、教师的心病，挥不去，剪不断，理还乱。有的家长认为，送孩子上学，就是把孩子交给了学校，那么学生一旦发生事故，不管是大事小事，学校和老师等必须"照单全收"，以补偿孩子受到的"（身心）伤害"，一些家长甚至会采取一些偏激的做法对老师、学校施压，生怕孩子吃一点点亏。

2. 家长的不安焦虑情绪

中学阶段，孩子从早上 7 点多进校，到晚上 5 点多离校，其间在学校的学习生活，如果学生和老师不反馈情况，家长是完全无法参与的。家长完全不知道孩子的在校情况，必然会因对孩子在校期间经历的"未知"，导致"不安"，引发"焦虑"情绪，这种情绪在有突发事故发生时便被进一步放大，一些看似"不讲理"的诉求背后其实是情绪的宣泄。

·【实践支招】

1. 沟通准备

（1）调查分析，弄清事实

在与家长沟通前，班主任必须认真调查情况，要从各个方面、多途径全面细致地进行了解，弄清事情原委，洞悉事故发生的过程和一些小细节。比如小丽和打飞篮球的男同学是否有矛盾，球砸到小丽是故意为之还是意外所致，体育老师在课堂上是否进行了安全教育和管理，小丽本人对这件事的看法和态度，等等。班主任还必须坚持客观、理性的态度分析此次突发事故，弄清涉事方到底谁有责任，抱着不逃避、不推诿，有责任就承担的诚恳态度与家长沟通。

（2）了解家长，事半功倍

根据对家长的了解对症下药，采取有针对性的沟通措施。比如该家长的职业背景、学历背景、家庭结构等等；是平时就脾气火暴、不好沟通还是因为孩子发生意外了才情绪激动；会不会接受孩子或其他家里人的处理意见；是喜欢直接摆事实讲道理还是更能接受委婉含蓄的方式。与家长的沟通如果建立在充分了解这些情况的基础上，就可以达到事半功倍的效果。

2. 沟通过程

（1）换位思考，理解尊重

学生发生安全事故，任何一个家长都会难受，有的家长言语上表现出通情达理，实则不依不饶；有的家长则会一改往日的温和，对学校或教师大加指责。不论家长态度如何，我们都应换位思考，理解家长的不安焦虑情绪。要从家长的角度、立场去感知和体验，要针对性地组织沟通的语言，有效地把理解和尊重等信息传达给对方，使之感到温暖亲切，让家长感受到班主任老师是在千方百计地为孩子着想，这时提出的建议家长就比较容易接受了。

（2）沉着冷静，不卑不亢

发生突发事件，多半是学生出了事，家长本身心情就糟糕，难免成为"冲动型家长"，即便此时家长说了一些不妥当的话，班主任老师也应该抱着"有则改之，无则加勉"的态度去对待，保持冷静，克制自己的情绪，不要和家长争执，班主任老师的沉着冷静也会让家长的"火气"降下来，觉得这样的老师处理问题肯定是沉稳妥当的，为进一步沟通创造良好的前提，有利于问题的解决。当然沟通时要听取家长的意见，但也要坚持原则，不能一味迁就家长，把自己的位置放准确，老师和家长是协作关系而非上下级关系，是责任共负而非互相推诿。

（3）耐心倾听，言辞慎重

家长面对突发事故可能无法马上冷静下来，此时其提出的诉求也不一定是冷静细思之后的最终处理意见，很可能只是出于担心，一时冲动下的"口不择言"。班主任在沟通时一定要耐心听家长把话说完，不要随便打断，更不要武断地对家长一些看似"不讲理"的诉求进行指责或反驳。可以先让家长把情绪宣泄出来，待其心情平静后再提出一些具体细节，比如自己和体育老师都非常关心孩子，第一时间就把孩子送到了校医务室，也陪着一起看医生；小丽本人也觉得这只是一次意外等等，进一步软化家长的"敌对"情绪，再和家长一起探讨，交换处理意见，争取形成更合情合理的处理办法。

执笔人：上海市回民中学　吴婧

如何应对家长对职初班主任的不信任和不认可

"班主任"是从小伴随在学生身边，除了父母以外最关心学生健康成长的一个角色，而每一个职初班主任都是从"被照顾"的一方，投身于"被需要"的新角色。然而，角色的转换有时难免会遇到一些阻碍，尤其是当遇到一些并不一定信任和认可职初班主任的家长群体。

- **【情景扫描】**

第一次去小 A 同学家家访时，一进门他的妈妈便上下打量，不断地"恭维"着："老师您好年轻啊，看着自己也像个学生，感觉好像比我们家小 A 大不了几岁呢，老师您工作几年啊？我看您是不是才刚刚大学毕业哦，现在的学生听不听您话呀？"她的问题永远跑在老师的回复之前，可能她也并不是真的需要你的确切答案。

第一次家长会后，小 A 同学的妈妈特意在会后找到班主任："老师，我们家孩子特别不自觉，非常不省心，您可得对他严厉一点，严格要求，我们以后的目标是复旦交大名校的，麻烦您多多关心。这样，我们每周通个电话吧。"这样的气场让班主任忍不住内心颤动，感觉需要尽力完成来自"上级"的任务。

在第一次成绩发放之后，因为了解到小 A 妈妈对孩子学习成绩非常上心，所以班主任也是尽可能希望通过家校互动能回应小 A 妈妈的需求，不料小 A 妈妈越听越焦虑："老师，我们家孩子以前初中成绩都名列前茅的，怎么现在有种一落千丈的感觉，到底哪里出了问题？他以前不是这样的，您对他是不是太客气了？"

• 【问题归因】

在面对以上的疑问和追问时，其实更考验的是新晋班主任的心理抗压能力和沉着冷静分析能力。如果你唯唯诺诺，就会增加家长的疑虑："你看，到底是年轻人，好像各方面都还欠缺一点。"但如果气焰太过"嚣张"，也可能会招来家长更强烈的抵触和防御感，其实这些都不利于最终工作的开展。所以班主任的情绪和气场必须保持清醒、客观、不卑不亢，要做到这一点，其实是可以通过归因话语背后的潜台词而达成的。

1. 习惯掌控，全程监控

通过接触可以发现，这类家长不一定是对职初班主任不太信任，换句话说，他们其实是对除自己以外的一切都不太信任。你会发现，他们的参与感很强，并且觉得除非自己参与其中，否则一旦有任何环节自己无法掌控时，就会升级为一种攻击型态度。所以对于职初班主任，他们会像对待"孩子"一样去教授你该如何管理。但是，换一个角度思考，这样的家长是非常愿意去参与孩子成长的，虽然方式有时不一定合理，但出发点和目的都是希望看到孩子能在未来竞争激烈的社会中有自己立足的实力和更好的发展。所以这些也都是班主任可以思考并且调动的积极因素，能激发出更强的家校配合的火花。

2. 不甚了解，盲目归因

在听到一些质疑声时，不太自信的班主任可能会顺着家长的逻辑，开始怀疑自己的能力：他孩子以前那么好，现在成绩落后，是不是我的问题？其实，不论家长是有心还是无意的这样一句话，我们不用自动代入。我们都从学生时代走过，知道成绩的波动和最近的情绪状态、知识衔接、家庭问题、人际交往等都有密不可分的联系。家长并非教育界的专家，所以他们对这一问题的看法会比较单一，片面认为成绩就是学校内部事件的原因，而这一原因又是他们无从全面了解，可能只是从孩子只言片语（如果亲子关系僵化，基本上这个渠道也会被堵塞）或者老师的反馈信息中知晓（但师生比例固化，一个学生不可能得到所有的关注）。因此，家长在信息缺失的情况下，往往会比较焦虑，很想寻找问题的答案，但是不对称的信息又会导致其盲目归因，导致对老师的不信任和不认可。

【实践支招】

1. 积蓄能量，树立自信

每一位经验丰富的优秀班主任都是从"职场小白"这个起点出发的，也都经历过他人的非议和否定，但比起他人，自己内心的声音才更关键和重要，在迷茫的时候不妨问问自己是否热爱这份职业，找找当时认为自身适合这份职业的初心，如果一切还在，那么眼前的困难都是暂时的，每一个人都会经历这份成长。教师的前三年是迅速成长的时期，这三年是从一张白纸到找到构图灵感的关键时期，有了能量的积蓄，就会有成长的积淀。看起来轻松自如的随机应变，其实都是来自职场初期每一次的提前腹稿，在不断的自我演练和自我挑战之后，才能更气定神闲临危不乱地应对各种声音。每一个学生和家长，对于班主任来说都是一场修行，只有自己坚定信念，充分准备，复盘推敲，才能越做越好。

2. 换位思考，理解共情

即便目前面对部分家长，接收到一些负面的情绪，但也始终不要忘记家长和老师是站在同样立场，为了同样的目标。因此，在这些负面言语面前，班主任首先不要过度解读，否则劳心伤神，也不利于自己冷静地合理处理。把自己放在对方角色中，问问自己：他为什么有如此反应？他希望得到一些什么帮助？而这些问题有助于老师化解和家长之间的不信任。别去在意你听到的话语，只有那些没有被说出的心声才是解决问题的关键。

3. 抓住时机，加强反馈

往往，在问题发现之初做好准备积极沟通，可以有效地避免在反向接收到问题时处于被动局面。对学生的育人有恰当的智育、德育时机，与家长的沟通反馈也有合适的时机，一般来说，在亲子关系紧张的家庭内部，不建议晚上沟通，因为家长很可能会把与老师沟通后的情绪直接抛给孩子，升级家庭矛盾。相反，不妨给家长一个消化的时间，让他也能冷静处理自己的情绪。同时，频率也要把握好。另外，不建议学生一有问题就先找家长，因为找多了也就乏了。学生的问题以与学生沟通教育为主，但如果近期大大小小的事件有一定的累积并且问题很严重，那么趁这个时机和家长沟通起来就比较有针对性了。

作为职初老师，我们不要奢望一个问题经过一次沟通就能轻松解决，否则会造成内心一定的挫败感。问题之所以暴露为问题，背后总是有长期存在的原因。

在解决方法落实的过程中，需要老师和家长相互鼓励，如果孩子在校的表现有所改善，老师应该及时地反馈给家长，给予家长及时的肯定和继续坚持下去的信心；即便效果不佳，也要首先肯定家长的这次尝试，再适时提出其他后续的调整。多学习多积累经验，以专业素养去回应家长的顾虑，以积极的态度和有建设性的建议去引导家校配合，这样才能走得更稳、更远。

执笔人：上海市育才中学　陈洁

如何合理运用家长资源有效促进学生成长?

- **【情景扫描】**

　　吴帅同学性格温和，生活中是师生眼中好相处的乖乖男。之所以叫他吴帅，因其外在形象俊朗帅气，在诸多校园活动中都能看到他自信的身影，可唯独学习上看不到他的动力。吴帅中考成绩理想，很顺利地进入一所市实验性示范性中学重点班，但这种优越感使得他在高一的学习中很松懈，缺乏钻研精神，自认为聪明而不作为。加之参与各类活动需要投入一定的时间精力，吴帅的成绩在短短一个学期内一落千丈，升入高二前成绩处于全年级下游，未能继续留在重点班学习。

　　学习上的突然溃败使他懊悔茫然、精神焦虑，家长见状惊慌失措、束手无策。新接班的班主任频频接到家长欲求沟通的电话。了解下来，吴父是多个公司的创业合伙人，平日几乎没有时间来监督孩子学习，更没有时间和孩子进行沟通。随着孩子年龄的增长，独立思想的发展，父子之间的关系也出现了严重隔阂。学生的无助和家长的求救，让这位班主任不得不面对这么一个棘手的问题：该怎么样架起父子沟通的桥梁，从而合作帮孩子渡过学习的难关呢？

- **【问题归因】**

　　1.学习方法未调整，成绩下滑成必然，学习失去动力

　　了解后得知吴帅在轻松进入高中后，以为高中的学习模式和初中一样，只要在最后一年努力一下就可以直面高考。在这样的判断之下，他的学习动力和学业规划必然是不足的。加之高中学科思维要求与初中存在断层式的跨度，没有掌握正确的学习方法，使得学习越来越力不从心。吴帅慢慢才认识到高中周围的竞争者大有人在，于是逐渐失去学习动力。

2. 焦虑自卑情绪作祟，逐渐否定自己，自我认同感缺失

面对班级里努力刻苦、斗志昂扬的学霸们，吴帅感到焦虑，甚至自我否定。加之惰性思维和逃避心理，又让他在学习上打起了退堂鼓，转而沉迷于在学生活动上找自信。但是每次考试倒数的成绩和自卑的情绪，让他逐渐没有了班级归属感和自我认同感。

3. 家长疏于教育，父子缺少交流，逆反心理严重

孩子的成绩直线下滑，直到孩子在暑假情绪崩溃，家长才知道孩子的学业出了大问题。可见平日里，家长几乎对孩子的学业和心理不闻不问。孩子也不愿意向父母吐露心声，毕竟在孩子心中，父母在自己的学业征程和心理历程中帮助不大。久而久之，学生甚至抗拒排斥来自父母的突然关心和过度督查。

• 【实践支招】

案例中吴帅同学的问题并不在于品行不端、违反校规等严重问题，因此不涉及德育方面的思想教导。吴帅同学在学习中出现的主要问题其根源在于学习态度的缺失、自我认同的失衡和父子沟通的隔膜。

所以作为班主任，应该从孩子自身思想、学习观念出发，串联起学生和家长的沟通桥梁，利用最亲近的家庭社会教育帮助孩子恢复自我认同才是解决之道。其中引导家庭教育发挥出最原始的教育职能是本案例中最重要的一环。

1. 挖掘家庭资源，树立榜样的力量

相对于学生的学习下滑和心理失衡，家长的心态其实更为焦急和无所适从，既不敢再在学业上对孩子施加进一步的压力，又找不到路径去帮助孩子走出低谷。

这时，班主任应该做个有心人，去发现和利用家长身上的优秀品质和榜样力量。学生会在父母的成功经历和优秀习惯中看到自己的影子，有理由坚信自己也能继承这些优秀的品质，并以父母为榜样在实践中去模仿和感悟。

例如在本案例中，班主任在与吴帅父亲的一次谈话中了解到了他作为优秀青年，在国企经历了改革风波，从万众瞩目到冒险犯错，继而被迫辞职下海创业，再到抓住大数据浪潮的机遇，结合自己的财务专业资源，重新站在人生的巅峰。一次次的艰辛挫折仍历历在目，只有自己才知道这段人生的滋味。班主任告知吴

帅父亲：你的这段人生经历是吴帅最好的榜样和动力源泉，这是他读过的最真实最贴切的一段传记，这比他去读世界名人录、伟人传记等有力量得多。学习之余，学生慢慢地喜欢上了听爸爸以个人视角讲 20 世纪 90 年代末到 21 世纪初上海一些企业在改革浪潮中的生死存亡。这些中小企业和个人的奋斗史在网络和课本中是很少看到的。父亲讲述自己创业的种种磨难，孩子对爸爸的敬意油然而生，也加深了父子感情。看到爸爸的奋斗经历，吴帅对于自己在高一这段低谷的状态有了一些反思，并有了信心奋起直追。

家长资源是一片沃土，我们的家长从事着不同的职业，都带有自身的专业性和特殊性。因此在家庭教育中，我们可以利用家长自身职业中的专业优势，鼓励家长利用自己的专业资源为培养孩子的专业特长、眼界认知、意志品质提供更为精细化的教育。

2. 利用职业品质，确定目标和行动

有了互信的亲子关系，孩子就有了可靠的坚强后盾，家长就有了可抓的着力点。后续的具体目标和行动方案就可以提上日程了。

首先，每种职业的人身上的伟大品质都有孩子在成长过程中可以汲取的养分。在针对诸如此类生活条件优越、学习动力缺失、学习态度涣散的孩子们时，作为孩子榜样的家长可利用自身的职业特点为孩子进行真实的职业启蒙教育。例如本案例中吴帅父亲从事的业务与上海大数据中心建设有密切关系，对于城市社会变革具有意义。这些都可以作为促进孩子找到自我价值实现的动力源泉。

其次，家长可以尝试利用自身的职场手段和职业技能来督促孩子学习。例如本案例中父亲甚至引入了公司常用的 KPI 指标来考核孩子作业量完成度、单词背诵达成度、手机使用频次等等。父亲作为一个财务统计出身的专业人士，会分析每次成绩发布后的波动曲线，并和孩子共同分析成绩不稳定的因素、主攻的潜在优势科目。

最后，学习之余家长可以动用一些自身的社会资源为孩子搭建合适的实践平台。这样，孩子既能在一个亲近、有安全感的平台中学习成长，又能增进亲子关系。例如本案例中爸爸给孩子在暑期安排了一些公司实习机会，于是孩子对公司运作、专业方向、职业规划有了新的认识。了解了一些职员的工作生活状态，听取了一些建议，孩子因此有了更清晰的人生规划。

我们的家长虽然来自不同的工作岗位和层面，有着各自的思维、性格和行为方式，但他们有一个共同的目标：让自己的孩子受到良好的教育。我们要有效利用这些最亲近的资源，让家长的社会资源成为学生的成长平台，使我们的教育更加亲切真实，丰满生动。

"父母是孩子的第一任教师。"家庭教育既是摇篮教育，也是终身教育。家庭教育不是学校教育的简单重复，而是与学校教育互为补充的一条重要途径。我们应该有效开发和利用与学生最为亲近的家长资源。家长的人生历程、专业技能、职业素养和社会资源是特殊的教育资源，对孩子的人生成长、身心发展具有重要作用。

执笔人：上海市新中高级中学　徐力

职初班主任如何获得高知家长的认同？

·【情景扫描】

小李同学是一名性格较为内向的女生，与同学关系融洽，学习态度端正，但语数外成绩始终平平。小李同学的父母都是高级工程师，拥有硕士以上学历，对于孩子的学习成绩抱有较高的期待，从小学到初中都会在家辅导小李的功课，她妈妈更是帮她系统复习了中考化学，在中考中获得了不错的成绩。进入高中之后，随着学科难度的上升和父母工作愈加繁忙，父母不再"保姆式"地天天陪同在她身边学习，但对于小李的教育依然有自己的一套理念和方法，很少和职初班主任探讨如何提高小李的学习成绩，似乎小李的日常学习生活早已经被她父母安排好，她只需要按照她父母的要求去做就行了。然而随着高考日子的临近，小李的成绩依然没有太大的进步，小李也越发表现得沉默没有自信。此时职初班主任主动联系小李的父母，在沟通中她妈妈对自己的教育理念和方式侃侃而谈，并且对于自己的这套方法充满了自信，并未向职初班主任咨询她的做法有何不妥之处。此外，小李妈妈对于小李平时的学习表现很不满意，认为女儿没有完全贯彻自己的要求，无法纠正一些她认为女儿身上存在的不好习惯，进而抱怨女儿是一个不会学习的人，认为女儿无法意识到自己学习上的问题所在并解决问题。她自身的焦虑情绪也表现得越发明显，在沟通交流过程中反复听到的词就是"怎么办"。然而这种"怎么办"更多的是一种情绪的发泄和对女儿的抱怨，而并非对外求助。当职初班主任给出自己的一些想法和建议时，小李妈妈并未马上采纳，还是一如既往地用自己的方式引导孩子学习，而不是尝试根据职初班主任给出的建议做出一些调整和改变。

• 【问题归因】

1. 高知家长容易执着于自己的想法和观念

越是在高级知识分子家庭，越容易出现教育型家长。此类家长在自己的事业上有一定的成就，并且有一定的学识，对孩子的教育也很重视，对待教育有自己的见解，在孩子面前善于说教。但是我们发现，高知家长在家庭教养中也很容易出现问题。比如，高知家长虽有主见、有思想，但容易固执己见，常常按照自己的经验和认知来教育孩子，有的还看了很多教育孩子方面的书，却忽略了孩子的真实需要。他们虽然重视教育，但有些因工作太忙，与孩子相处时间少，"教育"多停留在语言交流上。在教养孩子的过程中，对孩子有高期望，一旦感觉孩子没有达到自己的期望值，总是忍不住提出指导性意见，容易在孩子面前说教。同时，因为他们知识层次较高，教育思想较为主观，对事情有自己独到的见解，因而不容易接受他人的意见。本案例中小李妈妈对于自己教育方法的执着也来源于自身学习经验累积下来的自信，没有考虑过自己的这套学习方法是否足够科学，以及自己女儿是否适合这套学习方法。

2. 高知家长对职初班主任缺少信任感和认同感

当面对的是职初班主任时，高知家长对于教育方式的固执己见就体现得更为明显，认为职初班主任教育经验不足，无法给予职初班主任足够的信任，而是更依赖于自己较为成功的学习履历。虽然在沟通过程中不一定表露出来，但他们通常较少寻求和听取职初班主任的建议，有时反而会"指点"职初班主任如何进行班级管理，甚至干涉职初班主任对于孩子的教育。本案例中小李妈妈并未采纳职初班主任的想法也暗含了对职初班主任信任度的欠缺，觉得职初班主任还没有太多教育经历，自己的学习经验可能比职初班主任还丰富些，并未在教育观念和方式上与职初班主任达成一致。

3. 高知家长对于教育过多参与导致角色错位

专家分析，高知家庭的家长常给孩子当老师，造成父母和教师角色的错位。"在孩子成长过程中，教育型家长要认清自己的角色，是妈妈是爸爸，而不是老师。而妈妈给孩子的爱，很多时候是感性而丰满的。如果给孩子太多的教育规则，这种爱就变得太过严厉而理性，母亲自身在教育孩子时也会因为期望太高而产生巨大的心理压力。"

• 【实践支招】

刚踏上工作岗位不久的职初班主任，由于缺少相应的工作经验，所以不便轻易发表意见，反而更多是倾听，取得家长的信任。每个家长都希望孩子能有出息，所以作为班主任首先要报以更多的理解，关注家长的心理状态，除了交流孩子的状况之外，也可以适当地给一些自己的看法，打开家长的思路，让他们学会减压。多多换位思考，让家长逐渐放下心里的怀疑和戒备，和老师建立良好的沟通关系，从而走向信任。

1. 保持聆听者姿态，肯定家长的付出，与家长找到共鸣感

高知家长因自身修养和认知水平都相对较高，对教育学相关理论也有所涉猎，对待孩子的教育问题有自己的理念和见解，他们提出的问题、罗列的现象自有一定道理。在沟通过程中，教师需要首先保持一个聆听者的姿态，即开始不要带任何偏见也不急于亮出观点去评判家长的对错，应认真倾听家长的话，切忌随意否定家长的教育理念，否则很容易让矛盾激化。在听的时候，捕捉家长在教育孩子过程中做出的尝试，肯定家长对于孩子教育的重视。比如，本案例中，家长面对孩子成绩不理想会自我分析问题，从观察学生平时的作业细节等来试图找到问题的症结，并亲自帮忙整理错题要求学生再次订正。值得欣喜的是该案例中的家长能和孩子一起尝试分析并解决问题，所以此时班主任应当先稳定家长的情绪，肯定家长的想法，也认同家长寻求解决问题的积极态度，深层交流的前提是双方感受到对方对自己观点的认同与接纳，因此当家长说出自己的看法或者做出某些行为时，教师首先要表示出对他们态度的理解，在此基础上，选择时机以协商的口吻亮出自己的观点。

2. 分析家长教育策略的利弊，引导家长全面、辩证地看待问题

在取得家长的支持和理解后，可以就现存的问题进行探讨，并在探讨中寻求解决的方法。班主任可以提出自己的一些见解和看法，帮助家长分析问题，辩证看待自己行为的利弊。比如在本案例中，家长指出学生没有学习方法所以不会学习，然而通过家长的讲述，发现从初中以来家长就已经把所有复习的资料替学生准备好，跟着家长的思路和节奏备战中考，所以在这个过程中，学生不需要思考自己面对问题需要做些什么，到了高中后自然也不具备这种自我学习和反思的能力。家长也许觉得在孩子身上付出很多，然而恰恰是自己对于孩子学习的"包

办"，让孩子失去了自己思考解决问题的机会。此外，家长对于学生作业的要求也许和教师对于学生作业的要求之间存在差异，家长以过来人的经验想传授给孩子一些方法，这种方法是否在每门学科每道题目上都适用，我们暂且不得而知，但有一点是肯定的，家长已经将教师的角色一并承担了，也许把具体解决问题的方法交给教师和学生，会来得更为妥当。家长不如多动些脑筋开导孩子如何多与老师沟通交流，毕竟老师有其专业的眼光来看待孩子学习上的问题，孩子对教师的信任也许会比家长更多一点。素养高的家长一定会在权衡利弊后做出相应的选择，至少会尝试接纳职初班主任的建议并付诸实践。

3. 相信自己的专业知识，用人格学识魅力感染家长

职初班主任虽然在踏上岗位的初期没有太多育人案例，也缺乏与学生和家长在实际相处过程中积累下来的经验，但也有其优势所在。首先每个教育行业的从业者都考过教师资格证，因此对于教育心理学等方面的专业知识是优于大部分家长的，职初班主任可利用自己的专业所长，在教育理论上给予家长新的认识。其次，职初班主任一般以青年教师居多，年龄一般都不大，所以富有活力，能与学生打成一片。在学生眼里，他们更像个大哥哥或大姐姐，而少了一些容易让学生反感的教条口吻，因此在这方面能迅速拉近与学生的距离，以自己的亲身经历告诫孩子会比家长更有用。倘若职初班主任能获得学生的信任，并将班级班风打造良好，整体成绩稳定向好，那么高知家长也会看到班主任的带班能力，间接地让家长又多了一份对职初班主任的认同，这样与家长交流起来也会更加从容有底气，高知家长也更愿意接纳班主任提出的建议。从人际交往心理上讲，谁都愿意与有思想、有主见的人深入交流，而家长更希望自己孩子的老师是一位博学多识、有思想的人。因此，不断学习丰富自己的个人素养也是职初班主任获取高知家长信任的有效方式，以便与高知家长站在同一交流的平台上，用青年教师特有的人格底色去感染高知家长，靠自己厚实的学术功底去赢得高知家长的尊重。

执笔人：上海市新中高级中学　徐凡迪

第六篇　突发事件处理

校园内的突发事件是指学生在校园内突然发生的，造成或者可能造成一定危害，影响学生的安全和正常生活、学习，需要采取应急处置措施予以应对的事故和安全事件。

在面对突发事件时，职初班主任可能会较为慌张、手足无措。这是因为没有经验，不了解处理方法而导致的。因此，本板块结合具体的突发事件情景，介绍一些基本的应对策略，例如：面对突发事件时的基本处理步骤、告知家长突发事件的措辞语言、手机中需要常备的电话等。

突发事件的发生无法预料，但事先可以有所准备，本板块通过对班级日常管理中突发事件的处理流程及应对方法的梳理总结，希望能让大家读过后心中有法宝、行动上有守则，处事不慌乱、内心更从容。

推介人：民办上海上外静安外国语中学　胡彩霞

学生之间发生冲突，其中一方伤到要害部位，怎么办？

• 【情景扫描】

七年级时，一次周四下午游泳课回来，同学反映小袁和小叶两位男同学游泳后在更衣室里起了冲突，小袁说了小叶几句不好听的话，小叶就立马用膝盖顶了小袁同学的要害部位，小袁同学当场疼痛难忍，在地上打滚。过了五分钟左右，他自己能站起来走路了。因为没有影响排队和乘车，带队老师也不知道此事，所以没有立即处理。得知此事后，班主任立刻去找校卫生室老师，但是卫生室老师出去开会恰巧不在校，下节课又是班主任任课班级的课，此时此刻该怎么办？

• 【问题归因】

引发这次意外伤害事故的原因主要有以下几个方面。

1. 主客观因素

从主观因素而言，初一男生大部分从身体体质到思想心理状态都不成熟，与他们发育期的特点有很大相关性；从客观因素而言，游泳馆更衣室这个环境有可能成为发生此次意外伤害事故的因素。

2. 性别因素

男孩子情绪容易激动，做事也比较冲动，常常不考虑后果，男生受伤害多是主动致因，而女生多是无意致因。

3. 小叶同学的自身性格因素

小叶同学平时就是一个敏感、自卑又有点自负的孩子，逆反心理和自尊心强，好面子、报复心理也是导致此次意外伤害的诱因。在和小叶交谈中得知，他在小学时曾是受害者，被一个高大的男同学踢到过要害部位，当时也是疼得死去活来。

他也知道踢这个部位会很疼，也想让别人尝尝他经受过的痛苦。

此次意外伤害反映出初中生对突发攻击未能采取有效防范。当然，小袁同学的不当言语也是此次事件的导火索。

• 【实践支招】

根据教育部《学生伤害事故处理办法》第十五条：发生学生伤害事故，学校应当及时救助受伤害学生，并应当及时告知未成年学生的监护人。在这个事件中，有以下几个关键点需要处理：（1）立即打车送受伤学生去离学校最近的医院，紧急情况下，自己的课先行找任课老师换课或代课，再向学校教务处报备；（2）通知双方学生监护人到医院；（3）先找当事双方学生调查经过，再回学校后让旁观者书写事情经过，予以保存；（4）与双方学生和家长协商解决；（5）对被伤害同学进行慰问；（6）对双方学生进行必要的反思教育；（7）帮助小叶同学建立自信，改善心理状况和行为；（8）对男同学开展安全教育，引以为戒，杜绝伤害事件的再次发生。

1. 规范流程，达成和解

因为小袁同学能和其他同学一起乘车回来，而带队老师也没有看出任何异样，班主任老师心里祈祷应该没什么大问题，但为了让小叶同学不抱有侥幸心理，也让他能明白犯错要承担的道理，而且受伤部分肉眼看不清楚，无法判断受伤情况，所以还是坚持立即带小叶和小袁同学打车去了离学校最近的医院，并打电话让双方监护人立即赶到医院。一路上，小叶同学一脸懊丧，表现出一副诚心悔改的样子，让人不忍批评。随后，两位监护人赶到医院，小叶同学家长带着孩子当面赔礼道歉，垫付医药费，小袁同学家长非常善解人意，理解男孩子做事冲动，提醒不可动手，更不可做伤害他人的事情，原谅了小叶同学。等小袁同学做完检查出来，所幸无大碍，两个人又有说有笑、勾肩搭背了，孩子到底还是孩子！

2. 开展教育，多样有效

但是作为班主任，还是要对此次事件引起重视，首先从双方学生和周围同学那里了解情况，展开调查。在得知了事情的经过后，老师再次找来了小袁和小叶同学，还没等老师开口，他们自己首先认识到了错误："我不该……家长已经都跟我说了……"并保证"以后绝对不会再发生这样伤害同学的事情了，不管是言语上还是行为上，都不可以"。其实从道理上来说，孩子们都懂，他们需要的不是知道这件事做得对不对，不是认识错误，因为有些错误承认了也不会改，而有些错误不用当面承认也会改，他们需要的是学会如何控制自己的情绪，更要学会必要的自我保护能力。

借此契机，班主任开展了"认识危险学会自护"主题班会，通过情景再现、角色扮演、故事、讨论、问答竞赛的形式让学生了解校园中会遇到哪些危险，学会基本的自我保护办法，培养学生的自我保护意识和珍爱生命的情感价值观。

过了几天，班主任还邀请了校卫生室老师到班级来教授一些卫生知识、急救包扎技术，孩子们觉得有趣又有用。在下一周的主题班会"拥有阳光心态，合理掌控情绪"中，让孩子们了解到"情绪"就是内心体验，我们的"情绪"就像影子一样每天与人相随，各种各样的情绪很正常，我们常说"七情六欲"，善待我们的情绪就会有利于我们的身心健康。在课上，班主任教会了大家调节情绪的五种方法：自我鼓励法、语言调节法、环境制约法、注意力转移法、能量发泄法。当然，心理学上还有音乐疗法、呼吸法等，老师告诉大家，只要你愿意，总会找到适合自己的方法，做"情绪"的主人。经过一段时间的观察，效果还是非常不错的。

3. 关注心理，激发自信

此次事件的突发就像冰山浮在海面上的一角，海面下还是小叶同学自信心不足、自卑感作祟、报复心强等。在了解了小叶同学的性格特点和此次事件行为背后原因后，老师能体会、理解并产生了帮助他增加自信、改善行为的想法。于是，老师在平日里关注他的优点，善用"放大镜"有意地放大他的闪光点，及时表扬，帮助他充分认识自身的价值和潜力，发现自己的长处。给他创设更多的机会展现自己，增加他的成功体验和学习兴趣。如安排他当道德与法治课代表，给他课堂回答问题的机会，请他上台展示阅读感想，等等。老师还准备了一本"心情交流本"，每周都会写上老师对他的关注、肯定、鼓励与建议，满满的一页，他也会在本子上写上自己的所思所想、所行所悟作为回复，现在已经记了满满一本子了，老师和同学们都慢慢地看到了他身上的巨大改变！现在的他是一个懂得感恩、彬彬有礼、大度谦和的孩子了。

在处理生生冲突的突发事件时，不要急于判断事件的对错，一定要做到心平气和地了解矛盾发生的起因，在矛盾双方的"对质"中认真分析问题的症结，要让学生的情绪在老师的倾听中得到一定的宣泄。有时学生之间的冲突是偶发性的，有时则是由于之前就有过误会或过节，在问题的积累下才产生矛盾升级，因此要对产生冲突的双方开展思想工作，深入探寻每个学生内心的想法，从而解开心结。

执笔人：民办上海上外静安外国语中学　胡彩霞

情绪经常难以自控的学生与其他学生发生矛盾，该如何处理？

• 【情景扫描】

下课铃响起，老师收拾好教学用品回到办公室，这时，一声"报告"打破了办公室的宁静，老师回头一看，是班里的小郑同学。她慌慌张张地说："老师，不好了，小张又和其他同学打起来了！"

小张是班中一位难以掌控自己情绪的孩子，碰到不遂他心愿的事，就很容易与人争执并动手。听闻此事，老师连忙和小郑同学一起回到教室，只见小张同学和另一位同学扭打在一起，手里竟还拿着一支铅笔来回争抢，两人嘴里同时大声说着："这就是我的铅笔！""不，这明明是我的铅笔！"

对于这种突发情况，该如何处理？

• 【问题归因】

1.过于以自我为中心，缺少习惯养成教育

随着社会发展，家庭条件日益优越，很多家长对孩子都是尽可能地宠爱。在长辈们无条件的宠溺下，孩子们在家里过得事事顺心，但凡有不如意的事情，只要哭一哭闹一闹，家长便会遂了他的愿。尤其是家长在孩子幼儿阶段的一味纵容，导致孩子错过了养成好习惯的关键时期。这些因素引起了一部分孩子过于以自我为中心，在与人交往中要求每个人、每件事都顺着他的心意来，很难换位思考，不懂得谦让同学，也不懂得尊敬师长。另外，还有部分家长对孩子则比较强势，经常对孩子大声呵斥，强行要求孩子根据家长的意愿行事，孩子在家中耳濡目染，长此以往也难以控制好自己的情绪。

2. 与人交往的能力相对薄弱

这个年龄段的很多孩子，都想要吸引同学和老师的目光，但由于有一部分孩子与人交往的能力相对薄弱，他们只能用一些不恰当的方式让自己"被看到""被听到"。同时，当他们面对人际交往中的问题，又无法用语言来表达时，只能用肢体来表达。

3. 情感上的缺失导致其寻求物质满足，寻求武力解决问题

就本次"抢笔事件"而言，我们咨询了心理专家，通过与小张的交谈，发现孩子在情感上缺乏安全感，这种情感上的缺失也导致他在物质上一直是觉得不满足的。哪怕这件物品他已经拥有，也想从其他人处获取更多的物品。很多时候，他的情绪爆发也来源于不安全感，每当他感到周围环境带给他一定压力，让他感觉到威胁时，便会像个刺猬一样武装自己，用拳头来对抗他人。

• 【实践支招】

1. 及时制止，缓解矛盾

遇到这样危险的突发情况，老师首先要制止两个孩子的不恰当行为，必须先让孩子放下手中的铅笔，以免弄伤同学。在把两名学生分开的时候，即使再觉得这名"难以掌控自己情绪的学生"是二者中更"危险"的人物，也要尽量避免通过去拉这名学生的方式把两个人分开，否则很可能引起孩子更大的情绪波动以及反抗。待两名学生分开并且平复心情后，老师再询问两名学生关于这件事情发生的始末，从中进行调解，缓和学生间的矛盾。

2. 善于倾听，正向引导

（1）扮演好"倾听者"的角色

过于以自我为中心的学生说话、行事不考虑同学和老师的感受，不愿意听从老师的管教，不屑于与同学团结合作，甚至会无视学校、班级的规章制度，所以他总会给班级管理制造一些麻烦，而他自己在班集体中的生活也必定缺少快乐。老师要给予这样的孩子充分的关注和尊重，让他感受到老师对他的关心与爱护。当他对老师产生一定的信任以后，老师就需要扮演好一个"倾听者"的角色，平日里多找他谈谈心，给予孩子情感上的满足感和安全感。听他说说他在学校里发

生了哪些令他快乐或者不快乐的事，并予以积极正向的引导，在他不知道该如何处理和同学间的关系时，明确地告诉他更恰当的以及同学们更愿意接受的行为与方法。

（2）做约定和秘密的"共享者"

对于小张这样情绪难以自控的学生，老师需要和他们拉近距离，真正走进他们的心里。孩子总是向善向好的，他们也不希望自己心里的"脾气大魔王"总是被释放出来，因此老师可以私下和孩子约定暗号或者某个特定的动作，当他觉得自己要控制不住发脾气时，就可以说这句暗号或者做这个动作来提醒自己，并以这种相对温和的方式将他的情绪波动告知老师。这样，老师也会有一定的缓冲时间来处理孩子的情绪爆发。

（3）当众表扬鼓励，强化正向记忆

哪怕是再调皮的孩子，也会有关心他人、帮助同伴、热爱班集体的时候，老师需要把握住这些关键时刻，当众且具体地表扬他的某一个特定行为，强化他对这个行为的正向记忆。在表扬鼓励的激励下，孩子会更容易去重复这些好的行为。行为收获表扬，表扬又带动行为，从而就能形成好习惯养成的良性循环。

（4）发挥集体与伙伴的力量

教师可以通过日常的教育，引导班中的其他同学多注意这名学生身上的闪光点，为他创造一个平等友爱的学习环境，让他感受到班集体的温暖，了解到只要他不随时随地发脾气，同学们都愿意带着善意和他交朋友。通过集体的力量帮助孩子改正不良习惯，更好地融入和谐友爱的班级大家庭中。

这个年龄段的孩子总是纯真且善良的，通过两年的观察，老师发现班中的学生即使知道这位同学难以掌控自己的情绪，是个比较特别的同学，也还是很愿意去帮助他。因此，老师也可以运用伙伴的力量，通过结对子等方式，安排一些他比较喜欢并认可的同学和他成为搭档，在学习和生活中带着他共同进步，体会到友情的温暖力量。

3. 家校联动，通力合作

像小张这样的孩子，他们的脾气性格与处事方式绝非一朝一夕能够改变的，需要老师和家长长期保持沟通，彼此分享一些在孩子身上实践过并且发现有效果的方法再加以应用，通力合作方能帮助孩子更健康地成长。同时，家长作为孩子的第一任启蒙老师，起着相当重要的言传身教的作用，因此，老师可以在与家长沟通时明确告诉家长：他们的一言一行都会影响孩子的成长，务必要做好孩子的榜样。

4. 建立关爱跟踪记录表

对于一些比较特殊的学生，建立关爱跟踪记录表也是很有必要的。记录表中可以包含以下几个内容：时间地点、事件描述、教育措施、教育效果。通过这样一份跟踪记录表，首先可以让教师清晰地了解到学生在校发生突发事件的起因、经过与结果；其次可以让教师对比不同教育措施下的不同教育效果，找到对于这名学生而言最有效的教育方式；最后通过纵向比较观察学生在一段时间内的表现是否有所改善，从而调整对他的个性化教育，力求达到更有助他成长的个性化教育方式。

5. 寻求专业心理帮助

对于小张这一类情绪难以自控的学生，他们可能并非单纯的行为习惯养成上的缺失，而是切切实实存在一些"生理和心理的问题"，从长远角度来看，教师应当寻求专业的心理帮助。这些比较特殊的学生与普通学生存在较大的差异，并伴随一些常规教育手段不能解决的问题。虽然他们的某些缺陷无法改变，但由于儿童的行为习惯具有很大的可塑性，心理和行为方面的问题是可以得到矫正和改善的。想要矫正和改善这些问题，就需要探明他们产生不良行为的内在因素，根据心理活动规律和个性年龄特点采取相应的措施，对症下药，才能促进其健康发展。在孩子年纪还小、行为习惯较易被纠正被塑造的时候，采用医教结合、心理疏导、沙盘治疗等方式及早进行一些行为干预，科学介入学生的日常学习生活，将有助于孩子的身心健康发展。

执笔人：上海市静安区万航渡路小学　张家茗

校园里异性同学因同伴起哄，有过度肢体接触，如何应对？

•【情景扫描】

八年级时，一个安静的午休时间，班级同学有的在办公室答疑，有的在教室看书，有的在走廊值日。忽然，一个其他班的同学悄悄在班主任耳畔报告：你们班的女生小 A 和九年级的男生小 B 在一楼图书馆门口抱在了一起，好多同学都看到了。细问之下，原来是小 B 和小 A 在一个机构补习，对小 A 很有好感，两人多次在微信联系，八、九年级不少同学都知道此事。在中午午餐后，小 B 和九年级的同学，在一楼图书馆门口遇到借完书的小 A，在几个认识的同学的起哄下，小 B 上前拥抱了一下小 A。班主任于是来到一楼，看到了还在场的几个围观同学，以及相向而立的小 A 和小 B。面对这样在校园中突发的异性过度接触，班主任该如何妥善应对？

•【问题归因】

青春期的孩子内心敏感又复杂，自尊心也很强。要行之有效地应对这一突发事件，并让学生从心中接受、认同，需要方法，也需要知识。

1.青春期心理特点："好感期"

首先要了解青春期学生对异性的心理特点。青春期是少年身心变化最为迅速而明显的时期。这个时期的青少年，身体、外貌、行为模式、自我意识、交往与情绪特点、人生观等，都脱离了儿童的特征而逐渐成熟起来，更为接近成人。这个时间段学生对异性会有兴趣和关注，进入心理上的"好感期"，加之社会、网络、影视等信息的影响，对异性萌发好感是正常的心理现象。老师也要从理解的角度出发，与学生进行平等的沟通。

2.青春期外在表现：易冲动、不成熟

青春期学生的心理具有情绪不稳定、身心发展不平衡、充满矛盾性、缺乏自制力、易感情用事的特点，所以青春期学生面对对异性萌发的好感，有时会备受情绪困扰，或者注意力不集中，或者有冲动或出格的行为。

- 【实践支招】

1. 稳定局面

面对案例中在校异性同学急于表达好感，以致有过度的肢体接触的现象，班主任首先要稳定局面，请当事学生先返回班级自习，围观的同学也各自回班，为当事学生化解眼前的尴尬。

2. 了解全貌

班主任了解一下事件背后的详细情况，可以找班级女生的好友及周围同学了解所见所感。

3. 专业支持

向学校心理老师咨询，确定谈话的切入口和方式；对于高年级男生做出的出格举动，和该男生班主任进行沟通，寻求合力，并根据情况上报德育处。

4. 良性沟通

与班级的当事女生进行诚恳交流，首先让她感受到老师与她交谈的立场是平等的，既理解她的心理，又出于对她的爱护和关心。其次，师生一同分析在校过度身体接触的不当之处，包括这一举动对周围、对女生自身造成的不良影响。积极引导女生从自尊自爱、自我保护、适度交往方面反观本次行为。再者与九年级男生进行沟通，引导他学会增强责任心和场合意识，以及在异性交往中互相尊重，掌握分寸。同时了解他的学习情况和志愿，提醒他要集中精力应对中考，明确他的当前要务。最后，了解双方学生对对方的看法，以及欣赏的方面，引导他们积极提升自我，实现自我认可。

5. 家校联动

在与当事学生沟通良好的情况下，与家长联系并了解学生在家、在校外的情况，适时联动家庭对学生进行积极引导，关心学生的心理动态，保持家校教育引导的一致性，也为两人的这一时冲动"降温"。

6. 持续关注

班主任后续做好观察和沟通工作，在生活和学习中加强对女生的关心，在活动和工作方面多创造机会，帮助其树立目标，提升形象，充实课余生活，并进行适度的阶段性评价与反馈。

7. 以点及面

在班中分别召开男生和女生的青春期异性交往主题教育，指导如何理解情感的变化，交往的注意事项和原则等。使学生对青春期普遍心理有认知，对共性问题有方法。

综上所述，解决这个案例中的突发事件，有一个重要的方面就是找到打开学生心灵之门的钥匙。对于青春期异性萌发好感的问题，粗暴的制止只会让教师和学生心灵相隔千山，引发学生的反感，强加于人的观点更易适得其反。而只有真正从心理上了解学生心灵的需求、好感的来源，让学生感受到被理解与被尊重，才是达成共识的契机。

老师所要做的就是不仅理解学生心理，也要通过教育加强学生和集体对自我心理的认识。这种理性的认识，也能在一定程度上化解好奇和猎奇。

因此，解决此类事件的第二个法门就是"由点及面"的集体教育。此类心理为青春期学生的共有心理，问题自然也是共性问题。通过分别召开的主题班会和教育活动，要引导学生认识到与异性交往"自然、适度"的原则。例如，不过分拘谨，自然大方得体，语言行动上的互相尊重；自尊自爱、自立自强；注意场合、把握分寸等。也可通过多样的形式，如朗读家书、观看影片、欣赏文学诗歌等作品，引导学生认识、理解青春期的自然心理，从容处之；总结归纳受欢迎、被欣赏的性格特点，引导学生加强向内关注，提升自我、充实自我，积极塑造良好的自我形象，遇见更好的自己。

青春期的悸动如同屋檐下共赏的一场雨，转眼又天晴。随着时间的推移，初三升学的脚步临近，两个少男少女的关系也恢复平淡，在男生毕业后，两人更是自然地失去联系。这样的结果，也恰恰符合青春期异性交往的特点。虽然这个突发事件和异性间的好感萌动，终究会在时间和空间的推移下消失，但相信对学生和集体进行的青春期异性交往的教育将产生持续性的有效影响。

执笔人：民办上海上外静安外国语中学　郦奕夭

学生与任课老师在课堂上发生口角冲突，怎么办？

● 【情景扫描】

体育课上，袁老师正带一组男同学做体测前的准备活动，小张同学左顾右盼，跟旁边的同学嘻嘻哈哈地站在最后一排打闹，做动作也比较敷衍。袁老师看到后，非常生气地让小张同学出列："还是班级的中队委员呢，一点班干部的样子都没有！出来重做！"听了袁老师的话，小张同学也丝毫不退让，当着同学们的面，跟袁老师顶起嘴来。体育课后，小张同学"不见踪影"，没有参加第二节的科学课活动，最终班主任钱老师在图书馆找到了闷闷不乐的他……

对于这种课上和任课老师发生口角冲突的情况，该如何处理呢？

● 【问题归因】

1. 中学生自尊感的心理需求

自尊感是社会评价与个人自尊需要之间相互关系的反映。渴望积极的肯定性评价而获得自尊，是一种普遍的心理需要。而批评作为对学生不良思想行为的教育手段，是一种否定性评价，它必然会剥夺学生的自尊需要，引起学生情绪上的反应，甚至导致逆反心理，使学生产生强烈的消极情绪。

2. 中学生自我意识的萌芽

与此同时，中学生的自我意识会在成长的过程中不断地萌芽和增强，再加上多数学生都是独生子女，当前社会文化对于个性张扬的过分包容等，使得学生对此也更具有敏感性。因此，在使用批评这个武器的时候，一定要把握这一特点，讲究批评的策略，保护学生的自尊。当自尊心受到损害时，学生的内心不免失衡，将诱发一系列行为问题。

3. 青春期学生自身情绪管理

中学生情绪和情感的一个显著特征就是波动较大，他们会因为一件事的成功而欣喜若狂、激动不已，也会因为一点挫折就沮丧懊恼、垂头丧气。而其情绪和情感体验的深刻性和稳定性也在不断地发展，当面对这种斥责和批评时，自然也特别容易出现过激的情绪反应。

在集体生活和成长中，矛盾、冲突和误会可能会时不时地在老师与学生之间、学生与学生之间冒头。处在青春期的孩子，自尊心往往更加敏感。作为师长，在批评时要注意不同学生的"接受力"和性格特质，针对不同的情况，适时调整自己的教育策略。面对情绪不稳定、事务处理方式不成熟的孩子，一颗懂得爱与倾听的心才会让他们动荡不安和愤怒的情绪得以平静，并在真实的世界中感受到被接纳感，然后，真正的教育才会开始。作为班主任，要更有耐心地面对这种情况，做好学生与学生之间、学生与老师之间的"桥梁"。抽丝剥茧，引导学生在冲突事件中学会分析，了解自己的心理诉求，也更明晰自己做得不恰当的地方，并引导孩子用恰当的方式处理问题。

·【实践支招】

小张同学在体育课上不遵守袁老师的指令，这是扰乱课堂的行为，应该加以制止和指正。但是作为中队干部的他，在自己内心肯定有着一定的自豪感和自尊心。袁老师当着全体同学的面，"诋毁"他作为班干部的能力和领导力，这对于正处于青春期，个人认知和自尊相当敏感的学生来说无异于"当众羞辱"，一时小张同学情绪激动甚至升级到愤怒，从而出现了"暴走"的现象。

在此类事件的处理和解决中，一般遵循以下处理步骤。

1. 真诚共情解委屈

作为班主任，在图书馆找到闷闷不乐的小张后，应该先倾听小张内心的"激动""愤怒"以及"委屈"，并真诚地共情，理解孩子内心存在的负面情绪，让学生的心情首先平复下来，待他安静地坐下来后，再进一步进行教育和指正。

2. 平静交谈重引导

第二步，要梳理好此次事件中的三个核心——小张跟袁老师的冲撞（缓和疏导师生关系）、小张体育课课堂纪律（尊重老师以及尊重课堂的认识）以及如何更好地处理负面情绪这三个问题。在和小张沟通的过程中，要注意动之以情、晓之以理。一方面，认可小张作为中队干部的负责与领导力，袁老师应该就事论事，不应该当众以指责其作为中队干部的失职为引子，而应该指明问题；但是事物都有两面性，袁老师这样的表达方式也从另一个侧面反映平时对小张有更高的期待。所以，因为课堂纪律的问题，才会引发如此大的"失望"。再者，在课堂上，认真按照老师的要求投入课堂是学生应该做的事情。在教学活动进行中，小张确实有扰乱课堂秩序的行为，当众顶撞老师其实也是一种很不恰当的行为。在师生相处中，可能都会遇到类似的情况和委屈，要引导小张思考是否有更好的解决方式。而且，因为体育课上的糟糕体验和委屈"暴走"校园，不参与科学课，在校园"失踪"，这会让老师和同学们担心，从而引发不必要的麻烦。希望小张能够信任"我"，生活中或者学习中发生委屈、冲突时，能够第一时间向老师或者同学求助。而且，相信以"你"的能力和能量，肯定能够找到更加恰当、更加安全、更加有理的解决方式。并且鼓励小张主动去找袁老师说明自己的想法，以实现与老师在这一事件中的"和解"和"谅解"，解开心中的结（在表达"委屈感"的同时，认识到自己的错误）。

3."链接"老师解误会

在上述引导的基础上，作为班主任，要私下和袁老师沟通课堂上小张同学的这种情况。和袁老师精诚配合，既给小张"捡回"面子，也让小张认识到自己扰乱课堂、不尊重老师的错误行为。再者，在体育课后续的课堂上，袁老师也会通过一些小的活动设计和话语方式，让小张自然地收回之前可能"受损"的自尊。

4.事后"回访"促成长

最后，事后加强引导和"回访"，让小张通过整个事件的处理过程，充分认识到在矛盾冲突发生的当下，冲动"暴走"或者"歇斯底里"往往并不能很好地解决问题，要学会先稳稳地平复好情绪后，再思考更好的处理方式，这是青春期漫长的"修行"，老师和学生、家长会一起真诚地探索和成长。

总而言之，面对老师与学生之间的课堂冲突，作为班主任的前期共情、中期引导、全程做好任课老师与学生之间沟通的"桥梁"、事后加强回访、引导学生反思和总结，每一个步骤都必不可少。面对青春期心灵和情绪都相对动荡的学生，老师唯有以更多的耐心、包容以及冲突处理中随机应变的智慧，才会"融化"看似坚硬的心灵，收获真诚，携手成长。

执笔人：民办上海上外静安外国语中学　杨百慧

学生手机早上未上交，下午发现不见了，怎么办？

• 【情景扫描】

某天下午物理课后，小曾和小王两位同学来到办公室，只见小曾同学还在很伤心地哭泣。小王同学说："老师，小曾同学的手机不见了，我已经陪她找过两遍了。"原来小曾同学早上没有把手机上交给老师统一保管，物理课下课后忽然发现自己的手机不见了。小曾同学说："老师，这是我爸爸最近给我新买的 iPhone 手机，中午我还看过时间，后来放在桌肚里，刚刚下课，我上了个厕所回来就发现不见了。教室里我都找过了，找不到。"面对学生贵重物品的丢失，你该怎么处理？

• 【问题归因】

引起这次财物意外丢失的原因主要有以下两个方面。

第一，外部因素。新的 iPhone 手机对于学生来说具有一定的吸引力和诱惑力。初一的学生正处于价值观、人生观等形成的重要阶段，有时也会有虚荣心作祟，往往对于某些物质诱惑难以抵挡，从而因一时贪念而做出错事。

第二，自身因素。小曾同学早上没有将自己的手机上交给老师进行统一保管，而是放在自己的桌肚里，这也是导致手机丢失的重要因素。

• 【实践支招】

在班级里可能偶尔会出现一支笔或一块橡皮不见的情况，但都能在班级的

"失物招领处"找到，放在桌肚里的手机突然不见了，这是因为某个同学"拿走"了。在这个事件中主要有以下几个处理关键：（1）详细询问小曾同学发现丢失的经过，明确失窃时间段和具体地点；（2）单独询问坐在小曾周围的同学，了解他们所看到的情况；（3）将失窃事件告诉班里同学，并且班级中进行鼓励拾金不昧、鄙视不劳而获和加强财物保护等方面的教育，边讲边观察每位同学的面部表情；（4）无法查出具体同学后，在班级里告诉学生可以暗地里把东西还回去的方法；（5）加强手机在校使用管理教育。

1. 不动声色，暗地调查

在安抚好小曾同学的情绪并详细了解情况后，对于班级里课间丢失东西的事情，虽然也是比较痛心，但更多的可能还是自己班级里的同学"拿"的。而此时作为班主任，也要保护学生的自尊心，所以先在班级暗地里进行调查。如果一开始就把事情铺张，大肆宣扬或是去班级里翻查，把班级同学当成一个个"可疑对象"来看待的话，那么这种"有色眼镜"对学生的伤害非常大，给学生造成的不良后果也是难以挽回的。每一个学生都应该被尊重！然而在一番私下调查无果后，正好最后一节课是班主任进班，老师想其他的事情可以先放一下，如果让这件事情过夜或是等到放学后，那么处理起来可能会更加棘手，那位不小心犯错的同学认错也会很难，处理也就没有时效性了。

2. 搭建平台，"逐级而下"

放学前，班主任在班级里将小曾同学手机不见的事情和同学们进行了一番说明，并且在班级中进行鼓励拾金不昧、鄙视不劳而获和加强财物保护等方面的教育，在讲一个个小故事的时候，班主任的眼睛一直观察着班级的所有同学。在故事讲完后，眼看要放学了，也还是没有任何动静，班主任便继续给予那位顺手牵羊的同学搭建一个弥补错误的平台："相信这位同学肯定也是因为一时贪念，也相信他已经认识到了自己的错误……今天放学后，等大家都走了，我会在我们班级的小储藏室里放一个小袋子，明天早上我会和所有同学都进一次这个储藏室，希望这位同学能够在明天早上把手机放进这个'诚信袋'里。"作为班主任，在了解班级同学品德素质的情况下，还是相信他理解，并且能及时迷途知返。第二天一早，让人欣喜的是，手机又"回"到了小曾同学的桌肚里。虽然事情看似告一段落，但在班级里发生了贵重物品丢失的事情，还是说明对于学生思想品德的教育是有所欠缺、需要加强落实的。

3. 利用契机，深入教育

在这次事件中，除了对学生进行财物保管安全教育提醒外，还有两方面的教育也是班主任需要重视并且亟需落实的。一是诚信的思想道德主题教育课，而这并非班主任一朝一夕就能达到效果的，需要班主任在日常时时刻刻"诵经念佛"。除此以外，班主任结合学校的德育工作开展了相应的主题班会"牵手诚信"，通过学生说一说、演一演、论一论，情境再现怎么做等多种方式让学生有所思、有所悟、有所得。

另外就是小曾同学的手机未上交问题。2021 年 1 月教育部办公厅印发了《关于加强中小学生手机管理工作的通知》，要求中小学生原则上不得将个人手机带入校园。确有需求的，须经家长同意、书面提出申请，进校后应将手机交由学校统一保管，禁止带入课堂。在小曾的手机第二天又回到她身边后，班主任让小曾自己分析了这件事发生的原因，其中小曾说到因为她自己早上并没有按照学校班级的要求，上交手机进行统一保管，而是放在自己桌肚里，还曾拿出来过。就此事班主任对小曾私下进行批评教育，没有遵守学校的《电子产品使用公约》。同时在班级里，班主任就学校和班级共同制定的《电子产品使用公约》与同学们进行了全面回顾学习，明确手机等电子产品原则上不得进入校园，如有必要，在家长上交携带申请后，也应上交由学校老师进行统一保管。事后小曾也认识到了这一错误，并且保证不会再有类似情况，随后班主任每次也都会特别关心一下小曾，发现的确如她所说都会按时上交。

作为班主任，其实每次遇到班级财物丢失的事情都是比较伤脑筋的。此次事件中，那位犯了错的同学可能是出于一时贪念，最后还好通过引导和教育，及时归还了物品。但有时可能班主任遇到的情况不同，教师一般可以这么处理：（1）详细询问同学发现财物失窃经过，明确失窃时间段和具体地点。（2）单独询问周围同学，了解他们看到的情况。（3）将失窃事件告诉班里同学，并且加以适当教育，边讲边观察每位同学的面部表情。（4）找相关学生谈话，进一步缩小范围。如果教室有监控，老师可以直接调取监控查看。（5）若查出具体同学，则先找其谈话，进行恰当教育并且详细了解过程，让该生将过程以及想法写下来。（6）找该同学家长将事情原委如实告知，以保护孩子为先与家长达成一致，共同教育，取得家长的配合，约其来校谈话，视情节严重给予适当处理。（7）将事情告知财物失窃同学家长，并且将处理结果告知，达成一致。（8）家长来校面谈，并给予处理结果，再次对学生进行教育。（9）若实在无法查出，再继续观察。（10）在班级中进行鼓励拾金不昧、鄙视不劳而获和加强财物保护安全等方面的教育，开展"诚信"主题班会等。不过班主任也不是万能的，可能经过班主任的多番教育，丢失的物品最后还是没出现，但我们也不能用怀疑的目光去看学生。

总之，班主任还是要根据实际情况进行不同的后续处理，有时教育不是万能的，但学生思想教育必须是我们常抓不懈的重点工作！

执笔人：民办上海上外静安外国语中学　陆陈燕

家长插手学生矛盾，不信任班主任处理结果，怎么办？

· 【情景扫描】

小钱是班级里最好动的孩子，每天总有学生来找老师告小钱的状。今天，小杨同学又来投诉了："老师，每次做踢腿运动的时候，小钱都会故意踢我屁股！""没有，我是不小心的。"小钱急忙说。因为快要到上课时间，王老师简单地调和了一下孩子之间的小矛盾，要求小钱以后做操要注意，也让小杨原谅小钱。本以为这件事情就这样解决了，没想到下班后，小杨家长打来电话，怒气冲冲地质问王老师："老师，这个小钱欺负我家孩子，孩子回家一直哭，这事不能就这么算了，我要找他的家长，问问他是怎么教育孩子的？他如果不会教育，我来替他教育！还有这么差的学生，学校应该给他处分的，我要找你们教导主任。"王老师很困惑，这件事情其实只是个"小问题"，自己也及时处理了，面对家长的质问，该怎么办呢？

· 【问题归因】

1. 家长的保护心态导致过于"放大"地去看待孩子之间的一些问题

现在的孩子，基本都是家长眼中的宝贝，家里的"金疙瘩"。从小到大，在生活中，他们都有两个甚至六个家长的细心呵护，绝对不会受到一点点"委屈"。平时保护得很好，去了学校，家长无法跟随了，心里肯定有些不放心，怕自己的孩子吃亏或者受委屈。在集体生活中，孩子们相处时难免出现一些矛盾，很多家长就会无限放大这些矛盾，看得非常严重。

2. 孩子希望得到父母的重视和帮助，也会夸大一些"小问题"

在这个案例中，王老师只是口头调解了两个同学的矛盾，小杨同学没有看到小钱同学被严厉批评或者处罚，心里不服气。回家后，小杨面对明显偏袒自己的父母，哪怕是抱怨，也要说出今天的委屈才罢休，希望父母帮自己一起口头谴责小钱，如果父母能为自己出面去解决问题，就更好了。那么小杨在描述这个和同学之间小矛盾的时候，势必要添油加醋一下，甚至出现"哭"这个行为，让父母更加心疼，更加着急。这种行为，在很多孩子身上都会看到，是比较常见的，所以我们一直有个说法："孩子的话要打折听。"只有"打折听"，不被情绪左右的时候，才能有正确判断。

3. 老师没有重视一次次的"小问题"，导致后面出现"大麻烦"

作为班主任，王老师在处理这件事情的时候，其实有一些地方是可以更加细致的。其中最关键的是，因为小钱经常惹事，王老师可能几乎每天都处理关于他的纠纷，潜意识里觉得这只是个"小问题"，没有给予重视。如果老师每次都把矛盾作为一个个"小问题"来处理，只是让犯错学生道歉，却没有让他心里真正认识到错误的话，那么犯错的学生就会再犯，因为处理的结果最多是道个歉罢了。其他同学慢慢地会觉得，这些事情告诉老师也没有用，老师只能让他道歉，还不如自己报复比较解气，或者找爸爸妈妈出面去"闹"一下才能让老师重视。这样一来，就可能会出现学生打架斗殴，或者家长强行干涉班主任的工作，要自己来解决问题了。

• 【实践支招】

作为班集体的日常管理者、指导者，班主任应该要明确一点：学生的事情无小事！如果不重视学生之间发生的种种"小问题"，很快，小问题就会演化成为"大麻烦"，也就是更严重的家校矛盾事件。

我们可以针对班级突发事件的不同阶段，采取不同的策略。

1. 预防为主，善于观察

一个班级里有三四十位同学，大家的性格脾气、处事风格都不一样，在相处过程中产生一点矛盾和摩擦都是很正常的。班主任不是"超人"，不可能做到让一个班级的同学永远相亲相爱，没有一点问题。班主任要做一个善于观察的"大家长"，在接班之后，应该多多接触自己的学生，尽可能多地观察、了解自己的学生。俗话说"无风不起浪"，任何问题的产生，都是有原因的。如果发现平时一直笑呵呵的同学今天趴在桌上唉声叹气，某个学生今天突然胃口不好吃不下饭了，前后座的学生突然位子拉得很开，都应当关心一下发生了什么事情。如果班主任早点发现一些问题的"苗头"，那可能只需要几句话就可以处理好了，根本不会发展成为后面的矛盾。初中老师面对的是十几岁的孩子，他们大多数喜怒哀乐还都是比较外向的。他们的情绪来得快，去得也快。老师及时关注再适当安慰两句，也就没事了。如果是高年级相对思想成熟的孩子，不是那么喜形于色的，老师一旦发现他有点情绪或不对劲，要把他当成大人，真诚地表达关心，再进行平等交流。

2. 耐心细致，全面了解

在学生的矛盾纠纷中，大部分孩子都会倾向于说对自己有利的话。这时作为老师，一定要足够耐心，足够细致，对于自己要处理的问题要全面了解，才能做出自己的判断。当两个孩子说辞不一致的时候，最简单的方式就是找第三方询问，尽量客观地还原事情的本来面目。在明确事情的全貌后，再根据实际情况，进行批评教育或者劝说，必要的时候应该联系家长，家校合作，一起教育。年轻的班主任遇到一些突发事件的时候，不要慌张，应平复情绪，深入了解事情的前因后果，并且加以科学的分析，根据问题的性质进行相应的处理，这样面对学生才会言之有据、晓之以理、动之以情，才会使学生心服口服，从而收到良好的处理效果。

3. 公正公平，情理结合

当班主任充分了解了事情的全貌之后，在处理过程中一定不能忽视的就是要"公平公正"地处理。有时候班主任老师需要"情理结合"，因为教育本来就是因人而异的，以不同的教育方式应对不同的学生。假设小钱来自一个特殊家庭，家长关心较少，那么在教育他的时候要充分考虑到他的个性特点及家庭、社会诸多因素的影响等等。

班主任老师有时候做的事情有点像警察，因为要经常断是非，所以我们要公平公正，但我们又不是警察，我们工作的目的不是光断是非，而是教导他们，爱护他们，指引他们。孩子还小，本来就是需要在犯错中成长的，带着感情，有原则地教导才是我们班主任老师该做到的。

4.有的放矢，因势利导

突发事件给一个班级带来的影响是很大的，处理得好坏与否也会对班级学生产生一定的影响。班主任在处理突发事件的过程中，还应高瞻远瞩，不要只满足于某件事情的暂时解决，应有的放矢地适时对全班学生加强教育，因势利导，抓住契机，提高学生的思想认识，引导他们从内心严格要求自己，达到防患于未然的目的。比如在学生之间的矛盾解决后，可以在每周的班会课上引导同学展开相应的讨论和思考。

对于职初青年班主任，在班级突发事件的处理技巧上需要不断地完善、丰富自己的知识，把握学生不同年龄阶段的心理特征。在没有把握、无法抉择的时候，多请教自己的带教老师，或者和自己搭班的学科教师，听听不同视角的看法，一定大有益处。只要善于观察、遇事沉着、处理公平、总结反思，对于突发事件的处理，就一定会越来越成熟。

执笔人：上海市久隆模范中学　张于蓝

第七篇 "云"班级管理

随着互联网技术的快速发展，涌现出多种新兴的多媒体技术手段，它们正迅速地改变人们的生活习惯和学习方式。同时，由于新冠肺炎疫情的影响，学校传统的教育教学模式被打破，线上教学成了学校教育的重要组成部分。

在此背景下，班主任们在原有的班集体建设模式的基础上，利用"云"管理便捷性和即时性的优点，开拓出了多元化的班级管理模式。但对于职初班主任来说，线上教学离开了有形的教室、面对面的沟通，该如何进行班级建设管理，让"云"班级形"散"而"神"不散呢？

本篇章着眼于"云"班级管理的真实问题，期待给正处在迷茫中的职初班主任们一些思考和建议，期待班级"云"相聚，沟通零距离，云端育人有温情。

推介人：上海市静安区教育学院附属学校　沈彦含

基于"微媒体"的班集体建设

- 【情景扫描】

　　新学期伊始，工作两年的李老师受命担任八年级的班主任。原班主任是一位性格内向的男老师，在班级管理中强调校内的管理，所以这个班级虽然已经成立了两年，但至今仍没有班级微信群。在新接班后的家访中，大部分家长和学生都提到了没有班级微信群的困惑、无奈和混乱，希望新班主任李老师能建立起以李老师为群主的"官方"班级微信群，以方便班级各方面的管理。李老师隐隐感到学生的要求很合理，想要建设班级微信群，又担心自己班级管理经验不足，一旦建立班级微信群，如果在班级群中有不良言行发生，不利于良好班风的建设怎么办？李老师陷入了困惑……

- 【问题归因】

　　1. 基于"微媒体"的班集体建设内涵阐释

　　"微媒体"（Micro Media）是什么？百度百科把"微媒体"定义为由许多独立的发布点构成的网络传播结构。当下流行的微博、微信、QQ 等个人媒体便是一些很好的"微媒体"的例子。

　　"微媒体"的功能适用于班集体建设。首先，在"微媒体"中，班主任和学生可以通过"微媒体"媒介（手机、平板电脑、网页等）发送音频、视频、文字或图片。其次，通过"微媒体"方式（扫一扫、搜索、扫描二维码等）可以互加好友或建设班级群平台。同时，通过"微媒体"平台（班级群、朋友圈等）还可以将精彩生活片段、感动瞬间及时分享。

　　基于"微媒体"的班集体建设，是指班主任和学生在班级管理中依托"微媒体"。一方面，借助"微媒体"班级群功能发布班级活动任务，虽然学生的时间和学习方式不同，但是可以借此实现资源共享。另一方面，可以利用"微媒体"中的其他个性化功能，提供个性化的支持服务，满足班集体建设中的个性化需求。基于"微媒体"的班集体建设，不仅可以提高班集体的学习和活动效率，还能有效增强班级的凝聚力。

2. 基于"微媒体"的班集体建设是时代的需要

随着互联网技术的快速创新和改革，不断涌现出各种新兴的媒体，其中以微博和微信为代表的"微媒体"正在迅速改变着人们的生活习惯和学习方式。当前微博、微信、二维码甚至是大数据的"微时代"，已经取代门户网站时代。在传统的班集体建设模式基础上，班主任努力利用"微媒体"的便捷性、时效性、全员性和多元化，通过开通微博、微信，组建班级微信群，开展多种主题的线上活动来加强师生联系，活跃班级文化，凝聚正能量，正是适应时代发展的需要。

3. 基于"微媒体"的班集体建设是个性化的需求

一份对小学和初高中学生的调查显示，初中生在日常的学习和生活中使用微信、微博等"微媒体"的频率最高，因为"微媒体"所提供的平等、开放的人际交往平台契合了初中学生渴望交流、乐于自我展示的价值需求，它更大大提高了初中生参与班集体建设的积极性。

同时，"微媒体"信息来源的广泛性和开放性，使得信息传播不再受时空的限制。信息传播快、表达开放、言论自由，这些特点都迎合了初中生的心理特点。学生可以借助"微媒体"充分表达自己对班集体建设的看法，提出建议和意见，以主人翁的姿态积极地参与到班集体建设。

另外，基于"微媒体"的班集体建设过程充分发挥学生在班级管理中的主体地位，让学生参与基于"微媒体"的班级群的建立与管理，这本身就是对学生个性化的尊重。

此外，班主任也可以随时随地提供相对专业的教育资讯和服务，家长可以充分利用碎片化时间来了解班级文化、班级活动，掌握学生在校表现情况，这也满足了家校沟通个性化的需求。

• 【实践支招】

基于"微媒体"的班集体建设可以通过各种特色建设，鼓励学生参与。"微媒体"上的班集体建设，其内容可以更多样，形式更灵活，渠道更多元。班主任可以搭建班级事务管理平台，增加班级管理的人性化，以平等对话和友好协商的姿态促进班集体的信任和认可；也可以有意识地把班级平台建设由宣传型向引导服务型转变，组织班级特色活动，建设班级活动平台，尊重并培育班集体的自主创新精神；还可以建设班级自主学习平台，围绕互助学习促进班集体的良好学风的形成。

1."微管理"

"微媒体"为师生、生生互动和沟通交流提供了极为便利的平台，为班级自我管理带来新的契机。在建班初期，班主任可以在微博上开创"班主任微访谈"活动，班干部利用微博开通"ask 班干部"话题，与同伴进行在线交流沟通，解答同伴在学习、班级工作、校园活动、志愿者活动等方面的问题，克服了传统班级管理的局限性。

同时，班主任建立班级微信群，并成立班级信息部，招募部员，协助班主任共同管理班群。当日的值日班长在信息部的协助下开展"微总结"活动，有效地督促同伴们养成良好的学习生活习惯。学生的自我教育力在有效的自我管理下有所提升。

另外，班级微信群还充分发挥微媒体的优势，打造"微讲堂""微交流""微调查"等，将"微管理"融入班级自我管理的每个细节中。通过线上线下相结合，倾情打造出班集体网络的自我管理。

2."微开发"

"微媒体"不仅能促进班集体的有效自我管理，更能协助学生参与学校课程的开发和实施。在学校社团课程的开发过程中，学生可以使用"微视频"进行线上的社团风采展示，招募社员。在课程中，在微信公众号上开辟"微讲堂"，定时推送相关课程内容，提高社员的参与度和积极性。在课程评价阶段，以"微评价"的方式进行网络评价，更客观地参与总结社团课程。同时，"微媒体"的优势也促进了社团与社团之间的"微交流"。学生在参与社团课程开发和实施后，也与不同社团合作，举办一些线上"微活动"。

243

　　"微媒体"不仅给学生"微开发"学校课程提供了便利，也为班会课的开发开创了新模式。"微开发"的班会课，班主任和学生同为班会课的开发主体。首先，班主任可以在班级群中进行"微调查"，通过对调查结果的归纳和分析，确立班会课主题。在班会课的召开过程中，学生们自发组建"微团队"撰写班会方案，开发班会课程。班会课结束后，使用微信公众平台整合音频、视频等各种元素制作出个性化电子杂志，回顾总结班会课全过程。

　　3."微学习"

　　"微媒体"具有突破地域和时间限制的优势。以微博、微信为主的"微媒体"，"微"中见大，不仅是学习分享的平台，更是学习经验共享和互助交流的新渠道。"微学习"建设能有效地激发学生学习效率，提升学生自我学习能力。多次的调查问卷显示，学生在校外遇到学习困难时，更愿意向同伴寻求帮助，因此班主任在班集体建设中，可以利用"微媒体"，开展以"学习共同体"为主要形式的"微学习"建设。

　　班主任可以对班级同学的学习情况进行排摸，在班级群发起号召，积极组织学生成立学习"微共同体"。"微共同体"可以由一名成绩较好的孩子、一名成绩中等的孩子和一名需要帮助的孩子组成。"微共同体"三人定期进行在线学习，及时分享学习经验，互助解决学习困难。"微学习"的形式多样，可以是在微信公众号中开辟"学霸攻略"专栏，可以是在微博上分享学习资料和学习感悟，也可以是在微信群里评选优秀学习方法。同时，班主任每月进行"微总结"并邀请优秀参与者在微信群分享"微经验"；每学期通过"微评选"评出若干"微学习之星"，并颁发证书奖品。"微学习"建设充分使用了学生的网络时间，为每个学生的发展提供了成长的动力：在互助学习中，成绩较好的孩子找到了帮助别人的乐趣，提升了学习能力；中等成绩的孩子确定了学习的目标，认清自己的优势，收获自信；学习薄弱的孩子得到了同伴的及时帮助，找到了自己能达到的奋斗目标。"微学习"使每个学生得到差异发展，学生的自我学习能力得到提升。

执笔人：上海市静安区教育学院附属学校　沈彦含

上海市民办新和中学　杨小红

如何引导学生科学有度地使用手机等电子产品

在信息技术快速发展的今天,手机等电子产品日益普及,成为我们日常生活不可或缺的工具,同时也已融入中学生的日常生活中。诚然,手机等电子产品可以帮助学生学习知识、开阔视野、休闲放松,但也可能让学生沉迷虚拟网络世界,影响正常的学习、生活及社交等,甚至影响青少年的身心健康成长。如何引导学生科学有度地使用手机等电子产品,发挥这一工具的价值,避其危害,是教育者和家长都非常关注的一个社会性问题。

【情景扫描】

入职一年的张老师接手六(3)班的班主任工作,她发现班级中原来成绩中等、上课认真听讲的小 A 同学最近上课经常注意力不集中,不是看着书发呆,就是自己在本子上涂画,课间异常活跃,作业不按时交,有时甚至干脆不交。班主任经过多方调查了解到,小 A 同学最近迷上了手机游戏,课堂发呆是回忆游戏并思考游戏中如何取胜,课堂上涂画的是游戏人物和游戏地图,课间异常活跃、追逐打闹是把操场当作游戏地图进行情景重现。班主任老师看在眼里,急在心里,课下常与他谈心,然而经常是老师说了半天,小 A 同学却自顾自地耷拉着脑袋,一言不发。联系家长后得知,爸爸经常出差无暇顾及他,而妈妈日常教育时严时松,常常对孩子一些不合理的要求妥协,小 A 经常打着学习的名号,利用一切机会,借口学习使用手机或电脑偷偷玩游戏。如何帮助小 A 从痴迷游戏中回归到正常的学习轨道中来,成了小张老师亟需破解的难题。

● 【问题归因】

1. 手机等电子产品极具吸引力

在这个信息高速发展的时代，手机等电子产品成为我们生活中不可缺少的部分，它是一种可以通过互联网实现搜索功能的产品，以其快速的检索功能受到使用者的喜爱。在这个信息时代，手机等电子产品已经融入中学生的日常生活中，初中生获取信息和知识的渠道不再仅限于课堂，网络、自媒体平台以其丰富的内容、有趣的表达和新颖的观点成功吸引了学生的目光。在电子产品的网络空间中，学生渴望获得关爱、认可的情感需求可以得到满足，自我成就感得到提升。但如果运用不合理，不仅占用过多的学习时间，学生还极易沉迷其中无法自拔。

2. 学生自我控制能力弱

中学阶段是学生身心发展比较快的时期，但心智并未成熟，辨别是非能力较弱，加之自我意识和成人感的增强，充满着幻想和好奇，对别人的评价比较敏感，希望得到认可和满足。精彩纷呈的世界吸引着他们，内心的迷茫困扰着他们，成长中的苦恼和困惑得不到及时疏导和解答，再加上学习压力和种种束缚，他们亟需找到一个渠道发泄，渴望与同龄伙伴沟通交流。手机等电子产品以其丰富的内容、较强的表现力扩大了青少年的交际范围，避免不必要的尴尬，使他们可以舒适自在地进行沟通与合作，满足了青少年群体的心理需求和个性化需要，成为他们情感宣泄、自我实现的平台。

3. 高质量陪伴的缺失

家庭是孩子成长的摇篮，父母是孩子的第一任教师，在培养孩子德、智、体、美、劳诸多方面起着学校教育和社会教育难以达到的"奠基"作用。青少年的健康成长离不开父母的陪伴，但现实情况是大多数父母迫于工作和生活的需要，陪伴孩子的时间比较少，即使有时间陪孩子，和孩子深入沟通交流也比较少。在很多场合，我们可以观察到，父母和孩子虽在一起，但一人一个手机或其他电子产品，各玩各的。种种迹象表明家长对子女的监控不给力，交流沟通甚少。很多家长对养育子女的认知尚停留在物质层面，忽略了对子女精神层面的关注。这当然有各方面的原因：一方面，很多家长工作繁忙，无暇顾及子女精神层面的需求；另一方面，家长并不了解如何科学地陪伴青春期孩子。

• 【实践支招】

1. 放大"优点"巧转移

把学生对于游戏的热衷转移到其他兴趣中来，是引导学生合理使用电子产品的突破口。放大学生的优点，转移其关注游戏的注意力，一方面，通过展示自我的平台，正面干预引导，培养学生自信心。另一方面，创造更多与他人面对面交流的机会，转移学生关注游戏的注意力，满足认同感，帮助其实现自身价值。如对于电脑、手机着迷且擅长画游戏装备、火柴人的小A同学，班主任让他负责班级的电脑管理工作，同时让他画火柴人来记录同学们的日常生活，在班会上进行交流分享。这样一方面让同学们从惟妙惟肖的连环画里发现自己不好的行为习惯，另一方面小A同学也能更好地融入班集体，找到自己的个人价值。为了让小A的注意力从游戏转移到其他事情上，班主任敏锐地发现了他短跑特别快的优点，每次都找一位比小A快的同学与他竞赛。因游戏和体育一样都讲求竞争精神，小A非常感兴趣，通过多次训练，小A的50米短跑成绩可以达到7秒1，与班级另一位同学并列第一，在课间和同学交流的不再是游戏心得而是体育活动。班主任通过体育活动重塑了小A同学的自信心，分散其在游戏上的注意力，使其真切地感受到自己是班级不可或缺的一员，极大地提升了他学习的积极性。

2. 签订"协议"育自控

有调查显示，家长应对孩子使用手机等电子产品的过程，一般会经历初劝期、协商期、反复期。家长可根据孩子的性格特点，通过签订"协议"有意识地培养孩子的自制力和自我管理能力，避免进入温水煮青蛙的状态。为满足学生渴望平等、获取尊重的心理需求，协议可以由学生、家长共同协商拟定，但对电子产品使用做好明确规定，比如：开启青少年模式、周一到周五手机归父母保管，周末完成作业后，可以使用手机一小时，但是晚上睡觉前手机必须还给父母。协议可根据效果定期微调，一段时间后，如果孩子对手机的依赖减少了，可以适当缩短手机使用时间或者减少使用频率，抑或是给予适当的奖励，如一次短途旅行、一顿美食等，让孩子慢慢调整到远离手机的状态。共同签订的协议，双方各保管好一份，让"协议"不仅具有仪式感，更具有实效性。

3. 引导"共育"高质量

家庭教育和学校教育的有机融合一直是我们追求的育人途径，家长在教育子女中碰到的问题成为青少年在成长中的困惑。我们可通过举办家长课堂或定期通过微信群推送"智慧家长每周益语"给予家长家庭教育方法和策略的指导，提升科学教育能力，营造良好家庭氛围和亲子关系，促进学生健康成长。

（1）家长以身作则

家长是孩子的第一任老师，其言传身教会令孩子受益终身。要想对孩子手机使用的管控更有说服力，家长必须自己注意手机的使用度，以身作则，起到表率引领作用。在家中降低使用手机等电子产品的频率，在孩子面前尽量少用或不用手机，尤其是在孩子努力学习的时候。

（2）高质量的亲子陪伴

在孩子的成长过程中，亲子关系先于家庭教育。在良好的亲子关系基础上，家长说的话孩子更愿意听，家长的教育意图更好实现。无论多忙，家长应该抽出时间与孩子一起吃饭或者做饭，一起参加体育活动，一起梳理知识等。带着爱意轻松、自然地与孩子在餐桌上交流，你会收获意想不到的神奇教育效果。和孩子一起运动，可以是单人自练的，也可以是双人互动的，在锻炼身体、培养意志品质的同时增进亲子关系。周末通过整理笔记、订正错题、背默过关，陪孩子对知识进行系统梳理和重构，家长不仅能了解孩子的思维轨迹，更能了解孩子思维的盲区，从而查漏补缺，坚持一段时间，定会收到可喜的成果。除此之外，还可以让孩子参与家务劳动，这不仅能培养孩子的生活能力，更能让其感受作为家庭一员应该承担的责任。家务劳动不要只局限于整理书桌、扫地、洗碗，要有一定的挑战性，比如家具的组装、小家电的维修保养、旅游行程的规划等等。这既能培养孩子运用知识解决实际问题的能力，又能拓展亲子交流互动时空。

执笔人：上海市风华初级中学　李云龙

如何引导孩子走出虚拟与现实的交际困境?

· 【情景扫描】

班主任张老师观察到一向开朗外向的小雨最近有些神情恍惚,平时三五成群嘻嘻哈哈的女生中间也看不到她的身影,上课下课,她总是无精打采地趴在桌子上睡大觉,饭也不多吃了,有时候午餐甚至不吃。以往她可是班级的"光盘神器",有她在,班级的"光盘"行动畅行不少,同学们不爱吃的菜她都爱吃,午餐一个人可以吃两个人的饭,小雨的开朗乐观给初到这个班级的张老师留下深刻的印象。这一年不到,小雨的性格好像正在发生急遽变化。

张老师惊异一个人何以发生这么大的变化,于是找来同学们了解情况。

访谈的结果,女生们一致表示不喜欢小雨,有同学会在她的社交平台直言不讳,也有的同学慢慢与她减少来往,而班级男生却很维护小雨,甚至在 BBS 上发生过男女生的论战,说小雨并没有什么错,是女生们嫉妒,这样更加让班级女生疏远小雨。

有同学说小雨喜欢在朋友圈发一些自己的美颜照片,赢来很多男生的点赞,感觉她在炫耀;有同学说小雨会在朋友圈发一些她们不喜欢公开的小秘密,后来女生们就逐渐疏远她了;有同学说小雨总是给她打微信电话,一聊就是很晚,都是聊自己的琐事,影响学习。慢慢地,同学们不仅对她关闭朋友圈,甚至同学们组建的友谊群也删除了小雨,现实中也逐渐不交流不来往了。

面对这样的局面,张老师陷入了沉思……

· 【问题归因】

1. 网络交际的表达误区

当今社会，成年人之间的连接有一半来自网络，青少年之间的连接也是如此。手机、电脑、iPad 这些工具基本人手必备，微信、QQ、微博等社交软件让学生之间有了交流的渠道。如果运用好这些工具，它们可以是人与人之间增进感情的纽带，如果运用不当，则会引发一系列矛盾。

同学们在校园里都是穿着一样的服装，留着相同的发型，在学校里同学们的爱美天性无法施展，似乎只有学习好才是头顶的桂冠。但是爱美本来就是人类的天性，如今有了美颜滤镜，女孩子顾影自怜似乎也很正常，但如果过分沉迷于此，在朋友圈过度展示表达，则会引来他人的另一种评价，初中生虽处在追求真善美的时期，但他们更关注真实性。

2. 引发矛盾的焦点问题

（1）不恰当地表达自己，容易引发矛盾。比如在微信群或者朋友圈里展示引发争论的图片或者发表容易引起误会的言论。现在有一个网络流行词叫"凡尔赛"，是指一种"以低调的方式进行炫耀"的说话方式。如果是开玩笑地"凡尔赛"倒也不失为一种幽默，可是运用不当可能会引发争端，引起一系列矛盾冲突。

（2）与人相处没有边界感。比如小雨毫无顾忌地给同学打电话，不管是否影响到同学休息，或者对方是否对谈话内容感兴趣，过多地表达自己，不懂得恰当沟通和倾听，容易遭到同学的反感，因此受到同学的孤立。

（3）虽然在虚拟世界，不恰当的表达依然会引发正义与非正义的交锋。青春期的孩子正是价值观形成时期，都有自己的看法和评价，也容易受他人言论的影响，如果没有及时引导，可能会引发现实中的交际问题。

• 【实践支招】

1. 明察暗访，探求动因

网络暴力事件的表象都是相似的，背后的动因却各有各的不同。作为班主任要明察暗访，以找学生谈心的方式了解到同学之间的暗流涌动。一般情况下都会了解到同学之间有哪些小矛盾，每个人的问题是什么，这时候班主任要正向引导，对同学们正确的价值观予以肯定，对负面的消极观念予以纠正。

2. 关注心理，逐一击破

针对问题的当事人，要关注孩子的心理健康状态，以免网络问题变成现实问题，造成不可挽回的伤害。比如小雨同学，因为不恰当地使用网络，与同学们的相处缺乏边界感，遭遇同学们的冷暴力对待。要引导同学们正确使用网络沟通感情，发表观点，展示自我。小雨因为同学们的孤立，由开朗外向变得内向自闭，需要老师更多的介入关怀，同时也要对其他同学进行疏导，引导同学们宽容、包容、求同存异。

3. 认清虚拟，面对现实

网络也是一个小世界，和我们现实中一样，有同学因为网络名字是虚构的，自以为不用负任何责任，在网络世界不负责任地随意评论。如果不及时予以纠正，就会成为未来网络暴力的主力军。家校联盟，共同营造良好氛围，引导同学们积极面对网络上的交际问题，认清虚拟，面对现实。

通过家校平台，与家长紧密合作，倡导家长首先成为孩子的朋友，更多关注孩子的精神层面，引导孩子正确使用网络建立积极的社交关系。

21世纪，网络是我们生活的一部分，它不只是一种工具，一种手段，更是一种生活方式，我们无法割裂网络与人的联系。因此要妥善利用网络这把双刃剑，利用它好的一面，抵制坏的一面，让网络成为同学们沟通感情的桥梁、学习的有效工具。青少年最可贵的是他们对新生事物的好奇心，但他们尚缺乏足够的社会经验和辨别能力，对此，通过早读课和班会课开展十分钟队会、主题教育等形式，引导同学们建立正确的交际观念，注意方式方法。孩子们成长过程中很需要有朋友，可以是知己，可以是玩伴，但无论虚拟世界还是现实生活，都要学会顾及他人感受，换位思考与体谅，须有边界感。

执笔人：上海市静安区大宁国际学校　张学敏

如何应对云班会上的"窘况"

• 【情景扫描】

　　为了解疫情防控期间同学们在家的学习生活情况，提升学生的自我管理能力，班主任刘老师决定开设一节主题为"学会自我管理，积极应对疫情"的线上班会课。因第一次在线上进行班会课，刘老师十分重视，班会前两天就发布了通知，课前十分钟又进行了签到提醒。刘老师正满心期待与同学们在"云上"相会时，没料到上课时间已过去五分钟，只等到一半左右的同学进入直播间。尽管有些失落，刘老师还是十分热情地与同学们打招呼，开始了线上班会。课上，她请大家交流疫情防控期间自我管理的做法，可屏幕前始终只有几个"活跃分子"参与，大部分同学一直没有动静。于是刘老师决定连麦邀请个别同学进行语音分享，她先请小 A 回答，可对方久久没有回应，又邀请小 B，同样遇到了这种"窘况"。意识到问题的严重性后，刘老师来了个突击点名，没想到只收到大约三分之一同学的反馈。哎，最终这堂云班会在尴尬中草草收场。

• 【问题归因】

　　由于新冠肺炎疫情的影响，在教育部"停课不停教，停课不停学"的政策指导之下，全国中小学都陆续开展了线上教学，云班会也应运而生。这原本是一件令人欣慰的事，可以在疫情防控期间继续加强德育，帮助学生提高认识、健康成长。可实际操作起来"窘况"不断，像上述案例中刘老师遇到的尴尬问题屡见不鲜：学生迟到现象严重、注意力不集中、课堂参与度低⋯⋯究其原因，有以下几点。

1.监管弱化，难以约束学生行为，管理难度加大

传统的线下教学中，教师与学生面对面，自制力较差的学生也能或多或少地得到促进。但线上教学，学生面对的是一块块冰冷的屏幕，里面传出的是"可有可无"的声音，部分学生自由散漫、拖拉懒惰等坏毛病便逐步暴露，且难以得到有效约束。再加上一些家长因工作忙不能陪孩子上课，导致孩子迟到缺席、上课开小差，甚至沉迷网络游戏等问题日益严重化，课堂管理难度加大，教师心有余而力不足。

2.个体被割裂，团体活动开展受限，课堂模式单一

线上教学使个体被割裂，因此以往线下班会经常开展的活动，如情景剧表演、专题讨论、集体朗诵或游戏等团体活动，无法在云班会上得以开展。再因既懂网络又懂教学的教师比例不高，直接影响了在线教学中作为教与学两方面的接口——课件的制作质量，造成班会模式单一，教师一言堂，缺乏吸引力。时间一长，学生的注意力自然分散，无心听课。

3.情感体验受阻，影响学生参与课堂的积极性和主动性

传统的班会课之所以受学生欢迎，很大一部分原因是师生、生生之间交流与互动十分便捷，学生无论是个体还是群体，都可以自由地开展活动或发表想法，教师也能第一时间给予言语或肢体、表情上的反馈。而线上教学隔着冷冰冰的电子屏幕，师生无法有效沟通，生生交流、同伴互动无法实施。交流互动的缺失在很大程度上阻碍了师生之间、生生之间的情感体验，影响到学生参与课堂的积极性与主动性。

4.课前缺乏对学生内在需求的考察，对教育目标把握不充分

主题班会是围绕一定主题而进行的班级成员会议，主题首先应是学生共同关心的、感兴趣的问题。案例中刘老师确定的云班会主题是"学会自我管理，积极应对疫情"，从教师的角度出发，促进和培养学生在疫情防控期间的自我管理能力是十分重要和必要的，但从学生的角度出发，他们对提升自我管理能力是否有迫切需求却不得而知。因此，云班会教育目标的设置应从学生的实际需求和存在的问题出发，基于充分的调查和考量，既能激发学生的情感体验与内在感悟，又能给予积极有效的引导和帮助。

- **【实践支招】**

1. 充分准备，有的放矢

通过对上述案例的剖析，我们发现云班会在课堂监管、教学模式、调动学生积极性等诸多方面与传统班会相比，的确增加了不少难度。其实，首要任务是在准备阶段，唯有充分准备，下足功夫，同时激励学生发扬主人翁精神，积极参与主题班会每一个环节的思考与设计，才能推动云班会顺利开展。

（1）主题明确、有针对性

班会主题的确立可从多方面入手：一是积极考查学生近期的学习生活情况、思想动态，寻找班级中普遍性的典型存在的思想问题，如考前开展"与压力共舞，和幸福牵手"班会可帮助学生缓解压力、愉悦身心；二是积极捕捉学生喜闻乐见的事件、社会热点和新闻时事，提炼其中的育人价值，如"普及防疫知识，弘扬抗疫精神"等；三是根据同学们感兴趣的节令、纪念日等确立主题，如"领巾心向党，做感恩少年"儿童节主题班会等；四是由学生自主确立主题，可个别征询，或动员每位同学，或由班干部在广泛听取同学意见的基础上选定。总之，班会主题的确立要做到贴近学生、贴近生活、贴近时代，能够引起学生共鸣，有利于引导学生成长。

（2）任务具体、操作性强

云班会前的任务布置至关重要，是云班会能否顺利开展的关键。班主任应充分发挥集体的智慧和力量，相信学生，依靠学生，放手让学生去干。任务应具体细致、操作性强，不应含糊笼统，令学生无从下手；也不能难度过高，让学生望而却步；应预留给学生充足的时间，确保其能认真完成。任务分派的形式可多样化，难度低的可下达到每位学生；难度高、需要团队协作的可小组完成；可指派任务，也可允许认领任务，分工合作。

比如，"我有一双灵巧的手"爱劳动、学技能主题云班会前，老师让每位同学上传劳动或技能的照片、视频、文字等，有些学生还特地向长辈学习厨艺、缝纫、编织等，不仅为班会提供了丰富的素材，也大大提高了劳动热情与能力。另外，还可以发动家长，鼓励家长踊跃参与。家长不但可以给予思想引导，帮助孩子认识到班会的重要性，还可以为云班会提供建议或意见，督促与指导孩子完成相关任务，为孩子记录下成长的精彩瞬间。

2.加强互动，形式多样

云班会虽然与传统班会有很大差异，但同样应秉承以学生为中心，以情景为中心，以活动为中心的班会理念，根据学生的身心特点，在内容的选择和形式的设计上下一番功夫。一方面应对学生价值观、人生观、世界观的形成，智力的启迪，人生道路的选择发挥影响；另一方面应以学生喜闻乐见的内容为主，简洁明了又富有趣味。形式上应丰富多变，加强师生、生生之间的交流互动，避免教条式的长篇大论的说教。可尝试以下四种方式。

（1）讨论社会热点

当今社会传媒发达，一些社会热点事件迅猛进入人们的视线，学生不可避免地会受到积极或消极的影响。若班主任善用社会热点，将其引入主题班会对学生进行积极教育，将有助于培养学生的社会责任感与正确的人生观、价值观。

（2）评选优秀作品

引导和帮助学生发展个性是班会的宗旨之一。学生的能力有差异，兴趣有不同，仅仅从学科上来评价无疑是片面的，不利于学生成长。因此，云班会可从评选学生优秀作品着眼，鼓励学生积极参与各类活动，激发他们的荣誉感。如在"凝心聚力，珍爱生命"抗疫主题班会前，老师请同学们提交与班会主题相关的拿手作品，可以是抗疫绘画、书法、剪纸，也可以是与团结、生命相关的歌曲、朗诵、故事等。

（3）开展知识竞答

开展知识竞答不仅可以扩大学生的知识面，挖掘学生爱知识、用知识的热情，而且无疑是活跃云班会气氛，调动同学们积极性与主动性的有效方式。如何让云班会的知识竞答变得有趣活泼且富有教育意义？其实除了利用PPT出示填空、选择等常规题型外，还可以充分发挥同学们的特长，尽量丰富试题内容。

（4）组织主题辩论

主题辩论是线下班会的常见形式，它能碰撞出思维的火花，锻炼学生的口头表达能力，加强团队协作能力……可是云班会将个体割裂开，似乎无法开展此类活动。事实上，只要动一番脑筋，并巧用平台资源，同样可以在云班会上实现辩论。让主题辩论进入在线课堂需要班主任的勇气，更需要充分依靠集体智慧。唯有师生、生生之间通力合作，互相激励，才能使辩论赛有趣过瘾，让云班会精彩纷呈。

3.注意反馈，巩固成果

课后反馈是提升班会质量不可或缺的一步。一堂课下来，到底有哪些不足，有哪些可取之处，应该如何改进？除了教师自身加强反思外，还可请学生给予反馈。学生是课堂的主体，有时学生的切身体验与积极建议，往往能起到事半功倍的效果。因此，云班会后可通过微信、钉钉等平台进行回访，也可利用调查问卷等方式，及时掌握来自学生的信息反馈，抓住学生思想情感方面的变化，在巩固成果的基础上继续加以引导，促其升华。力争在每次主题班会之后，让学生的心灵深处留下一些有价值的东西，帮助他们在思想认识和能力上有所提高，在行动上有所改进，朝着更健康的方向成长。

执笔人：上海市华东模范中学　柳利萍

疫情防控常态化下如何进行有效班级管理的新策略

• 【情景扫描】

停课不停学，彻底改变了长期以来学校教育教学的方式。空中课堂，云上之约，师生隔空对话。再次回到课堂，学生们在欣喜、兴奋之余似乎又与原来有了一些不一样的地方。

例如，在错峰、同向就座用餐的防疫要求下，原本身边围绕着不少好朋友的小丽总是一个人默默地在食堂吃午餐；同组前后座的小张和小王在复学后总是因为座位间距、作业下发等小问题发生争执；成绩中等的小林在返校复课后，课堂上总是有些精神恍惚、注意力不集中，作业和检测质量明显下降；策划举行班级活动时，同学们似乎总是提不起兴趣，参与度相比以前明显降低……

特别是原本学习表现虽然较弱，但在行为规范表现上非常不错的小明在复学后已多次迟到，成绩也出现了明显的退步。班主任虽多次和他交流学生须遵守校纪校规的重要性和必要性，并尝试通过对话的方式了解小明经常迟到的原因，同时与家长进行了联系，但这些似乎都没有达到预想的效果。而小明虽在家长和班主任面前做过保证，但一段时间后，同样的问题又会出现。最近据同学和家长反映，小明沉迷网络游戏，有时会出现厌学、精神萎靡的样子，家长也对他无能为力。

面对班级学生特别是小明同学的这些变化，我们又该怎么发挥智慧做好进一步的班级管理呢？

• 【问题归因】

疫情防控期间，在教育部"停课不停学，离校不离教"的政策指导下，教学模式的变化或多或少使学生在学习习惯、身心状况等方面发生了不小的变化。

1. 线上教学的弊端凸显

（1）学习自主性无法得到保障，学习效率降低

线上教学过程中，学生不像以往在学校里有统一的作息、铃声提醒等，老师们也不似以往能时刻观察到学生的学习状态，隔着屏幕无法了解学生是否走神或者做其他事情，特别是像小明这样自控力、主动性较低的孩子无法在老师的监管、提醒下很好地参与到课堂中，学习质量也就无法得到保障。

（2）对网络、手机等电子设备过分依赖

绝大部分的孩子因为在家时间过于长久且没有合理的学习及娱乐的时间计划，所以游戏自然而然成了他们的主要消遣。同时，游戏的画面、音响效果也给孩子带来了更大的感官刺激，从而使其沉醉其中，出现对网络及手机的过度依赖。

2. 家庭关系过度紧张

长时间地使用电脑、手机或者平板等电子设备在家进行学习、完成作业等，使得学生的视力有了一定程度的降低。除此之外，原本每天的早操、眼保健操、体锻活动等 1 小时的体育运动时间也被压缩，个别孩子的生物钟时间颠倒，学生的体能素质也有了不同程度的下降。而这样的情况往往让忙于工作的家长感到头疼不已却无计可施，只能采用不停唠叨或责骂让孩子意识到这些问题，但这样的行为却进一步激化了家庭矛盾。

原本就处于青春期的孩子们，与家长对待事物的观点本就大相径庭，此时更容易因为家长的教训而出现叛逆、"对着干"的情况，这也使得家庭关系更为紧张。

3. 伙伴关系的淡化

由于较长时间的空中课堂学习，班级学生之间的伙伴关系也有显著的减弱。原本每天 8 小时左右的校内生活是由老师与同学一起陪伴度过的，但是环境的转变使得大部分孩子每天在家单独一人或与长辈一起度过。较长时间的居家学习，也使得孩子们的性格不免发生了一定的变化，且同龄人之间人际关系的疏离也进一步呈现出来。因此当学生回到学校继续开展校园生活时，学生之间友好的氛围、集体意识都有了一定程度的减弱。

4. 心理健康问题凸显

我们的学生首次面临大范围社会群体隔离及"延迟开学"的挑战，容易出现

持续的烦躁，对各种信息过于敏感、紧张，不能静下心来学习，对以往感兴趣的事情提不起兴趣来，这也使得孩子们在复课后不能及时调适好心态，恢复正常的学习生活状态。就如小明一样，因为没有及时调整好自己的状态，所以逐渐产生了厌学情绪。

• 【实践支招】

在探究学生发生的这些变化的具体原因后，身为班主任的我们可以尝试用以下方法来做好疫情防控常态化下的班级管理，将我们的班级管理向"互联网＋"做进一步的延伸。

1. 以积极热情乐观的心情感染、激励学生

当我们踏上三尺讲台之时，我们要以自身亲切温和、积极热情、乐观包容的状态引领学生重新回到课堂中来。用语言对学生进行积极的暗示，缓解他们的不良情绪。同时，我们还可以转移学生的注意力，刺激他们多想些愉悦的事情，保持心理平衡，释放自身压力。我们要宽容学生成长中的问题，让学生感受到爱与尊重，感受到安全与幸福。

2. 以细致实效的常规行为规范管理约束、规范学生

常规的行为规范管理是班级管理的重头戏，需要反复抓、抓反复。后疫情时代要保证同学们能够正常、健康、安全地在校开展各项活动，细致而实效的行为规范就显得格外重要。因此，我们要引导同学们清楚认识在各种琐碎小事上要做到什么、为什么要这么做、应该怎么做。有了井井有条的行为规范做保障，学生的活动和学习也就能更快地进入状态。

我们可以建立关于特殊孩子的档案，设计个别化的教育方案，特别是在"全员导师制"的实施背景下，班主任与特殊孩子的导师们可以借助翔实的档案内容，与家长、孩子面对面、有理有据地商讨如何解决当下的问题。同时我们也可以请心理老师介入，做好老师、家长、孩子之间更为有效沟通的建议者，通过这样的多方合力，给出更为合理的实际操作建议，如家长做好孩子放松休闲时间的监管工作，家长更多地陪伴孩子进行适当的课外阅读等活动，孩子能勇于向家长表达自己的真实想法……

3. 以丰富多彩的活动为抓手凝聚学生

活动是增强班级凝聚力的最好方法，也是对学生进行道德品质教育的最佳方式。在班级管理中，我们可以结合学校的活动要求和学生的学段特征开展各项活动，如复课复学后的"聊聊我的空中课堂""我所了解的新冠肺炎疫情"等。当然，带领孩子们再次认识身边的同伴，用发现的眼光看看班级同学身上有哪些细小的变化，也有助于同学们再一次增强伙伴意识，感受到集体是由所有同学共同组成的。我们也可以在各式各样的班集体或小队活动中，发掘学生身上的长处，让他更多地在班集体中展现自己，找到自己在班级中的存在感，感受小伙伴们与自己更为密切的伙伴意识。

对于学习目标不明确、学习动力不足的学生，我们可以设计有关职业生涯教育的主题班会，并且充分挖掘家长中的不同职业人士资源，通过"直播面对面"的方式让家长与孩子们在线上沟通他们在各自工作中所需要具备的素养、工作中遇到困难时如何解决等内容，帮助孩子们更早地产生对于自身职业规划的思考。

4. 以延续的网络教学为辅助手段

虽然学生都已回到学校正常开展在校生活，但身为班主任的我们可以继续利用空中课堂时的方法来作为辅助手段。例如，利用家校群接龙功能了解同学们周末的起床及睡眠时长、避免学生周末作业完成出现拖拉现象，可以分别在周六、周日进行部分作业的上传……

我们也可以引导个性相投、成绩不同的孩子们建立微信学生群，鼓励学习更为积极、自觉的孩子与惰性较强的孩子结对，互相督促，帮助他们产生一定的学习动力。为了避免群内交流偏离原来建群的初衷，我们可以不定时地请孩子们将群内对话告知给老师或家长，做好相应的监督、管理工作。

班级管理工作是千头万绪、纷繁复杂的，特别是在疫情防控常态化下，我们需要将线上与线下的教育管理结合起来，做新时代的教育，以更强烈的爱心和责任心来引领学生向善、向真、向美前进。

执笔人：上海市回民中学　李琦

如何利用班级群调动学生的学习兴趣，提高学习积极性？

· 【情景扫描】

一个周末的清晨，班主任醒来后习惯性地拿起手机，突然看到班级群里跳出一个游戏链接，上面赫然写着"勇者同行，为了和平"，下面还引用到"游戏虐我千百遍，我待游戏如初恋"，老师瞬间清醒过来。链接是小 A 同学发的，但群里和私信里都没看到其家长的留言，看来家长还没留意到孩子的举动。一个游戏链接如此显眼地摆在班级群里，既是对班主任权威的挑战，也是对班主任处理能力的考验。如果置之不理，势必造成不良影响，如果直接批评，又会伤害孩子自尊。怎么办呢？过了一会儿，小 A 同学才意识到自己发错了群，急忙回复："发错了，对不起，手误点错了。"

· 【问题归因】

出现像小 A 这样状况的原因主要有以下几种。

1. 家庭教育——特殊家庭爱的缺失

目前的教育环境中，特殊家庭（单亲、离异、隔代抚养、高知、全职等）占到一定比例，每个人的成长经历不同、生活环境不同、个性特质不同，由于工作的压力和强度，现阶段隔代抚养的学生数量也越来越多，有很多孩子和小 A 一样，在需要父母陪伴和习惯养成的时候，没有和父母生活在一起，而是在祖辈的教育下成长。不少孩子在幼年阶段是被过度溺爱和放纵的。很多家长对于孩子的成长缺乏责任心和关照，对于孩子的成长处在一种不闻不问的状态，甚至是将其交给其他人进行管理，对孩子身上出现的问题也漠不关心，即使知道了，也常常会以自己太忙或者自己家庭有特殊事情为借口来逃避这些问题。

2. 学生自身原因

（1）学习目标不明确，缺乏长远动机

一方面，到了初中，相比小学阶段学生学习内容多、任务重，每天除了上课还是上课，再就是没完没了的作业，学生自由支配的时间很少，学生在学习过程中产生的各种不良情绪无法宣泄，使得学生感到学校生活压抑、单调、无活力。另一方面，受教育大环境的影响，现行教育评价机制不够合理，单纯地以学生的考分衡量学校的教学质量，衡量教师的教学水平，最终使学生学习负担过重，造成学生身心长期疲劳过度，厌学情绪滋生暗长。部分学生学习成绩不佳，对学习感到乏味，学习被动，对学习任务只是穷于应付，他们感到学习是一种苦差事，简直是一种活受罪，但是迫于老师、家长的压力，不得不每天背着书包到学校混日子，只求初中能毕业，缺乏为振兴中华而刻苦学习的长远动机。

（2）信心不足，自暴自弃

由于学习成绩差而产生自卑感，加上外界压力，如老师的批评、家长的训斥、同学们的耻笑等，使之失去信心自暴自弃，破罐子破摔，一谈起学习就心烦意乱、苦闷、焦躁、头痛，一进教室就情绪低落，他们对考试抱着一种无所谓的态度，他们认为爸爸妈妈对学习上的问题一窍不通不能辅导只会批评，自己也只能这样。

（3）人际关系不融洽，沉迷于网络

师生关系的好坏是左右学生学习兴趣举足轻重的因素，而学生学习兴趣直接影响到学习的主动程度，进而对学习成绩产生作用。小 A 平时和同学的关系也不是很融洽，他自己说他能在游戏中找到快乐。虚拟性是网络的重要特点，青少年的思想往往比较简单幼稚，充满了理想化，容易把自己置身于虚拟世界，不愿面对现实生活，导致其交往能力下降，逆反心理加重，现实中人际关系冷漠。

（4）青春期叛逆的个性

中学生正处于青春期，又被称为"特殊期""危机期"。中学阶段的孩子心智尚未成熟，自制力较差，容易产生逆反心理。孩子在成长过程中，也会遇到来自社会的各种影响。自制力强的孩子可以控制自己的行为，抵制诱惑，从而做出有利于自己和社会的判断，而自制力差的孩子不能控制自己，在面对诱惑时，容易误入歧途。

· 【实践支招】

工欲善其事，必先利其器。班级群是促进家校沟通的重要工具，只有运用好群管理的诀窍，才能有效促进家校沟通和工作开展。建立班级群的目的是通过沟通联系建立良好的家校沟通，合力教育好孩子。因此营造良好的群氛围显得非常重要。为此给大家支几个"小妙招"。

1. 利用班级群精心营造良好的师生关系

（1）塑造宣传榜样，激发学生正能量

班主任在班级管理的过程中，不仅要做好学生的学习与纪律管理，更要借助班级管理工作塑造学生健全的人格，促进学生身心健康成长。在这样的管理思想指导下，借助班级群开展班级管理工作也能发挥出巨大的作用。在具体操作过程中，班主任可以构建班级学习平台，每天在班级群中发送新闻中的榜样人物以及学校的榜样人物，鼓励学生向这些榜样学习。同时，班主任还可以根据时间节点选择班级群中的教育主题，如在国庆节来临前，班主任可以在班级群中发布一系列爱国主义教育主题内容让学生阅读，这样的管理方式能够使学生的教育工作更加灵活。

（2）营造协同学习，建设学习共同体

协同学习改变传统单向传授、孤独记忆、个人努力、群体竞争的学习方式，寻求相互合作、共同提高、彼此激励的学习状态。班主任放下管理者的身份，以倾听者的姿态给学生演绎尊重、平等、信任、关怀等品质内涵，让学生在班级群内相互倾听、相互支持、相互激励，为学生营造安心的表达空间，给学生创造交换意见和相互沟通的环境，协助学生在倾听他人的观点中发展自己的认识，提升批判性思维和解决问题的能力。建设学习共同体，让班级群成为师生心灵相通、信任关怀的场所，成为师生倾听、协同学习的场所。

2. 利用班级群打造即时互动的班级平台

班主任在班级管理的过程中，要及时沟通，借助互联网即时性的特点，最大限度地发挥班级群的桥梁作用。班主任能够通过班级群及时与学生家长沟通，向学生家长反映学生的近况，还可以借助班级群的核心功能发布最新的班级消息，例如放学时间、停课等各类通知，这样能够使学生更加有目标地进行学习，也能通过与学生家长沟通，了解学生的个性及学生的现状，进而根据学生的实际情况进行有针对性的教育引导工作。

3. 利用班级群巧妙引导自主的学生互助

班主任在进行班级管理的过程中，不仅可以借助班级群与学生进行沟通交流，也能引导学生之间通过班级群进行互助。当学生在学习中遇到一些较难的问题时，可以在课后通过班级群自由讨论，使学生之间形成相互带动机制，同时班主任也可以就自己任教的科目参与到学生的讨论中，让学生感受到我们始终是和他们在一起的。这样不仅能够帮助学生答疑解惑，更能拉近班主任与学生之间的距离，让学生感受到我们的陪伴与爱，有利于营造新型的师生关系，从而提高学生的学习质量和效率。

4. 利用班级群用心激发正能量的家校共育

班主任在利用班级群进行班级管理的过程中，可以打造班级群，邀请学生家长进入群聊，教师可以针对学生的学习生活情况，分享一些家庭教育的公众号，推荐一些好文章给家长学习，让家长意识到自己也需要不断地学习，并且懂得如何与子女平等地交流沟通，以使家长随时随地关注孩子成长的状况，了解孩子的学习近况。班主任可以经常在班级群内及时上传各类亲子活动作品，如有的家长看到部分学生上传的亲子作业后，受到触动，随即也开始重视亲子活动，重视家庭教育，积极配合学校工作。这样能够帮助班主任更好地进行学生管理工作，在此基础上使班级群成为家校共育的有效平台，更能提高班级管理工作的质量和效率。在这样的氛围中，能够使家长更深入地了解孩子，孩子也能更好地理解父母，这种双向关怀和双向沟通，更有利于学生身心健康成长，也能极大缓和亲子关系。

在信息化时代，班主任在班级管理工作的过程中应当对管理方法进行不断改革，在改革的过程中积极应用班级群进行班级管理，打造高效高质的班级管理平台，也能为班主任的管理工作增添新的活力。班主任在这样的班级管理氛围中，为学生营造良好的成长环境，搭建更好的学习和成长平台，更好地促进学生身心健康成长，更有利于提高学生的管理效果，为促进学生全面发展打牢基础。

执笔人：上海市时代中学　周洪娜

对于网络时事热点问题，班主任如何正确引导学生？

• 【情景扫描】

小 A 是某个明星的粉丝，把他视为自己的偶像。但最近这个明星做了一些不符合社会道德的事，引起许多网民的声讨，还上了微博的热搜。对于偶像的这一行为，小 A 不断在网络上为他进行辩解，甚至和一些网民互相谩骂，还把截图上传到朋友圈，甚至有一丝炫耀的意味。小 A 的家长对这种行为不能理解，但家长的话小 A 也不听，于是来求助班主任。年轻的班主任对此感到不知所措。

• 【问题归因】

上述情景涉及对网络时事热点问题的讨论。随着愈发流行的"饭圈文化"的发展，学生并没有加以深刻的思考或没有理性的分析，或者是凭借一时冲动、头脑发热，根据自己的理解或者喜好发表了一些不恰当的消极评论。这种行为实际上危害是很大的，正如案例中小 A 把自己的行为发了朋友圈，这就有可能潜移默化地影响其他学生的观点，从而在班级甚至在学校里形成一种不良风气，影响当代中学生的三观以及他们的思想觉悟。基于以上分析，可从以下三个方面来具体分析这个现象背后的原因。

1. 家庭教育

小 A 沉溺于追星，很重要的一个原因在于家庭教育。小 A 把自己的感情寄托在偶像身上，说明在平日里，父母对于小 A 的陪伴少之又少。父母与孩子之间的互动交流是欠缺的，从而导致孩子无法向父母宣泄自己的情感，只能把情感寄托到偶像身上。父母对于孩子追星这一方面的教育也不够，一味放纵孩子去追星，没有在第一时间进行正面积极的干预指导，从而导致孩子深陷其中无法自拔。

2.学校教育

现在追星是一种十分流行的文化，许多学生都沉溺其中，而学校对于引导学生如何理性追星的教育有所欠缺。青少年是需要在学校中学会如何与他人交往，而这些盲目的追星族实际上都把自己封闭起来，不与他人交往。并且网络交往会弱化人际沟通能力，使得青少年不知道如何在学校里与他人进行面对面的交流，甚至变得不愿与人交流，最后甚至会影响青少年的信任感、责任感和道德感。

3.社会教育

目前的饭圈文化在社会教育这一方面是缺失的，大部分饭圈文化传递的都是负能量或者是比较过激的行为，而社会需要承担起对于青少年的教育责任。"饭圈"存在疯狂氪金、无脑应援、网络骂战等乱象，对青少年的健康成长危害极大。如今是时候需要社会多管齐下，做一番彻底的矫正和清理。根治畸形"饭圈文化"，有关部门需要协同发力，针对这些背后的力量精准施策，也需要全社会的参与，共同形成维护正能量的"雷霆之力"。

•【实践支招】

1.着眼细小之处，培养学生的家国情怀

（1）树立榜样力量，明确学生的是非观

老师可以在班级里或者在社交平台发布一些正面的榜样，例如袁隆平、屠呦呦、航天英雄等。通过这些榜样的力量来让孩子们意识到一个积极向上、阳光的榜样应该是怎样的，并且引导孩子们向榜样学习，把这些榜样作为自己通往成功之路的动力。这样可以在他们心中树立积极、阳光、向上的观念，使他们形成正确的世界观、人生观和价值观。

（2）传播正能量的饭圈文化

饭圈文化的种类很多，其中有很多正能量的饭圈文化。我们要倡导青少年追求先进文化。我们有"仁、义、礼、智、信"等博大精深的优秀传统文化，有井冈山精神、"两弹一星"精神、航天精神、抗疫精神等鲜明独特、奋发向上的精神文化，有承前启后、继往开来的社会主义先进文化。青少年是蓬勃向上的一代，不管是娱乐界还是教育界，都应倡导青年树立正确的"追星观"，追求新时代的优秀文化。

（3）举办主题辩论赛

针对饭圈文化这一现象，可以在班级里举办主题辩论赛，例如：饭圈文化是否有益于学生成长？偶像与父母，谁的陪伴更重要？这些具体的辩题可以让学生更加深层次地思考饭圈文化所带来的利与弊，让学生思辨地去思考这一现象，从而更加明确学生的是非观。

2.落实社会参与，培养学生的社会担当意识

（1）培养责任担当，引导学生关注明星的责任感

张艺兴捐助 10 辆救护车，被正式派往各个贫困县医院及妇幼保健院投入使用。江一燕平均每年用 15 到 30 天的时间去贫困山区支教，出钱又出力，是个行动派。孩子以前没有厨房、吃的饭都是黑的，现在有了免费的午餐一荤两素，有的孩子连鞋都没有，到现在可以每年定期体检打疫苗。姚明捐款接近亿元，有自己的姚基金。古天乐有自己的古天乐慈善基金，3 年捐建 50 所学校，为了保证质量，还派专人监察工程。这些例子都体现了明星所具有的社会责任感，引导孩子多去关注明星身上的正能量。

（2）红色印迹追寻

针对红色场馆进行网络打卡，以班级为单位开展红色印迹之旅，去追星红色文化。例如中共一大会址、中共二大会址等，去学习其中所孕育出的井冈山精神、长征精神等，借助网络开展一些有益学生的主题培养活动。

3.鼓励家庭陪伴，培养学生积极向上的良好心态

（1）落实家庭教育，鼓励家长多陪伴孩子

家长可以和孩子共进三餐，培养亲密关系；陪孩子复习梳理，建构知识体系；带孩子去书店或图书馆；和孩子一起运动等。家长要明白一个道理：在孩子的成长过程中，关系先于教育。亲子关系好的家庭，你说的话，孩子才愿意听。家庭是孩子生活化的场所，所以家长和孩子一起生活的过程会发挥出神奇的教育效果。带着爱意给孩子和家人准备三餐，餐桌上轻松、自然地交流，你就会成为孩子精神上的支柱。

（2）家长正面引导孩子，让孩子内心世界变得充实

对于青少年而言，强大的自信感和安全感都是来源于家庭的。父母要多陪伴孩子，这样可以填满孩子的精神世界，不至于被饭圈文化填满了内心。原生家庭

给孩子的那些影响深深地留在了每个孩子的心里，这是每个孩子所无法逃离的。所以在孩子的成长路上，父母一定要多关心孩子一点，多陪伴孩子一点，多鼓励孩子一点，让孩子更有自信，更有安全感，让孩子的内心世界变得充实。

执笔人：上海市静安区教育学院附属学校　王双杰

合理利用网络"沃土"，学会与情绪和平共处

随着现代技术的飞速发展，人们的交流越来越依赖"云端"，微信、微博、QQ等社交软件存在于我们日常生活的每个角落。初中生正处于人生三观逐步形成的时期，极易受到周围环境的影响。现在，越来越多的初中生将"朋友圈"作为自己的"一方宝地"，毫无顾忌地宣泄自己内心的情绪，向世界"呐喊"。殊不知，这看似私密的"宝地"却像一面放大镜，将自己的一言一行折射给身边的每一个人。如何合理利用"朋友圈"的平台，学会适当地情绪发泄，需要班主任和家长循循善诱，共同配合，给这些"雏鹰"们指引正确的人生方向。

•【情景扫描】

原本不同班却同为学校漫画社的小王和小李每周五下午都会满心期待自己的社团课，徜徉在漫画的有趣世界中，直到那一次副社长竞选，所有竞选者都上台介绍了自己。这时，平时有些腼腆的小王在社长的鼓励下，也站到了台前，她很谦虚地说："我也很想为咱们社贡献一份力量，但是我的绘画基础很不好，只是单纯地喜欢漫画。"坐在一旁的小李对社长说："社长，我觉得作为漫画社的一员，以后要经常为学校画一些宣传作品，今后咱们社团招募时还是需要首先考虑一下绘画基础。"这些话恰巧被坐在旁边的小王的好朋友听见了，下课后她便向小王绘声绘色地复述了小李和社长说的那番话。听完这些，小王十分生气，觉得小李就是在针对她，晚上回到家后，越想越气，便在朋友圈里长篇大论了一番，并在最后喊话小李。这样的一番言论，经过整个周末的发酵，截屏被无数同学传阅，最终上升到班级与班级之间的对抗，一发不可收拾。而作为刚入职两年的班主任张老师，面对这局面陷入了沉思：如何一方面让他们吸取教训，知错就改，另一方面又让他们觉得自己其实是在维护班级的同学？

• 【问题归因】

随着网络技术的普及，任何公共平台的言论和事件都极易在人群中快速传播。而初中生正处于青春叛逆期的高发阶段，极易受到情绪的驱使，在公共平台上发表不当言论以博得关注。虽然大多数言论都是在校外发布，但如果班主任不加以重视和教育，很容易引发蝴蝶效应，以一传十，后果不堪设想。

其实像小王这样在网络上发表不当言论上升到班级与班级之间发生矛盾，给班主任的管理和教育工作带来困扰的原因有以下几个方面。

1. 错把"朋友圈"当成情感宣泄地，忽视了网络传播的实时性

每天刷"朋友圈"似乎成了大家不可或缺的一部分，也是在这样飞速发展的时代里和朋友保持紧密联系的有效途径。所以，部分中学生将"朋友圈"当成自己的日记本，毫无保留地向朋友展示自己的生活点滴，甚至进行情感宣泄。然而，只要上传至"云端"就会有无数种可能，一秒的截屏，一秒的传播，就可以让千万人知晓。如果再出现一些不当言论，曝光率更是令人难以想象。

2. 情绪控制不当，容易被自己的情感所支配

处于青春期的中学生，意识其实已经开始参与情绪的调节和控制。但是，初中阶段却是叛逆期爆发的高峰期，很多同学易怒易敏感，情绪极易受到周围环境的影响，起伏较大，做事冲动不计后果。部分同学往往容易受情绪的支配，出现消极或者暴怒的极端情绪，也不知道该如何合理地面对和发泄情绪，这也是近几年班主任需重点关注的初中生情绪管理问题。

3. 博取关注度，需要得到别人的认可和支持

青春叛逆期是人生中一个极其重要又极其复杂的阶段，需要老师和家长的共同配合才能帮助学生顺利度过这一时期。其实，生于大城市的双职工家庭，很多孩子在父母或者长辈那里得到的关注度并不够，家长每日疲于工作，很容易忽视进入青春期后孩子们对于心理上的情感需求。部分同学会做出一些出格的举动来博得关注。同理，他们也需要得到小伙伴的关注和支持。前文提到的事件之所以能够上升到班级与班级之间的对抗，就是因为小王成功博得了本班同学的关注，号召大家"一致对外"。

• 【实践支招】

作为职初班主任，我们遇到任何问题一定要冷静分析原因，抓住这个年龄段孩子的特点，对症下药，了解他们的心理需求，循循善诱，采取行之有效的教育方式，引导学生树立正确的"三观"。针对情景描述中的问题，可以从以下几个方面着手尝试处理。

1. 真心共情，逐步引导学生意识到网络传播的利与弊

俗话说："同情是为了安慰他人，而共情则是为了理解他人。"作为职初班主任，大多年纪较轻，与学生代沟不大，很容易就能产生共情，走进他们的内心。但是光有"情"还远远不够，更多地需要智慧和阅历。先尝试站在学生的角度理解和分析他们的行为，才能以"过来人"的高度给他们提出合理的人生建议。针对小王这类把"朋友圈"当作发泄地的情况，班主任完全可以结合时下发生的网络热点问题，甚至可以用学生们喜欢的偶像明星举例，比如微博热搜，某某明星发表了不当言论，一夜间可能身败名裂等这样活生生的例子，让他们意识到网络传播的利与弊，也让我们的教育不过于空洞乏味，只有贴近他们的生活，才会让学生真真切切地感受到教育背后的意义。

2. 开展班会，以点概面让学生体验"沉浸式"网络教育

我们平时在日常的班级管理中，总会遇到各式各样的问题，班主任大多采用个别教育的手段去各个击破。但是，作为同一年龄段的学生，难免会出现相似的问题，而开展主题班会就是一种省时高效的教育手段。班主任可以针对近期班级发生的问题选取主题，班会的形式可以多样化，但要有明确的导向性，感染力强，深入学生的内心，达成共识。比如可以针对青春叛逆期学生情绪发泄的问题开展一次主题班会，青春期的学生因为生理和心理均处在一个极为敏感而不成熟的时期，所以他们对外界事物充满好奇心，但又缺乏理智而客观的判断，故而容易形成偏执、极端的性格，一旦遇到困难或压力过大时，往往会采用冲动消极的方式来发泄内心的情绪。班主任可以抓住这一心理特征，全班展开讨论。

班会的时长和效用有时候不一定局限在一节课，也可以做适当的延伸，比如班会前期让同学们做一些数据调查，收集大家平时发泄情绪的方式，在班会上可以让同学们分析讨论，归类哪些是合理的，哪些是不理智的方式。也可以采用现在较受欢迎的"沉浸式"情景剧方式重现个别极端案例，让学生亲身去感受不当

的情绪发泄所带来的后果。在班会课结束后的延伸，班主任可以每周选取某个特定时间帮助大家放松情绪，积极面对自己的情绪，比如情绪正念的呼吸练习，模拟情绪发泄瓶，让学生自己制作不同情绪的小瓶子锦囊，生气时就从"生气瓶"中抽出一张"锦囊"，按照上面的方式进行发泄。学生可以根据自身的情况个人定制"生气瓶""伤心瓶""失落瓶""恐惧瓶"等，让他们学会直面自己的情绪，并找到合适的方法控制和化解。

主题班会课绝不是个别班委或个别同学的表演，也不是班主任一个人的"独角戏"，一定要让班级内每一位同学都"沉浸"其中，共同参与，在加强班级凝聚力的同时，也能高效地化解一些共性的问题。

3. 家班共育，共同促进学生的身心健康发展

家庭教育和学校教育，犹如鸟之双翼缺一不可，苏联教育家苏霍姆林斯基曾把学校和家庭比作两个"教育者"，认为这两者应该有共同的信念，一致的行动。青春期的学生因为有一定的心理特殊性，他们更多地需要老师和家长的双重情感支持，帮助他们度过这一段重要时期。"家班共育"对传统的教育模式进行了更加切合实际的补充，从而打破了传统教育模式的单一性，平衡了家庭教育和学校教育两者的关系，提高了家长对家庭教育的积极性和主动性。

作为职初班主任，更需要家长的辅助和支持，比如定期举办亲子活动，为家庭教育提供一个彼此了解、贴心共进的机会。亲子辩论赛就是一个很好的选择，大家就现今社会的网络热点问题共同探讨、互相学习，让孩子了解家长的想法，让家长走进孩子的内心。此外，亲子调查、亲子才艺展示等都可以成为家长和孩子之间搭建的心灵沟通之桥。这些活动的开展可以大大缓解学生和家长的焦虑，使每个家庭更加充满关爱和温馨。

执笔人：上海市静安区教育学院附属学校　肖潇

第八篇　班主任专业成长

什么是班主任？如果需要用某一事物来比喻班主任，你心里的答案会是什么呢？或许是一块橡皮擦——擦拭不足、淡化缺点；或许是一支画笔——勾勒精彩、描绘未来；或许是一剂催化剂——催化热情、激发潜力；或许是一杯温开水——冷暖适宜、温暖人心；或许是一条纽带——情系师生、联结家校；或许是一条"变色龙"——瞬息万变、因需而动；或许……相信每一位班主任都有自己的答案。

然而，无论班主任是一个怎样的角色，班主任的专业成长都不是一蹴而就的。在这个过程中，班主任会遇到各类问题，这时就需要不断思考，在找到解决方法后，还能反思提炼，这样才会有专业上的快速提升。

本篇章从树立威信、设计愿景、自我平衡、有效沟通等方面，通过实际问题驱动、归因分析思考、实践解决突破，带领大家体验一种"实践—反思—成长"的班主任自我修炼方式。

推介人：上海市久隆模范中学　　汪珏

教师如何有"威"且有"信"?

- **【情景扫描】**

　　张老师刚入职就担任了预备班的班主任，由于她年轻的脸庞，和学生相近的年龄，以及很多共同的话题，很快就和学生打成一片。但渐渐地，张老师有了烦恼，她发现同学们随意地在她的课堂上插嘴讲话，她虽制止，但收效甚微。她布置的学业任务，第二天收到的都是敷衍应付的作业。对此，她私下找同学们进行交流，希望能改善现状，但是学生对于张老师的批评和教育并不在意，班级状况依然不容乐观。张老师非常苦恼，和一位课堂严重插嘴讲话学生的家长沟通，却得到家长这样的回复：孩子平时在家都很懂事，在学校如果出现了老师说的这类问题，恐怕需要老师多多费心思考，平时的教育方法是否妥善……

- **【问题归因】**

　　1. 职初教师不注重塑造自身师者的形象

　　师者，传道、授业、解惑也。中国传统文化中的教师形象是"师道尊严"。在学生心中，老师拥有无比高大的形象，更是绝对的思想权威。然而这些师者形象，和张老师年轻的脸庞不甚相符。由于学生的向师性，他们对张老师更加乐于亲近，但张老师却未能把控分寸，为了建立良好的师生关系，获取学生的信任，在建班初期对他们不合理的行为、习惯过度地宽容放纵，因此师者形象的威信大打折扣，即使后期想要弥补与重建，也是困难重重。

　　2. 教师的教育方式多采取说教的形式

　　说话是一门深奥的艺术。在教育中，我们免不了利用说教的方式帮助孩子意识问题、规避问题。然而张老师用了太多的说教，在课堂上制止插嘴是说教，在课后又私下个别说教，千篇一律的方式让学生无奈且烦躁，非但无法达到她本来预期的教育效果，反而会引起孩子的抵触情绪，视"说教"为"唠叨"，视"唠叨"为"精神折磨"，无益于良好的教育效果。长此以往，更损害了她自身在学生心中的地位。

3.家庭对学校教育日益严格要求

随着新时代信息的透明公开化，以及家长自身素质的不断提升，家长也对学校教育提出了更高的要求。作为家长，他们都对张老师有着相同的期待，希望孩子能够在良好的班级环境中学习生活。如果教师能在建班初期实现家长的这一期待，无疑会为自己在家长心中的威信添砖加瓦。然而，家长通过学生对日常班级情况的反馈，以及对学校活动的关注，想必对张老师的班级纪律欠佳，学生对她没有敬畏感也有所耳闻，家长心中对老师的专业素养就有了质疑。而张老师向他们电话告状和求助，无疑也坐实了家长心中的疑惑，更加认为老师在管理之道上是欠佳的。

• 【实践支招】

1.提升专业素养，塑造师者形象

教师自身的专业素养直接影响到整个班集体的建设，而课堂教学永远是值得教师耕耘的领域。学生最不需要的就是被硬塞知识，被动接受。如果教师对本学科的教材进行深入剖析，在自己消化理解教材的基础上，设计出生动有趣的课堂，足够吸引学生，插嘴讲话的事件自然就会减少。如果教师能再拥有一口流利而标准的普通话或英语，一手工整而精美的板书，抑或是一张张清晰而精致的PPT，通过自身恰如其分的表现，独特的人格魅力，形成精彩的互动氛围，热情洋溢地完成一次次的课堂表现，带给他们美好体验，相信学生不仅会发自内心地尊重、敬佩老师，更会在行为上自觉减少不规范言行的发生频率，积极与老师配合，对老师的教育深信不疑，真诚地听从教导。

2.培养广博知识，丰富教育方式

学生对于大千世界中的点滴都充满了好奇，脑海中经常有着游离于课本之外的诸多疑惑。这些困惑有些是在网络中搜索无果的，有些是父母不能回答的，因此，需要找到良师方能解开疑团。

　　班主任不仅要专长于一门学科，更要通达全科，与时俱进，拥有鲜活广泛的学识。这样不仅在教学过程中，能更加熟练地教育课堂，游刃有余；在学生询问时，能告诉学生更多为人处世的道理，引领学生拥有更广阔的视野，带他们走向辽阔的知识海洋；更能在教育学生时，丰富多种教育方式，摆脱刻板的说教形象。因此，教师一定要多多留心学习，丰富自身学识，在教育教学中有意无意地向学生展现、教授，方能使学生有所受益，成为老师的跟随者。

　　3. 加强情感交流，争取良性沟通

　　我们只有在对别人感到亲近和信任时，才能更乐于接受别人所讲的道理和所提的建议。这个道理不仅对学生如此，对家长也是如此。一方面，职初班主任应利用好自己的年龄优势，频繁积极地与学生沟通。在交流时真诚地尊重他们，倾听他们真实的想法，公平公正地对待每一个孩子，了解他们切实的需要并给予一定的关切。但同时，要平衡"威"和"信"，切不可一味容忍放纵学生的错误行为，而要主动鼓励，提出具体建议和措施帮助他们。学生一定能感受到教师真诚的关心，家长能从侧面了解到教师的积极信息。

　　另一方面，班主任也不能忽略和家长的交流。我们往往在需要家长配合时才会和他们反馈孩子的在校表现，但如此一来，家长从教师这里接收到的都是负面消息，不利于家校合作。因此，教师在平日也应多多关注学生有进步之处，这些进步不仅代表了学生的自我努力，其实更有家长在家庭教育中的推动作用。在表扬了学生之后，也一定要向家长反馈这些好消息，让家长真切地感受到教师始终在关注着每个孩子，并为他的每一次进步而欣喜。这样，就可以为教师的威信奠定坚实的情感基础。

　　　　　　　　　　　　　　　　　　执笔人：上海市彭浦初级中学　陈敏

善"沟通"巧"化解"

——如何处理任课老师与学生的冲突

- **【情景扫描】**

小华同学初中时是老师和家长眼中出了名的乖学生，对老师和家长的话言听计从，从未在老师和家长面前顶过嘴。班主任也时常夸赞他是一个懂事又听话的好孩子。但是自打上了高中以后，小华同学的性格发生了一百八十度的大转变，他不再对老师言听计从，经常反对老师和家长的意见，并提出自己的观点来反驳老师和家长，有时甚至以绝食或者离家出走的方式来对抗家长。就在前不久的一次历史课上，历史老师像往常一样在上课前检查每位学生的练习册，检查到小华时，他的桌面上空荡荡的。于是历史王老师问："小华，你的历史练习册呢？"小华不屑地对王老师说道："没带。"王老师听到这样的话后火冒三丈，心想："你没带练习册，本来就理亏，更应该在老师面前谦逊，没想到居然这么没礼貌，这样回复老师。"本想批评小华，转念一想倒不如借此机会考查一下他最近的学习情况，于是王老师问道："练习册都不带那一定是知识都掌握得很好了，那我问你，上一节课我们学习了哪些重要的历史事件？"话音刚落，小华仍然摆出一副不耐烦的样子道："我不知道。"听到了这几个字，王老师气不打一处来，于是他强撑着上完历史课之后，气冲冲地来到班主任刘老师的办公室，向班主任说了这件事。

- **【问题归因】**

随着社会的发展以及网络时代的到来，当今的中学生不比以前的学生，他们能非常便捷地接收到社会各个途径的信息以及观点，这就导致当代学生更加以自我为中心，不懂得尊重权威、尊重老师，他们认为当众顶撞老师，或者在老师面前摆出一副无所畏惧的态度是很有个性的表现。与此同时，现在的家庭绝大多数只有一个孩子，他们在家长眼里自然是掌中之宝，在家里父母对他们百依百顺，从不肯在孩子面前严厉斥责，这也使得学生不知道尊重师长。所以，学生能够肆无忌惮地顶撞老师，归结起来有以下主要原因。

1. 家庭教育缺失

家长是学生的第一教育者，家庭教育是学生最重要的教育途径。然而，绝大多数家长没有意识到这一点，他们认为对孩子好就是百般去宠爱他们，将一切最好的东西给他们，他们不舍得批评孩子，当孩子生气使小性子时，他们想到的不是去制止，而是急着给孩子道歉认错，只求孩子开心。这就导致学生极度自我，不懂得尊重他人、尊重老师。

2. 青春叛逆彰显个性

高一学生正值叛逆期，他们早已厌倦做"听话"的好孩子、乖孩子，以彰显个性为傲，这就导致他们在班级里极力想做出一些与众不同的、有个性的事情，以显示出自己与其他学生的不同以及自己的个性和特点，他们不甘愿做一个默默无闻的人，这就导致他们认为在老师面前表现得无所谓、和老师分庭抗礼就是极大的成功。

【实践支招】

作为班主任，当班级里的学生与任课老师发生了这样的矛盾，应该采取怎样的措施来遏制事件的进一步恶化？怎样做既能安抚任课老师，使老师心情好转，不至于使得老师放弃对该学生的教育，另一方面也要让犯事学生得到一定的教育，让其认识到自己的错误，不使其再犯？另外，也要考虑到这件事应该对班级其他学生起到一定的教育价值，同时，如何与犯事学生家长沟通也是很重要的一方面。在实践中，作为班主任可采取以下措施。

1. 及时沟通，查明事态

班级学生和任课老师发生类似事件，作为班主任不属于当事人，要做出判断和处理，首先就要查明整个事件的来龙去脉。鉴于此，班主任首先要仔细聆听任课老师作为当事人对整个事件的叙述，要和老师及时沟通，及时安抚任课老师的心情，让他在面对班级上课时能够有一个良好的心态，不至于影响到其他学生的正常学习。其次，也要通过和班级其他同学沟通，从第三者角度了解事态。在掌握具体情况之后，再找犯事学生，先让他将整件事叙述一遍，并让他逐渐意识到自己的错误之处，这时，班主任再做出一定的思想教育，让该学生认识到当众顶撞老师并不是彰显个性的正确途径，要展示自己就应该在班级的大小活动中去表现自己，而不是去顶撞老师。这样做对老师是极其不尊重的，作为学生应该懂得礼貌待人，尤其是师长。同时，也要和学生沟通去向任课老师道歉，并且做出检查，态度要诚恳，并且承诺类似的事情不会再犯，同时及时补上拖欠的作业，并争取得到任课老师的原谅。

2. 联系家长，家校联合

该学生能够在学校顶撞老师，那么在家对家长也是一样不懂得尊重。因此作为班主任要及时和家长沟通，了解学生平时在家的表现，了解家长在面对学生如此态度时的第一反应。与此同时，要及时让家长意识到他们家庭教育的不当之处，提醒家长今后再遇到学生类似的行为时要及时制止，让学生意识到家长不会容忍这样的行为再次发生。如果事态比较严重的话，要及时请家长来学校进一步沟通，要让家长带领学生去向任课老师道歉。

3. 树立典型，教育班级

班级其他同学作为事件的旁观者，对犯事学生的行为看得一清二楚，如果这样的事件不公开在班级进行批评教育，势必导致班级其他学生有样学样，以后难免再发生类似事件。因此，班主任必须在班级展开班会教育，主题可定为"尊重师长，礼貌待人"，形式可以多样，比如让犯事学生上讲台当众做出检讨，与此同时，班主任要加强教育以及言语说服，让班级其他同学认识到这种行为的错误之处，并让他们意识到班集体绝对不允许这样的事情再次发生。

执笔人：上海市久隆模范中学　杨帆

如何调适教育教学造成的双重心理压力

· 【情景扫描】

研究生毕业后，小李经过努力终于成了一名梦寐以求的老师，内心无比激动与喜悦。在她看来，老师一直就是教书育人的灵魂工程师，教育工作是一种神圣而又高尚的职业。她曾无数次憧憬着自己在课堂上传道授业，课下与学生谈天论地，与家长相互配合共同见证孩子们成长与辉煌的场景。然而在入职的第一学期里，小李老师发现事实并不如她所想的那样。作为班主任，她每天有处理不完的琐事：有学生今天作业未完成；有学生今天上课扰乱课堂纪律；有学生今天不打扫卫生导致班级扣分；有两个同学课间发生冲突打起来了；有学生体育课上不小心受伤了；有学生不舒服被送到医务室了……而家长方面也总得不到配合，更多的是要求和质疑：李老师，我们家孩子的水杯送到门房室了，你让孩子去拿一下；李老师，我们孩子说有同学昨天欺负他了，希望你查清楚给我们一个交代；李老师，这次期中考试我们孩子成绩退步了是怎么回事……除了班级管理之外，作为一名任课老师，小李在学科教学上也总会不知所措：本单元的重难点在哪？考点在哪？这节课怎么设计才能让学生吸收掌握得更好？作文该怎么教呢？这次成绩又在年级垫底了，该怎么提高呢？……来自四面八方的困惑与压力令小李老师不知所措。

· 【问题归因】

1. 未能及时转换角色，心理落差大

毕业后从一所"学校"来到另一所"学校"，虽然都是学校，但是环境已经发生了巨变。在前者的"学校"，我们的角色是一名学生，只须管理好自己的学习生活就好，只须对自己负责。但是在后者的"学校"，我们的角色已经变成了一名老师，这个社会角色的变化就相应地带来了权利与义务的转变。此时，我们不仅仅只对自己负责，还要对班级的学生及家长负责，对学校负责。面对班里几十名学生，每天都会有层出不穷的事情发生，甚至是一系列错综复杂的难题，我们都要以一名老师的身份来处理，不仅仅是对自己负责，更应该从学生、家长、学校的角度出发去思考问题和解决问题。同时，每天接二连三的琐事和自己曾经预想的教师生活完全不相符，极易产生心理落差，甚至心理失衡，最终不利于教育教学工作。

2. 心理素质弱，易产生负面情绪

对于职初老师而言，大多还停留在大学时期的"象牙塔"生活，未经历过社会的纷繁复杂与职场的洗礼磨炼。因此，一旦走出"象牙塔"，面对突如其来的复杂、充满各种不确定性的现实环境，往往会觉得无所适从。尤其是在遇到多方面的状况同时出现时，如班级状况频出、家长不配合、学习成绩难以提高等，就容易出现焦虑、抑郁、烦躁等心理不适，难以调节。若这种心理状况长时间得不到缓解，久而久之就会产生负面情绪。若教师将负面情绪带入学校或迁怒于学生，就会对学生的学业、品格、心理、行为和价值观等造成负面影响，久而久之便会产生各种不良后果，形成恶性循环，最终对教师和学生都是有百害而无一利。

3. 经验不足，易导致不知所措

经验都是在实践中总结而来的，因此，对于职初教师而言，无论是作为班主任进行的教育工作，还是作为任课教师进行的教学工作，无疑都是缺乏经验的。对于班主任而言，同一件事情，资深班主任可以很轻松地、有条不紊地处理好，但是 对于职初班主任而言却往往无从下手，归根结底在于没有先前经验的指导。对于任课老师而言，如何巧妙地设计一堂课，如何准确无误地把握重难点，如何有效地提高学生的成绩等，都是职初老师无法回避的问题。虽然在入职之前，老师们在专业知识上都有扎实的基础，教育方面也都经过了教育学、心理学等相关专业理论的学习，入职后的第一年会有新教师培训，但这些都仅仅停留在理论层面或者他人的经验上，要想自己游刃有余地应对状况、开展教学，自己的切身经验必不可少。

• 【实践支招】

1.确立信念，认清现实

职初教师需要从学生角色转换成教师角色，新旧角色间有着本质的区别。教师角色的形成要经历"角色认知 → 角色认同 → 角色信念"的过程。一方面，职初教师要加快角色外部适应，确立信念。职初教师要对"教师"这个职业有清晰、准确的认识，知道"教师"扮演着怎样的角色、承担着怎样的使命，认同"教师"的角色定位，并愉悦地接受自己作为"教师"这一角色，进而形成教师职业特有的自尊心、荣誉感，获得职业效能感，坚持并为教师这一职业角色付出自己的心血。另一方面，职初教师要加快角色内部适应，认清现实。对于职初教师而言，大多数都被"教师"这个"灵魂工程师"的光环所吸引，想象着教师的工作是何等神圣而又轻松，从而对"教师"这个职业充满无限的期待与遐想。然而事实却并非如此。每天面对的不都是学生的尊师重教、乖巧懂事，还会有经常的调皮捣蛋、拳脚冲突；每天听到的不都是琅琅读书声、欢声笑语，还会有吵闹喧哗、流言蜚语；每天批改的作业不都是字迹娟秀、认真完成的，还会有潦草应付、偷工减料的……这才是教育真正的现实。对于这种现实，职初教师要学会适应并坦然接受，因为人与人之间的差异本就存在，我们又怎能苛求所有的学生都一样聪明伶俐、乖巧懂事？因此，认清现实、尊重差异、因材施教才是教育教学的前提。

2.舒缓情绪，调适心理

对于职初教师而言，在面对接踵而来的状况时，往往容易出现焦虑、抑郁、烦躁等心理不适，这是一种正常的现象。但关键是要对这种负面情绪进行调适和干预，从而使其得到缓解。首先，可以进行积极的心理暗示。心理学研究认为，积极的心理暗示有利于形成乐观的正面情绪，有助于人的身体健康和目标的达成，而消极的心理暗示则容易形成消极悲观的负面情绪，从而损害人的身体健康且还容易使人产生心理问题。因此，当遇到棘手的状况时，应当给予自己积极的心理暗示，如"我可以解决的""我能处理好的"等等。在积极心理暗示的情况下更容易沉着冷静，从容应对。其次，及时调节自己的情绪，改变认知方法和思维模式。当遇到情绪问题时，一定要让自己先冷静下来，因为极端情绪往往会让人失去理智，从而做出不正确的决定和行为。可以换个角度看问题，或者换位思考，提高自己的心理保健意识，自我完善，实现自我超越。建立乐观向上的心理防御机制，是教育者专业发展的有力保障。再者，学会客观地评价自我和科学地看待他人的评价。对于自己的优缺点要以接受和悦纳的态度泰然处之，充分尊重自己存在的价值，相信独一无二的自己。面对他人的评价和建议时要有分辨力，要抱着"有则改之无则加勉"的态度辩证地看待问题。切勿因为过度认同他人的批评而在内心严厉苛责自己，自怨自艾。要学会理性地分析问题，进行有效的归因。最后，要学会给自己解压。当觉察到压力和情绪已经影响到工作和生活时，要善于利用自身和周围的资源，通过适合自己的方式进行放松，如可通过体育锻炼、听音乐等方式转移注意力，或者试着做一些自己感兴趣的事情，如果自己无法解决，可以向周围的亲人诉说来缓解情绪，或者求助资深教师，若严重者，应及时寻求专业人士的帮助进行心理疏导，从而达到合理解压、舒缓情绪、调适心理的目的。

3. 善于总结，坚持学习

对于职初教师而言，经验不足这个短板只能靠自身来改善。无论是班主任的教育工作还是学科老师的教学工作，都应做到以下几点。第一，勤于思考，善于总结。对于任何一位老师来说，在其教育教学过程中都不可能是尽善尽美的，更何况是经验匮乏的职初教师。因此，职初教师更应该在自己有限的教育教学过程中多多思考，及时发现问题，并在此基础上审视和分析自己的行为、决策和结果，总结经验，吸取教训，为以后类似情况提供参考，同时也能提高自我觉察能力和教育教学监控能力。第二，坚持学习，持之以恒。学习是对自己最有益的投资。他山之石可以攻玉。如果能真正做到把别人的经验收获当作自己的经验财富，把别人的不足、教训当作自己的启迪、警示，工作中就可以少用不少精力，少走不少弯路。因此，要利用好网络、书籍等优质资源，在理论上不断充实自己，同时以谦虚的精神向他人学、向前人学，勤于思考，从他们的经验中提炼出适合自己的方法，从他们的工作失误或纰漏中剖析出原因教训，作为自己的警示。长此以往，持之以恒，必将达到事半功倍的效果。第三，做好规划，长短并存。凡事预则立，不预则废。职初教师刚进入新环境，容易被纷至沓来的各种任务考核晃花了眼，年复一年，从时间上看已不是职初教师，但从发展成就来审视，依然停留在这一阶段。缺乏规划，让自身发展停滞不前。因此，职初教师要及时分析自己的优势和不足，理清职业发展瓶颈和障碍，确立发展目标和重点，探寻突破途径与方法，做好职初教师个人规划，有了规划，就等于明确了奋斗的方向和方法，也就有了奋斗的动力和驱力。从长期来看，要为自己制定整体的目标，如两年目标、四年目标等。从短期来看，在教育教学的过程中，如若发现自己的短板和不足，应及时制定该阶段的短期目标，在一步步攻坚克难中完成一个个目标。第四，抓住机遇，迎难而上。作为职初教师，不仅要多听多看多学，还要善于抓住机会，创造性地开展教育教学工作，在实践中检验学习成果。如，积极参加学校、区等各级组织培训、公开课、比赛等活动，尽管在这个过程中会遇到各种问题及挑战，但一定不能有畏难情绪，应积极争取，迎难而上，在磨砺中促进自我的发展。

　　职初教师适应教育教学工作不是一朝一夕就能完成的，困难也无处不在。但相信怀着一颗对教育的赤诚之心，对学生的热爱之心，对知识的崇敬之心，有朝一日终能从一名青涩无知的职初教师成长为一位德高望重的资深教师！

执笔人：上海市时代中学　翦树芬

以爱之名，用 XIN 感化

——职初班主任如何获取家长信任

● 【情景扫描】

　　三年前，进入学校工作仅一年的王老师受命担任了新一年级的班主任，非师范专业出身的她怀揣着几分紧张、几分期待开启了自己的"班主任修行之旅"。第一次家访时部分家长略带怀疑和考量的眼光，第一次处理学生间、家校间矛盾时的慌张无措，第一次校园开放日、家长会前的焦虑不安……这些都成了职初班主任必须跨过的一道道坎。

　　在家长眼中，青年班主任由于年龄和经验的缺失，大多都难以使自己完全信服，信任度的降低无形中为家校沟通埋下了不少隐患，教师的一举一动都有可能成为家长的"雷点"。在日常交流中，对学生与家长太过友善难以树立威信，过分严厉苛求又容易引起不满。只关注学习成绩，学生、家长都压力巨大；只关注生活，家长也会质疑专业能力；联系频繁，家长会觉得教师过分针对自己的孩子；联系太少，家长又会担心孩子是否被老师忽视。有时面对学生和家长的不同需求，进退两难的"夹心班主任"如何获取家长与学生的信任支持成了一个巨大的难题。

● 【问题归因】

　　1.职初班主任自身专业度与自信心的缺失导致家长的信任度降低

　　职初班主任或者说青年教师往往对家长工作信心不足，提到与家长沟通心里就打鼓，比较害怕与家长正面交流，从而造成与家长之间的距离。另一方面，由于新教师缺乏工作经验与工作方法，经常把家长工作变成告孩子的状，或是说话没有重点，无法给予家长具有价值的反馈与有效的建议。久而久之，家长就会对新教师产生不满，信任度也会日趋降低。

2.国民整体教育水平的提升致使部分家长对教师的崇敬感降低

随着国民整体教育水平的提高，现在不少孩子的家长比较懂教育，颇有自己的想法，较为坚持自己的一套教育理念。不像之前的时代，老师基本上都是当时的高学历者，大部分家长学历很低甚至是文盲，自然会对老师有一种说不出的崇敬与信任。另外，随着家长的年轻化，他们有更多获取各类信息的渠道，在青年教师与资深教师的对比中也会产生一定的落差感。

3.学生的评价反馈促使家长对教师的认知模糊、满意度降低

家长了解老师的方式，除了双方的正面沟通之外，更多的还是来源于自己孩子对老师的评价。有时教师辛苦维系的家校关系，会因为孩子的一句"今天老师批评得我都哭了，××老师好凶，我不喜欢她"或是"今天我和××发生了冲突，老师没有帮我，是不是老师讨厌我"而大打折扣。孩子对老师的评价或多或少会影响家长对老师的评判，有些家长会断章取义地认为老师针对自己的孩子，长此以往更是会激化家校之间的矛盾，大大降低家长对老师的信任感和满意度。

【实践支招】

1."信"念支撑，提升自我素养

对于职初班主任来说，逐步提升个人素养与专业能力是重中之重。学无止境，而班主任工作需要的就是经验的积累，在日常管理中，我们必须要做到"多听，多看，多问"。"多听"身边的真实案例，把握每一次机会学习其他老师是如何与学生、家长沟通的，关注他们的表达方式、语气语态。"多看"专业书籍，除了阅读与学科、班级管理相关的书籍外，班主任老师还应该多学习心理类、法律类的相关知识，了解各项政策，充实自我。最后我们还要学会"多问"资深教师，新教师可以将每月家校沟通中出现的困惑，做成一个记录表，然后寻求资深教师的指点。在他们的指导帮助下和自己的反思与实践中，我们也能不断积累与家长沟通的经验。

2. 真"心"沟通，消除家长顾虑

（1）不打无准备之仗，打好入学第一仗

在教育管理工作过程中，我们班主任要得到家长的理解、支持和信任是比较困难的，特别是年轻教师，或许在家长和你见第一面的时候就已经认为"这个老师太年轻，能力大概不行"，一开始就对班主任产生了不信任。家长对班主任不信任，那么他就会怀疑你的管理模式，学生以后出问题的时候，家长就会第一时间站在自己孩子的立场来谈问题，而不是积极配合班主任一起解决问题。

因此，与家长的第一次见面就显得尤为重要。例如：一年级新接班时，在家访前就先做足准备，不仅提前整理熟记每个学生及家庭的基本资料，还为初入小学一年级的孩子和家长准备了一套完整的"筑梦攻略"，将学生入校前需要准备的一些学习、生活用品及本班的班级规范以图文并茂的形式发送给每位家长，以此来帮助家长消除焦虑感，能更切实地帮助孩子做好入学准备。

（2）三思而后行，知己知彼艺术沟通

班主任和家长的沟通是一门艺术，其过程可以拆分为听和说两个部分，作为班主任首先要学会积极耐心地去聆听不同家长的不同诉求。作为老师，我们应该尽力去理解家长的想法，而不是颐指气使地去反驳打断，千万不要只顾自己滔滔不绝，而剥夺了家长讲话的机会。

此外，老师要试着把关于孩子的负面信息做成"夹心面包"传递给家长，即在向家长表述孩子在学校表现不好的事实时，要考虑到家长的心理承受能力，针对不同家长的不同性格背景来调整自己的说话方式。可以先围绕孩子的优点进步说一些事情，多说一些正面积极的信息传递给家长，让家长觉得老师是懂自己孩子的，是关注孩子的成长的，从而使家长产生共鸣的心理，然后再巧妙含蓄地夹杂着缺点，说一下孩子的负面信息，这样一来，也能够让家长心悦诚服地接受老师的批评。

（3）工欲善其事必先利其器，巧用技术强化沟通

随着通信事业的发展和工作生活节奏的加快，家校沟通的形式不再局限于家长会或面谈，教师与学生家长之间利用手机联系，事实上已成为双方沟通的主要形式之一。这在某种程度上方便了教师及时将学生在校的阶段性学习、生活情况反馈给家长。而青年教师熟悉多种网络传播方式，具有创新性的特点，因此可以发挥自身优势，创新与家长沟通的方式与语言，使家长更快地了解、接纳青年

教师。

当孩子取得一些小成就后，一句"您的孩子今天在年级组的跑步比赛中荣获了一等奖！孩子真是太棒啦，祝贺您"同时附上一张孩子的照片，让家长能直观地看到孩子的学校日常，多多了解孩子的不同面……每当有学生病假，老师可以利用手机在当晚再次发送信息及时询问孩子的身体情况，以表达关心。灵活使用沟通交流工具，能使老师和家长更及时地了解孩子在家、在校的情况，充分体现老师与家长互不干扰的个性化沟通，同时也创造了家长参与学校教育的机会。老师在向家长反馈学生问题的同时要提供可行性的建议，尽量避免"登门告状""漫发牢骚"的现象。班主任更应善于找到向家长提出要求的适当形式，语言尽可能委婉，最好用建设性口吻。如"您看，我们是否可以这样做""您能否试一下这种方式"等等。对于家长不符合教育要求的行为、观点应予以劝说，向他们解释这样做对孩子教育所带来的危害，即便家长当下无法接受，也无须强行去纠正家长的观念，相信时间会在孩子身上做最好的证明。久而久之，家长的信任感和认同感也会在时间的印证下稳步提升。

3. "新"意感化，增强学生幸福感

作为一名职初班主任，要始终提醒自己热心去了解孩子们的生活，耐心去等待孩子们的成长，细心去观察孩子们的变化；要站在孩子的角度去理解他们的想法，要试着为孩子的生活创造更多的美好，让孩子在爱与希望中成长，让阳光永远在孩子的童年闪耀。所以，在与孩子的日常相处中，要想着"别出新意"地去为他们的生活创造些出其不意的小惊喜。

每学期开学伊始，班主任老师可以为孩子送上一份小礼物并继续赋予其特别的含义，对孩子而言，这既是班主任老师的一份心意，更代表着班主任老师的一份期待。待孩子们正式进入校园后，可以利用班会课、午休课的时间，为孩子举办各项班级活动。一个个丰富多彩的班级活动让孩子的校园生活充满乐趣与仪式感，家长也能在一次次的学生反馈中感受到老师对孩子的用心与关注。职初班主任正是要利用自己敢想敢做的新思想、贴近孩子的童趣童心以及个人特长或优势来为孩子打造具有特色的班级文化，以此来提升孩子的幸福感与满意度，从而进一步获得家长的信任感。

作为职初青年班主任，或许我们没有十足的育儿经验，但我们也有属于自己的优势。在与家长、学生相处的过程中，我们应该试着让自己成为一只"变色龙"，既能够做善解人意的聆听者，在沟通中学会放下架子，积极去倾听了解家长的诉求，又能够做专业的指导者，为家长提供个性化的教育建议，引导家长更好地去进行家庭教育；用自己的真心、耐心、恒心、爱心，真正帮家长解决问题，并对问题进行持续追踪，不断调整自身的教育行为，这样才能获得学生与家长的信任，实现真正意义上的共情。

执笔人：上海市静安区万航渡路小学　王斐

职初班主任在遇到家长或学生质疑时，如何处理？
——认真聆听、积极反馈、真诚沟通

• 【情景扫描】

　　小阳是班级公认的能力之星，唱跳、表达和组织能力都受到老师们的称赞。身为组长，她们小组也几次拿到班级卫生评比前三的佳绩。可意外就这样发生了。一个周二下午，班主任开完会正常去检查班级卫生情况，看到的却是地上大面积的水迹，黑板上粉笔灰斑驳，垃圾桶里满满的垃圾，卫生工具东倒西歪……对于眼前几乎不可能的事情，第二天班主任调查发现原来是班里两名和小阳关系不错的女生放学后没有回家，导致 5 名同学一边玩一边扫，最后仓促结束匆匆回家。根据班规，班主任对组长小阳和其他四位同学进行了扣分教育。当时，小阳同学并无异议，然而当天晚上班主任就接到了小阳同学家长"不满"的电话：班主任的做法伤害了孩子的自尊，孩子在家哭得很伤心。班主任是不是做到了公平，处理方式是不是欠妥，平时对孩子是不是唯成绩论……听着家长越来越多的质疑和不满，作为职初班主任虽然自认为问心无愧，却难免感到深深的失落。职初班主任遇到家长质疑自己的做法时，到底该怎么办？

• 【问题归因】

　　1. 家长群体呈现出新的特征

　　在过去，很多家长文化水平、教育理念都相对有限，对知识的强烈渴望滋养了浓厚的尊师重教的社会氛围。然而，新时期的今天，家长却呈现出了新的特征。当下中学生的家长大多是 80 后群体，他们享受了改革开放的成果，接受了良好的教育，文化水平较他们的长辈有显著的增长，在社会各行各业中更是发挥着中流

砥柱的作用。正是这样一批在社会中掌握话语权的家长，想要参与教育管理、建议和指导的意识也空前增长，他们愿意同时也渴望能够参与到学校教育中去。但是，一旦家长和学校教师的教育理念、教育主张出现了差异，他们的自我意识往往致使他们质疑教师，尤其是职初教师的所作所为。

2. 过分迁就孩子下的归因偏差

现在的孩子，长在家长的掌上、心头，他们的一举一动往往牵动着家长多层次、全方位的关注。爱子心切的家长即使再忙、再累、再辛苦，也总是尽自己所能地"呵护""满足"孩子。他们目光之下只有自己孩子的闪光点，他们口中流露出的也只有自己孩子做得好的地方。在这种情况下，出了问题，出于本能他们往往容易把原因归咎到老师太年轻、老师不公平、其他同学诱导等外部因素，较少地从孩子自身找原因。

3. 家校沟通协调不佳

在"互联网 +"的大背景，家校之间的沟通似乎更便捷了，但实际上家校沟通却越来越敏感而紧张。信任是沟通的前提和基础，而当下物化的社会风气给本应相互信任、相互尊重的家校关系蒙上了"灰尘"。家长总是质疑老师不尽心、不尽责，而学校和老师也时常担心家长过度焦虑。随着家长社会地位的不断提高，教师社会地位的相对下降，这种不信任逐渐固化，给彼此之间的沟通互动埋下了隐患。而这隐患在电话、微信、钉钉等非面对面的互动过程中成了"明火"，于是不满和质疑的声音就出现了。

• 【实践支招】

1. 聆听质疑和不满，表达尊重

遇到家长或学生的质疑时，首先最应该做的便是聆听。家校之间和谐共处的前提是拥有共同的教育对象——学生，而学生得到全面健康的发展则是家校共同的目标。既然目标一致，遇到家长的质疑，我们就应该选择去直面，而非打断、忽视、逃避。另外，学生家长之间存在差异，与老师在教育观念上更是不一，但尊重家长的意见，尊重家长主动沟通的行为，表达出对孩子情绪、家长需求的关注和重视是班主任的基本要求。毕竟给予家长应有的尊重是解决问题的前提，也是安抚家长不良情绪的一剂良药。其次，面对家长的"喋喋不休"要冷静客观地分析，找出质疑所在：家长是否只是情绪不满？家长是否已然了解全部信息？家长的质疑是否由来已久？家长是否"醉翁之意不在酒"？……

2. 反馈事实和日常，获得理解

现阶段家长对孩子的关心不只是测验分数、课堂表现，许多家长很在意孩子的情感需求，例如自尊、自信、交际等等。这就意味着班主任不仅要关注学习成绩，还要照顾到孩子的"非学习"表现。这个时候，班主任可以采取直陈事件客观事实和反馈优秀日常表现相结合的策略：冷静坚定地说明真实情况，把思考的时间和余地留给家长；温柔关切地表达日常关注和表扬，温暖家长内心冰冷的质疑。

关心则乱，不明则疑。很多时候家长之所以误解、质疑，往往是因为他们没有机会直接、准确地了解孩子在学校的表现以及班主任在自己孩子身上的投入。有的时候，他们的这种"焦虑"反而影响了他们获取信息的准确性。职初班主任在面对家长的质疑时，应该进一步提高日常工作的透明度，充分"暴露"自己在班级管理上的所作所为。例如，提前做好接待准备，定期邀请不同的家长来学校实地感受，给他们创造"眼见为实"的机会，真实地去感受班主任的管理能力、师德素养以及对孩子们真诚的爱，进而不断消除家长因误解或先入为主所带来的偏见。

3. 深入沟通和家访，修补信任

实际上，我们说家长的质疑很大程度上源于学生的质疑，家长的情绪多半也是孩子情绪外露的结果。我们一方面要想方设法消除家长的质疑，另一方面也应该积极地和孩子进行深入的沟通，双管齐下，修补家校信任之桥，这样家校合作才能顺利实现。

多数孩子面对班主任时很难吐露心声，我们不妨多点耐心，再多点爱心，让他们切实感受到班主任的用心程度。紧接着，帮助他一起完成一件事情，比如解决眼前的一个小困难，比如实现短期的一个小目标，在助力中重塑师生信任。

对于家长，我们可以利用化解家校矛盾最有效的方法之一——家访来重建对我们的信任。当职初班主任深陷家长的质疑时，如若能够安排一次有针对性的家访，既可以更全面地掌握孩子的家庭教育情况，还能极大程度上化解质疑的声音。家访前，班主任应当及时整理出孩子在学校的表现，做到心中有数；家访时，主动了解孩子在家的生活、学习动态，询问家长对学校以及班主任工作的反馈和建议，拉近家校距离，向家长表达对学校以及自己工作支持的谢意；结束前，针对孩子的问题，委婉点出，共同商量，并且真诚地给出建设性的建议和可操作的方法，让家长心服口服。

遇到家长或学生质疑，不要回避，不要陷入情感泥淖，应该认真聆听，积极反馈，真诚沟通，不断地修复信任，相信家长、班主任和孩子都会在这个过程中成为更优秀的自己。

执笔人： 上海市久隆模范中学　王秀芝

职初班主任面对个别化教育失败，如何情绪管理

· 【情景扫描】

新学期伊始，工作第二年的刘老师担任了新预备年级的班主任，然而，她的一腔热情很快被一个个难题浇灭了。小冯是个沉默寡言的孩子，学习跟不上，与家人关系糟糕，每次刘老师教育她，她总是面无表情。小许是个倔强的孩子，抄作业，不遵守班规，每次刘老师教育他，他总是一脸不服气……个别化教育不但效果不佳，而且刘老师自身情绪波动也会很大，她陷入了困惑。

· 【问题归因】

1. 家长与职初老师信任度及配合度

当暑假期间家访时，有些家长因为刘老师太过年轻，对老师的不屑之情写在脸上，这无形中让刘老师产生了较大的心理压力。开学后，有些家长更是把班主任当保姆："刘老师，麻烦你跟×同学说一下，今天放学我来接她，让她在学校对面的全家超市等我。""刘老师，×同学没带筷子，麻烦你帮她借一下。"这些点点滴滴的负面情绪累积在一起，在刘老师教育学生却没取得应有效果的时候爆发。

2. 90 后职初老师自身心理特点

作为独生子女长大的 90 后从小是家里的公主，当走入职场发现并非所有事情顺风顺水时，内心会产生较大落差。并且这些班主任从小习惯养尊处优，自我情绪调节能力往往不强，当教育学生内心有了一丝愤怒时，不能及时察觉，当自身情绪波动过大时，往往不能很好地控制。

• 【实践支招】

著名的情绪 ABC 理论认为：情绪是认知的结果，当我们用更加积极的思维方式时，就能改变我们的情绪。而当今脑科学的研究结果告诉我们，当我们情绪上头的时候，来不及激活前额叶就会做出反应，因此，情绪不是思考的结果，它往往是先于思维出现的。这也提醒我们，在情绪强度较高的时候，我们需要采取一些办法，让情绪降温。如正面管教中积极暂停的办法，让自己先离开愤怒的情境，等到平静下来之后再通过理性思考和分析改变认知来进一步调节情绪。要做到以上这些，我们还需要以下几点辅助。

1. 坚持把重要的事情放在第一位

高效利用时间，专注做事，巧妙使用"四象限法则"，克服忙而无果、累而无功的窘状。这里的"四象限法则"就是把每天要干的事情分出轻重缓急，充分利用时间，以提高工作效率。

2. 要确定明确的目标

积极进取，同时注意及时反馈，遵循"走一步，再走一步"的原则，循序渐进地实现目标。有一颗进取之心，基于自身实际情况设置一个期待的自我，追寻远大的愿景，克服焦虑、职业倦怠等不良心理问题。

3. 利用社会比较，找准平衡点

我们可以与比自己强的人进行上行比较，也可以和不如自己的人进行下行比较。上行比较让我们知道天外有天，要不断学习；下行比较让我们知道人下有人，不必自卑。我们还可以进行平行比较，就是跟那些旗鼓相当、势均力敌的人比较，这样可以激发我们的潜力。和过去的自己比较，则会发现自己进步与否，并且及时作出调整。

4. 保持良好平和的心态

走上教育岗位，从事教育工作，每个教师的确都感到了不容易。尤其是当今，学生大多数是独生子女，由于其长辈们的溺爱，学生普遍不好管理，这就给教师工作带来了一定的难度。但我们既然选择了这个职业，就要无怨无悔，认认真真地干好这个工作，保持良好的心态。教师职业很清贫，教师工作很辛苦，这是人所共知的。但我们又不能因此而当一天和尚撞一天钟，还得凭我们的良心去教育好每一个学生，因此，保持良好的心态是我们干好本职工作的关键。

5. 以宽容之心对待学生

"人非圣贤，孰能无过"，更何况是十来岁的孩子。在课堂上，学生不认真听讲、破坏课堂纪律的现象时常发生，如果教师在课上遇到这种情况，一定不要盲目发脾气，要稳住自己，提醒自己，防止自己的情绪失控。当然，课堂上有学生违纪，甚至和老师作对，这的确让人生气，特别是几十个学生等着听课，老师的教学任务又得完成，想一下子搂住火，实在是一件不容易的事，尤其是年轻的老师，更压制不住心里的火气。但不论怎么说，都得沉住气，记住冲动是魔鬼，想想自己也是从学生时代走过来的，将心比心，对犯错的学生多一些谅解。必要时深呼吸，或者停下讲课，稍稍平复一下心情。无论是从保护自己的角度，还是其他对学生方面，都要求教师学会控制情绪，在这方面是有血的教训的。

6. 努力学会情绪转移

教师有了不良情绪之后，要努力学会分散情绪、转移情绪。特别是碰到不好教育或者课堂上捣乱的学生，更应注意这一点。当然，急风暴雨式的批评，可以发泄一下自己心中的气愤，绝大多数教师也都有这样的体会。殊不知这样做容易伤害学生的自尊心，使其产生逆反心理，更容易和老师对着干。同时，这样做也伤害了教师自己。所以，从教师自我保护的角度来说，学会情绪转移是最佳选择。有气谁都想发泄，但要看什么时候、在什么场合，处理不当，不但不能消气，心里还会产生更大的气，于人于己都是不利的。

7. 磨炼意志，增强抗压性

心理压力是人们对外界刺激进行反应时所产生的一种主观体验，它的大小因人而异。同样的事件或刺激情境对不同的人所产生的心理压力是不同的。同样的外界刺激到底会给人造成多大的心理压力，实际上是由每个人自身的抗压性（或称抗压能力）所决定的。抗压性较强的人，对于相同的刺激所感受到的心理压力就较小，抗压性较弱的人感到的心理压力就较大。人的抗压性不是天生的，加强意志品质的培养，磨炼人的意志力是增强抗压性的有效方法，也是减轻心理压力的重要心理基础。

执笔人：上海市久隆模范中学　刘杰妮

职初班主任如何建立与学生的情感纽带，使师生双方无障碍沟通

• 【情景扫描】

　　媛媛同学是职初班主任第一次接班的孩子，她几乎是放养长大的。老师至今依旧记得第一次见到她的场景，高高壮壮的女生，连班里高个的男孩子都有些害怕她。第一次见面，老师就发现媛媛很愿意帮班级干活，力求表现自己的能干。媛媛挺聪明的，就是浑身上下写满了"不想读书"，作息常常是做四休三，一个礼拜至少有一天会借口生病不来学校上课。初三开学的第一个礼拜，媛媛突然要求下午请病假回家，老师就让她去医务室请卫生老师看一下。卫生老师反馈，并没有发现媛媛有什么不舒服，老师便打电话给她家长，看看是不是要带去医院看一看，得到的竟然是："老师，没关系的，她一定是假的，不用管她！"媛媛眼见请假没有成功，就在班里嚎啕大哭起来。因为没有家长来接，老师没有同意她的请假，把她带到无人的空教室，安抚好她的情绪后就继续上课去了。貌似事情过去了。第二个礼拜却依旧发生了类似的情况，两次都没有得到请假允许的她痛哭不止，与她家长的沟通依旧是："不用管她，老师，以后这种情况就不要打给我了。"媛媛看着窗外，哭得浑身发抖。班里的其他学生面对这样的情况却很冷漠，一个上前安慰她的都没有。与她沟通原因，她也只是哭，没有任何回应。后来通过细致漫长的沟通，她才敞开心扉，她觉得全世界都不爱她，有了一个新的老师，她只是希望得到老师的关注与关爱。职初班主任面对这样不愿意与老师正常沟通的学生，如何建立与学生的情感纽带，让学生充分信任班主任呢？

• **【问题归因】**

1. 原生家庭情感缺失

很多孩子不愿意与班主任沟通，是因为他们从小的情感缺失。父母离异、家长暴力相待、家长对孩子失去信心等家庭因素，都会让孩子们感觉不到爱。他们不敢开口表达自己的需求与情感，害怕自己开口得不到回应。但这些孩子往往内心深处特别渴望关爱与关注，为了获得别人的关注，他们就会做出标新立异、课堂故意捣乱，甚至是自残等行为。

2. 师生间天然的屏障

过去传统的教育模式，往往是教师"一言堂"，因此学生天然对老师，尤其是班主任有畏惧心理，所以在沟通的时候，就会因为畏惧而不敢开口说真话、心里话。

3. 青春期的消极反抗倾向

初中的孩子正值青春期，这个特殊时期是个体由儿童向成年人过渡的时期。由于身心的逐渐发展和成熟，学生在这个时期往往对生活学习采取消极反抗的态度，否定以前发展起来的一些良好品质。这种反抗倾向会引发学生对待老师、家长、学校的一些抗拒态度和行为。面对自己不愿意做的事情，面对自己不喜欢的老师，面对家长，他们不愿意沟通，消极反抗成了他们处理问题的方式。

4. 教师自身原因

职初班主任因为经验不足，无法很好地把握与学生的距离。有的与学生关系过于随意，没有树立起威信；有的故意让自己变得严厉，碰到一些状况有时候会太过心急，反而起到了反效果，造成与学生关系疏远甚至紧张。

• **【实践支招】**

作为班主任，尤其是职初教师，需要建立与学生的情感纽带，只有在他们完全信任我们的时候，教育与沟通才能达到最佳效果。那么，职初教师该如何建立这样的情感纽带呢？

1. 创新教育理念

职初教师需要认识到在班级中学生的主体性地位，班主任不再是过去的"一言堂"。教师应该尊重学生的人格，认识到学生与自身的平等关系，加强与学生之间的彼此了解与沟通，从而体现学生的独立性与自主性。由于中学生的认知思维尚处于发展阶段，因此班主任应该对其予以针对性引导，鼓励学生在与班主任的对话中讲出自己的心里话，从而帮助学生解决心理上和思想上的问题，促进情感纽带的构建。

2. 进行情感教育

中学生的叛逆心理占了很大的比例，如果班主任采用强硬手段实施管理，不仅难以取得理想的效果，也会导致学生与自身的关系疏远，为后续工作埋下较大的隐患。所以职初教师应该利用自己年轻教师的天然亲和力，以情感教育为核心，激发学生内心真挚的情感，使其感受到班主任的关怀与关爱，从而认真反思自身的行为和思想，达到教育的最佳效果。

职初教师需要仔细观察，了解学生在思想上的动态变化情况，从学生的内心需求出发，实施班级管理工作，让学生能产生情感共鸣，促进情感纽带的构建。

3. 挖掘学生潜力

学生感受到班主任的重视，从而在生活和学习中主动审视自身的行为，以赢得班主任的赞扬。中学生的内心敏感，发展潜力巨大，职初班主任应该主动发现学生身上的闪光点并进行激发和引导，使其感受到班主任对其的期望，这样学生便能够以更加积极的态度来面对生活和学习。

职初教师需要充分挖掘学生的潜力，帮助学生认识到自己的优势与长处，增强学生的自信心，从而也能够促进师生情感纽带的构建。

4. 树立自身的良好形象及权威

教师就是学生最佳的榜样，尤其是作为班级"大家长"的班主任。想要建立与学生的情感纽带，就需要职初教师首先树立自身的良好形象与令行禁止的教师权威。职初教师需要提升自己的专业素养，在日常的教育教学过程中，以辛勤的教师形象要求自己。职初教师应该避免"朝令夕改"和"言而无信"，避免对学生进行严厉的责骂，通过循循善诱的方式帮助学生树立正确的价值观念，养成良好的行为习惯。班主任应该加强学生的德育，通过自身生活经历为学生树立正确的榜样。高水平的专业能力，可以增强学生对班主任的崇敬之情，对于情感纽带的构建起到关键作用。

5. 建立良好的家校沟通渠道

职初教师要想快速了解学生的情况，与家长的良好沟通就显得尤为重要。建立良好的家校沟通渠道，可以了解学生在家庭中的表现情况、性格特点和兴趣爱好等，防止由于缺乏对学生的了解而阻碍师生情感纽带的建立。尤其是在了解学生的家庭情况之后，职初教师在与学生的交流沟通中更能予以尊重，防止对学生自尊心造成打击，消除职初教师和学生之间的隔阂。在信息化时代下，职初教师通过微信、QQ 等高效沟通渠道，和家长彼此沟通分析学生在学习上的问题，更好地制定个性化、有针对性的教育方案，这样使得师生的情感纽带更加牢固。

职初教师刚刚进入教师甚至班主任岗位，应该通过创新教育观念、实施情感教育、挖掘学生潜能、树立良好形象及权威、建立良好的家校沟通渠道等途径，快速建立与学生牢固的情感纽带，从而让后续教育教学工作都能达到事半功倍的效果。

执笔人：　上海市彭浦初级中学　马莉

修炼"平衡术"

——职初教师如何平衡班主任及学科教师的身份

• 【情景扫描】

　　王老师是职初第二年的年轻教师，担任科任教师时，她总是羡慕班主任老师，因为他们就像是班级的灵魂和核心。而当上班主任第一年的她却发现现实和想象的差距真的很大。工作的感觉更多是枯燥和琐碎，比如学生的课间操、眼保健操、户外及各种大型活动必须由她亲自盯着。学生更多的是顽皮，比如班级里有几个学生特别调皮，一再交代的事还总是要犯错误；有几个学生成绩忽然下滑了；甚至有家长会说怎么是这么年轻的老师做班主任。每天还要面对更多的挑战与培训，比如"王老师，快走，咱们下节课去组长的班级听课啦"，"走，走，快去开会，这次我们要研究制定复习计划"……区培训、校学科专业培训、班主任会、组会、团会等等，忽然变多的事情让她措手不及。

　　当了快一个学期的班主任，她发现自己每天总是忙忙碌碌，却连忙了些什么也说不上来。原本想要关注学生的全面发展，现在心里有些不太自信，有时候还会很焦虑，平衡不好班主任和学科教师两个身份是自己的能力不行吗？该怎么办呢？这段时间，这样的问题总是困扰着她。

• 【问题归因】

　　1.落实班级管理，过于理想化

　　进入了新时代，对于教师来说，教育观念需要适时而变，班主任的管理工作也没有现成的模板，挑战性很高。王老师刚接手班主任工作，又是一位职初教师，对于班务工作没有整体概念，想到哪里盯哪里，这样就会顾此失彼。并且刚刚上手班主任工作的王老师对于自己所带班级没有深入了解，也没有制定明确目标和规划，所以面对很多繁杂的事务性工作就会很被动，没有头绪。

职初教师常常会获得学校的关注和重视，同时还要迅速成长，没有很好地规划班级管理工作，自然会出现边工作边迷茫的情况。

2. 身兼各项任务，力不从心

职初老师要搞好自身的业务与授课，诸如对外展示课、班会观摩课，同时，需要应付班级中几十个孩子的问题和事务，这时还要组织学生参与学校的各项活动，所以，王老师在工作中感到手忙脚乱，疲惫不堪，甚至在授课教学时容易不自觉地代入班主任的角色，导致教学目标不能够完成或者有拖延课时、内容上不完的现象。

这也说明了职初教师刚刚上手班主任管理岗位，对两个岗位的职能划分不够清晰，就会有"重拳打在了棉花上"、做事效率不高的情况。

3. 专注提高能力，自身压力大

职初班主任有时会受到家长的质疑，诸如被贴上"年轻教师"这样的标签，所以往往想要在学科专业上求精、求专，再熟练掌握现代教育技术技能，在家长的心目中受到认可。这个时候像王老师这样的年轻职初教师急切地想要避免家长的怀疑、抵触情绪，在班级学生反复出现问题时，较为年轻的教师就会紧张、焦虑，担心与家长的沟通会处理不当。

4. 连带责任感过强，缺乏安全感

首先，面对屡教不改或者学习忽然下滑的学生在逐步影响班级的日常教学时，就开始侧重一方重点指导，说明王老师没有把握好科任教学工作和教育管理工作之间的度和节奏。其实，学科教学的效率高，才会有更多时间进行班级管理；而班级管理到位，又很好地辅助了学科教学，这样的节奏需要相辅相成，齐头并进。当没有找到这之间的平衡时，就会缺乏安全感。

其次，平衡还要关注自己的内心感受，王老师在工作上的焦虑和急迫也体现她在工作中仍然不够坦然自在，担心责任事故发生，就会让自己在有意无意中陷入不安。要学会管理情绪，保持身心平衡，才能避免成为"瞎忙"的育人者。

• 【实践支招】

班主任是班级的"领航者"，也是学生中的"孩子王"，深受学校重视。刚入职的年轻教师精力充沛，往往也更容易成为学校班主任工作安排的首选对象。很多年轻的班主任在迈入工作岗位时都怀揣着教育理想，而现实中身为班主任的职初老师大多也是身兼教学任务的学科老师，他们在承担学科压力的同时，又要兼任班级的管理工作，千头万绪的事情蜂拥而至，常常不知道如何下手。要合理平衡两个身份，简直是一门复杂艺术。因此，学会善用"平衡术"，职初教师才能摆脱工作被动，实现班级管理和学科教学的相互促进。

班主任工作与教学授课是学校工作的核心，要协调、平衡发展班级管理和学科教学两个任务，在实践过程中，可以抓住以下几点来展开。

1. 明确职责与定位，提前做好职业规划

现在社会和学校对待新班主任更加重视了，也在给予有效的指导和成长的空间。然而要想平衡好班主任和学科教师的身份转化，我们就要从改变自身着手，强大自己的内心。

要想修炼"平衡术"，首先要明确自己的职责，其次是树立大格局意识。教师先要清楚一堂课的时间应以教书为本，注重传授知识，尽量不要因为个别学生而将整个课堂教学停下来，要随时保持敏锐，对于课堂上的"小插曲"要在课后第一时间处理。保证教学工作的要务就是一定要清楚每学期每节课每个阶段的教学任务，做到心里有数。

做好分类，提高效率。在工作上无论是教育管理还是学科教学，首先要清楚哪些是着急完成的，哪些是需要长期完成的任务。身为班主任，应当了解班主任的工作常规，适当做好班级计划。计划中要清楚理好每周、每月的工作任务，对学期全局增强掌控感。还可以及时做好手机备忘录，制定一个工作计划简表，并按照时间顺序罗列出来，张贴在办公桌上。这样既可以起到提醒作用，又可以实时了解自己各项工作的完成情况。

2. 巧妙借力，化繁为简，学会双手"弹钢琴"

（1）实现学科融合，丰富自己的教育内容和手段

有人说"教，是为了不教"。其实，职初老师在任班主任职务时也要清晰认识到"管，是为了不管"，不要一味扎进具体而琐碎的事务中。

教师在管理班级时可以把平时的教学融合到班级的管理之中，在构建温馨班级时，融入学科的知识特点，比如诵读古诗会、国学 PK 赛，打造具有学科特质的班级文化，每月策划一次特色班级活动，等等。

（2）树立学生自理自立，解放自己

在工作中，教师要学会重点培养学生的自我管理能力，随时捕捉班级信息。例如设立班级公约、奖惩措施、班级日志、培养学生干部、根据学生特点和学习状况分小组管理，让班级学生人人有事做，事事有人做，逐步实现自律。创设班级公约，营造良好的班风，培养学生的契约精神，这才是实现"平衡术"的要点。

（3）借力，实现家校共育

班主任与学生、任课教师、家长、学校一起构筑教育的统一战线。班主任也是这四重关系中的重要"枢纽"，发挥着家校共育的有效作用，多维度、立体式地凝成教育合力，让教育产生整体效应。

班主任要借助学校的平台与科任教师和家长达成良好沟通，例如：将班级中的新举措变化和情况及时告知科任教师；学校举办运动会时，邀请家长和任课教师参与活动，借助集体活动发挥家长、任课教师的特长和优势，同时也能够增进师生感情，班主任和教学工作就能够得到学生、家长和学校的多方认同和积极的评价。

3. 调整期待值，开放心态

不论是班主任还是学科老师都应当学会宽容豁达，戒"一言堂"，要允许学生犯错误，尊重理解学生，相信每位学生都有想要改变的心，在学生需要帮助的时候及时伸出援手。

儿童期的孩子是很容易犯错的，有时是因为自控能力差、环境影响、有学习困难障碍等因素，不一定是他们故意为之。在这样清晰的认知下，理解包容学生。根据他们的学习特质，运用恰当的指导方法，发展最适合他们的学习模式，才能帮助孩子找到属于自己的学习之道。科学的教育指导也能够让我们觉得轻松，更能释放压力。年轻教师要拥有一双慧眼，能够发现每个孩子身上的优点，在积极予以表扬和鼓励的同时，也会让自己对教育学生更有信心，感受到职业成就感和幸福感。

4. 利用碎片时间自我提升，不断积累

教育是一门艺术，艺术的生命在于创新。要给学生"一杯水"，自己应是"活水源"。现在的学生思维敏捷，求知欲强，职初教师可以多多汲取新知识、学习新媒体技术，以适应时代的需要。记住波斯纳的教师成长公式：经验＋反思＝成长。职初教师需要重视自我发展，通过对行为的反思和提炼，及时自我修正。所以说，想要实现专业能力的提升与个人发展的成长，年轻教师就要在实践中练功。

"想要平衡好班级管理和学科教学质量这两个方面，但总是感觉每天忙于很多琐碎的事情，心有余而力不足。"这说明工作经验不足，没有学会巧用工作的碎片时间。

处理好时间分配，养成工作备忘和反思的习惯对平衡二者工作大有裨益。班主任的工作烦琐，学科教学任务又很重，总是会因此忘记自己学期初原定的教学计划及班级管理计划。所以，灵活运用番茄时间是很有必要的。比如说利用零碎的时间做临时性工作，抽时间进行班级管理，提高时间使用效率；坚持定期写教育随笔，及时记录和反思自己的教学管理得失，请教资深教师，实践新方法再反思，当反思积累到一定的数量，自然会更容易找到最适合自己学生的管理方法，平衡班主任及学科教师身份自然也就不是难事了。

执笔人：上海市静安区科技学校　张小猜

第九篇　学会科研

中小学教育科研是指研究者借助教育理论对有价值的教育现象，采用相应的教育科研方法，进行有目的、有计划的探索教育规律的创造性认识活动。中小学教师开展教育科研是提升自己专业素养的有效途径，是促进自身专业成长和事业成功的重要因素。

班主任要树立教育科研意识，确立"问题即课题，教育即研究，成果即成长"的理念，在实际工作中加强行动研究，将研究和实践效果有机结合起来，班主任要在班级管理中边学习、边提高，真正使班级成为自身专业发展的载体。班主任只有积极开展教育科研，才能从体力型的勤杂工真正还原成"人类灵魂的工程师"，以智慧的心态面对工作，每天都有新发现、新领悟、新收获和新欢乐。此篇章中各项研究的起点皆是日常工作中碰到的难题、瓶颈，研究的过程是持续的、扎实的、科学的，研究的成果是丰硕的、能够借鉴的、可以推广的。

教育科研不神秘，教育科研很重要，教育科研也很可爱。教育科研是教师从经验型向专家型转变的必由之路！

静安区中小学生发展综合评语的现状调研与提升策略研究

一、研究背景与价值

（一）研究背景

学生评语是学生综合素质评价体系的重要组成部分，反映着学生发展的状况和水平。我国《基础教育课程改革纲要》早就提出，建立促进学生全面发展的评价体系；评价不仅要关注学生的学业成绩，而且要发现和发展学生多方面的潜能，了解学生发展中的需求，帮助学生认识自我，建立自信。发挥评价的教育功能，促进学生在原有水平上的发展。作为课改中关于学生评价体系的一个重要改革部分，上海市教委于1999年推出适用于全市中小学的全新的《上海市学生评价手册》，后续几经改进，更名为《上海市学生成长记录册》，无论是学生手册名称的改变还是内容的更新，无不体现出新时期的教育更关注学生综合素质的全面发展以及对发展过程的评价，这一点在学生手册中教师对学生的评语从"品德评语"发展到"学生综合素质评语"进而发展到"学生发展综合评语"就可以得到充分体现。

班主任是实施学生综合素质评价的主体之一。作为学生综合素质评价的重要组成部分，对学生人格品质及学习态度等方面进行综合评定的评语，在实际操作的过程中是否得以真正地体现出评价方式变革的效果？中小学生发展综合评语现状如何，是否依然套话反复、缺乏针对性？学生对于现阶段班主任评语的关注度、感受、满意度如何？哪些宝贵经验可在区域内推广学习？这些都成为本研究的动机所在。

（二）研究价值

1.为区域个性化教育课题成果的实践转化提供可行的视角

静安区承担的"走向个性化"的重大课题进入收官之年，但这并不意味着个性化教育行动的终结，而恰恰是课题成果转化为教育生产力的新起点。学生发展综合评语的研究是颇具可行性的研究视角和操作领域。班主任为学生书写评语并非拍脑袋，而是通过对学生的日常观察与交流，深入认识他们、了解他们，进而给出正向的、具有针对性和指导性的评价，促进他们更好地成长，这与个性化教育的理念不谋而合。所以，本研究的开展将有助于推动个性化教育课题的成果转化与实践落实。

2. 为区域中小学班主任评语的改进和优化提供实证依据

班主任通常会在学期结束时，对学生一学期的表现做出综合评定，它在促进学生客观地认识自我、发展自我方面起到了积极作用。综合评语能够反映学生发展的状况和水平，是学生每个成长阶段的见证。多数学生也承认评语对自己的帮助与指导作用，有研究显示，分别有 60.5%、55.6%、50.7% 和 50.0% 的学生认为班主任撰写的评语对自己的学习自信心、学习意志力、学习兴趣和学习成绩有较大或很大影响[1]。然而长期以来，评语撰写也呈现出一些弊端，如套话多、重复性大、盲目鼓励或者直击缺点等。本研究从区域视角了解班主任评语的现状、学生的认知与态度、提炼优秀案例典范，为静安区班主任的评语撰写提供实证性指导与借鉴，有助于改善班主任的教育教学工作，也有助于提高综合素质评价的质量。

3. 为区域班主任评价观念的转变提供有效抓手

由于长期受应试教育影响，许多学校仍沿用传统的评价体系，将学习成绩作为近乎唯一的评价指标，这就使得班主任对学生的评价习惯于"唯成绩论"，只要成绩好，在班主任眼中就是好学生，而只要成绩差，其他方面再好也没用。《基础教育课程改革纲要》中提出："学生的情感、态度、价值观及学习过程与方法也应该成为评价的内容"，这就促使班主任转变观念，由对学生单一评价向综合评价转变。班主任理应树立全新的教育评价理念，充分调动身边的能动因素，给予学生一个客观、全面、合理的评价，最大可能地发挥评价的导向和激励功能。

---

[1] 邢利红.当前高中学生视角下的班主任评语分析[J].教育科学研究，2014（03）.

二、研究方案

（一）研究目标

（1）了解静安区中小学生发展综合评语的现状。

（2）梳理出典型或特色鲜明的评语，并进行分析研究。

（3）探索提升综合评语质量的策略与路径。

（二）研究内容

1.在梳理文献资料与政策资料基础上，了解目前研究现状

——进行国内外文献综述研究，了解目前中小学生发展综合评语研究的现状、研究内容及遇到的问题，为本研究的开展提供借鉴与思考方向。

——梳理近些年教育部及上海市教委发布的政策资料，提炼核心要求，为后续研究提供方向引领。

——与基层学校不同班龄（担任班主任的时间）的班主任深入访谈，记录他们对评语撰写的做法与思考。

2.在实践调研的基础上，进行中小学生发展综合评语的文本分析与问卷调查研究

——拟定评语征集方案，征集区域内若干所中小学校班主任撰写的学生综合评语。

——对评语文本进行研究分析，包括这些评语所涉及的指标数量及分布情况、评语的区分度、用语情况、指导的具体性，以及存在的学段差异、班龄差异、学校差异情况等。

——自编针对班主任与学生的调查问卷。班主任卷由班主任作答，主要了解班主任对评语撰写意图与重要性的认知、面临的压力、遇到的困难、期望或想法等。学生卷由学生作答，主要了解学生对班主任评语的看法、满意度与期望、评语对自身发展作用的认知等。

——在区域若干所中小学进行现场调查，统计分析调查数据，了解静安区学生综合评语现状，并将班主任卷与学生卷数据进行比较分析，了解双方的观点差异，为后续的策略探索提供依据。

3.梳理区域典型或特色鲜明的综合评语，进行深入分析

——向区内中小学班主任征集学生综合发展评语，进行汇总、梳理与初步

反馈。

——分学段筛选出典型或特色鲜明的评语，提炼、归纳出优秀评语的关键要素，同时关注不同学段的评语侧重点。

——对筛选出的评语进行深入分析，总结出综合评语撰写的基本原则与整体要求。

4.基于现实问题，探索提升班主任评语质量的策略与路径

——在前期研究的基础上，结合区域实际情况及教育学院业务部门职能，探索提升区域学生综合评语质量的策略。

（三）研究方法

1.文献分析法：收集学生综合评语方面的文献综述资料及政策性资料，进行梳理、分析。

2.访谈法：拟定访谈提纲，与不同学段不同班龄的班主任教师进行深入交流，获得一手资料，记录他们对评语撰写的经验与认知，为评语文本分析与问卷编制提供素材与思考方向。

3.文本分析法：对区内中小学班主任几百份评语进行规整梳理、文本录入、分析统计等，从质性研究角度了解区域现状与存在的问题。

4.问卷调研法：采用自编问卷了解班主任与学生对评语的看法与态度等。

5.案例分析法：请德育方面专家从所提交的案例中筛选出优秀的、特色鲜明的，供研究分析与区域共享。

（四）实施步骤

本课题研究时间一年，共分为三个研究阶段。

1.搭建研究框架阶段

主要研究任务：

（1）收集文献研究资料与政策资料，进行梳理分析；

（2）确定访谈对象，拟定访谈提纲，进行深入交流；

（3）搭建研究框架。

2.全面实施阶段

主要研究任务：

（1）拟定评语征集方案，向区域所有中小学校班主任征集撰写的学生综合评语；

（2）对评语文本进行研究分析，包括这些评语所涉及的指标数量及分布情况、评语的区分度、用语情况、指导的具体性，以及存在的学段差异、班龄差异、学校差异情况等；

（3）自编针对班主任与学生的调查问卷，使用问卷星开展问卷调查；

（4）分学段筛选出典型或特色鲜明的评语，提炼、归纳出优秀评语的关键要素，同时关注不同学段的评语侧重点，并形成《静安区中小学生发展综合评语汇编》（见附件）；

（5）对筛选出的评语进行深入分析，总结出综合评语撰写的基本原则与整体要求。

3. 系统总结阶段

主要研究任务：

（1）整理相关研究资料；

（2）总结提炼研究成果；

（3）撰写结题报告。

三、研究现状

（一）调查设计与实施

为了能够实现本课题的研究目标，课题组对此展开了调查。

（二）调查目的

全面了解区域中小学生发展评语现状。

（三）调查对象

1. 问卷调查对象情况

本课题研究从小学、初中、高中三个学段分别选取了原静安区一半左右数量学校的班主任与学生展开调研。具体来说，区域共 15 所小学、14 所初中、8 所高中（完中算 2 所；九年一贯制学校算 2 所），进行班主任调研的小学、初中、高中分别是 7 所、7 所、4 所，其所有年级的班主任，共计 318 名；进行学生调研的小学、初中、高中分别为 3 所、4 所、5 所，包括五年级、七年级、高二的全体学生，共计 1520 名。

2. 文本分析对象情况

面向全区 35 所中小学征集评语，收到 192 位班主任（每位班主任撰写 3 至 4 篇评语）共计 684 份评语。抽样选取 100 名不同年限班龄班主任所撰写的 200 份评语，小学、初中、高中的班主任及评语数量分别为 40 人、80 份；32 人、64 份；28 人、56 份，从评语指标、信息量、风格、功能发挥、评语质量的班龄差异等方面进行分析。

（四）调查工具

为了较好地达成调查目的，课题组编制了 2 份调查问卷，还拟定了评语征集方案及文本分析的基本方式。

1. 关于问卷

（1）问卷题目来源：为切实了解中小学综合评语现状，查阅了相关文献资料，进行梳理提炼；在查阅资料的基础上，结合区域教育实际及相关疑问，拟定了访谈提纲，对一线班主任进行了访谈。访谈对象为静安区第一中心小学、一师附小、爱国学校（初中部）、七一中学（高中部）的各 3 至 4 位不同班龄不同年级的班主任；访谈之前，将访谈提纲发给各位老师提前准备，时间 30 至 40 分钟；采取集体访谈的形式（见附件 1：访谈提纲）。

（2）问卷预测验：在访谈的同时，请各位老师试做班主任卷，请他们结合教育实际提出意见与建议，研究者记录答卷时间并针对班主任的看法与之深入交流与澄清，对问卷进行相应修订。除此之外，还请几位学生试做学生卷，提出意见与建议。

（3）问卷内容及题型设置

教师卷：问卷共 19 题，分为两部分，第一部分是了解班主任的基本信息，包括性别、任教学段和担任班主任的年限；第二部分为问卷主体，主要了解班主任对评语重要性、目的、功能地位、评语效果的认知，撰写内容及过程，面临的压力程度、遇到的困难，及期待得到的帮助等。题型设置上有单选题、多选题和填空题［见附件 2：区域中小学生发展综合评语现状调研（班主任卷）］。

学生卷：问卷共 20 题，分为两部分，第一部分是了解学生的基本信息，包括性别、所在学段、性格倾向与学业成绩情况；第二部分为问卷主体，主要了解学生对评语的重要性、价值、内容、效果的认知，以及对撰写内容与风格的期待等。题型设置上有单选题、多选题和填空题［见附件 3：区域中小学生发展综合评语现状调研（学生卷）]。

（4）调研方式：借助"问卷星"平台采取网络测评的形式，机测与手机客户端测验均可，平台开放时间为两周，教师和学生登录此平台作答，完成调查问卷提交。

2. 关于文本分析

为了能够获得比较全面的评语样本，研究对象的选取面向了原静安区高中、初中和小学三个学段各年级的班主任教师；为保证较为客观地了解到区域综合发展评语现状，制定了详细的评语征集方案（如此次征集活动面向所有班主任而非优秀班主任，参与活动的班主任需提交 3-4 份评语而非仅限于自认为最优秀的评语等）。本研究共征集了 192 位班主任的 684 份评语，但因文本分析的工作量限制，本研究随机选取了 100 位班主任的各两份评语进行分析，也就是共 200 份评语；考虑到班主任提交的 3-4 份评语中，可能会存在前两篇质量高于后两篇的情况，故而在确定研究篇幅时，将每所学校一半的班主任选择第 1、3 篇；一半选择第 2、4 篇或者第 2、3 篇（有的班主任共提交 3 篇）（见表 1）。

表 1　班主任评语文本分析汇总表

小学	教师数	评语分析对象	初中	教师数	评语分析对象	高中	教师数	评语分析对象
1	4	AC	1	2	AC	1	4	AC
2	3	AC	2	2	AC	2	9	AC
3	5	AC	3	2	AC	3	3	AC
4	2	AC	4	5	AC	4	3	BD
5	5	AC	5	4	AC	5	4	BD
6	2	AC	6	3	AC	6	3	BD
7	2	AC	7	2	AC	7	2	BD
8	2	BD	8	1	BD			
9	2	BD	9	1	BD			
10	2	BD	10	1	BD			
11	2	BD	11	2	BD			
12	5	BD	12	2	BD			
13	2	BD	13	3	BD			
14	2	BD	14	2	BD			
合计	40	80		32	64		28	56
	100 名班主任；200 份评语 *							

* 分析过程中，因有一篇评语虽然在描述上涉及指标较广，但不具备区分度，删除后，选择该老师的另一篇评语填补。

（五）问卷调查结果统计与分析

完成网上问卷调查后，课题组对调查结果进行了统计，现将有关情况进行说明。

1. 师生对于发展综合评语的认知

（1）班主任对发展综合评语目的、重要性的认知

经数据统计分析发现，当问及班主任对"写评语最主要的目的是什么"时，分别有 34.0% 的人认为评语撰写的主要目的是"帮助学生更好地认识自己""为学生进一步成长指明方向"，26.4% 的人认为是"总结学生的阶段性情况"，还有少部分人做出其他选择（见表 2）；当问及"假设取消了'综合评语撰写'这一任务，您的态度是？"时，73.27% 的班主任持赞成态度，只有 2.52% 的班主任感到"非常可惜"，另有 24.21% 的人感到"有点可惜"（见表 3）；当问及"您认为班主任所撰写的综合评语对学生发展有促进作用吗？"时，认为有促进作用的老师不足半数，为 45.3%，20.8% 的人认为几乎没有作用，还有 34.0% 的人则表示"不清楚"（见表 4）。

表 2　班主任对发展综合评语目的的认知情况（题 12）

选项	小计	比例
总结学生的阶段性情况	84	26.42%
帮助学生更好地认识自己	108	33.96%
为学生进一步成长指明方向	108	33.96%
为评定学生作参考	12	3.77%
其他 [详细]	6	1.89%
本题有效填写人次	318	

表 3　假设取消了"综合评语撰写"这一任务，您的态度是？（题 9）

选项	小计	比例
赞成，个人感觉综合评语对学生发展的意义并不大或者可以采用不同的形式展示等	195	61.32%
少了一项任务，减轻了一些负担，感觉还不错	38	11.95%
有点可惜，综合评语会影响到一些学生的发展变化	77	24.21%
非常可惜，但即使取消了，自己也一定会坚持撰写	8	2.52%
本题有效填写人次	318	

表4 您认为班主任所撰写的综合评语对学生发展有促进作用吗？（题16）

选项	小计	比例
不清楚	108	33.96%
有	144	45.28%
几乎没有	66	20.75%
本题有效填写人次	318	

（2）学生对发展综合评语重要性、作用的认知

为了解学生对发展综合评语的重要性、作用的认知，本研究设置了两道题目（见图1），即"学期结束拿到《上海市学生成长记录册》（以下简称《手册》）时，以下几部分内容你最先会看哪个？"，有近半数学生选择"班主任的话（也就是发展综合评语）"；"如果班主任不再为你撰写学期综合评语，你的心情是怎样的？"，70.5%的学生表示会感到难过。

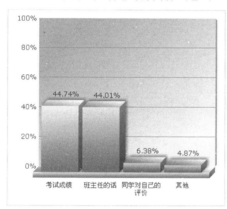 

图1 学生对发展综合评语的重要性的认知

进一步分析发现，不同学段学生的认知存在差异，拿到《手册》时，小学生中有65.0%的人会先看评语，而初中生和高中生分别占39.6%和30.9%（表5），随着学段的上升，学生对学习成绩的关注度明显提高。对于取消综合评语后的心情，"感觉挺好"和"无所谓"的人数中，小学生仅占15.6%，而高中生占44.9%，将近一半，初中生占30.9%（表6）。这不得不引起教育工作者的反思：是中学生没有意识到评语的价值，还是确实意义不大？需采取何种措施改善？

表 5　拿到《上海市学生成长记录册》先看哪部分内容（题 5）

	分数	评语	差不多	不清楚
小学	9.9%	65.0%	24.0%	1.2%
初中	17.3%	39.6%	37.6%	5.5%
高中	28.9%	30.9%	31.9%	8.2%

表 6　取消综合评语后的心情（题 7）

	感觉挺好	无所谓	有点难过	非常难过
小学	5.9%	9.7%	57.2%	27.1%
初中	5.0%	25.9%	53.6%	15.5%
高中	5.7%	39.2%	44.1%	11.0%

　　本研究还了解了学生对发展综合评语作用的认知情况（见表 7 与表 8）。至于综合评语对自身发展的作用，相比学习成绩、学习兴趣、意志力，更多学生（40.3%）选择了对自己"自信心"的影响更大。相比肯定进步和提供指导，学生（55.9%）更倾向于老师指出自己存在的问题。了解学生的需求，对班主任撰写评语提供了方向。

表 7　你认为发展综合评语对自己哪方面发展的影响最大？（题 9）

选项	小计	比例
学习成绩	162	10.66%
学习兴趣	312	20.53%
自信心	613	40.33%
意志力或坚持性	308	20.26%
都没什么影响	125	8.22%
本题有效填写人次	1520	

表 8　你认为评语对你比较大的帮助是什么？（题 8）

选项	小计	比例
肯定我的优势或进步	391	25.72%
帮我指出存在的问题	849	55.86%
告诉我该怎么做	234	15.39%
其他 [详细]	46	3.03%
本题有效填写人次	1520	

2.师生对发展综合评语撰写针对性的反馈

（1）班主任撰写评语的针对性

在了解学生对班主任评语的态度时，曾问道："如果班中有同学不满意班主任为自己撰写的评语，你认为原因可能是什么？"排名第一位的是"评语太笼统，看不出描述的是自己"，可见学生对评语针对性的要求较高。

据此，本研究也了解了班主任对评语针对性的态度，发现近一半的班主任认为撰写针对性强、个性化强的发展综合评语"很难"（8.5%）及"有一定难度"（36.48%），有一半以上的人认为"尚可，一直在践行并取得了进步"（46.54%）或"自我感觉已经做得非常好"（8.49%）（见图2）。为提高评语的针对性，在撰写综合评语前，班主任除了"回顾学生的日常表现，总结整体印象"（96.5%）外，还会通过"与其他任课教师交流""与学生本人交流"等途径来尽可能客观全面地了解学生（见表9）。

为学生撰写针对性强、个性化强的发展综合评语，对您来说？（题11）

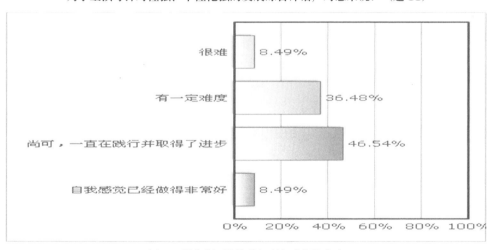

图2　班主任对评语针对性要求的态度

表9 在为学生撰写综合评语前，您最常做的准备工作是？（最多选两项）（题10）

选项	小计	比例
回顾学生的日常表现，总结整体印象	307	96.54%
先请学生进行自评，我再进行补充或修订	99	31.13%
与学生本人交流	84	26.42%
与其他任课教师交流	160	50.31%
与学生同伴交流	56	17.61%
与学生家长交流	38	11.95%
本题有效填写人次	318	

（2）学生对评语针对性的认知

课题组从若干学期间评语的重复性及内容个性化两个方面进行了调研。数据分析显示，近六成学生反映差别不大，当然也有 22.7% 的学生认为相差较大（见表10）。

表10 每个学期，班主任为你撰写的评语内容上差别大吗？（题10）

选项	小计	比例
很大	52	3.42%
较大	345	22.7%
差别不大	897	59.01%
几乎没差别	121	7.96%
没印象了	105	6.91%
本题有效填写人次	1520	

请学生回答班主任的描述是否符合自己的实际情况时，大多数学生（67%）认为班主任非常了解自己，评语描述得非常贴切，25.9%的学生感觉评语中有些描述符合自己，有些并不符合（见表11）。

表11 你认为班主任对你的描述符合自己的实际情况吗？（题11）

选项	小计	比例
感觉班主任非常了解我，评语描述得非常贴切	1018	66.97%
感觉评语中的有些描述符合自己，有些不符合	393	25.86%
整体而言，感觉不是很符合	35	2.3%
班主任也是用类似语句来描述其他同学的，所以谈不上符合与不符合	74	4.87%
本题有效填写人次	1520	

3. 班主任撰写评语所遇到的困难

当问及"您在书写学期评语时，遇到的较大困难或困惑有？（最多选两项）"时，超过半数的班主任分别选择了"期末时间紧"（67.9%）和"难以用简洁、精准的书面语言对学生的个性、缺点等进行描述"（51.9%）（见表12，图3）。

表12　您在书写学期评语时，遇到的较大困难或困惑有？（题14）

选项	小计	比例	
班级人数多，难以深入了解所有学生	95		29.87%
综合评语撰写集中在学期结束，时间紧	216		67.92%
难以用简洁、精准的书面语言对学生的个性、缺点等进行描述	165		51.89%
不确定综合评语中需要涉及哪些内容	26		8.18%
感觉综合评语对学生意义不大，撰写动力不强	66		20.75%
学生重视程度不够，撰写动力不强	69		21.7%
学校领导不够重视，这方面的学习机会不多	8		2.52%
其他 [详细]	4		1.26%
本题有效填写人次	318		

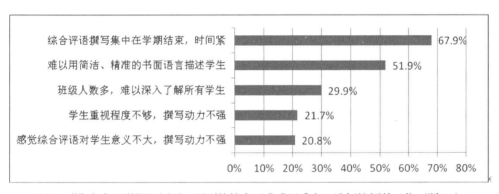

图3　"您在书写学期评语时，遇到的较大困难或困惑有？选择比例前五位（题14）

当问及"您认为在撰写评语过程中，自己最需要改进的地方是？（最多选两项）"时，选择结果与所遇到困难的选项有些一致，人数最多的是"提高语言表达能力与技巧"（57.2%），其次是"充足的时间"（49.7%），然后是"提高评语的针对性"（48.1%）（见表13）。

表 13　您认为在撰写评语过程中，自己最需要改进的地方是？ （题 15）

选项	小计	比例
深入了解学生个性特征，以抓住学生关键特征，提高评语针对性	153	48.11%
提高总结、概括能力	75	23.58%
提高语言表达能力与技巧，如能幽默/委婉含蓄地帮学生指出问题或改进方向等	182	57.23%
安排好手头工作，给自己充足的写评语时间	158	49.69%
目前比较模糊，尚且难以描述清楚	23	7.23%
其他 [详细]	5	1.57%
本题有效填写人次	318	

4. 学生对评语效果的认知

评语的直接受益者是学生，学生的心得感受是评价一份评语是否合格有效的重要依据，据此，本研究设计了相关的题目了解学生的感知情况。

问题一："如果班中有同学不满意班主任为自己撰写的评语，你认为原因可能是什么？"学生在各个选项上的选择较为均衡，排在前几位的依次为"评语偏笼统""班主任没有发现闪光点"和"班主任的描述与实际情况不相符"（见表 14）。

表 14　如果班中有同学不满意班主任为自己撰写的评语，你认为原因可能是什么？ （题 17）

选项	小计	比例
评语太笼统，看不出描述的是自己	388	25.53%
评语和他/她自己的实际情况不是很相符	292	19.21%
班主任没有看到他/她的闪光点	344	22.63%
没有为他/她指明接下的改进方向	160	10.53%
班主任描述的都是他/她的不足之处，看不到肯定与鼓励的痕迹	273	17.96%
其他 [详细]	63	4.14%
本题有效填写人次	1520	

问题二："班主任为你撰写的评语中有过令你感动或惊喜的描述吗？"大多数学生（60.7%）感觉"印象不深了"，其他三个选项的人数比例均较小（见图 4 左）。

本研究还请选择"有过几次"和"经常会有"的学生做了简要的描述，梳理归类后主要体现在以下几方面：一是班主任记得发生在自己身上的小事/细节，这一细节可能连学生自己都淡忘了，如有学生提到学期初发生的一件小事老师都记得非常清楚，老师能注意到平时学生自己都会忽略的细节；二是班主任提到了学生的闪光点，如有人提到"老师会牢记我的闪光点并呈现在评语上"……

问题三："你曾因班主任为你撰写的评语而在接下来行动中发生积极改变吗？"53.1%的学生选择"较多"，26.1%的学生选择"不是很明显"，20.8%的学生选择"很少"（见图4右）。

评语中有过令你感动或惊喜的描述吗？（题18）　你曾因评语发生积极改变吗？（题20）

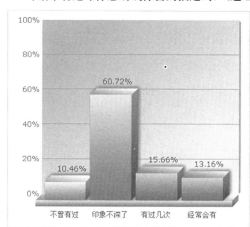
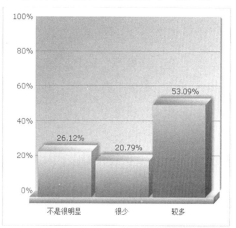

图4　学生对评语效果的认知情况

课题组分别对班主任和学生两个群体展开了问卷调研，较为全面深入地了解了区内中小学生发展综合评语的现状。通过对调研结果的分析，课题组发现班主任对评语撰写的主要目的认识清晰、学生认为评语对于自身的发展有着明确的促进作用。但是，调查也发现了大多数班主任反映在为学生撰写发展综合评语时有压力存在困难、学生认为评语缺乏一定的针对性和具体指导性等。

从调查结果中可以明显看出，多数班主任能认识到撰写发展综合评语的目的，另一方面却不赞同目前这种评语操作模式，或者认为综合评语对学生的促进作用并不是很大，这其中的矛盾需引起班主任及各级领导的反思，进一步了解其内在的原因。究竟是发展综合评语在目前教育形势下确实意义不大（正如在访谈过程中，有些班主任提到信息工具应用的普遍性及与家长沟通的频繁性、便利性，使得他们在日常教育过程中有更多机会认识、了解学生并提供实时指导，从而替代了综合发展评语的部分功能，导致评语的价值相比之前有所下降）还是具有很大意义，抑或是因为班主任工作（尤其期中期末）的高强度、时间紧而影响到了班主任思考的广度与深度进而导致对其意义的漠视？这是一个值得教育工作者探究的问题。

四、结果与分析

在问卷调查的基础上，本课题组对上海市原静安区所有中小学校中 100 名不同班龄的班主任所撰写的 200 份评语从评语指标、信息量、风格、功能发挥、评语质量的班龄差异等方面进行深入分析。每篇评语字数不等，少则几十个字，多则五六百字，多数为一两百字。无论是问卷调查结果，还是评语文本分析，课题组发现静安区中小学班主任评语涉及的维度比较广泛，涵盖了学生的学习情况和在校个体表现的基本方面，同时又对学生个体发展的突出特征进行了表述，部分体现了评语功能的发挥。

（一）评语使用的指标多，涵盖面广

课题组对学生发展综合评语所使用的指标种类及频次进行了统计，操作方法为将每篇评语中使用的指标列出，发现共涉及 30 个指标，涵盖面广，再由从事班主任工作多年的资深教师将其归类，为学习方面、智力与能力、品德发展、兴趣特长和身心发展五大方面（见表 15）。可见，班主任评价学生的标准从传统意义上较为单一的成绩指标走向全面，反映出评价标准的多元化，这也正符合了学生综合素质发展关注学生整体发展的价值取向。

频次共计 535 次，占比情况以学习方面最高，兴趣特长方面最低。具体而言，学习方面被提及的次数最多，为 178 次，以学习态度、学习成绩、作业情况和学习习惯的次数居多；其次是身心发展方面，为 166 次，以性格、意志品质和人际交往的次数居多；再次是品德发展方面，为 100 次，以集体意识的次数居多；智力与能力方面被提及 62 次，以智力情况的次数居多；兴趣特长方面为 29 次，以文体特长次数居多。

评语指标是评语中用以评价学生相对独立的内容维度。本研究发现，占据 20% 以上的主要指标有三个，即性格、学习态度和集体意识，其余占 10% 以上的七个指标按照频率由高到低依次为意志品质、人际交往、学习成绩、智力状况、文体特长、作业情况和学习习惯（见图 5），这些指标分别分布在五大方面。这一结果与以往同类研究有共性也有差异，共性的如朱水萍等人的研究发现，性格和学习态度是评语中频次较高的指标[①]；而另外的一些研究结果则呈现差异性，如李利娜通过研究发现：文体特长等只是偶尔使用的指标[②]；杨维倩等的研究显示，学习习惯所占比例很小[③]。另外，诸如实践能力、环保意识、好奇心、学习动力、潜能发展、诚实守信、行为习惯、创新意识、健康生活方式等的频次仅在1–4次之间，反映出评语中较为忽略的一些方面。

表15　评语中涉及的指标情况

一级指标	二级指标	一级指标	二级指标
学习方面	学习成绩		热爱劳动
	上课情况		乐于助人
	作业情况		集体意识
	学习态度		环保意识
	学习习惯		诚实守信
	学习方法	兴趣特长	好奇心
	学习动力		兴趣爱好
	知识面		文体特长
智力与能力	智力状况		潜能发展
	语言能力	身心发展	身体形态技能
	实践能力		健康生活方式
	创新意识		情绪行为调控
	组织协调力		人际交往
品德发展	行为习惯		性格
	文明礼貌		意志品质

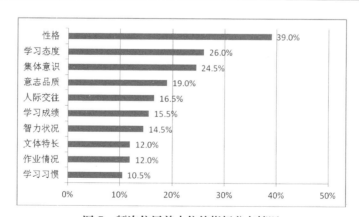

图5　频次位居前十位的指标分布情况

① 朱水萍．吴凤娟．小学班主任评语的调查研究——基于600份评语的文本分析 [J]．上海教育科研，2015.8.
② 李利娜．对小学生操行评语的调查研究 [D]．西北师范大学，2012.
③ 杨维倩．中学班主任评语的分析与研究 [D]．辽宁师范大学，2008.

（二）评语指标的数量分布

一份评语中的指标数量反映了评语的信息量。在各篇评语中，每篇所含的指标数量不等，多的达七八个，最少的只有一两个。很难定论说信息量大的评语一定是优秀的，课题组认为信息量的大小应以发挥教育价值的最大化为前提，在满足此前提的情况下，信息量越大，评语的教育价值就发挥得越充分。

如"你是一个上进心强，聪明而且心地善良的女孩，是同学们可信赖的人，也是老师得力的助手。对于大队长的工作你更是认真负责，积极组织各种活动，是一个优秀的班干部。做事稳重踏实是你的特点，也是你赢得同学们称赞的原因。懂得合理安排各门功课的学习时间，喜欢寻找各门学科有效的学习方法，因而你的学习成绩有明显的优势，并在本学期被评为四好少年……"这份评语涉及了意志品质、性格、集体意识、组织协调力、学习方法、学习成绩等六个指标，信息量较大，较为全面而具体地描述了该生一个学期的整体表现，相信更具教育价值。而诸如"你在老师的眼里一直都是乖巧懂事的学生。在学校尊敬师长，见到老师勤于问好，能够严格遵守校纪校规。平时待人友善，对同学很随和，也很关心集体，有很强的集体荣誉，也能热心为大家服务，与同学关系融洽。你在学习上认真投入，勤奋刻苦，善于思考和整理归纳，学习态度非常认真，也因此获得了优异的成绩。希望你能继续努力，你可以更加优秀，老师相信你"，看似面面俱到，信息量大，但仔细分析发现都是笼统的套话，教育价值大打折扣。还有一类评语虽然使用指标较少，却丰满地描述了发生在学生身上的具体事件或突出优势，如"在我们相处的这个学期里，老师发现你是一个优秀的孩子，上台表演时，你总是声情并茂，是我们班公认的'小演员'；朗读课文时，你总是有声有色，是我们班公认的'小播音员'。老师为拥有你这样的学生而自豪。当然，我也曾经为你的学习成绩担心过，但你却能知难而上，通过努力，你的学习成绩有了提高，真棒！……"其关注点主要在"文体特长"一个方面，但相信会给学生留下深刻的印象。

（三）评语内容兼具共性与个性特征

对学生个体差异的关注应渗透在整个教育过程中，包括渗透在对学生进行学期综合评定的学期评语中。班主任撰写学生评语时，共性的东西需要写，以此展现整个集体的精神风貌以及学生个体在集体建设中的作用，使每个学生有一种集体自豪感和个人成就感；更多的还是要写学生个性的东西，毕竟评语是学生个人的评语，个性的东西才是学生独有的，是学生十分看重的。研究发现，多数班主任针对学生不同的生活背景、年龄特点、性格特征、兴趣爱好等，从评语视角、内容、形式、表述、导向等方面展现学生个性特征，让学生感受到评语的专属性。具体来说，班主任在评语中采用描述学生独有的特征或特长（如：你总是班级里最惹眼的一个——各项竞赛中你是最积极的参与者，也为班级学校争得许多荣誉；在热烈的讨论中你总是嗓门最响亮情绪最激动的一个；课间班级里的欢声笑语肯定也离不开你……），与学生有关的具体事件（如：每当你细心地关掉电脑，有礼貌地提醒老师"叶老师，记得把电脑插头拔掉噢！"时，我在心里一次又一次地为你竖起大拇指——真是个有礼貌，有责任心，能干的小姑娘……），回顾发生在自己和学生身上的小秘密、捕捉一个学期内的细微改变或成就（如：你知道吗，经过这个学期领队工作的锻炼，你瞧，队员们多喜欢你呀，在你的带领下，我们欢鱼家族的活动开展得有声有色……），多样的语言模式等多种途径凸显学生的个体差异，将对学生身心发展产生影响。

（四）评语风格呈现多样性，且语用方面存在学段差异

基于每位班主任自身风格、知识背景、任教学科、教育思想及面向教育对象年龄特征的差异，评语风格趋于多样。有不少老师突破了传统的直述模式，采用藏头诗（例1）或短诗、在评语中直接称呼学生的小名或采用亲昵落款（如：你的话友兼老师留；喜欢你的大朋友留等）、配以形象的插图辅助文字表达等形式；有的语言委婉、亲切（例2），有的比较直接、言简意赅；有的善用比喻或拟人等修辞；有的面面俱到却不落俗套；有的倾向于聚焦在一两件具体事件或凸显两三个指标（例3），风格多样。与班主任交流时，有人提到传统的评语撰写模式使得学生缺乏新鲜感，故而尝试采用一种崭新的风格，既能包容传统评语的优势又能让学生感到耳目一新，以便更巧妙、充分地发挥评语的教育价值。

例1：

对刘羽恒同学的评语：

"刘"光溢彩甚耀眼，

羽翼丰满可期许。

恒心若能更坚定，

千难万险何足惧。

例2：

小沈：

你还记得第一节班会课上"团圆"那个活动吗？

我想有些人可能就像边缘光滑的纸片，他们性格随和，对许多领域都有所涉猎，与陌生人在一起也能很快地找到共同话题。这些人总是很轻易就找到许多能够拼在一起的纸片，然而，他们却很难判断哪一片才是最贴合自己的。还有一些人可能就像边缘比较奇特甚至带些棱角的纸片，他们的性格中有着非常个性化的部分，这些人也许很久都找不到能够拼在一起的纸片，但也许突然就发生了一拍即合的惊喜。

既然你已经有了美好的愿望，那接下来你既可以选择让自己变得更加光滑随和，积极地去结识身边的同学，寻找你们共同的兴趣爱好，发现你们可以互相学习之处，或者，你也可以选择保留自己的棱角，更多地去学习、去经历、去丰富自己的世界，当你的世界足够精彩时，相信属于你的缘分、你的惊喜也会很快到来。

例3：

每当你细心地关掉电脑，有礼貌地提醒老师"叶老师，记得把电脑插头拔掉噢！"时，我在心里一次又一次地为你竖起大拇指——真是个有礼貌，有责任心，能干的小姑娘！课堂上，你总是坐得很端正，认真倾听老师的话和同学的发言；作业上，你清秀整洁的簿面让人赏心悦目，只是如果你能再大胆些，愿意更多地举起你的小手，响亮地回答老师的提问就更好了，老师期待着！

此外，评语的语言表述及表达形式上存在明显的学段差异，小学段相比中学段语言更加活泼、柔和、富有童趣，形式更加多样，有的还注重文学化（如：你就是个精美的小话匣子，一幅简单的图画都能被你说成一个生动而美丽的故事，就如你的名字一样充满了诗情画意，连老师也禁不住要夸夸你……）；中学阶段的学生出现了智力的飞跃，个性逐步形成，这些生理和心理的变化使他们感觉自己长大了，教师写评语时就较少"拐弯抹角"，而是表述相对直白，较少修饰性语句，偏重简洁、明快（如：你是一位感情细腻的女孩，和你接触的时间越长，越觉得你聪慧。平时严守纪律，与人为善。作为班级前任文娱委员，你能捕捉每一次动员机会，邀请更多的老师、同学加入我班明星闪亮三十分的活动中。作为现任的学习委员，你能耐心、热诚地帮助学习有困难的同学……）。

（五）评语功能的体现较为明显

发展综合评语不仅是对学生一个学期表现的整体描述，更是对学生一段时间内表现的整体性评价，具有诊断、激励和发展的功能。

1. 诊断功能

作为一种动态的形成性评价，评语的基本功能是诊断或反馈，即班主任将学生在一个学期内德、智、体等方面的综合表现反馈给学生，这一点在绝大多数评语中都有所体现。

2. 激励功能

评语作为信息反馈给学生，能激发学生追求进步、达到目标的积极性，从而起到动机作用。操作层面，即寻找学生身上的闪光点，然后放大并给予发展性希望，追求评语教育效果的教师往往会在评语撰写的过程中注重激励作用的最大化实现。研究发现，各学段的评语多为正向描述，有的通过具体某句话或借助某件事进行激励；有的则隐性渗透在整篇评语中；有的先扬后抑，委婉地在激励中指出不足；有的用语直接；有的形象、生动，巧用修辞手法；但也有一部分鼓励较为笼统（如"加油，你会越来越好""相信你一定会成功""希望坚韧的你继续怀着憧憬勇敢坚定地走好人生的每一步，加油！"等），弱化了激励的效用。

3. 发展功能

即针对学生的表现提出针对性指导建议，切实促进学生发展。通过分析发现，除了少部分评语提出了较为具体的指导性建议，多数指导偏笼统。在与班主任交谈时，许多班主任提到发展综合评语是对学生一个学期的整体印象，难以在评语中提出非常具体的建议，认为在学生日常学习、生活及各类活动等具体情境中及时提出指导性建议会更加有效。

（六）评语质量因担任班主任年限的不同而有所差异

邀请资深班主任对评语进行综合评定，筛选出较为优秀的一些评语，这些评语的整体特征为：能客观、准确地反映特定年龄段学生的个性特点；语言真挚、优美或独具风格；形式新颖；激励作用明显；指导建议具有较强的可操作性等。统计结果显示，担任班主任的年限（以下简称"班龄"）会影响到评语结果，优秀评语中班龄短的教师占较大比重。其中，班龄≤5年的占32.0%（该班龄段评

审出的人数 / 该班龄段原始人数），6–10 年的占 30.6%，而 11–15 年的占 22.2%，16–20 年的占 17.2%，≥ 21 年的占 23.7%（见图 6）。与班主任交流发现，可能的原因是班龄较长的班主任在任教的十几年甚至几十年生涯中，每个学期都会撰写评语，长久以来产生的思维惯性导致其将撰写评语看成例行公事，有人还提到当下便利的信息沟通工具替代了评语的部分功能，认为评语的价值已经弱化；其次有较长班龄的班主任，因每阶段连续几年担任一个班级的班主任，面对同一批学生，因学生人格、成绩等的相对稳定性而较难写出新意。

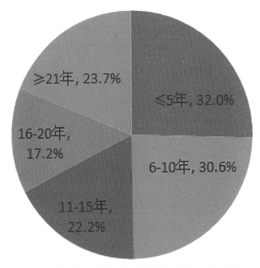

图 6　优秀评语中不同班龄教师的占比情况

五、研究启示

随着教育改革的深化及作为发达城区长期以来蓄积的教育优势，静安区班主任在评语撰写方面整体情况较好，但也存在些许问题，如内容丰富且富有个性化的评语对象多为学习成绩两极、才艺凸显、行为习惯不佳或有心理问题的学生，占比较多的"中间学生"则处在了灰色地带；仍有班主任采用"该生""该同学"等缺少感情色彩的称谓；评语中主要提优点，较少提到学生的不足之处；高中段班主任的评语仍以学习成绩为主，形式方面创新性不足；评语中的指导性建议不够具体等。这些都为我们接下来的工作方向提供了具体指示。以下是受启发于本研究成果的几点想法。

（一）进一步完善育人观，建立科学的评价观

要从过度追求功利价值转向追求教育对人的幸福和发展本原价值的尊重与回归。教育本原价值的核心就是把人作为目的，凸显为人谋幸福的教育的深层关怀，倡导教育的目的是追求幸福，教育的内容是获得幸福，教育的过程是生成幸福的教育理念。不再把学生当成知识容器和考试工具的"分奴"，而是回归到"人"，回归到"生命体"，回归到"教育主体"。要坚信学生是一个个鲜活的生命，一个个不可替代的个体，一个个具有能动性的内因；要充分发挥学生的特长，激发学生的潜能，张扬学生的个性，进而发展他们的认知、情意和行为。从高度统一的标准化模式，转向更加注重需求导向的个性化、多样化的培养模式，要从以"教"定学转向以"学"定教。从过度倚重学科知识成绩，转向全面评价学生综合素质和个性特长发展，建立和完善全面的质量标准。我们认为最适合学生成长需要的质量是最好的质量，为终身发展和一生幸福奠基的质量是最好的质量，而这种质量一定又是基于多元标准的质量。

（二）进一步明晰中小学生发展综合评语的内容依据

评语作为教育评价的重要方面，首先应当考虑教育目标的实现。也就是说，要优先考虑完整的学习标准依据。教师应当明确，当今中小学生这些不同年龄群体的发展目标是什么，在某一阶段应当达到的标准即基本要求是什么，评语提供的信息是否能够比较全面地反映学生达成这些标准的情况 [1]。当前，我国中小学各教育阶段的培养目标在《基础教育课程改革纲要》《课程标准》及《中小学教育质量综合评价指标框架（试行）》等文件中均有所体现。综合考虑这些文件中所涉及的因素或指标，我们发现已有教育实践中还比较缺乏，如虽然评语中涉及的指标范围较为广泛，但仍有所偏向：学习方面更加关注学习态度、成绩和作业等，缺少对学习动力和知识面的评价；智力与能力方面更加关注智力情况，对实践能力、创新意识等的评价较少；身心发展方面，更多关注性格，很少涉及对身体健康方面的评价等。课题组认为，发展综合评语作为质性评价的一种表现形式，虽无法达成整体评价的目标，但是从全部学生来讲，主要指标或关键指标都应被涉及。

---

[1] 朱水萍．吴凤娟．小学班主任评语的调查研究——基于 600 份评语的文本分析 [J].上海教育科研，2015.8.

（三）进一步探索提高评语质量的方法与途径

教师首先要明白评语的根本目的是促进学生发展，而不是检查和评比，在此基础上再来思考如何写出适合每位学生的评语。我们很难描绘出理想评语的完美画面，但通过对文本资料的分析及就此与资深班主任的深入交流，我们发现了一些有助于提高评语质量的具体路径，如根据学生的生活背景、年龄特征、个性特征、日常表现与变化等准确地认识每个学生，提高评语的感染力与个性化；拓宽评语内容的广度，从多维视角进行立体描述，抑或增加深度，对少许突出方面透彻描述；努力提高自己的语言表达水平，写评语时尽量做到用词准确、语气委婉、形式新颖；突破固有的评语模式，敢于在风格、语言等方面创新；发现优势，体现鼓励性，鼓励要具体，切忌空洞；体现指导性，明确而具体地指出改进方向或可操作路径；做学习型教师，用发展的眼光看待每个学生，缓解每个学期都要撰写评语的倦怠心理；加强教师间的交流，互相取长；等等，更多的方法与操作路径还有待于在教育实践中不断摸索与尝试。

（四）为区业务部门促进评语质量的提升提供实证支撑

本研究对静安区评语的整体情况、关注点与问题等有了基本认知，关于后续如何将研究成果转化为教育生产力，课题组认为，可从以下几方面出发：将优秀评语编辑成册，树立榜样，同时开展成果交流会，共享学习；通过现场调研了解班主任对评语价值的认识、面临的压力、困难及希望得到的支持等，同时了解学生对评语的态度、期望及对效果的认知，为全面而精准地找到问题及把握未来走向提供充分的证据；通过班主任工作坊深入探讨其中的问题与价值点，在实践中摸索改进；邀请相关专家，开设培训讲座，实现理念指导与实践引领双管齐下；建议每所学校搭建内部交流平台，请教师们定期或不定期地分享心得，也可建立相应的奖励机制，激发教师积极性等。

六、后续应用设想

在与一些班主任的交流中，课题组已将本研究的部分成果通过非正式的方式进行了传达。我们在中小学生发展综合评语方面积累了些许认识和经验，为后续研究提供了素材和方向指引。由于研究的时间比较短，肯定有不成熟甚至不恰当之处，伴随我国课程改革的推进及对学生综合素养的关注，我们将不断汲取丰富、最新的研究成果，反思、梳理实践中的问题，逐步完善中小学生发展综合评语的形式、内容与评价，并形成区域推进的有效经验与策略。

在接下来的研究与实践中，我们将引导班主任将看似习以为常的相关工作做实做牢，提炼升华，提高教育实践的质量；针对当前突出问题和班主任需求，探索通过培训、工作坊、论坛、现场交流等多种形式提升班主任在对学生发展综合评价方面的意识、能力、方法，不断积累典型案例；在区域班主任进修培训中，开发"学生发展综合评语"课程。

（此研究报告是上海学校德育实践研究课题"静安区中小学生发展综合评语的现状调研与提升策略研究"的成果。课题主持人：上海市静安区教育学院　秦蓁）

附件 1

访谈提纲

预设对象：每个学段各 2 位班主任（一位班龄短，一位班龄长）。

主要目的：1. 深入了解现状；2. 为后续问卷编制提供素材。

访谈内容：基本信息（1、2）；对评语本身及意义的认知（3、4、6）；评语的作用（5）；效果认知（7）；学校已有举措（8）；面临的困难及需要的帮助（9、10）。

尊敬的班主任：

您好！为了进一步推进区域综合素质评价的发展，现从学生发展综合评语的视角进行实地访谈。本次访谈主要是收集信息，为课题研究服务，与对您本人及所在学校的评价无关，敬请放心交流。您的看法非常宝贵，衷心感谢您的协助！

学段：_____ 任教班主任的年限：_____ 任教学科：_____

1. 您担任本班班主任多久？您对您班的学生都了解吗？平时会通过哪些途径来了解本班学生（如有无做日常工作笔记或者学生成长记录袋之类的日常记录性材料）？

2. 您为学生撰写的学期综合评语为机打还是手写？

3. 您写发展综合评语一般会涉及哪些方面？哪几个方面最为关注？

4. 您认为为学生写学期综合评语的目的是什么？

5. 请分享一则评语方面令您难忘的故事，可以是发生在自己身上的，也可以是发生在同事身上的……

6. 您认为怎样的评语才称得上理想的评语？您在评语撰写过程中有什么好的经验心得可以分享一下（也可用几个关键词来表达）？

7. 随着综合素质改革的推进，您在撰写评语方面有所改变吗？

8. 学校是否有综合评语撰写方面的培训指导活动、经验交流会等？

9. 在综合评语撰写的过程中，是否遇到过困难？请举例说明。

10. 您希望从学校或区业务、行政部门得到什么帮助？

针对小学段，补充了两道题目：

11. 您认为小学这个阶段，适合学生的评语是什么样子（具备哪些特征）？

12. 您认为有必要为学生撰写综合性评语吗？意义大吗？有家长或者学生向您就此做出认可或者不认可的反馈吗？

附件 2

区域中小学生发展综合评语现状调研（班主任卷）

尊敬的班主任：

您好！为了进一步推进区域综合素质评价的发展，现从学生发展综合评语的视角展开调查。本次调查主要是供课题研究、班主任综合评语改进及决策之用，与对您本人及所在学校的评价无关，敬请真实作答。您的意见非常宝贵，衷心感谢您的协助！

PS：（1）本次调查内容中所说的评语是指学期结束时，班主任在《上海市学生成长记录册》中为本班学生撰写的发展综合评语（"班主任的话"），不包含日常作业评语、作文评语、口头评语等。（2）未作单独注明的题目，均为单选题。

第一部分：

1. 您的性别：①男　②女

2. 您任教的学段：①小学　②初中　③高中

3. 您担任班主任的年限：①≤ 5 年　②6–10 年　③ 11–15 年　④ 16–20 年⑤ >20 年

4. 您任教的学科：①语文 ②数学　③英语　④物理　⑤化学　⑥其他：_____

第二部分：

5. 您班级里共_____名学生？

① ≤ 25　② 26–30　③ 31–40　④ >40

6. 每学期，您为一位学生撰写综合评语大约花费多长时间？

① ≤ 10 分钟　② 11–15 分钟　③ 16–20 分钟　④ >20 分钟

7. 您觉得为学生撰写学期综合评语压力大吗？

① 没有压力 ②几乎没压力 ③有一些压力 ④压力很大

8. 如果第 7 题选择③或④，请回答：压力主要来源于_____

9. 假设取消了"综合评语撰写"这一任务，您的态度是？

①赞成，个人感觉综合评语对学生发展的意义并不大或可以采用不同的形式展示等

②少了一项任务，减轻了一些负担，感觉还不错

③有点可惜，综合评语会影响到一些学生的发展变化

④非常可惜，但即使取消了，自己也一定会坚持撰写

10. 在为学生撰写综合评语前，您最常做的准备工作是？（最多选两项）

①回顾学生的日常表现，总结整体印象

②先请学生进行自评，我再进行补充或修订

③与学生本人交流

④与其他任课教师交流

⑤与学生同伴交流

⑥与学生家长交流

11. 为学生撰写针对性强、个性化强的发展综合评语，对您来说：

①很难　　②有一定难度　　③尚可，一直在践行并取得了进步

④自我感觉已经做得非常好

12. 您认为写评语最主要的目的在于什么？

①总结学生的阶段性情况　　②帮助学生更好地认识自己

③为学生进一步成长指明方向　　④为评定学生作参考

⑤其他_____

13. 如果将您为学生撰写的"发展综合评语"作为学生综合素质评价的一个途径，您的态度是？

①极其赞成，这是一个非常不错的切入点

②基本赞成，虽然一个学期一次，但确实可以较为全面地反映一个学生的整体情况

③不是很赞成，毕竟每学期只有一次，不足以为综合素质评价做出贡献

④完全不赞成，分量不够

14. 您在书写学期评语时，遇到的较大困难或困惑有？（最多选两项）

①班级人数多，难以深入了解所有学生

②综合评语撰写集中在学期结束，时间紧

③难以用简洁、精准的书面语言对学生的个性、缺点等进行描述

④不确定综合评语中需要涉及哪些内容

⑤感觉综合评语对学生意义不大，撰写动力不强

⑥学生重视程度不够，撰写动力不强

⑦学校领导不够重视，这方面的学习机会不多

⑧其他_____

15.您认为在撰写评语过程中，自己最需要改进的地方是？（最多选两项）

①深入了解学生个性特征，以抓住学生关键特征，提高评语针对性

②提高总结、概括能力

③提高语言表达能力与技巧，如能幽默／委婉含蓄地帮学生指出问题或改进方向等

④安排好手头工作，给自己充足的写评语时间

⑤目前比较模糊，尚且难以描述清楚

⑥其他_____

16.您认为班主任所撰写的综合评语对学生发展有促进作用吗？

①不清楚　　②有　　③几乎没有

17.学校层面有就"学生发展综合评语"进行过强调／宣传或培训学习吗？

①有　　②没有

18.如果第17题选择"有"，请就具体形式或内容做简要说明_____

19.您希望从学校或区业务、行政部门得到哪些支持？（最多选两项）

①给予充足的时间

②搭建经验交流平台，学习共享

③专家指导

④建立评比、奖励机制

⑤其他_____

附件 3

区域中小学生发展综合评语现状调研（学生卷）

各位同学：

你们好！本次调查旨在了解你对班主任所撰写的综合评语的现状，调查结果主要是供课题研究、综合评语的改进及决策之用，与对您本人及所在学校的评价无关，敬请真实作答。谢谢！

PS：本次调查内容中所说的评语是指学期结束时，班主任在《上海市学生成长记录册》中为你撰写的发展综合评语（又称"班主任的话"），不包含日常作业评语、作文评语、口头评语等。

第一部分：

1. 你的性别：① 男 ② 女

2. 你目前所处学段：①小学 ②初中 ③高中

3. 你的学习成绩在班级中一般为：①中等偏下 ②中等 ③中等偏上

4. 你认为自己在性格上：①偏内向 ②偏外向

第二部分：

5. 学期结束拿到《上海市学生成长记录册》时，以下几部分内容你最先会看哪个？

①考试成绩 ②班主任的话 ③同学对自己的评价 ④其他_____

6. 你觉得评语和分数相比，哪一个对你成长的帮助更大？

①分数 ②评语 ③差不多 ④不清楚

7. 如果班主任不再为你撰写学期综合评语，你的心情是怎样的？

①感觉挺好 ②无所谓 ③有点难过 ④非常难过

8. 你认为评语对你比较大的帮助是什么？

①肯定我的优势或进步 ②帮我指出存在的问题 ③告诉我该怎么做 ④其他

9. 你认为发展综合评语对自己哪方面发展的影响最大？

①学习成绩　②学习兴趣　③自信心　④意志力或坚持性　⑤都没什么影响

10. 每个学期，班主任为你撰写的评语内容上差别大吗？

①很大　②较大　③差别不大　④几乎没差别　⑤没印象了

11. 你认为班主任对你的描述符合自己的实际情况吗？

①感觉班主任非常了解我，评语描述得非常贴切

②感觉评语中的有些描述符合自己，有些不符合

③整体而言，感觉不是很符合

④班主任也是用类似语句来描述其他同学的，所以谈不上符合与不符合

12. 你认为班内哪些同学更能从班主任的评语中看到肯定与鼓励？

①几乎每个同学都能看到　　　　②大多数同学能看到

③学习成绩好、有才艺特长或者班干部等少部分同学更能看到　④只有极个别同学能看到

13. 读完班主任的评语，你明白接下来自己的改进方向吗？

①老师的指引具体明确，我能清楚地知道接下来需朝哪方面改善

②有时看得出，有时不够明确

③比较笼统与模糊，不是很明显

④即便有提到对我的期望，也非常笼统，感觉这些话适用于大多数同学

14. 你喜欢发展综合评语中涉及什么内容？

①反映我的综合素质　②聚焦我的学习成绩　③展示我在一个阶段的突出表现　④能反映班主任对我日常行为细节关注的言语　⑤其他_____

15. 假如一位同学某学期写作业时书写不够认真，班主任想在评语中对这位同学予以提醒，以下哪种语言风格是你最喜欢的？

①你想在现有基础上表现得更加出色吗？那就从你的字迹开始吧。

②你的字迹有些潦草，老师都看不清楚你写的是什么，要引起注意啦。

③你作业本上的字迹龙飞凤舞、手舞足蹈，难道是想当草体的书法家？即便如此，也要先把楷体练好哦！

④其他_____

16. 你喜欢班主任为你撰写的评语是什么样子的？

①能用非常简练的语言整体概括我一段时间的表现

②越详细越好

③希望评语中能列举一件发生在自己身上、令班主任印象深刻的具体事件

④形式新颖，如采取对联、诗歌或穿插图画等方式，总之要有创意

⑤无所谓

17. 如果班中有同学不满意班主任为自己撰写的评语，你认为原因可能是什么？

①评语太笼统，看不出描述的是自己

②评语和他／她自己的实际情况不是很相符

③班主任没有看到他／她的闪光点

④没有为他／她指明接下来的改进方向

⑤班主任描述的都是他／她的不足之处，看不到肯定与鼓励的痕迹

⑥其他_____

18. 班主任为你撰写的评语中有过令你感动或惊喜的描述吗？

①不曾有过　　②印象不深了　　③有过几次　　④经常会有

19 如果第 18 题选择第 3、4 个选项，请就此作简要描述：_____

20. 你曾因班主任为你撰写的评语而在接下来的行动中发生积极改变吗？

①不是很明显　　②很少　　③较多

班主任促进学生个性化发展的现状调查与改进对策研究

一、研究背景与价值

（一）研究背景

实施个性化教育，促使学生个性化发展已成为当今国际基础教育改革和发展的趋势，如英国政府发布的改革英国基础教育的《2020 愿景：2020 年教与学评议组的报告》中强调基础教育要注重学生的个性化发展，确保所有青少年在学校里取得良好的进展并学习到未来社会发展所需要的技能，在以后的生活中茁壮成长。美国政府颁布《不让一个孩子掉队》法案，旨在让所有学生的潜能都能够得到挖掘和发展。我国也积极加入个性化教育的改革中，2010 年颁布的《国家中长期教育改革和发展规划纲要（2010—2020 年）》中指出："关心每个学生，促进每个学生主动地、生动活泼地发展；尊重教育规律和学生身心发展规律，为每个学生提供适合的教育。"关注个体差异，促进学生的个性化发展，不仅是全球教育发展的趋势，更是我国教育改革深化的重点，上海市的教育综合改革方案中就有十处提到个性化。

同时，国内外也纷纷开展了相关的教育实践，积极探究个性化学习的实践模式。"学校和班主任"——两大与学生发展有着紧密关系的场所 / 群体也加入这一浪潮中。这一背景下，班主任在促进学生个性化成长过程中所起的作用日益显著。但遗憾的是，目前相当多的班主任被提高学科质量"绑架"或成为加重学生负担的"帮手"，与促进学生个性化发展的要求还有较大距离。如何提高班主任促进学生个性化发展的意识、能力、方法，是一个十分重要而又迫切的问题。

（二）研究价值

1. 从教改形势出发——发挥班主任促进学生个性化发展的作用非常迫切

促进学生全面而又个性化发展是我国教育改革深化的趋势与形势，在现行教育体制下，学生个性化发展与班主任的工作紧密相连。一方面，班主任的功能、职责明确了班主任作为学生人生导师的重要使命，是学生个性化发展的关键人物。另一方面，在现行教育实践中，与学科教师相比，班主任更有条件全面关注学生，更有可能为学生的个性化创造机会。促进学生的个性化发展，既是班主任职责的内在要求，更是时代背景下班主任使命的迫切需要。

2. 从班主任工作现状出发——班主任促进学生个性化发展的实践需要提升

班主任工作的传统经验中有不少有利于学生个性化发展的因素、做法，但需要在时代背景下重新认识，系统梳理，也需要与时俱进，发展提升。

目前中小学班主任教师总体热爱班主任工作，并对自己在班主任工作中实现自我价值有较高的期望。但从促进学生个性化发展的角度，还存在着教育观念、工作技能、人格修养等方面的不足甚至缺陷，重"教书"轻"育人"、重群体轻个体、重管控轻自主、重批评责备轻优势发展的现象还不同程度地存在，这与当前教育改革的新形势和新理念有距离，也与区域"走向个性化"的推进需要不符合。因此，从促进学生个性化发展的需求出发，对班主任队伍及其工作进行优化非常重要和迫切。

3. 从学生需求满足的保障出发——制度与机制的建设十分关键

当前，尽管教育部文件对班主任工作的任务职责与地位待遇有较明确的规定，强调了班主任对促进学生全面而又个性化发展的价值与作用，但现实中的实践却仍有差距，如何在制度层面进行研究和突破，这对于教育改革的深化十分重要。如何结合区域实际，在发挥班主任促进学生个性化发展的要求与评价方面，推出富有创造性和操作性的制度，十分需要研究和实践探索。

4. 从班主任研究的丰富性出发——学生个性化发展视角下关于班主任的实证性值得关注

班主任的实践和成果并不少，但总体而言，这些实践与成果存在"泛泛经验多而专题研究少，抽象议论多而实证研究少"的不足，如何扎实地开展专题性、实证性的班主任研究，是一个值得探索的重要课题。比如，就学生个性化发展而言，哪些措施较为关键、是否存在敏感因素，鲜有研究。又比如，班主任如何发现、分析和激发学生的特殊潜能，以便更好地实现个性化的教育和指导，这方面的研究也不多。本研究的开展可以为同类实践提供借鉴，也可以丰富有关班主任的研究。

二、研究方案

（一）研究构想

本研究的关注点在于：为了促进学生的个性化发展，为每一个学生个体提供适合的教育，班主任教师可以从哪些方面进行自我提升或者应该具备哪些素养。为了表述的方便，以下简称"班主任个性化教育素养"。

（二）研究目标

1. 编制中小学班主任个性化教育素养的调研问卷

2. 了解区域中小学班主任个性化教育素养的现状

3. 探索区域中小学班主任个性化教育素养提升的基本策略

（三）研究内容

1. 编制中小学班主任个性化教育素养的调研问卷

通过对相关文献资料、区域班主任个性化教育的行动案例以及与不同任教年限班主任的访谈记录进行系统梳理与分析，提炼出与学生个性化发展相关联的若干重要因素，这也是编制问卷题目的重要依据。经课题组成员多次讨论与修订，编制出符合测量学要求的调研问卷。

2. 班主任促进学生个性化发展的现状调查研究

（1）小范围试测，根据调研对象的建议进行修订。

（2）借助问卷星，将题目生成到网络平台上。

（3）展开调研—收集数据—统计分析—结果梳理，了解中小学班主任个性化教育基本素养的现状。

3. 班主任促进学生个性化发展的改进对策研究

结合对案例的分析及调研现状，探索学生个性化发展的行动策略，总结提出区域层面对班主任工作改进的指导建议。

（四）研究方法

1. 文献研究法

本课题研究在文献研究中学习相关的理论，并借鉴他人的经验。通过查询有关报纸杂志、网上资料，进行收集整理、分析研究，掌握与本课题有关的教师对学生个性化发展的影响的国内外研究成果，特别是班主任专业化要求和学生个性化发展等方面的研究动态、前沿进展及已取得的相应成果。

2. 访谈法

研究初期，与来自中小学校不同班龄的班主任教师（小学、初中、高中各两位）进行深入访谈，获得班主任个性化教育素养的组成要素及具体操作路径的第一手资料。

3. 调查研究法

主要是问卷和访谈。问卷调查对象是全区各个学校的班主任，旨在全面了解班主任对于促进学生个性化发展的主观意识、班主任现有的做法和存在的问题。访谈对象主要是部分学校的班主任和德育领导，提炼典型案例、有效做法，发现突出问题，并对班主任促进学生个性化发展的途径方法及可行性进行分析了解。

4. 个案研究法

根据本研究的目标及内容，对研究过程中通过观察、访谈、实物搜集所形成的资料提炼出典型个案，增强研究的生态效度，也直观了解班主任是如何对学生个性化发展发挥作用的。

（五）实施步骤

本课题研究时间跨度为两年半，分为三个研究阶段。

1. 准备启动阶段

主要研究任务：

（1）完善课题设计与申报工作。

（2）研究组成立并明确分工，进行文献与教育实践资料搜集。

2. 全面实施阶段

主要研究任务：

（1）梳理已有文献与案例，进行访谈，提炼出测评指标，为问卷编制做准备。

（2）编制问卷，内部讨论修订，试测，确定正式问卷。

（3）完成班主任促进学生个性化发展的现状调查，并进行数据统计分析。

（4）根据调研情况总结班主任促进学生个性化发展的改进对策。

3. 总结研究阶段

主要研究任务：

（1）整理相关研究资料。

（2）总结提炼研究成果。

（3）撰写结题报告。

三、调研工具编制的依据与调研概况

自班主任工作岗位在中小学普遍设立以来，在不同历史阶段，班主任工作职责的具体内容在不断变化，其中对学生个性化发展的提倡日益明显。

从中华人民共和国成立到 21 世纪头十几年，随着中国政治、经济、文化发展呈现出的若干特征，教育的理论和实践也表现出相应的阶段性，在 60 多年的探索社会主义教育发展道路中，中国教育的发展可以划分为四个阶段：以改造旧教育为主要内容的改造旧教育、创建社会主义新教育阶段（1949—1956 年）；初步探索社会主义教育发展道路阶段（1956—1966 年）；"文化大革命"阶段（1966—1976 年）；新时期社会主义教育发展阶段（1977 年至今）。在四个不同阶段，班主任的工作职责发生了一系列变化[①]。

早期班主任的工作职责相对简单，主要是联系、沟通、协调本班的科任教师；和本班教师一起指导学生的生活和学习；注重学生思想道德、政治教育等。自 20 世纪 90 年代开始，相关文件中陆续出现了对学生本身特征的了解，如"要全面了解学生、组织和培养班集体，开展各种教育活动，加强班级管理，深入细致地做好个别学生的教育工作"[②]。"了解和熟悉每一位学生的特点和潜能，善于分析和把握每一位学生的思想、学习、身体、心理的发展状况，科学、综合地看待学生的全面发展，及时发现并妥善处理可能出现不良后果的问题。注意倾听学生的声音，关注他们的烦恼，满足他们的合理需求，有针对性地进行教育和引导，为每一位学生的全面发展创造公平的发展机会"[③]。"全面了解班级内每一个学生，深入分析学生思想、心理、学习、生活状况。关心爱护全体学生，平等对待每一个学生，尊重学生人格"[④]。

通过文献梳理、实地访谈及案例分析，为接下来的问卷编制提供框架。

（一）基于理论研究的梳理

经查阅文献，目前尚未发现班主任促进学生个性化发展的专项、实证研究，

---

① 付辉. 我国中小学班主任工作职责变迁研究 [D]. 南昌：江西师范大学，2012.

② 国家教委. 小学德育大纲，1993.

③ 教育部. 关于进一步加强中小学班主任工作的意见，2006.

④ 教育部. 中小学班主任工作规定，2009.

以下是与之相关的一些研究。

1. 自主班级管理模式与学生个性化发展

众多学者提出了自己的看法，如：黄树生的《21 世纪我们怎样当班主任——读〈班集体建设与学生个性发展〉有感》以建设优秀班级为切入点，从学生个性的差异性和发展性入手，探讨如何建设一个具有创造性的优秀班集体的问题。王立华的《自主教育：个体发展的最佳选择》从教育管理的目的出发，强调班主任要把为每一个学生提供个性化的发展计划作为自己的主要工作内容，通过研究学生的当前实际情况，帮助每个学生确定个性发展计划，让学生明确富有特色的发展方向、发展领域，并开设个性化的班级课程，支持每个学生在自己喜欢的领域获得更快更好的发展。龚浩然、黄秀兰合著的《班集体建设与学生个性发展》从教育改革的角度，引进和贯彻维果茨基教育思想于实际，探讨了开展班集体建设与发展学生个性对实行教育改革、培养创新人才的影响[1]。赵小荣的《个性化教育：班级管理的最佳选择》以班级管理中个性化教育的具体表现为突破口，强调"个性化教学"理论在班级管理中体现为"让班级充满活力"[2]。

2. 教师的个性释放与学生个性化发展

乌申斯基曾说过，只有个性才能影响个性的发展和定型，只有性格才能影响性格。苏霍姆林斯基也认为，一个无个性特色的教师，他影响的学生也不可能有任何特色。也有人提到"如果我们说，学校用知识进行教育，那么，知识的教育力量首先就在于教师的个性"[3]。有人从实证角度做过调查，当问及"您认为哪些因素最能影响您教学个性的实现"，有 60% 的教师选择"教师的个性"这一选项[4]。我们虽不能从中得出"教师的个性释放有助于促进学生个性释放"的定论，但教师尤其是班主任作为学生在校期间的主要教育者与大朋友，其言行举止势必会对学生产生一定的影响。

3. 教师思想观念的转变与学生个性化发展

要实现教育的个性化，教师尤其班主任，作为班集体的组织者、教育者、指

---

[1] 龚浩然 . 班集体建设与学生个性发展 [M]. 广州：广东教育出版社，2002.

[2] 赵小荣 . 个性化教育：班级管理的最佳选择 [J]. 教学与管理：小学版，2004（1）.

[3] 转引自王天一 . 苏霍姆林斯基教育体系 [M]. 北京：人民教育出版社，1992:287.

[4] 姜淑颖 . 教师个性化教学的形成 [D]. 济南：山东师范大学，2009.

导者，要有一种个性化的教育观，要把富有个性、创造性的人才作为班级教育的培养规格标准，注重教育的多样化、个性化，使得班主任工作适合学生个体发展的需要。个性化教育观强调在教育过程中将受教育者置于主体地位，充分调动其主观能动性，通过其积极主动的参与来掌握知识、发展能力、提高素质。

4. 班主任自身素养与学生个性化发展

在班级集体授课制占主导地位的今天，开展个性化教育，为每个孩子提供最适合的教育是一项极具挑战性的工程。教师需要拟定促进学生个体发展的规则与原则，以及与此相适应的多样化的教育方法；还应当与同事共同研究合适的促进手段等等[1]。所以，要想最大限度地促进学生个性化发展，班主任不仅需要具备多年班级管理的实践经验，还需要与时俱进的教育视野、敏锐的觉察力与思维力、扎实的理论功底与科研能力、专业而广博的知识支撑、敢于突破的勇气与坚持、合作协调能力……

5. 班主任工作方法与学生个性化发展

班主任适当的工作方法使学生个性化发展成为可能。班主任在工作中要善于运用说理、榜样示范、激励等方法，为学生创设一种民主、平等、融洽、和谐的学习氛围。改变过去那种"我说了算"的局面，让学生大胆猜测、大胆怀疑、大胆探索，使每个学生的个性都能得到充分发展的可能[2]。这也真正体现了教师（班主任）是主导、学生是主体的关系，顺应教育发展趋势。

此外，有人还强调了关注学生差异，提供给每个学生展示的机会对促进学生个性化发展的重要性[3]；也有人提到建立平等的师生关系对实现个性化教育的重要性[4]；许多学者都提到个性化评价，即基于学生兴趣和特长等积极学习品质以及学力的个性发展倾向，有效实施个性化评价策略，对学生发展水平进行多元、动态、多视角的发展性评价，适时地把他们的新想法、新创意、新探索引向主动学习、主动发展之中，使评价更加适应学生发展需要[5]。

6. 师生关系与个性化教育的关系研究

---

[1] 转引自希尔伯特·迈尔著，黄雪媛等译. 怎样上课才最棒[M]. 上海：华东师范大学出版社，2013：77.
[2] 赵佳珍，吴瑜萍. 论班主任工作与学生个性发展的内在逻辑[J]. 湖北广播电视大学学报，2011（9）.
[3] 吴仕海. 班级个性化教育功能浅析[J]. 基础教育研究，2005（3）.
[4] 李希贵. 追求真实的教育[N]. 中国青年报，2014-4-12（2）.
[5] 王振权. 教育适合学生：个性化教育实践范畴[J]. 中国教育学刊，2012（5）.

一所学校要做到可持续发展，就必须建立起和谐的人际环境，以至于有人说，"评价一所学校可以有很简单的方法，看一看校园里学生的眼神就可以断定学校的优劣"。有研究者发现，同伴关系和师生关系是反映学生校园生存状态、生活质量最敏锐的指标[①]。另有研究表明，课堂中的师生关系等心理环境，作为课程环境的中心，对学生的个性发展起着潜移默化的影响[②]；北京十一学校校长李希贵结合多年教育实践提出，"师生关系一平等，真的教育就出现了"，此处"真的教育"指的是面向每位学生的个性化教育。这些研究都强调了师生关系或同伴关系对学生成长的重要意义。

从以上文献梳理中可以看出，学生自主管理、教师自身个性的释放、教育观念、班主任自身素养、工作方法或技能及师生关系等，都对学生的个性化发展有影响。

（二）基于案例分析的要素提炼

班主任在班级建设与管理中担任着重要角色，从他们的教育实践经历中更能够明显地发现他们对学生成长发挥的作用。基于此，本研究对来自区域不同学校的50多位中小学班主任的个性化教育案例进行了研读与提炼，梳理出频次较高的若干因素，并附以部分代表性案例形象说明（见后）。其中，案例类型分为个体案例与群体案例两种，主要来源于班主任文本性资料的梳理与分析。

这50余篇案例从不同角度呈现了与学生个性化发展之间的关系，区别在于，一些案例明显地提到了一些要素或路径，另外一些案例则比较内隐地体现在字里行间（透露出班主任们的教育热情、认同与尊重差异的教育理念）。两者同样重要，但后者难以通过书面梳理全面地呈现出来，以下主要呈现前者。

---

① 李凌艳，李希贵，陈慧娟. 建构基于学生发展的学校自我诊断指数[J]. 教育研究，2014（2）.
② 杜彩菊. 数学课堂中个性化学习的心理环境探索[J]. 数学学习与研究，2009（2）.

表1　案例分析个性化要素提炼

	案例主题	学段	要素梳理	备注
1	化茧成蝶	小学	平台搭建、个别化指导	特长展示
2	班有小霸王	小学	普适的教育技能	发挥班集体的教育力量
3	"三新"教育，打造独一无二的你	小学	平台搭建	特长展示
4	小董，我懂你	小学		
5	意料之中的落选，意料之外的收获	小学	认识差异、尊重差异；平台搭建	小干部竞选
6	尊重，管理的基础	小学	平台搭建	特长展示
7	玉不琢，不成器	小学	机会提供	小干部竞选
8	他是星星的孩子	小学	教育技能/策略、良好师生关系	
9	当孩子私拿别人物品之后	小学	教师修养	善于反思
10	墨墨的故事	小学	师生关系	
11	你也是颗闪闪的星星	小学	巧借机会，因势教育	
12	午餐大作战	初中	知识素养	心理学知识 + 教学技能
13	每一朵花都有自己的春天	初中	师生关系、平台搭建	优势发挥
14	有信赖，有未来	初中	制度支持	
15	红领巾事件	初中	知识素养、个别化教育	心理学知识的教育运用（政治老师）
16	尊重个性，呵护自尊	初中	机会提供	发挥优势（美食）
17	挚情润心，温言正行	初中	师生关系、知识素养	
18	激发学生的正能量	初中		
19	润物无声　育人留痕	初中	师生关系	
20	巧用"力"，扬起"问题生"前进的风帆	初中	发挥同伴的正向力量	
21	"老革命"&"新问题"	高中	教师责任感	
22	享你所爱——自律下的民主	高中	师生关系、尊重学生	
23	用爱关注　共同思考人生路	高中	师生关系、发挥闪光点的作用（平台）	
24	以心换心，爱满校园	高中	师生关系	
25	与爱同行　书写责任	小学	平台搭建、班级岗位责任制	
26	做一个有智慧的班主任	小学	班级岗位责任制	
27	历史特种部队	小学	学科方面平台搭建；知识素养	
28	快乐加油站	小学	平台搭建	
29	寄宿制班主任与家长沟通之我见	小学	班网交流平台	
30	童心驿站	小学	平台搭建	
31	"问题学生"转化、教育策略之我见	小学	机会提供（有发挥作用的空间）	
32	各路美猴王共同营建快乐"花果山"	小学	和谐氛围营造	
33	师律、他律、自律	小学	教育技能	

	案例主题	学段	要素梳理	备注
34	在"角色认领制"的舞台上凸显群体优势	初中	平台搭建（家长资源）	
35	重温安德的游戏　促进班级团队建设	初中	学生自主管理	
36	微媒体上的家校互动	初中	搭建网络平台，借助家校互动，关注学生点滴（关注差异）	
37	与学艺者共处	高中	教师教育理念的实践渗透	

从表 1 中不难看出，平台搭建和师生关系是提及最多的两个要素，其中小学段班主任较多提到"平台搭建"，中学段较多提到"师生关系"；还有班主任提到借助网络信息技术、学生自主管理、知识素养等途径开展教育。

进一步分析发现，平台搭建或者机会提供的内容与形式呈现多样化：内容上，有诸如物理空间的搭建、班级特色活动的设计与实施、设置班级特定岗位、成立课外兴趣小组、建立班级网络信息平台、搭建展示"舞台"等等；形式上，有针对个体的，也有针对小组或整个班集体的；时间上，有定期的，也有非定期的。

（三）调研概况

为更加翔实地了解区域内班主任促进学生个性化发展的情况，也为后续提供更具针对性的策略，在对已有相关质性材料进行分析的基础上，课题组采用问卷调查的形式进行了现状调查。

1. 调研对象的基本信息及选取选择

（1）原静安区全部中小学校 30 所，平均每校每个班龄段（班龄即担任班主任的时间）10 人，共计 300，实收问卷 293 份，回收率为 97.67%。剔除作答时间在 100 秒以内的 11 人，有效问卷 282 份，问卷有效率 94%。

表2　调查对象拟定人数分配情况

班龄	小学（13 所）	初中（9 所）	高中（8 所）
<5 年	2 人	2 人	2 人
5—10 年	2 人	2 人	2 人
11—15 年	2 人	2 人	2 人
16—20 年	2 人	2 人	2 人
>20 年	2 人	2 人	2 人
	130 人	90 人	80 人

（2）教师学历层次人数比例

从学历层面来看，98.22% 的班主任为本科及以上学历。

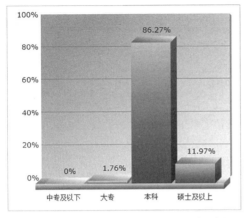

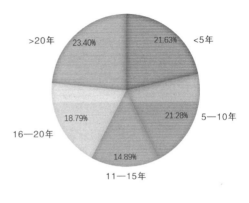

图 1　班主任学历层次比例　　　　图 2　班龄分布比例

（3）担任班主任时间人数比例

为全方位了解不同班龄班主任在促进学生个性化发展方面的情况，本研究在施测人员安排上进行了设定，如图 2 所示。

（4）调查对象的选取原则

调查对象的选取原则采取分层抽样与随机抽样相结合的方式。以"班龄"作为分层标准，共五层（<5 年，5–10 年，11–15 年，16–20 年，>20 年），每层内部按照不同学段与学校随机选取均等调查对象。

2. 问卷编制与施测

（1）问卷编制过程

经搜集与梳理相关文献资料，与 6 位经验丰富的班主任教师深入访谈及研读静安区征集的班主任个性化教育案例，从中提炼出题目若干，经课题组成员多次讨论，最终形成测试问卷。

（2）问卷内容与计分方式

①问卷共计 30 题，调查内容分为三部分。

第一部分：教师基本信息，含学校名称、任教学段、学历、担任班主任的时间等。

第二部分：问卷主体部分（22 题），含更新教育理念、优化教育技能、丰富自身素养三方面。其中，教育理念主要是指班主任对促进学生个性化发展方面的认识；教育技能相对具体，主要包括提供给学生开放平台、建立新型师生关系、提供个别化辅导情况及实施个性化评价情况等；自身素养主要是指为了更好地促进学生个性化发展，教师在提升自我方面所做出的努力，如阅读书籍，参加培训，提高教育直觉或者说教育敏感性，了解自己等。

第三部分：班主任教师对自己促进学生个性化发展的效果的自评。

②题目类型与计分方式

题型均为单选题。计分方式为：第二部分题目五级评分，即完全不符合、大多不符合、基本符合、大多符合、完全符合；第三部分题目也为五级评分。

（3）问卷效度与信度

①问卷效度

问卷题目编制依据来源有：已有相关文献资料的梳理；前期与 6 位经验丰富的班主任教师的深入访谈；静安区征集的班主任个性化教育案例的提炼。这在一定程度上保证了本问卷的内容效度。

②问卷信度

从表 3 中看出，本问卷及分维度的信度均大于 0.7，说明问卷信度良好。

表 3　问卷信度统计情况

	信度
教育理念分问卷	0.765
教育技能分问卷	0.843
自身素养分问卷	0.799
总问卷信度	0.903

（4）问卷调查过程

本调查借助问卷星采用线上调查的方式，由教师在规定的时间段内完成调查问卷并提交。

四、结果与分析

以下主要呈现调研数据的统计结果。单次问卷调查未必能够反映出静安区中小学班主任个性化教育素养的全貌，但基于统计学标准采集的数据可以在一定程度上折射出目前的一些现实情况。另外，本调研还呈现了基于文献梳理与案例分析的提炼结果，并列举了班主任个性化教育素养发挥教育实践作用的几个典型案例。

（一）基于文献梳理与案例分析，提炼班主任个性化教育素养的组成要素

哪些因素会影响到班主任个性化教育的实施？以主题"教师所育即学生所需"作为筛选标准，将教师专业发展/素养、教师胜任力、教师生涯发展、个性化教育/发展/成长、班主任/教师＆个性化等作为关键词在中文期刊网中进行搜索，将若干相关要素进行罗列、删减、提炼、归纳，结合对来自静安区 30 所学校班主任的个性化教育案例中一些因素的提炼，经多次讨论修改后，初拟了本研究的理论框架，经数据分析后得以确定下来。

教育理念主要是指班主任对教育的热情及对学生差异的认同与尊重情况；专业技能是指班主任开展个性化教育所应具备的方法与策略，包括平台搭建、学生自主管理、新型师生关系、针对性引导与多元评价等；自身修养主要指教师对学生的敏感度、知识素养及自身个性释放情况。每个要素又包含了 3—4 个观测点。

至于这些要素与题目的划分，在受启发于访谈的 6 位资深班主任教师想法的基础上，由拥有 10 年以上德育工作经验的教师商议后得以确定。

（二）班主任的个性化教育素养整体较好，并存在学段与班龄差异

1. 班主任个性化教育素养的得分较高

问卷平均分为 4.23 分（总分为 5 分），说明静安区班主任个性化教育素养较高。这除了班主任自身的努力，也是两年多来个性化教育理念与实践全区性推进的成果体现。专业技能各维度上的得分依次为：开放空间（4.13）、新型师生关系（4.08）、针对性引导（4.46）、多元评价（3.69）。相比之下，多元评价的分值最低，这一因素下的题目为"有时，我会因过于关注学生学习成绩而忽视了他们身上的其他优势""我会针对学生各方面情况与家长沟通"等。

2. 教育理念分值最高，其次是自身修养，专业技能分值最低

进一步分析发现，教育理念和自身修养得分都在均值以上，分别为 4.36 和 4.33，而侧重应用层面的专业技能的得分低于平均水平，为 4.09 分（图 3）。这说明班主任的理念认同度、对自身修养的认知度与技能评定之间存在失衡。

以教育理念和专业技能中的两道题目为例具体说明。理念层面，高达 90.4% 的班主任认同不是所有学生都能考高分，但所有的学生都有自己的优势；而提问方式考察实施情况时，只有 80.5% 的班主任同意本班大部分学生都有展示自己兴趣、特长的机会（图 4）。

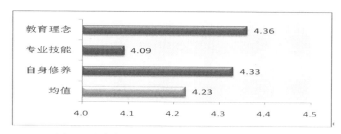

图3　班主任个性化教育素养各要素得分情况

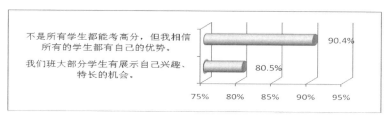

图4　两道题目上的得分情况

3. 班主任的个性化教育素养随学段的上升而有所下降

小学段班主任个性化教育素养的得分高于中学段（$p<0.01$），初中段略优于高中段（$p>0.01$），而这一差异主要体现在专业技能和自身修养上（小学与中学$p<0.01$；初中与高中$p<0.05$），教育理念上则无显著差异（图5）。这说明中学的班主任从理念上是认同且尊重学生差异的，可能是因为高学段班主任对学业成绩的高关注导致其力不从心，没有太多精力开展个性化教育的实践探索及自我提升，这就从学段角度解释了上面提到的失衡现象。

4. 班主任的个性化教育素养存在班龄差异

就班龄而言，16-20 年班龄教师的得分较高；6-10 年班龄的教师得分偏低，而后随着班龄的增长呈现自然回升（图6）。有研究表明，教龄 6-10 年是教师职业倦怠最严重的阶段 [1]。班龄不等同于教龄，但两者存在一些重合性，这一结果为我们后续提出改善策略提供了参考的视角。

---

[1] 赵玉芳，毕重增. 中学教师职业倦怠状况及影响因素的研究[J]. 心理发展与教育，2003（1）.

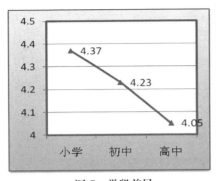 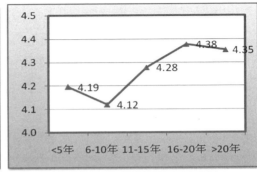

图 5   学段差异   图 6   班龄差异

（三）低符合比例题目学段差异的进一步分析

将在每道题目上选择"大部分符合与完全符合"的人数比例之和进行统计，发现 18 道题目上的比例大于 70%，但也有 4 道题目的比例在 70% 以下（详见图 7）。约 65% 的班主任表示自己从内心里喜欢教师这份职业，约 60% 的教师会经常在班级里展示自己的特长，近 55% 的教师会让学生管理班级，愿意接收一些特别孩子的教师仅占约 37%。

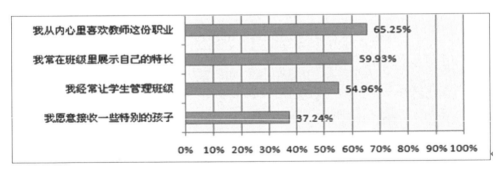

图 7   符合比例小于 70% 的四道题目

结合学段特征进一步分析发现，不同题目上的比例存在差异。具体而言：

·在"我从内心里喜欢教师这份职业"这道题目上，初中班主任选择"完全符合"的比例明显低于小学和高中（表 4），在与不同学段班主任的交流中发现，这与其教育对象的心理发展特征存在密切关系。初中阶段的学生叛逆心理增强、独立意识与思维能力渐趋成熟，具有了与班主任"抗衡"的意识与能力，给班主任工作带来了挑战，导致一些班主任身心俱疲。或许也是基于这一原因，导致"我经常让学生管理班级"这道题目上初中班主任的相对低比例（表 6）。

·在"我常在班级里展示自己的特长"这道题目上，小学班主任比例明显高于初中和高中（表5），这与不同学段的学习任务有关，与我们一贯的教育常识相吻合。

·相比之下，"我愿意接收一些特别的孩子"这一题目上的符合比例最低，这一情况也较为符合教育实际。尤其在高中班主任群体中，选择"完全符合"的比例还不足10%（表7）。尽管每个班级中都或多或少有几位学习成绩落后或存在心理问题或调皮任性的学生，但高中班主任对班级成绩的高追求可能会使他们无太多精力关注到这些学生个体。这些孩子需要教师更多的耐心，如何在现有的基础上加以改善，是一个值得思考的问题。

尽管班主任在每道题目上选择"完全符合＋大多符合"的人数比例相当，但选择"完全符合"的比例差异较为明显。这在一定程度上给予教育工作者以方向提示，为不同学段班主任教师改善现状提供了方向与侧重点。

表4 "我从内心里喜欢教师这份职业"各选项统计表

	完全不符合	大多不符合	基本符合	大多符合	完全符合
小学	2.4%	2.4%	27.6%	34.1%	33.3%
初中	0	2.6%	34.5%	40.5%	22.4%
高中	2.3%	4.7%	27.9%	25.6%	39.5%

表5 "我常在班级里展示自己的特长"各选项统计表

	完全不符合	大多不符合	基本符合	大多符合	完全符合
小学	0	1.6%	22.8%	46.3%	29.3%
初中	0.9%	14.7%	33.6%	32.8%	18.1%
高中	7.0%	14.0%	39.5%	25.6%	14.0%

表6 "我经常让学生管理班级"各选项统计表

	完全不符合	大多不符合	基本符合	大多符合	完全符合
小学	2.4%	13.0%	33.3%	28.5%	22.8%
初中	2.6%	9.5%	29.3%	41.4%	17.2%
高中	2.3%	7.0%	34.9%	34.9%	20.9%

表7 "我愿意接收一些特别的孩子"各选项统计表

	完全不符合	大多不符合	基本符合	大多符合	完全符合
小学	8.1%	20.3%	33.3%	22.8%	15.4%
初中	3.4%	19.0%	37.9%	22.4%	17.2%
高中	9.3%	18.6%	44.2%	18.6%	9.3%

（四）班主任促进学生个性化发展的案例分析

案例研究法的目的在于回答"是什么"和"怎么样"的问题，本案例目的有二：一是在文献梳理的基础上，结合静安区教育案例，补充或验证影响学生个性化成长的班主任素养；二是通过案例的形式让读者清晰地看到这些素养对学生的成长发挥作用的方式与途径，有助于读者内化本研究的成果，同时为成果的实践转化提供可视性借鉴。

下面是围绕提及频次较多的涉及机会提供和师生关系，以及借助信息网络进行个性化教育的几个案例。

案例 1：机会提供促进学生个性化成长的操作路径

有这么一起教育事件：李希贵校长还在高密一中时，一位学生向他提出希望能够改变评价方法。因为他认为学校的"尺子"很多，但没有一把是适合他的。经了解，他爸爸是做装潢的，这位学生甚至连木工家什也爱不释手，十几年的功夫，他自信在全校无人能比，他希望学校能考一考他的水平。这件事给李校长很大的启发，与老师们集思广益后，学校建立了"学生技能检测站"，不仅为这位喜欢装潢的学生，而且为所有的学生打造了一个更加开放的成长平台。检测站是开放的，如果学生认为学校的评价项目不能够满足他的要求，就可以到这个检测站去申请新的测试项目……这个技能检测站发挥了很好的作用，受到了学生的普遍欢迎 [1]。学生的潜质常常被隐藏起来，能否被发现很大程度上取决于我们是否为之搭建了平台、提供了机会。班主任应该为每个孩子创造丰富经历的机会，使学生的潜质有发挥的空间。

案例 A：

瑛各方面都比较优秀，工作能力又强，可是偏偏她性子急、脾气大，有点以自我为中心，因此在班级管理过程中会遇到一些小摩擦，或出现一些与同学的关系不是很好的情况。瞿老师并没有直接对她进行训斥，而是"侧面出击"，在班中举行了"个人才艺展示秀"的活动。经过一定的准备，同学们纷纷露了一手。在

---

① 李希贵. 学生第二 [M]. 上海：华东师范大学出版社，2006.

瑛的概念中，可能会说流利的英语、能弹钢琴、擅长书法等才叫本事。可是当她看到同学用水果刀将一只梨的皮完整地削下时，她震住了。许多同学一一展示了他们的"独家绝技"，一些原先在瑛看来并不起眼的同学都让她刮目相看。

这不仅是对瑛个人的教育，也是通过这一平台给予学生展示的机会，让每个人都直观看到伙伴们的优势，有助于增强彼此间的了解与肯定。

（源自：上海市静安实验小学　瞿雪梅《尊重，管理的基础》）

案例 B：

贾老师是上海市一师附小四年级的班主任。班里有几位学生常找贾老师讨论历史方面的问题，也喜欢自己在课上（贾老师任教语文）谈论历史。通过观察及与学生的交流，贾老师发现这几位学生对历史非常感兴趣，读过许多相关书籍，喜欢思考，乐于和同学交流这方面的心得，家访时家长也提到自己的孩子喜欢历史。于是，贾老师在了解了学生的想法与意愿后，决定为这些学生搭建一个交流学习的平台，鼓励他们进行深入研究。最后有五位同学加入队伍中，并确定在每周二下午 3:30—4:30 开展一小时的小组活动，由学生自己为小组命名，"历史特种部队"的称谓就此产生。

活动中，贾老师给了孩子们 20 本书选择，通过大家的讨论，最后决定在一个学期里读《三国演义》等三本书。活动中，每个同学要交流前一周的读书心得，选择自己最爱的一则故事和其他同学分享；要思考故事中存在的问题，或者是读完故事之后的疑惑；设计了考问教师环节，培养学生发现问题的能力。形式方面，活动采用"圆桌讨论"的开放式讨论方法，老师和学生都是参与者，在讨论中没有哪个人是中心，只有话题和观点才是中心。每个人都能畅所欲言，充分表达自己的意见。

"历史特种部队"活动已经在班级里开展了一个学期，贾老师提到："在课堂中和作业中，可以发现孩子们的变化是很大的，不仅读书的兴趣越来越浓厚，而且他们慢慢学会正反思考问题的习惯。"

（源自：上海市一师附小　贾为卿《历史特种部队》）

这两个案例分别从个体（凸显了集体中的个体）与群体的角度，呈现了教师发现学生的优势与兴趣并创设了展示与发展的机会。瞿老师搭建平台，使得每一位学生都有机会展现自己的优势，而这一优势不是通常意义上认为的成绩优异或者艺术特长，而是任何有着一"技"之长的学生，这就拓宽了受众面，也拓宽了才艺的内容范围，为更多学生提供了绽放的舞台。贾老师虽为语文教师，但发现班中有些历史酷爱者，在了解他们的主观意愿后开始建组学习，定期指导，为这批孩子发展自己的兴趣爱好提供了难得的机会，有助于他们的长远发展，这对老师自身的知识素养与坚持性也提出了高要求。

此外，还有班主任借助信息技术搭建班级网络平台，作为一种即时性的、非正式的沟通途径，方便与学生之间的交流；还有的腾出物理空间，建立了"特色墙"（称为快乐加油站），根据班级不同时期学生的问题与需求，设定主题，设计布置，架起师生间的心理桥梁；还有的借助班会课这一载体开展各种针对性、教育性的活动；等等。搭建平台、提供机会是一条途径，至于搭建什么样的平台、创建什么样的机会，则需根据班级学生的具体情况而定。

案例 2：融洽的师生关系促进学生个性化成长的操作路径

李希贵曾经提出："师生关系一平等，真的教育就出现了。"[①] 当老师信任学生、尊重学生的想法时，学生才能感受到老师和自己之间既是师生也是朋友，才敢于表达真实的自我，老师也才能实施针对性教育，真的教育才会出现。

案例 C：

小 Z 曾迷恋上网导致网络成瘾，影响正常的学习和生活，休学一年到医院治疗。恢复后，他重新回到学校，但由于要长期服用激素类药物，导致他情绪不是很稳定，言谈也较少。他每天早上都会迟到，因为他的吃药时间固定在早上 7 点半，吃完药休息一会儿才能到学校。这导致他在集体生活中难免会出现一些问题。

这对老师提出了挑战。这类孩子往往比较敏感易怒，需要老师有更多的耐心和教育方式的思考。陈老师也意识到了这一点，决定在开始正式的教育过程之前先搞好与小 Z 的关系。于是，在后来的教育过程中，陈老师便找机会与他"套近乎"，争取早日被"接纳"。有一次，陈老师看见有同学在接水（小 Z 座位就在旁

---

① 李希贵. 追求真实的教育 [N]. 中国青年报，2014 年 4 月 12 日第二版.

边），于是就抓住机会对其他同学说："大家以后接水的时候注意，不要把水晃在地上，要考虑下别的同学（小 Z）的感受。"有几次，小 Z 后面的同学桌子太靠前，把他的位子快顶出讲台了，陈老师又提醒他们为其他同学留出一些空间。虽然这些都是很小的事情，却成了两人沟通的桥梁，不久之后，小 Z 便主动去找陈老师问问题，还在旁边默默地坐了许久，而后也隔三岔五地拜访。这说明陈老师的行动感化了小 Z，打开了这位不善言谈的孩子的心扉。与此同时，正式的教育工作便开始了……

（源自：上海市第一中学　陈佳颖　《以心换心　爱满校园》）

每一个孩子都有自己与众不同的成长路径，面对一些需要更多关爱的孩子，老师们也在思考着适合的教育方式，他们都从建立良好的关系入手，顺利应对面临的问题。但在孩子的成长过程中，肯定还会出现各种各样的问题，这对老师们个性化教育理念的坚持、耐心与智慧提出了挑战。

案例 3：信息技术促进学生个性化成长的操作路径

常规集体授课下，教师在有限的课堂教学时间中难以获得对每位学生的全面认知，基于此，上海市教育科学研究院副院长顾泠沅老师曾经提出，信息技术是实现个性化教育的有效甚至必经之路。中国教育报（2015 年 5 月）也刊登过一篇题为《"互联网 + 教育"将让"个性化教育"成为现实》的报道，信息技术俨然成为通往个性化教育所必须借助的手段。来自上海市静教院附校与静安小学的两位班主任分别建立了班级专属的网络平台，开展即时互动。下面以静教院附校为例简作陈述与分析。

案例 D：

随着访问互联网的个人移动设备的兴起，中学生在课余时间更频繁地使用微媒体进行交流，但在运用过程中存在在线时间过长、内容难以把控等问题。考虑到这一现状和社会信息化的必然趋势，班主任沈老师决定联合家长的力量搭建网络育人平台，合力引导学生的良性发展。

沈老师经调查，了解到孩子们最喜欢最热衷的是 QQ、微博和微信，于是沈老师进行了注册，与学生互加好友，不定期地更新微博，在微信朋友圈中分享生活感悟，让学生更了解自己，更重要的是可以借助这些微媒体及时掌握孩子们在学校生活中无法捕捉到的信息。微媒体的存在，也缩短了学生上其他网络的时间。

此外，沈老师还在微媒体上与家长们保持实时沟通，就孩子的学习、在校生活情况进行交流，并传达孩子在活动中的一些表现，分享教育经验等，共同促进孩子成长。

（源自：上海市静安区教育学院附属学校　沈彦含《微媒体上的家校互动》）

每个孩子都有自己的优势，但受限于课堂时间及班主任精力的分化，传统的面对面方式很难让班主任全面、深入地了解每一位学生，毕竟不是每位学生的优势都能在课堂或学校中显露出来。信息网络拓宽了师生交流的空间与内容，开拓了一条认识学生、实施教育的更加便捷、更贴近真实的渠道，有助于个性化教育的实施。

五、思考与建议

（一）观念转变：加深教师对个性化教育的深度理解与自觉追求

通过问卷调查分析发现，静安区班主任教师对个性化教育的理念可谓广泛知晓、真心认同，通过实践摸索，取得了一定成效。但同时我们也发现了存在的一些问题，如访谈中，当请班主任讲述个性化教育故事时，主人公往往是成绩薄弱、调皮捣蛋或特长突出的某位学生个体，且这些故事在总课题推进之前就已存在……这说明，有人将"个性化"的概念理解成了"个别化"或"个体化"；或本着简便原则将已有教育经验与成果进行梳理后直接纳入个性化教育的范畴，缺少一些新的尝试。为什么会有这么多班主任教师对个性化教育的内涵理解不全面？如果理解不全面，势必会影响到教育实践的方向与有效性，须引起我们的反思。

1. 教育价值的回归，树立正确的学生观

要从过度追求功利价值转向追求教育对人的幸福和发展本原价值的尊重和回归。教育本原价值的核心就是把人作为目的，凸显为人谋幸福的教育的深层关怀，倡导教育的目的是追求幸福，教育的内容是获得幸福，教育的过程是生成幸福的教育理念。不再把学生当成知识容器和考试工具的"分奴"，而是回归到"人"，回归到"生命体"，回归到"教育主体"。要坚信学生是一个个鲜活的生命，一个个不可替代的个体，一个个具有能动性的内因；要充分发挥学生的特长，激发学生的潜能，张扬学生的个性，进而发展他们的认知、情意和行为。

2. 教育模式的完善，建立科学的评价观

从高度统一的标准化模式，转向更加注重需求导向的个性化、多样化的培养模式，要从以"教"定学，转向以"学"定教。为此，当前要特别强调学生的个性化教育，因为个性化教育是班级教育的一种基本形式，是现代教育形势变化的趋势，它能最大限度地促进学生的个性健康发展，并能体现教育本原价值的核心点。从过度倚重学科知识成绩，转向全面评价学生综合素质和个性特长发展，建立和完善全面的质量标准。我们认为最适合学生成长需要的质量是最好的质量，为终身发展和一生幸福奠基的质量是最好的质量，而这种质量一定又是基于多元标准的质量。

3. 班级形态的改变，形成有效的学习观

要从单纯强调班级是学校行政系统的最小单位，转向强调班级是师生共同成长的精神家园，要从行政管理者转向人生导师，从学生单向发展转向师生共同发展，从社会化的通道转向生命成长的沃土。不只单纯强调掌握学科知识和建班技能，要更加注重班主任的教育境界和专业能力的提升，克服"只见分数不见人"的陈旧观念，争取成为学生健康快乐成长的"人生导师"。

（二）制度支持：为增强班主任工作的针对性与有效性提供有力保障

静安区对全区教师的一项调查显示[①]，"教师减负"是广大老师的迫切期望。倘若调研对象仅锁定在班主任群体，结果又会怎样？长期以来，班主任工作"无极限"，学校的教学、德育、卫生、班级管理、家长联系、各项迎检，甚至责任保险、校服定制等似乎都与班主任有联系，导致班主任感到精神疲惫，学习与自我提高的内在需求被压制。时间紧、负担重并非阻碍个性化教育实施的唯一原因，却是重要前提，尤其在初级阶段，"破旧"的困难不亚于"出新"。这就需要有一系列相关制度的完善与执行，让班主任能从繁重的事务性工作中解脱出来，保证他们有足够的时间去反思，有充足的精力去实践，在实践中反复摸索、尝试与

---

① 引用 2015 年 7 月王俊山的课题调查成果，当时正在研究过程中，特此说明。

探究。

1. 建立适应新形势要求的班主任队伍工作管理制度

没有规矩，不成方圆。加强班主任队伍建设，必须从制度建设入手，建立健全有利于班主任发挥聪明才智、有利于班主任自身成长的工作制度，切实把好班主任工作的规范关。学校应根据新课改的精神，结合中小学生的特点和班主任工作的实际需要，制定实施相关的工作制度，明确规定班主任的主要任务、基本要求、基本职责、选拔聘任、目标管理、考勤考核、奖励激励等内容。班主任工作制度的健全落实，可以使班主任工作有规可依，有章可循，让班主任明确应该"做什么"和"怎么做"，改变班主任工作开展的盲目性和业绩评价的随意性，确保班主任工作的规范化和科学化，使他们工作实施有条件，个性发展有空间，班级管理有创意，充分调动班主任工作的积极性和创造性。

2. 建立健全班主任发展的激励机制

要通过政策、制度、目标和榜样等方面的激励，为广大班主任营造一个有追求、图发展、努力实现个人人生价值的氛围，才能最大限度地发挥班主任在学校德育、班级管理、学生发展方面的重要作用，使班主任成为一个令人羡慕、有吸引力的岗位。

（1）政策扶持。管理者以文件形式出台班主任工作扶持政策，对班主任的专业思想、专业理论、专业知识、专业技能提出必要的标准，对实施途径提出具体的要求，以此激励广大班主任教师坚持走终身学习和可持续发展的道路，朝着专业化的目标发展。同时，在职评、评优、晋级或评选特级教师等荣誉称号方面，单独设立班主任专业岗位参与评选，并予以适当的政策倾斜，使班主任高水平的劳动和付出在政策中得以体现，为班主任专业化的进程注入活力。

（2）制度激励。需要不断完善班主任工作管理机制，把着力点由侧重规范进而转向促进发展，由侧重约束转向侧重激励。应该紧紧依托校本培训，建立班主任培训制度，常抓不懈，以拓展班主任的教育视野，扩充他们的知识。还要建立表彰制度，定期表彰贡献突出、业绩显著，坚持走专业化发展道路的班主任，使他们体验成就感、荣誉感。同时，也要建立考核制度，有目的地考核班主任在专业化发展中的成长过程，并将结果纳入班主任管理档案和个人成长档案，使工作规范化、制度化，进而提升管理的质量。

（3）榜样引领。通过"班主任工作室"的设立、"优秀班主任"的评选及"班主任基本功大赛"的开展等方式，树立一批在班主任专业化发展方面有成绩、有建树的典型和榜样。通过总结他们的成绩和发展过程，推广他们的经验，宣传他们的事迹，辐射影响全局。

3.建立完善发展性的班主任评价

班主任的评价，从目的上可分为两种类型：一是奖惩性班主任评价，二是发展性班主任评价。奖惩性班主任评价通过对班主任工作表现的评价，作出解聘、晋升、调动、降级、加薪、减薪、增加奖金等奖惩决定。它难以调动班主任的积极性，给班主任的发展带来消极的影响。发展性评价重视班主任工作的改进和提高，关注班主任的处境和需要，尊重和体现班主任的差异，促使班主任最大可能地实现自身价值。它致力于班主任个体需要与学校总体需要的整合，使班主任真诚地为实现学校目标而奋斗。因此，应淡化原有评价的甄别与选拔的功能，突出评价的激励与调控的功能，使评价内容综合化，评价方式多样化，评价主体多元化。

（三）培训提升：促进班主任个性化教育能力的全面提升

班主任专业化具有独特、科学、严密的逻辑程序，要求所有成员有效地交流理论知识和实践经验，只有这样，才会不断产生新知识、新经验；其次，任何一个优秀班主任都有一个成长过程，这个过程不仅仅表现在时间上，更表现在持续学习和提高的经历上。但本次调查数据显示，近20%的班主任很少会通过阅读或者参加培训的方式来提高自己的知识储备。因此，建立一种系统、科学的培训体系和促进班主任成长的专业化培训机制是非常有必要的，这不仅有助于激发班主任自我提升的内在需求，也有助于促进班主任个性化教育的能力与整体素养的持续发展。

1.搭建平台，促进班主任个性化教育素养的整体提升

教师本身是有着学习需求及自我提高需求的，可以在了解教师需求的基础上借助班主任工作坊、区域班主任培训等学习平台，开展主题交流、优秀举措的分享，或邀请专家进行座谈或讲座等活动，促进班主任的先进理念、专业知识的学习与提高。根据教育发展趋势和当前班主任工作所面临的新问题、新挑战等，以科研课题、项目推进、专题研讨等研究平台，聚焦新形势下班主任工作的新思路、新方法、新途径的探索与实践，不断提高专业素养和工作艺术，逐步成为研究型、专家型班主任。结合学校工作重点、班级建设规划，以班级系列活动、"温馨教

室"建设、班主任基本功大赛等为展示平台，让班主任有机会展现魅力、彰显个性、锻炼能力、完善自我。

2. 优化路径，提高班主任个性化教育实施的工作技能

多数教师都拥有自己的教育理念并希望能够践行，但本研究显示，班主任的工作技能得分相对较低。进一步分析发现，工作技能中的"平台搭建"是多数班主任常用的教育手段，可操作性也强，可以将此作为一个切入口，继续发挥班级已有平台的作用，提高其使用率，并根据班级学生的优势特征搭建新平台或提供机会，拓宽内容领域，扩大受众面，充分挖掘它的价值。在"互联网＋"时代，还有班主任已尝试将信息技术运用到教育过程中，更加全面、即时地了解学生信息，这些都是较好的尝试。此外，还可以根据阶段性教育目标，将多元评价、寓情于教（新型师生关系）等方式带进课堂，提高教育过程的针对性与有效性。

3. 个别辅导，加强对特定班主任群体的关注与支持

不同班龄的教师面临着不同的发展任务，表现出不同的特征，在促进所有班主任专业发展的同时，更要关注这些特定群体。如本研究显示，班主任个性化教育素养的低谷恰与教师职业倦怠的时间相近，也与教师生涯发展的高原期相近，这是一种偶然还是存在某种因果联系？低谷之后又自然回升，是需要干预还是顺其自然？对学生学业成绩的追求与满足学生的个性需求本是统一的，却因中学段关注点的偏移导致了两者失衡，出现对立局面，如何缓和这一情况？这些都是需要探讨的问题。

六、后续应用设想

在与一些班主任的交流中，课题组已将本研究的部分成果通过非正式的方式进行了传达。我们在班主任个性化教育素养方面积累了些许认识和经验，为后续研究提供了素材和方向指引。但作为首次实证性尝试，目前所揭示的相关素养及内容架构肯定有不成熟甚至不恰当之处，伴随我国个性化教育研究的热潮及静安区相关研究与实践的并行推进，加之本研究成果的后续实践转化，我们将不断汲取丰富、最新的研究成果，反思、梳理实践中的问题，逐步深化班主任个性化教育素养的内核。

在接下来的研究与实践中，我们将引导班主任把看似习以为常的相关做法做实做牢，提炼升华，提高教育实践的质量；针对当前突出问题和班主任需求，探索通过培训、工作坊、论坛、现场交流等多种形式提升班主任促进学生个性化发展的意识、能力、方法，形成基本方案，并进行初步尝试。探索学生个性化发展视角下的班主任工作评价的指标与方法。拟从为学生搭建发展平台、设计满足学生需求的班级活动、对学生的多元评价等多个方面，通过问卷调查、现场观察、个别访谈等对班主任工作进行综合评价。

（此报告是课题"班主任促进学生个性化发展的现状与策略研究"的研究成果，该课题是全国教育科学"十二五"规划教育部重点课题"走向个性化——发达城区教育内涵提升的实证研究"的子课题。课题主持人：上海市静安区教育学院　秦蓁）

中小学德育活动个性化设计的思考与实践

一、厘清德育活动的内涵，明晰主要问题

《中小学德育工作指南》要求，在德育实践中，要遵循《指南》，明确德育活动目标；加强《指南》学习，准确把握德育活动的基本内容；精心设计，优化德育活动的形式；激发学生参与德育活动的兴趣，增强德育活动吸引力，充分发挥活动育人的优势，让《指南》落地生根，深入贯彻落实立德树人的根本任务，聚焦学生核心素养，培养"全面发展的人"。

对中小学校德育活动内涵的界定有不少说法，有相同的方面，也有不同的内容。通过对文献资料的归纳，现在主要有以下几种观点。第一种认为："德育活动是指具有道德教育意义或功能的个人外部活动，或影响个人道德意识、道德行为、调节人际关系的外部活动。"[①] 第二种认为："德育活动，就是具有道德教育意义或功能的个人外部活动。具体说，就是在学校道德教育过程中，由学生自主参与、以学生的兴趣和道德需要为基础的，以促进个体道德的整体发展和社会和谐发展为目的的，影响个人道德意识、道德行为、调节人际关系的外部活动。"[②] 第三种认为："德育活动，可以简单地认为，是兼有德育意义的个人或集体的行为或活动。"[③] 第四种认为："旨在促进人的道德发展的教育活动，都可称之为德育活动。"[④] 第五种认为："德育活动是指具有道德教育意义或功能的个人外部活动，或影响个人道德意识、道德行为、调节人际关系的外部活动，它至少包括学生主动参与的游戏、劳动、学生之间的外部协作和其他集体性活动等。"[⑤] 本文认为，中学德育活

① 檀传宝. 德育原理 [M]. 北京：北京师范大学出版社，2007.
② 孙雪芬，王立强. 现代学校德育的有效方法途径 [M]. 上海：同济大学出版社，2007.
③ 温建华，肖桂绪. 心灵之航——欣赏型德育的活动模式研究 [M]. 合肥：安徽教育出版社，2006.
④ 赵祥麟，王承绪. 杜威教育论著选 [M]. 上海：华东师范大学出版社，1981.
⑤ 李季，梁刚慧，贾高见. 小活动大德育 [M]. 广州：暨南大学出版社，2012.

动是学校德育管理者根据国家的教育方针政策，学校的办学理念、育人理念、德育计划等，通过制定计划，有目的地组织老师、学生开展道德教育（既有学校内部的德育，也有校外的德育），以实现学生道德水平的提升和知行统一的育人目的，最终提升学校德育实效的活动形式。

德育活动是学校德育工作的主要途径，对于学生的成长起到非常重要的作用。然而近年来，在德育活动中学生主体地位的缺失、德育活动内容的空洞与抽离、德育活动的制度化等问题造成了德育活动的实效性低下。要让德育工作焕发新生机、让德育活动真正发挥其育人功能，要求德育工作者学会把有意义的事做得有意思。可以依据国家育人标准，根据学校实际情况和学生发展需求等具体情况，形成一个个充满个性、富有学校特色的德育活动。让学生的个性得到张扬，在活动中能收获快乐，得到健康和谐持续的成长；让教师团队得到锻炼，获得成长，与学生分享快乐；让校园充满正能量，更具有蓬勃生机。

二、完善德育活动的设计，提升育人功能

1. 在目标设计上追求"小微美"

德育活动目标过于高大单一，就会出现"标杆过高"的现象，且不分接受者的年龄阶段，德育活动的效果就会大打折扣。当小学生高呼"准备着，为共产主义事业而奋斗"，中学生训练日常行为规范，大学生学习公民基本道德的德育系列被质疑的时候，学校德育活动的目标定位应该更现实一些、更精准一些。德育活动的目标，应从最基本的规范开始抓起，少一些"高大全"。比如，初中学校的"十四岁生日庆祝仪式"，它的活动目标基本上是围绕学校立德树人的育人目标制定的，一般都会从集体主义教育、社会责任感和感恩教育等多个角度来设计，一个活动承载了方方面面教育的要求。上海市时代中学根据本校学生的实际情况，选择把感恩教育作为该活动重要的教育目标，感恩父母的养育之情、感谢老师的教导之恩。活动的目标不在于多，也不在于高，而是要适切、聚焦、有效，要让德育目标的"高大全"落地，凸现德性的"小微美"。

2. 在内容设计上突出"生活化"

学校德育活动的个性化设计，最重要的是在内容的选择上，处理好"抽象化"

内容与"生活化"情景的关系。德育活动应从生活出发，在生活中进行，再回到生活中去。内容的生活化，一方面以生活为依托，以学生生活中经常遇到的道德性问题为切入点，生成德育活动的主题；另一方面赋予日常生活以道德性，发挥道德对生活的引导作用。比如：对学生进行民族精神教育时，学校可以根据不同年级学生的年龄特点，并听取学生和家长意见，挖掘多方资源，设计系列活动。活动可以由易到难、由简单到复杂、由个人到集体。如：听民俗故事、做民俗玩具、玩民俗游戏、民乐串串烧、戏曲大联唱等，活动形式要丰富多彩，活动内容应该有意思又有意义。学生们可以在唱唱跳跳、玩玩乐乐的情景体验中认识民族文化、感受民族精神。在选择德育活动的内容时，贴近学生实际，贴近社会实际，贴近现实人生，要立足于"现实"，避免"理想化""抽象化"的道德说教，尽量让学生看得见、摸得着，具体、生动、形象、直观。

3. 在方式设计上体现"引导性"

要实现教师从直接强灌到间接引导的转变，还要实现学生从被动接受到直接体验的转变，以凸显学生的主体性和个性。比如：学校的毕业典礼从设计策划到正式举行，应该始终把学生放在首位，尽可能让学生在毕业典礼的整个过程中享受每个环节的意义和快乐。学校可以设计打造"属于每一个人的毕业典礼"，领取毕业证书是整个毕业典礼的重点环节，让每一位毕业生都能在毕业典礼的主席台上拥有专属于他（她）的40秒时间。毕业生依次上台，从校长手里接过象征着成长的毕业证书，和班主任老师拥抱，和校长拥抱，可以再跟老师说一句悄悄话，随后合影留念。这美好纯真的40秒时间，是属于该毕业生的专属时间，他（她）就是台上的主角、生活中的主角、自主成长的主角。要将德育活动方向性的引导以一种内隐的、无意识的方式融入学生的内心，对学生的引导在潜移默化中不知不觉地得以实现，其中情感的融入是隐性引导方式不可或缺的部分。

4. 在过程设计上围绕"体验性"

学生对道德的生命体验与内化主要依赖于实践。让学生在各种具体的生活场景中，通过主体参与和力行实践，经历现实，调动真实的情感，引发道德情感，形成坚定的道德信念。知识的学习是一种理性的学习，是入"脑"的；道德的学习是一种情感的学习，是入"心"的。比如：学校的"达人秀"等体验活动应该没有任何门槛，人人有机会，个个可参与，选择空间大，展示形式可以不受限，把舞台真正交给所有学生。整个活动的关注点不是"秀"，也不是"达人"，而是

"秀"背后的自我认识、辛勤付出和"达人精神"。学生们在"练"的过程中，学会团队合作、自主创新；在"评"的过程中，培养耐挫、乐观等品质；在"选"的过程中，增强自主、公平等意识。道德的学习以体验为基础。体验是一种移情和理解，它使他人、他物融入我"心"，才能浸染生命，从而撼动心灵，最终改善行为。

三、关注德育活动的实施，回归教育原点

1. 要重视学生实际需求

德育活动的设计与实施，是为了学生。要依靠学生，充分调动学生的能动性，增加学生对生命的体悟，唤醒健康的积极向上的自我意识，培养起学生对自我生命成长的责任意识，从而实现学生生命成长的自觉。德育活动的内容要服务于学生的成长需要，满足学生的情感需求。在活动的实施过程中，调动主体、提供空间、搭建平台，让学生充分体验、展示、感知、成长。整个德育活动要实现平等交流，让道德教育不再约束生命、限制生命，而是回到生命并引领生命自由健康地成长。比如：上海市静安区市西初级中学在对学生进行社会主义核心价值观教育时，充分认识到初中学生还处于人生观、世界观、价值观形成的过程中，处在探索世界的过程中，很大程度上还有赖于"经验型"学习，并逐步向"理论型"转化。因此，在教育引导学生过程中，学校坚持以主题实践项目为载体，以各类丰富的德育实践活动为途径，强调学生的体验、感受和感悟；又以学科渗透的方式，通过与基础型、拓展型和研究型课程三类课程的整合，将"中华老字号"丰富的教育资源整合成符合学生年龄特征和认知特点的教育内容，扎实有效地推进以"中华老字号"为特色的中华优秀传统文化教育和核心价值观教育。

2. 要重视德育资源整合

作用于青少年道德意识与习惯形成的资源总和，包括学校、家庭、社会等一切可以对学生的道德形成产生影响的各种人、事、物。学校需要将德育工作中的有利因素进行合理的筛选和组合，确保德育活动的实效性和针对性，使得学校德育工作更加具有亮点。比如：上海市同济大学附属七一中学在开展高中生志愿服务活动的过程中，依托学校附近的中福会少年宫、宋庆龄图书馆、中共二大会址

纪念馆、静安老年护理中心、中国劳动组合书记部旧址陈列馆、静安雕塑公园、上海自然博物馆等社会资源，组织青年学生以团支部为单位，定期开展种类多样的志愿者服务工作等。学校在设计实施德育活动时，充分挖掘校内外的各种育人资源，努力拓宽育人时空，优化育人氛围，真正形成了育人合力，切实促进了学生的个性化发展。

3.要重视常规活动创新

长期以来，存在着对德育活动的"刻板印象"，将德育活动与枯燥、单一、无趣等词语联系起来，使得学生一提到德育活动，先从内心产生一种抵触和反感的情绪。因此，学校在开展德育活动时，要精心设计和组织，要尽可能多地挖掘提升活动所蕴含的思想政治教育因素，还要选择合适的时机、恰当的契机，不断寻找到突破点，创新育人模式，努力实现常规德育活动"内容鲜活、形式新颖、吸引力强"。比如，上海市风华高级中学立足综合项目化设计，开展德育研习营活动。"一营一项目""分季持续更新推进"，使得德育活动避免了零敲碎打、烦琐冗杂。每个活动案例均以综合项目化形式出现，与学科学习深度融合，设立明确的研习主题，活动持续时间根据实际需要灵活设置2个月至1学年，活动内容可根据最新要求以分季的形式不断推出升级版，综合呈现学科德育、学生核心素养培育、赛事锻炼挑战、生涯规划发展、综合素质评价、三全育人等多重教育元素。

中小学德育活动是学校德育工作的重要组成部分，是青少年学生品德形成和发展的主要渠道和重要环节。在学校德育工作的实践中，必须依据德育活动的时代特征，遵循德育活动的基本规律，建立和健全行之有效的德育活动的运行模式，以确保德育活动对青少年学生的影响和作用力的最大化，最终实现立德树人的根本任务。

执笔人：上海市静安区教育学院　秦蓁

初中实践活动的区域推进策略研究

——以上海市原静安区为例

第一部分　绪论

近年来，各地都把提升学生综合素养作为教育发展追求的理想和目标，将丰富的实践活动经历作为教育发展的一个重要突破点和改革项目加以实施。静安区作为上海的中心城区，原有的教育基础和资源比较深厚，总体发展水平较高，社会、家庭对教育的期望较高。为了学生能持续和谐的发展，静安区一直极为重视实践活动的研究与开展。笔者作为区域教育业务部门的一员，认为有必要对实践活动的区域推进情况进行研究，使之更趋完善。

一、问题的提出

自"九五"以来，静安区就一直将实施和推进素质教育作为教育改革和研究的方向。如今，静安区又在为打造"素质教育最佳实践区"而积极探索[①]，在促进教育均衡发展的基础上，力图摆脱长久以来只注重知识考查的分数束缚，摆脱学校课堂"孤岛"式封闭学习的现状，有效整合学校、家庭、社会的资源，从而形成良好的教育环境氛围与合力，为孩子的终身发展考虑。因此，笔者认为区域推进实践活动是顺应国家教育要求、符合社会需求的，同时也是契合静安区的自身需求的。

（一）国家可持续发展的要求

《中共中央国务院关于深化教育改革全面推进素质教育的决定》于 1999 年颁布并实施，此"决定"阐明了"每个阶段、每个层面的关注点与具体的内容都应该各具特色，彼此合作，实现共赢。每个区域都要将自己的区域特色展现出来，

[①] 上海市静安区教育局.静安区教育事业"十二五"发展规划[Z]. 2010.

特别是少数民族地区"。

联合国于 2005 年 3 月 1 日正式颁布了《联合国教育促进可持续发展十年国际实施计划（2005—2014）》。着眼于"十年计划"的基本理念，可以将可持续发展教育区域促进策略的分层分类体系划分成四个空间分层与四个实施主体。空间分层包括市、区县、社、学校，实施主体包括政府、社会组织、学校、教师。不同的主体在制度建设、文化建议、课程建设的不同环节或整个过程中会有不同的推进策略。众多实施主体间要密切合作，健全信息生成传输体系，协调好众多层面所运用的不同策略，使其内在能够保持协调一致。可持续发展教育区域推进策略要求众多组织间开展密切的合作交流，将宽泛的合作网络成功构建起来，将众多利益相关者的主动性、主体性等充分发挥出来，成功构建起可持续发展的教育格局。

（二）社会发展的需求

上海是一座国际化的大都市，社会教育资源呈现出丰富性、多元化、广域性的特点，因此，《上海市中小学课程改革利用社会教育资源实施方案（试行）》明确指出："改变传统教育模式，进一步促进教育与社会生活实际相结合，加强学校教育与社会教育的沟通、协调和融合，结合本市二期课改的推进实施，充分发挥社会教育资源的育人功能，努力营造和谐育人的社会环境，促进学生全面健康成长。"①

上海也先后确立了部分青少年科普教育及爱国主义教育基地等，同时推出过各类实施方案，但是往往基地有、方案有，真正能够走进基地充分利用其价值的学校甚为寥寥。

单靠学校的自主开发、自主实施实践活动，存在着很大的局限性，涉及外出的经费、安全等问题，导致实践活动的开展往往是"虎头蛇尾""雷声大雨点小"。在这种情况下，就需要从区域层面给予学校等各个方面的合作，开展丰富多彩的学生实践活动，真正让学生在实践活动中体验、感悟、收获、成长。

---

① 上海市教委.上海市中小学课程改革利用社会教育资源实施方案（试行）[Z].2010.

（三）静安区素质教育发展的需要

上海市静安区有着良好的教育基础，无论是软件还是硬件设施都非常齐全，达到了较高级别的教育均衡化水平，且区域学校分布相对集中，教育资源比较容易合理调度与盘活。静安的文化底蕴浓厚，并且处于上海的中心区，学生父母普遍拥有较高的素养水平，不少家长都有着文化消费的观念和意识，比较注重对于孩子全面素质的培养。在过去的几年里，静安区将区域资源通过整体调控从而合理利用，比如目前已经在实施开展的初中生到英语村跟外教学英语、中小学生到游泳馆学游泳的项目，都是全区性推广、由区教育局整体调控而实施的。

但是，由于外出活动需要花费时间、耗费精力，还要承担责任，加之这类活动本身就属于自愿组织性质，无考核无评价，因此大多数学校都将其视为可有可无，至多在春秋游的时候形式化地走上一遭。如何化解这两者之间的矛盾，使学校在充分意识到利用各类资源推进学校教育意义的同时，能够真正愿意投入其中，看到学生发展的长远意义，这应该成为区域教育行政机构思考的问题。因此，静安用区域推动的方式来统整区域教育的各类资源，扩大教育投入进行教育实践，促进本区素质教育的深化，是具有一定的可行性和现实价值的。

二、研究的意义

本研究立足于区域层面，关注初中实践活动区域推进过程中所产生的问题及其背后的成因，提出区域整体推进的对策，让实践活动真正落到实处，又充分体现区域的独特优势。因此，本研究既有一定的理论价值，又有较强的现实意义。

（一）理论意义

政府要承担教育均衡发展的主要责任，教育均衡发展不仅是社会发展的目标之一，还是推动教育发展的关键举措。针对当前教育供需不平衡的问题，学术界将教育均衡这一美好的理想提了出来。均衡配置教育资源是实现教育均衡这一目标的前提，假若没有做好此项工作，教育均衡发展的目标就无法达到。教育供需的平衡是教育均衡的目标，教育均衡要植根于经济与教育资源的均衡。教育均衡发展并非一蹴而就，而是长时间的、不断变化的。[①]

本研究希望通过现状调查与深度分析，提出学生实践活动的区域推进策略。

---

① 晏兴兵.区域优质教育资源整合的实践模式研究——以成都市武侯区为例[D]. 成都：四川师范大学，2010：7.

以区域推进的方式进行研究与实践，为充分发挥行政部门的统筹作用，发挥区域教育业务部门的引领作用，有效进行资源共享、同伴互助，促进学校的和谐发展等方面提供较好的理论依据。

（二）实践意义

现如今亟需妥善处理学生课业负担过重的问题。"十一五"时期，怎样有效减轻学生的课业负担，增强其学习效果是静安区教育改革关注的焦点。减轻学生的课业负担并不是降低对他们的学习要求、缩减学习的内容、取消对学生的学习评价，而是提倡正确科学的学业观和质量观。除了要给予学生学业成就三维目标的增强以足够的重视，关注学业成就提升的过程方法及相关因素，同时，更应该关注今天的教育对学生今后长远和长效发展。教师不仅要集中精力增强教学的效益，还需要投入一定的时间来丰富学生的课外学习活动。

提升学生综合素养是一项势在必行的改革行动，然而，它又是一项综合性的系统工程，其目标仅靠一所学校是难以真正达到的。提升学生综合素养必然是一项融社会、学校、家庭于一体的共同性教育行动，也是一项多种教育资源不断加以协调、整合的系统工程，它需要多方力量的介入和共同作用。区域层面的研究推进可以更立体地规划构建中小学生校内外多样性学习实践活动的目标、内容以及实施、评价要点；可以更切实地整合各方教育力量对学生的活动进行有效的介入和指导；可以更有效地整合学校、家庭、社区的教育资源为学生的活动提供支持；可以更全面地保障学生学习实践活动的顺利实施。因此，区域的推进可以最大限度地形成合力，通过规划、研发、实施、协调和保障，推动学生实践活动全面、持久地开展，为学生更多地走进自然、走向社会、走入生活，丰富学生有益的经历，全面提升学生的综合素养创造良好的氛围和有利的条件。

三、以往研究的回顾

对以往文献的检索发现，专门针对实践活动区域推进问题的研究较少，不过，与之相关的研究不少。

（一）关于区域推进的研究

著名学者迈克尔·富兰（M. Fullan）曾经说过："变革的路程是未知的。"[1] 革

---

[1] 迈克尔·富兰. 变革的力量：透视教育改革[M]. 中央教育科学研究所，译. 北京：教育科学出版社，2004：27.

新的道路充满荆棘，需要面对众多的未知，例如，国家相关政策的变更、重要人员工作岗位的调动等，使得学校的变革之路困难重重。所以，现如今变革性教育实践分析模式往往会采取区域逐步推动的策略，从而提升变革抵御风险能力。

朱文学认为：众多教育工作的发展能够受到区域教育整体设计与系统推进的积极作用。以现代化建设要求与人才发展规律为依据，在区域内对教育资源和学校布局进行科学的统筹，能够促进教育公平的实现，使其拥有独立的发展空间……科学的区域教育管理方法，可以加强学校与其他组织的交流，将社会化、开放性的办学环境构建起来，使得教育资源丰富化与优质化……很长时间以来，我国实施的对教学、学习方式的革新都面临重重阻碍，要想获得突破性的成果，一定要给予区域教育的整体联动与系统革新以足够的重视，集中精力构建起优秀的区域教育教学文化，将众多环节的作用充分发挥出来，为素质教育的贯彻创造良好的教学环境①。

刘志军、杨会萍认为：因为众多区域的经济、文化发展等都存在一定的差异，每个地区的现状不一，只有充分考虑地区的教育基础，教育变革才能够获得理想的效果。除此之外，"地方负责、分级管理"是中国一直坚持贯彻的基础教育管理体系，便于县级教育行政部门充分发挥自身的优势，创造性地贯彻执行国家的教育法律、政策、制度等，进行区域内的教育变革②。

（二）关于实践活动的研究

关于实践活动的研究成果较为丰富，以往学者主要是从以下几方面展开论述的。

1. 对实践活动的理解

关于实践，马克思认为：人类主动地对自然、社会进行改造过程中的所有活动就是实践，这些活动是有着一定的目的、具体的，现实的，表现出很明显的主观能动性与全面性等特征。人类实施的各项活动和改造环境的活动都是一样的，都属于革命的实践。

孔子作为儒家的创始人，曾经和他的弟子们到列国游学，对列国的风情面貌、政治体制等都有深刻的认知，试图说服列国君主推行"仁政"。孔子认为"行"就

① 朱文学. 论素质教育实施的区域基础与推进机制 [J]. 江苏教育研究，2009（4A）.
② 刘志军，杨会萍. 区域推进：变革性教育实践的必然选择 [J]. 中国教育学刊，2010（10）.

是实践。"贤贤易色，事父母，能竭其力，事君，能致其身，与朋友交，言而有信；虽曰未学，吾必谓之学矣。"能够尊敬贤者，孝敬父母，为君主做事竭尽全能，和朋友交往能诚实守信，这样的人虽然没有接受过教育，但是此人却有着真才实学。墨子则主张"厚乎德行"。荀子认为，"不闻不若闻之，闻之不若见之，见之不若知之，知之不若行之，学至于行之而止矣"。闻比没有闻好，闻了不如见，见了不如知道，知道不如实践，学习到了实践的层面就停止了。由此可知，古代社会非常关注"行"。汉朝著名学者韩婴提出，学习没有实践就犹如患病。

著名学者陶行知着眼于生活教育层面，针对社会实践活动展开了深入的研究。首先着眼于知识源泉对社会实践的重要价值进行论述，表达了对《墨辩》所阐述的亲知、闻知、说知三种知识的认可。通过亲身的实践获得知识就是亲知。学习吸收他人的知识就是闻知，例如通过看书，老师传授等获得的知识。通过推想获得知识即为说知。

2.国内外实践活动的探索

（1）国外以及我国台湾地区的实践状况

20世纪90年代至今，全球众多国家和地区为了能够迎接新的挑战，都推行了系列课程革新策略，提倡课程要回归到向学生传递经验与生活感受，强调综合化的课程，这些是众多国家教育革新表现出来的发展趋势。课程朝着综合化的趋势发展，但它不仅仅是对课程组织方式进行改变，而是深入革新了课程的价值理念。世界上很多国家在革新基础教育课程的过程中，都重点强调了一定要开设综合性、实践性强的科目，例如美国、日本、英国等。值得注意的是，此类科目在不同国家与地区的称谓存在一定的差异。

美国并未在全国推行一致的"综合性实践科目"，但其每个州设置的综合实践科目都是极具针对性的，例如设计学习、自然社会研究等；法国课程标准中设计了一类"综合学习"的课程，规定了学习的领域和学习的方式；日本在1999年增设了"综合学习时间"，要求采取"课题研究性学习"等众多策略。1994年，我国台湾地区将"综合活动"科目纳入课程标准内，成为新课程重点学习领域，具体囊括了团体活动、乡土艺术活动等。

在对国内外中小学综合实践活动课程设计、实施进行分析后，能够从中获取很多成熟的经验。这些国家和地区所推行的综合实践活动囊括了非常宽泛的领域，主要有：①主题与课题分析（自然现象或问题的研究、社会研究）；②社会实践学习（社会服务活动、社会考察活动、社会公益活动）；③生活学习（生活技能的训练活动、生活科技与创造活动）。综上所述，综合实践活动涉及非常多的领域，且是跨学科的、全面综合的，带有研究性质、与生活密切结合的。

一些国家和地区在设计综合实践活动课程目标的时候，大部分运用的都是划分类别与层次的方法。分类设计是在充分考虑众多详细综合活动的特性之后，对具体课程目标进行设计。而分层设计则囊括了两种设计方式，分别为总体目标设计与具体活动项目设计。具体活动项目设计对于目标的展开是通过划分学段与划分水平的方式来实现的。

（2）国内实践活动的状况

2001 年，教育部基础教育课程教材发展中心建立了"教育部新课程综合实践活动项目组"，承担了"国家教育振兴行动计划重大研究项目""全国教育科学规划教育部重点项目""教育部人文社会科学规划重点项目"——综合实践活动课程研究，开展了研制指导纲要，进行理论研究、实验研究、案例研究、网络教研、远程研修，在全国范围内建立了 400 个综合实践活动课程实验区、基地校，通过研究与实验，带动全国综合实践活动课程的常态有效实施。连续多次召开了全国课程改革实验区综合实践活动专题研究讨论，国内众多区域构建了一百多个以综合实践活动为主题的网站，18 个省市组织成立"综合实践活动课程专业委员会"。国务院于 2006 年将《综合实践活动指导纲要》《中小学研究性学习指南》纳入《国务院关于实施〈国家中长期科学和技术发展规划纲要〉的若干配套政策》之中。

国内出现了众多综合实践活动优秀实验区与优秀的学校代表，例如成都武侯区、浙江的嘉兴市、广西的柳州市、郑州金水区等等，将"区域整体规划、学校自主研发、学校＋基地促进"的课程践行机制逐步构建了起来。

上述地区对于区域综合实践活动的整体规划给予了足够的重视，一些教育管理机构为此制定出台了针对性的《综合实践活动课程实施规划》，例如成都市武侯区与郑州市金水区等；一些高校设计了《综合实践活动课程实施方案》，使得区域与高校的课程机制建设力度得到有效的强化。

（三）关于校外教育资源的开发与利用

关于学校如何加强与社会教育资源之间的整合、协调，社会教育资源如何更好地发挥育人功能，营造和谐开放的育人氛围，促进新课程的有效实施，已成为我国各地关注的热点话题。

1. 上海市校外教育资源开发利用的进展

上海市早在 2006 年就开始推进此项工作，2007 年由市教委颁布了《市教委、市科委关于本市中小学利用科普教育基地拓展课程资源的实施意见》，2008 年初，上海市教委和上海科协联合下发了《关于印发〈上海市未成年人科学素质行动——科学教育推广项目（2008—2012）实施方案的通知〉》，2009 年 1 月上海市教育卫生工作委员会、上海市教育委员会又印发了关于《上海市校外教育工作三年行动计划（2009—2011 年）（试行）》的通知。这些文件都有力地推进着校内外教育的融合和全社会对教育的关注，2009 年的"行动计划"明确提出："加强校外教育内涵提升，整合校外教育资源，丰富校外教育内容，拓展校外教育途径，创新校外教育形式，提供优质的服务，创设良好的社会育人环境，引导中小学生践行社会主义核心价值体系，特别是加强以爱国主义为核心的民族精神和以改革创新为核心的时代精神的培养，帮助中小学生树立理想信念、锤炼道德品质、增强体质和心理健康素质、提升科学和人文素养、培养审美情趣、培育创新精神和实践能力。""行动计划"提出在高校教育教学规划内加入校外教育活动的内容，让学生在每个星期都有时间参与校外的教育活动，让校外教育活动的开展得以常态化、机制化。在综合评价校长、教师与学生的时候，要以学校组织课外教育活动与学生参与活动的具体状况为依据。今后上海市要将精力集中在校外教育工作七大工程之中，将有着优秀教育管理理念、结构科学、功能齐全、具有高科技设备、活力十足的公益性校外教育基地构建起来，建立健全高校、社会、家庭三者间的联动体系，共享资源与信息，让校外教育呈现出蓬勃健康的发展格局。此格局由政府主导，社会众多组织给予必要的支持，从而实现高效的管理。

目前，上海已经形成一大批免费或减免开放的活动场馆、基地，它们使学生的实践活动变得日益丰富和多样。

2. 其他地区相关的政策和行动计划

全国各地对社会教育资源的利用也非常重视，有些地区已经尝试走出学校亲历学习过程。比如北京、大连等城市率先做了尝试，大连自然博物馆和沙河口区教育局尝试将自然等课程整合后，移师到博物馆去上。北京从 2008 年秋开始正式启动了中小学社会大课堂，全市 100 万名中小学生可以自由选择，免费或优惠走进各种场馆，参与社会实践。浙江省组织了对各地社会教育资源利用情况的大调研，分层次、全面了解和分析教育系统利用教育资源实施课程改革、推进素质教育的现状和困难。

但目前校外教育资源利用偏重于基地的活动建设较多，从学校角度把校外教育资源真正纳入学校的课程实施计划，把它作为课程活动和学生在校生活的一部分进行有序规划、利用和整合的研究则较少。

四、研究方案的设计

本研究是整体构建、推进学校实践活动实施的一项重要研究。笔者试图通过对区域推进实践活动的策略进行研究，同时帮助学校进一步树立要为学生提供多种学习体验经历，为学生全面素养提升服务的思想、理念，使学校更切实地承担起素质教育的使命和重任。

（一）核心概念界定

1. 初中实践活动

初中是中学阶段的初级阶段，初级中学一般是指九年义务教育的中学，是向高级中学过渡的一个阶段，属于中等教育的范畴。上海学校的初中阶段是指预备年级（六年级）到初三年级（九年级）。

马克思主义哲学原理中，实践的基本形式包括三个方面：生产实践活动、处理社会关系的实践活动和科学实验活动。

本研究中的实践活动是指向人综合素养的全面提升，关注学生个性化的体验经历，渗透于常态的、开放的、综合的教育情境之中，它可以与区域地方课程开发相结合，可以与学校的校本特色课程相结合，也可以与学生校内外生活实际相结合，是学校、社会、家庭共同参与的一种综合性教育活动。

2. 区域推进策略

所谓区域，是指行政区划当中的县（市、区），其经济相对独立，管理相对一体。就区域教育而言，城乡兼有，普教、职教俱全，囊括了教育的全部内容，涵盖了教育的所有环节。①区域推进，即以区域统筹的合力，动用政策机制的支持，在区域范围内对初中阶段实践活动开展的推动。

所谓策略，是指为了实现某一个目标，首先预先根据可能出现的问题制定若

---

① 周红. 校本研修区域推进策略的行动研究——以长春市宽城区为例 [D]. 长春：东北师范大学，2007：33.

干对应的方案，并且在实现目标的过程中，根据形势的发展和变化来制定出新的方案，或者根据形势的发展和变化来选择相应的方案，最终实现目标。[①]

区域推进策略是指依托区域统筹的合力，动用政策机制的支持，利用外部环境来激活实践活动主体内部需要，驱动实践主体主动活动的方式、方法。

（二）研究的目标与内容

1. 研究目标

通过调查研究，客观、全面地了解当前区域内推进实践活动的现状，总结区域推进的有效经验，梳理存在的问题及其原因。通过研究、分析，形成初中实践活动区域推进的有效策略。

2. 研究内容

研究基础理论，了解其来龙去脉，以把握研究的基础。

通过对教育系统不同层面的 6 位教师的访谈，对全区所有初中学校的领导、教师代表 143 人的问卷调查反馈，了解区域推进实践活动的现状，及优化区域推进实践活动的建议和意见。

根据调查材料，总结实践活动区域推进的经验，发现问题并分析其原因，从而提出科学的区域推进策略。

（三）研究的方法

1. 文献研究法

本课题研究要在文献研究中学习相关的理论，并要借鉴他人的经验。通过查询有关的报纸杂志、网上资料，进行收集整理、分析研究，掌握与本课题有关的开展中小学生实践活动的国内外研究成果，特别是区域推进及初中实践活动等方面的研究动态、前沿进展及已取得的相应成果。

2. 调查法

（1）问卷调查法

问卷调查对象是全区各初中学校的正校长、分管德育校级领导（党支部书记或者德育副校长）、德育教导、团队干部、年级组长、班主任，共下发 143 份问卷。问卷调查旨在全面了解区域推进实践活动的已有做法及不足之处。

① 许丹丹 . 中学生学习策略的现状调查及其改进研究 [D]. 南昌：江西师范大学，2012.

（2）访谈调查法

访谈对象是教育局相关领导（德育科科长、科员），部分学校的校级领导和骨干教师，共 6 人。旨在着重了解初中阶段实践活动的典型案例、有效做法、突出问题，并对区域推进实践活动策略的想法及可行性进行分析了解。

3. 个案研究法

以静安区初中学校作为研究对象，对实践活动的区域推进进行调查，了解其现状，研究推进其发展的有效做法，从而归纳总结出区域推进的策略。

4. 行动研究法

研究者即实践者。根据研究中遇到的具体问题，边实践边探索边修改边完善，使理论与实践、假设与成果有机结合起来。吸收学校德育教导、班主任等参与研究，真正做到研究者即行动者。

（四）研究的思路

本研究的思路是"确定问题 → 分析文献 → 调查现状 → 提出策略 → 反思总结"。具体来说，在分析时代背景、区域教育特点和研究意义的基础上，先确定区域推进初中实践活动策略这一需要研究的问题，再查阅并分析相关文献，接下来通过问卷调查和访谈，调查分析区域实施静安区初中实践活动的现状，总结经验，查找问题，分析原因，然后从区域管理、制度建设、研修培训等方面提出具体的基本策略，最后对本研究进行系统反思。

第二部分　实践活动区域推进的现状

任何教育改革行动，离开了对原有基础的了解和把握，都是难以取得真正实效的。笔者对全区所有 12 所初中学校的实践活动的基本情况、区域推进实践活动的现状等进行了问卷调查。并挑选几位领导、教师代表进行了个别访谈。充分的前期调查与了解为后期的深入分析与研究做了充分的准备。

一、调查的设计与实施

为了能够实现本研究的目标，笔者针对区域推进初中实践活动展开了调查，其目的在于全面了解区域推进实践活动的已有做法及不足之处。

（一）调查对象

1. 问卷对象情况

2013年9月，笔者针对全区所有初中学校的正校长、分管德育校级领导（党支部书记或者德育副校长）、德育教导、团队干部、年级组长、班主任，共143人进行了问卷调查。调查中，发放问卷143份，回收问卷124份，回收率87%；其中，有效问卷124份，有效率为100%。

被调查教师的情况如下：35岁以上的教师占56.5%，其中女性教师占82.3%，担任班主任的占50.0%，所教科目中语文、数学、外语居多。学历分布在本科及以上，其中取得本科学历的占85.5%，取得硕士学历的占14.5%。在调查的学校中，59.7%为初级中学，17.7%为九年一贯制学校，22.6%为完中。

2. 访谈对象情况

访谈对象分别选择了区域教育行政相关部门领导、教育业务部门相关教师和两所学校的分管校长及德育教导。见表1：

表1　访谈对象基本情况

被访者	职务	单位
G老师	德育科负责人	教育局
L老师	德育室教师	教育学院
H老师	校长	SD中学
X老师	德育教导	SD中学
Y老师	校长	PM中学
Z老师	德育教导	PM中学

选择这些访谈对象的原因是，他们分别代表了学校操作层面、学校决策层面、区域设计、培训、指导层面以及区域监督、评价部门等各方的态度，能够保证访谈的真实性、有效性，而且这些对象基本包括了与区域推进初中实践活动工作相关的方方面面，确保了访谈的全面性。

（二）调查工具

为了较好地完成调查目的，笔者编制了1份调查问卷和4份访谈提纲。

1. 调查问卷

《初中实践活动区域推进现状的调查问卷》调查了个人背景资料、学校开展学生实践活动的基本情况、区域推进学生实践活动现状及建议这四个板块的内容。

"个人背景资料"涉及学校类型、年龄、性别、学科、职称等子项；"学校开展学生实践活动的基本情况"包含活动开展频次、教师家长对实践活动的态度、学生对实践活动的态度 3 个大项 6 个小项；"区域推进实践活动现状"包括区域层面开展实践活动情况、区域层面对实践活动的研究、区域层面推进实践活动的关键要素、主要问题 3 个大项 10 个子项；"区域推进实践活动的建议"包括对区级研修的建议、对校本研修的建议、资料库建立、学校评价 4 个大项 14 个子项。最后，以开放题的形式深入了解区域推进实践活动过程中的问题和建议。

2. 访谈提纲

笔者根据此次研究的目的设计了 4 份针对不同对象的访谈提纲，访谈后记录整理。访谈提纲使用情况如表 2 所示。

表 2　访谈提纲使用情况

提纲编号	访谈对象	访谈目的
1	教育局德育科科长	了解在区域推进实践活动工作中，教育行政部门起到的作用是什么，以及它是如何科学管理、有效评价的。
2	区教育学院德育室教师	了解在区域推进实践活动工作中，教育业务行政部门起到的作用是什么，以及是如何开展研究、培训、指导的。
3	学校校长	了解对于区域推进实践活动的满意度与支持度，以及校级层面对区域推进实践活动工作的看法与建议。
4	德育教导	了解对于区域推进实践活动的满意度与支持度，以及学校在参与区域推进实践活动中的具体做法。

二、调查结果的统计与分析

顺利开展并落实问卷调查与访谈工作之后，笔者统计并综合分析了调查的结果，下面从三个角度对相关状况进行阐述说明。

（一）学校开展实践活动的基本情况

为了更好地了解区域推进实践活动，笔者首先要了解的是基层学校开展实践活动的情况，力图从学校对实践活动的态度、做法等方面真实了解实践活动在静安区的开展状况。

1. 学校开展实践活动的频次

由于笔者多年来在静安区从事德育工作，特别关注学校的实践活动，多次参与设计、参加组织各类实践活动，同时，通过走访学校、访谈深入了解了学校开展实践活动的情况，因此，笔者认为，近年来，静安区初中学校 100% 都开展过实践活动；但是，学校之间开展实践活动的次数与活动质量有一定差距。具体调查数据如表 3 所示。

表 3　学校实践活动的开展频次

问　题	备选项	百分比 %
Q3: 学校是否开展过实践活动?	是	98.4
	不是	0.8
	不清楚	0.8
Q4: 开展实践活动的频率（每个学期）	一二次	16.1
	三四次	34.7
	五次	8.9
	五次以上	40.3

调查表明：在所有学校都开展实践活动的情况下，仍有一小部分教师认为学校没有开展过实践活动或者不清楚是否开展过，说明有教师对实践活动不关注，对于实践活动的界定也不清晰。从每学期开展实践活动的次数来看，说明大部分学校开展实践活动的频率还是较高的，每月至少开展一次。

2. 教师、家长对实践活动的态度

学校组织开展了实践活动，教师们对实践活动的态度，家长是否支持自己的孩子参加实践活动，如图 1 所示：

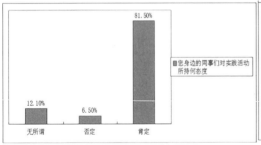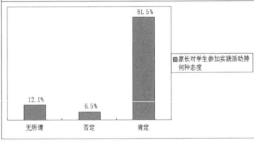

图 1　各方对实践活动的态度

从数据可以看出，多数教师对于开展实践活动还是认同的，教师们看到了实践活动对学生成长的促进作用。同时，老师认为大部分家长都支持学生参加实践活动，但仍有少部分家长由于种种原因不支持学生参加实践活动。

3. 学生对实践活动的态度

对于实践活动，大部分教师和家长都表示认同。那么，对于学生自身，他们的想法又是怎样的？如图 2、图 3 所示。

您认为学生是否喜欢参加实践活动?

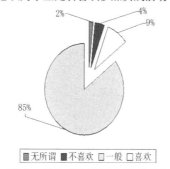

图 2　学生对实践活动的喜爱度

调查表明：85.5% 的教师认为学生喜欢参加实践活动，这说明学校开展的实践活动普遍受到学生的欢迎，比较符合学生的需求。

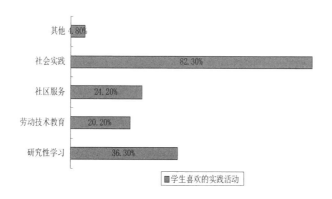

图 3　学生对实践活动的喜爱度

在实践活动内容方面，大部分学生喜欢体验型、学习型的实践活动。教师认为少部分学生喜欢其他形式，例如亲近大自然等活动。因此，笔者认为学校实践活动的内容仍有待开发。可以尝试探索新的活动方式，丰富活动内容，开发有特色的活动主题。

（二）区域推进实践活动的现状

静安区各初中都在开展丰富多彩的实践活动，那么区域层面推进实践活动的现状是怎样的？笔者将从实践活动的开展、对于实践活动的研究、实践活动的关键要素等方面进行阐述。

1. 区域层面开展实践活动的基本情况

关于区域层面开展学生实践活动的基本情况，首先要了解区域层面是否组织实施过实践活动，还需要进一步了解学校是否愿意参与，学校的参与度能反映出区域组织实践活动的质量。如图 4 所示。

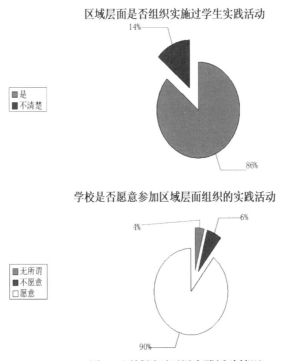

图 4　区域层面开展实践活动情况

调查表明：有 13.7% 的教师不清楚区域层面是否组织实施过实践活动，这说明区域层面组织实施过实践活动，但活动的影响力度还有待加强。89.5% 的学校愿意参加区域层面设计实施组织的实践活动，说明区域组织的学生实践活动具有较强的吸引力，并得到了大部分学校的认可。

2. 区域层面对实践活动的研究

区域层面多次组织、实施过实践活动，为了解决实践中遇到的问题，突破瓶颈，区域层面还针对学生实践活动进行了研究。如表 4 所示。

表 4 区域层面对实践活动研究

问 题	备选项	百分比 %
Q9: 区域层面是否对学生实践活动做过相关研究?	有	71.8
	没有	4.0
	不清楚	24.2
Q10: 区域层面对学生实践活动做过哪些方面的研究?	理论研究	43.5
	实践研究	71.0
	课题研究	66.1
	其他	2.4

调查表明,区域层面开展过相关研究,但还需要加大宣传动员,提高教师对相关研究的知晓率和参与度。通过这组数据也能看出研究的涉及面还不够广泛,研究结果的资源共享有待加强。在区域层面对学生实践活动开展的研究中,多为实践研究和课题研究,比较符合现在学校、教师研究的方式。

3.区域层面开展实践活动的关键要素

区域推进可以更有效地利用、挖掘、整合各方的教育资源,可以更全面有力地保障学校全面、持久、有效地开展富有特色的学生实践体验活动。但是,也会受到各种因素的影响,比如安全问题、经费问题、人员问题等。如图 5 所示。

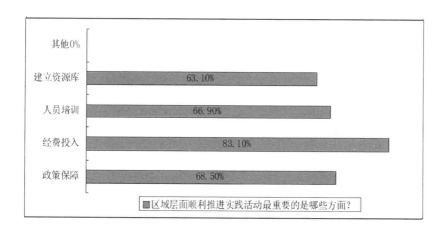

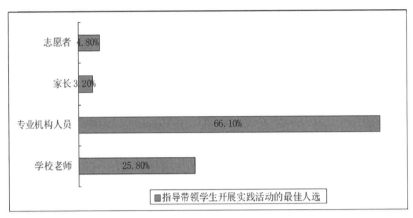

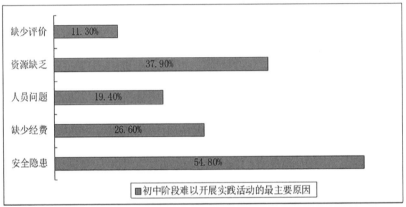

图 5　区域层面开展实践活动的关键要素

调查表明：初中阶段难以开展实践活动的原因中，安全隐患是影响实践活动开展的最主要原因。影响区域层面顺利推进实践活动的因素中，教师们普遍认为经费投入问题是区域层面顺利推进实践活动最重要的因素。在指导带领学生开展实践活动的最佳人选中，选择专业机构人员的占 66.1%，说明大部分教师认为专业机构人员是指导带领学生开展实践活动的最佳人选。但在当前的教育环境下，教师仍然是教育学生的主要人员，应努力探究学校教师不愿意带领学生开展实践活动的真实原因，找到更合适的解决途径。

（三）对实践活动区域推进的期望

针对区域推进实践活动的现状，结合区域的实际情况，笔者从区校两级的培训、活动资源库的建设等方面听取了学校教师们的意见。

1. 对区级研修活动的期望

开展区级研修活动，是在区域层面上对相关教师进行集中培训的一种方式。如何能使区级研修更加有效，更加贴近教师的需求，笔者对参加研修的人选、组织研修的频率、研修的主要内容与形式进行了了解。如表 5 所示。

表 5　开展实践活动的区级研修活动

问　题	备选项	百分比 %
Q19：是否需要组织有关推进实践活动的区级研修活动？	无所谓	16.9
	不需要	8.1
	需要	75
Q20：您认为哪些人需要参加区级研修活动？	校长	42.7
	德育教导	77.4
	团队干部	58.9
	年级组长	41.9
	骨干教师	40.3
Q21：开展区级研修活动的频率（每个学期）	2 次	54.8
	3—4 次	35.5
	5 次	1.6
	5 次以上	8.1
Q22：开展区级研修活动的主要内容应该是	理论学习	23.4
	制度建设	26.6
	活动设计	91.9
	资源挖掘	79.0
	其他	2.4
Q23：哪种区级研修活动的形式最有实效？	专家报告	14.5
	教研员指导	29.0
	专题研讨	8.1
	校际交流	24.2
	实地观摩	74.2

调查表明：75% 的教师认为需要组织有关推进实践活动的区级研修活动，说明大部分教师认为组织有关推进实践活动的区级研修活动是很有必要的。教师们在组织实践活动中需要理论和实践上的指导，帮助其解决问题。可以尝试理论学习、经验交流、答疑解难等方式，帮助教师更好地推进学生实践活动。

在认为需要参加区级研修活动的人选中，德育教导占 77.4%，这说明大部分教师认为德育教导是实践活动最主要的负责人。因此可以看出，大部分教师仍然认为实践活动是小部分教师的事情，与他们无关。教育理念还未更新，教育观念还未转变。

开展区级研修活动的频率，选择两次的占 54.8%，这说明大部分教师希望每学期开展两次活动。因此，安排数量合适的区级研修活动，既对学校教师起到培训指导作用，又不对他们的日常教学活动造成影响，是教师们的普遍诉求。

开展区级研修活动的主要内容，选择活动设计的占 91.9%，这说明大部分教师认为只有设计出有意思、有意义的实践活动，才能吸引学生，充分发挥学生参与的积极性和创造性，让学生真正受益。同时，选择资源挖掘的占 79.0%，这说明教师们缺乏活动资源，因此，希望得到更多有价值可借鉴的活动资源，促使实践活动更加丰富多彩。

2. 对校本研修活动的期望

为了让更多教师了解区域推进实践活动的理念、做法，掌握指导学生开展实践活动的基本技能等，还需要开展校级研修活动。校级研修活动是校本培训的有效方式，笔者尝试分别从校本研修的形式、内容等方面进行深入了解。如表 6 所示。

表 6　推进实践活动的校本研修活动

问　题	备选项	百分比 %
Q24：学校是否需要组织推进实践活动的校本研究活动？	无所谓	10.5
	不需要	12.9
	需要	76.6
Q25：您认为哪种校本研修的形式更有效？	专家报告	14.5
	专题研讨	29.0
	年级组研修	8.1
	骨干教师沙龙	24.2
	实地观摩	74.2

调查表明：大部分教师认为需要校本研修活动，说明教师对学生实践活动感兴趣，想要多了解多学习。

校本研修活动的形式中，实地观摩占 74.2%，这说明大部分教师喜欢以实地观摩的形式进行校际交流与学习。

第三部分　实践活动区域推进的成果、问题及原因

静安区对初中实践活动进行了区域推进，前期做了一些研究、探索与实践，积累了相关的做法、案例，取得了较为明显的成果。当然，在整个推进过程中，仍然存在着不足与问题，值得进一步研究、调整与完善。

一、实践活动区域推进的成效

站在区域层面上，大力推进静安区初中实践活动，促使实践活动整体都有了改变与发展。因此，区域推进实践活动成效明显，如：有效整合各类资源、帮助学校形成品牌活动、提供校级沟通交流的平台等。区域推进实践活动的做法已经被广大教师、家长、学生所认可。

（一）整合区域各类资源，搭建实践活动的舞台

开展区域性推进实践活动，有利于整合学区内各学校的教育资源，有利于整合物质资源、人力资源和理论资源。区域推进实践活动之前，各学校都是单兵作战，无论是物质保障还是理论支撑，都感到捉襟见肘。开展区域推进实践活动后，活动资源得到有效的整合、开发与共享，让实践活动更加有效。区域层面还梳理了学校已有的各类校内外资源，并立足区域开发了部分实践活动场所。这样一来，不但所有的活动资源最大限度地发挥了育人功能，而且又解决了学校想组织活动却无处可去的难题，当然，最终受益的是区域内的学生。最让教师们受益的应该是区域的理论资源得到了整合，通过专题研讨、现场观摩等形式，让各学校的相关老师不断学习、实践、反思，使他们从思想认识、教育理念，到活动设计、活动组织等方面得到了明显提升。

静安区是上海市的中心城区，虽然地域面积相对较小，但历史文化底蕴相对比较深厚，社会资源丰富。通过对本区教育资源的排摸，区域层面形成了本区初中学生实践活动基地指南的初步框架，其内容主要分为：①红色之旅（革命先烈活动旧址、革命团体活动旧址、校园红色记忆）；②爱心基地（特殊学校、敬老院、福利院、助老站等）；③成长体验（入团、入队、集体生日等仪式基地）；④科技世界；⑤艺术人文；⑥民族文化；⑦体育健身等场所与基地。

通过区域开发与统筹，静安区教育系统已经和区域内许多社会教育机构构建了良好的合作关系，比如木偶剧团、中福会儿童艺术剧院、文史馆、美影厂等。接下来，还准备进一步扩展静安区初中学生的实践场所。要向社会组织、有关机

构倡导这样一种理念，即中小学教育的开展应该得到社会公共资源的大力支持，统筹社会、家庭、学校三者的教育资源，构建有静安特色的素质教育大环境。

例如：陕西北路的历史接近百年，是一条融合了中西方特色的风情街，从巨鹿路至新闸路的路程仅为千米左右，但是其中却聚集了众多名人名居、风格建筑，还有着革命遗迹、文化景观多达 21 处。因此，区域层面通过多次走访、各方联系、整合资源，设计、组织、实施了极具静安区域特色的初中生实践活动"走走陕西路文化名人街"。

又如：区域层面联系、协商，设计、组织、实施了初中实践活动"去上海音乐厅听音乐会"，让剧场不仅成为学生走进专业剧场与舞台艺术亲密接触的幸福所在，而且还成为他们在真实场景中感受和懂得基本礼仪规范的实践场所。

（二）搭建校际交流的平台，有利于达成共识、突破瓶颈

每个学校有每个学校的特色，每个学校有每个学校的文化，教育本身就是个开放的系统，作为区域项目，必然要在学校与学校之间构架桥梁，集合力量来解决共同的问题，以一个区域学习共同体的态势来形成合力、攻坚克难。[①] 在区域推进实践活动开展伊始，学校面临着许多问题。其中最突出也最关键的问题是：实践活动什么时间做？实践活动由谁来做？实践活动怎么做？这些问题非常棘手，决定着区域推进实践活动能否真正有效推行与实施。通过多次区级专题研讨、试点学校活动展示等方式，在区域层面的引导下，学校在开展实践活动过程中面临的这些关键问题逐渐得以解决。

比如：实践活动什么时间搞？按照中小学课程方案的规定，学生在校每一学年有两周的时间用于社会实践活动。但如果深入学校，会发现这块时间恰恰是被用来打了一笔"模糊账"，真正能用足的不多，而能用好的更是寥寥，没有向时间叫板的决心和勇气。没有了时间的保证，所有美好的理想都成为空谈，学校在这个问题上需要动脑筋，更需要动大手术。有的学校在校长的大力支持下，把实践活动排入课表，有了固定的时间，在刚性的时间内通过调整课表，整合并有机地取舍，开展好实践活动。

又如：实践活动由谁来搞？实践活动的组织者不再局限于德育教导、大队辅

---

① 邓敏，柯慧. 丰富学生经历，提升学业效能——上海市静安区区域推进"N 项活动"的探索与启示[J]. 新课程（综合版），2011（09）.

导员，责任不再只是落在班主任身上。教师们每拿到一份方案，都要进行多次解读，将其化解成为一个更具有实际操作性的具体的行动方案，各个学科的老师都会介入其中，充分发掘各自的学科优势，他们需要精心、细致地考虑一次活动的前前后后、里里外外。学生要去的地方教师先去看，回来再设计任务单，或者拍来录像，先激起学生的憧憬和向往，为即将开始的现场游历做好铺垫；他们在实施活动的时候，会去反复追问——活动是从学生的角度出发的吗？会让孩子们动情、动心吗？他们会去分析该年级学生的身心特点，站到学生的角度去为学生设想，用学生的思维方式引导他们去观看、去触摸、去体验。在这个过程中，教师的理解能力、组织能力提升了，年级组的团队合作能力提高了，活动的面貌改变了，活动贴近了学生，学生也亲近了活动。

再如：实践活动怎么搞？长期以来，大家总认为"唱唱跳跳即为活动；顺利践行领导下发的任务即为活动；活动一定是热热闹闹有着一定轰动效应的，并且能够在很短的时间内见到成效"。如何突破这些局限，改变活动的固有面貌呢？实践活动不是停留在做活动的层面，更应该传递着一种育人文化与育人精神，活动的教育味道逐渐淡化，活动面向了学生的全体，活动的组织策划者成为教师的全体。实践活动以过程为价值取向，它强调学习者与情境的交互作用，要对活动内容进行预先规划与设计，但更强调随着活动过程的展开和活动情境的不断需要生成新的目标、新的主题。[①] 实践活动强调个人体验，但同样重视搭建分享平台，形成经历共同体，让学生个体在集体中互助成长。学生走进了实践活动，在活动中快乐地走出校园，走出课堂，走进原本只在书上提到的崭新世界里，在活动里享受着自我体验与自我教育。

（三）打造学校"品牌活动"，促使活动开始具有区域特征

区域内的每所学校或多或少都在开展着实践活动，在用好已有资源的基础上，有的学校还积极主动地开发新的实践活动资源，包括开发探索实践活动场所、设计并制定活动实施方略。对于投入较大精力进行实践活动的部分学校，区域层面给予了智力支持，鼓励学校结合本区、校园历史与文化特色，将区域与校园独具特色的资源充分挖掘出来，从而构建自己的特色实践活动，并进行调整与完善，

---

① 梁惠燕，邓健林，张哲江，曾玮，高凌飚. 高中评价改革走向何方② 高中如何进行过程性评价[J]. 人民教育，2005（10）.

形成学校实践活动的品牌。开发校园独具特色的资源，不仅使实践活动资源得以丰富化，实践活动也呈现出校本化，充满着生机与活力。[①]让广大学生在参与活动中受到潜移默化的影响，知识渴求得到满足，精神生活得到充实，道德境界得到升华，综合素质得到提高。

例如，培明中学是一所普通初级中学，生源获得改善是他们心中美好的愿望，但这不是短期内能够改变的。但是，培明中学的学生动手能力普遍都很强，喜欢实践体验类的活动。针对学校的现状，笔者与学校骨干教师进行了专题讨论，寻找适合该校学生的实践活动。通过研讨，首先双方都认为学校的学生应该享受适合他们的、个性化的优质教育，也应该在学校教育中享受成功的喜悦。其次，在已有的区域系列活动中，根据学生的实际情况以及在学生中进行的小调查，师生们一致认为"我的午餐我做主"很适合培明中学开展。再次，"我的午餐我做主"活动应该有一个校本化的过程，促使活动更具有针对性和实效性。于是，学校在笔者的帮助下，对活动进行调整与完善，最终形成了具有学校特色的活动。一部分平时很调皮的同学很认真地在家长的辅导下自己动手制作了各式午餐，在与同学们一起分享时他们感到很自豪，还能对自己午餐作品的色香味及营养价值娓娓道来。这样的成功喜悦是他们在平时的课堂上根本无法体验到的。实践活动的推出与实施，一方面，使得学生的学习领域进一步得到拓宽，另一方面，也能促使学生对经历过的活动产生探究兴趣，反过来促进相关学科的学习。

在"我的午餐我做主"的活动开展中，负责该活动的年级组首先细致研究方案，挖掘教材中与"我的午餐我做主"相匹配的教学内容，将活动项目与课堂教学进行充分的融合，涉及五大科目。[②]

（1）思想品德课：由于七年级的思想品德课教材主要是围绕"家庭"这一主题进行编写的，其中第三课正好是"关爱父母，学会孝敬"这一内容，教师们觉得这一活动项目的开展正是对学生进行关心、体谅、孝敬父母等有关教育的契机。于是，在备课时教师就有意识地将这一活动项目和教学内容结合在一起，利用课堂教学的机会，引导学生围绕自己动手制作午餐过程中体验到的父母的辛勤和操劳，自己在日常生活中应该如何去体谅、孝敬父母等进行讨论和交流。在交流过

---

① 施建东.区域推进综合实践活动课程实施的实践与思考[J].江苏教育研究，2007（12）.
② 此案例由静安区培明中学提供。

程中，同学们积极参与，气氛热烈，达到了良好的教育、教学效果。

（2）美术课：七年级的美术课教材中有"策划校园文化活动"这一内容，根据教学要求，学生要在美术课上学习小报的设计和制作。而"我的午餐我做主"这一活动也要求学生能将自己制作午餐的过程和感受用小报的形式记录下来。于是，在美术课上，学生们全情投入，将活动中收集的很多资料、照片、经验、小窍门等运用进去，制作出了图文并茂的小报。

（3）英语课：七年级的英语教材中第三单元 Unit8—11 这一教学内容主要是以饮食与健康为主题，在这一单元，学生将围绕健康食品、良好的饮食习惯等内容开展学习，为此，在教学过程中，年级的英语老师不仅结合"我的午餐我做主"中学生营养午餐的搭配进行介绍，还引导学生运用英语来介绍自己的菜单、购物清单等内容，大大调动了学生的学习积极性，同时也使得课堂教学变得更加生动。

（4）科学课：七年级科学教材的第十章是"健康的身体"，其中有关于"营养与健康"这一课的教学内容，正好与学生在制作午餐活动中涉及的午餐营养十分吻合，于是在教学中，科学课老师请学生根据自己要做的午餐对食品营养做了一番了解，为学生自己动手制作的午餐提供了营养参考和保障。

（5）班队会课：在这一课程中，年级组通过举行年级大会、班级活动等形式，帮助学生了解"我的午餐我做主"这一活动的目的和意义、活动的内容、活动的具体要求，同时也为学生提供了一个分享、交流活动体验和成果的平台。

又如：时代中学是一所寄宿制初级中学，学生在校时间很长，校园不大，缺乏能充分活动的机会。但是学生精力旺盛，喜欢运动。于是，笔者帮助时代中学，拓展了学生的实践空间，帮助他们与东方绿舟进行联系，建议时代中学可以到那里开展实践活动，并提供了区级实践活动"我们野营去"的方案。在通过对学生的问卷调查、个别访谈后，时代中学的师生们共同把"我们野营去"活动进行了改编，变成了具有明显时代中学特色的"彩虹行动"，并且坚持每年都去，现在已经成了学校的品牌活动。

二、实践活动区域推进存在的问题

通过前期的问卷调查、个别访谈等，笔者发现在区域层面推进实践活动中存在一些问题，包括：实践活动为实施而实施，过于形式主义，对学生没有促进作用；活动缺乏针对性，不符合学校的实际情况；活动内容单一，缺少新意；活动过多占用学生的时间，影响学习，得不到家长的支持等。见表7。

表7　关于区域层面推进实践活动存在的最大问题

问 题	备选项	百分比 %
Q18: 区域层面推进实践活动存在的最大问题	活动缺乏针对性，不符合学校的实际情况	50.0
	活动内容单一，缺少新意	41.1
	过多占用学生的时间，影响学习，得不到家长的支持	31.5
	为实施而实施，过于形式主义，对学生没有促进作用	76.6
	没有及时评价，做与不做一个样，做好做坏没有区别	36.3

从这组数据可以看出，大部分教师认为活动就是为实施而实施，过于形式主义，对学生没有促进作用成为区域层面推进实践活动存在的最大问题。教师主观上并没有对实践活动产生自发的动力，学生也没有对实践活动产生浓厚的兴趣，活动设计者预期的效果与实际效果有一定的差异。这也为我们提出了高要求，即活动设计的出发点应该是真正让学生受益。另外，由于是区域整体推进实践活动，活动高度的一致性难以适用于所有学校和所有学生，这就对区域活动设计以及校级实施提出了更高的要求。

（一）统一设计了实践活动，但缺乏针对性，与实际情况有差距

从社会需求出发，根据学生的生理、心理特征，区域层面向学校提供实践活动菜单，并有配套的活动方案。出发点是为了进一步拓展学校实践活动的空间，整合好资源，促使活动更加精致化。但是，如果学校完全按照区域层面提供的材料开展活动，不加工不完善，活动质量和效果将会大打折扣。因为学校差异很大，学生差异很大，区域层面提供的活动只具有普适性，而没有针对性。

【访谈记录1】与学校的实际情况差距较大

时间：2013 年 12 月；地点：教育学院；对象：PM 中学 Y 校长

笔者：您是如何看待区域推进学生实践活动的研究与实践的？

Y 校长：区域层面对实践活动进行整体推进，说明对实践活动的重视度提高了，重要的是能够梳理出实践活动开展的有效做法、先进经验、运行机制等，我们都可以借鉴。还能有效地整合区域内的各类资源，帮助、引导我们基层学校完善、提升已有实践活动的质量。我觉得实践活动的区域推进是必要的。

笔者：您觉得区域推进实践活动面临的最大问题是什么？

Y 校长：区域层面统一设计的实践活动都比较完善，符合静安区大部分学校

的实际情况。但是，对于不同的学校来说，有的活动要求太高，有的活动要求又偏低。我们学校生源不理想，统一的活动方案对于我们学校的学生来说，大部分活动的要求都偏高了，因为学生的习惯、行为、能力都较差，需要花大力气进行不断的养成与提升。因此，我们学校在开展实践活动时，无论是活动目标还是活动内容方式，都要进行调整，从而符合我们学校的实际情况。

【访谈记录 2】与学生的实际需求有一定差距

时间：2013 年 12 月；地点：教育学院；对象：SD 中学德育教导 X 老师

笔者：您觉得区域推进实践活动面临的最大问题是什么？

X 老师：区域层面统一设计实践活动的老师都是相关方面的专家，虽然他们也听过部分学生的意见和建议，但是对现在的学生整体情况了解得并不多，也不深。因此，他们设计的活动不是很"贴肉"。其实，现在的学生都是很有想法的。比如，我们学校对于初中阶段建议开展的实践活动，在全校学生中进行了问卷调查，及时了解我校学生最感兴趣的活动。大家集思广益，把初定的名称改得朗朗上口，如"参加一次演讲比赛"，同学提议改为"我的语言天赋"；"做一次运动员"，同学建议改为"运动健儿就是我"。我们的同学更是提出了他们最期待的活动，如"我的博客我做主""小鬼当家"等等。通过我们教师与学生一起"改造"的实践活动受到了学生的热烈追捧。

当然，区域层面提供的实践活动本身也存在一些问题，有些实践活动的内容并不符合学生的主动意愿或兴趣，仍然停留在表面上，缺少供学生探究、研究的活动。实践活动成了示范行为，学生没有拥有充分的实践空间，活动被框架所束缚，表现出浓厚的形式主义，不能够获得理想的效果，无法充分发挥其增强学生实践创新能力的作用。[1] 例如：学生参加实践活动的途径少且模式单一，未能将学生掌握的知识技能充分运用在实践活动之中，未能协调统一教育、社会与经济三者间的效益，未能统筹实践活动的近期效益和未来的长期效益。[2] 再如：对实践活动的评价方式有待进一步研究与完善，评价侧重于对结果的评价，教师是主要的

---

① 喻淑兰.深化高校实践教学改革的思考[J].江苏高教，2003（07）.

② 杨晓虹.中学社会实践活动的现状分析及对策研究[D].上海：华东师范大学，2006：43-44.

评价人，未能将学生、家长、社会充分调动起来参与到实践活动之中，使得很多学生对实践活动缺乏热情，家长与社会也无法给予学生参与实践活动必要的支持。

（二）区域层面整体推进，但是校际之间发展不平衡

区域层面对于实践活动的推进做了很多实实在在的工作，如：为各学校提供实践活动的资源，包括活动场所、活动方案等，并通过活动现场观摩、专题研讨等形式对相关教师进行区级培训。通过一系列的推进举措，区域内各学校的实践活动都有了一定的发展与完善。但是，由于实践活动开展的基础、学校的重视程度、活动的质量等不同，学校与学校之间开始出现明显的差异。有的学校认为，实践活动就是春游、秋游，每年一次就可以了；[1] 有的学校把实践活动当成安排给学生的硬性任务，不管学生的基础与需求，活动千篇一律，让实践活动成了"鸡肋"；有的学校担心开展实践活动会影响学校的日常教学，会让学生的心思不在学习上，能少开展就少开展；还有的学校担心学生外出活动可能会遭遇安全问题，索性取消实践活动。

同样，各学校在开展实践活动的次数与活动质量方面也有着明显的区别。有的学校就把每年一次的春游、秋游作为实践活动；有的学校除了春秋游，还有定期的实践活动；还有的学校，不但有全校性的实践活动，还有分年级的实践活动。从活动内容看，有的学校多年如一日开展一模一样的实践活动，毫无新意；有的学校不假思索地照抄其他学校的有效做法，不考虑校情与学生需求；有的学校会从本地区实际出发，从学校实际出发，不断调整实践活动的内容和形式，使实践活动切切实实成为促进学生学习、成长的重要途径。

校际之间的差异从下面的活动方案中就可见一斑。两所学校同样组织开展了主题为"看一场话剧"的实践活动，无论是活动背景、要求还是活动内容、方式、评价，两所学校有相同之处，但更多的是明显的差异。方案的差距如此之大，可想而知，活动实施的效果肯定也就完全不同了。具体差异见表8。

---

[1] 刘玲.中小学社会实践活动：误区与对策[J].今日教育，2012（04）.

表8　两校活动方案比较

	A校	B校	不同之处
活动目标	1.基本了解话剧艺术的特点和经典剧目。 2.体验观赏话剧中独特的直观审美感受。 3.初步培养学生对话剧艺术及创作剧本的兴趣。	1.观看一部话剧,获得艺术的熏陶和教育。 2.初步了解话剧所具备的舞台性、观众性、综合性、对话性的特点。 3.掌握作为现场观众应有的基本礼仪和规范。	A校活动目标更加清晰,具有针对性。 B校提出的话剧的"四性",对于只去看一次话剧的初中学生来说,目标偏高,难以达到。
活动要求	1.学生分组,每组负责一个主题,先进行搜集资料,然后在全班进行关于该主题的话剧常识讲座。如某一组同学的讲座内容为"话剧剧本的特点"。 2.观看一场经典话剧,与同学分享观看话剧的过程和体验。 3.可以成立班级话剧社,自创剧本或改编剧本,在班中举行一个小小话剧节。	1.看一出话剧。 2.初步了解话剧四个特点。 3.掌握现场观众的注意事项。	A校的活动要求明确具体,让学生对于自己参加活动需要完成的任务一目了然。而且还对观看话剧前后都提出了具体要求,促使活动更加完整,并能持续开展下去。 B校要求太简单,没有什么指导性。
活动方式	1.活动之前,教师可在班级进行宣传和发动,同时给每组分配任务,指导开展话剧常识讲座。 2.建议学生在观赏话剧前先对自己所观赏剧目的故事情节和人物角色做初步了解,观赏话剧后把印象最深刻的一个地方记录下来,比如舞台设计、人物服饰、音乐、台词等。 3.在班级开展"小小话剧节"汇报表演活动,并评选"最佳男主角""最佳女主角""最佳配角""最佳导演""最佳剧本"等奖项。	1.建议提前与剧院联系,确定近期演出的剧目。 2.剧院共可容纳530名观众,建议根据学校的具体情况组织观看。 3.可以与语文课以及校本课程相结合。 4.建议教师事先对观众的注意事项作一次辅导。	A校活动方式丰富有特色,能够充分吸引学生参加此项活动。 B校活动方式基本与区域统一设计的活动方式一致,没有进行校本化,不具有针对性。
温馨提示	1.服装得体,仪表整洁。 2.进入剧场保持安静,关闭手机,勿大声喧哗,交头接耳,在适时处鼓掌。 3.勿吃零食,保持剧场整洁。 4.观看表演时不能拍照、录像。 5.安福路艺术中心附近的公交车站都离得较远,需要走较长一段路,附近停车位也较少,要提前出门,切勿迟到。	无	温馨提示是到话剧剧场需要注重的基本文明礼仪。对于大多数是第一次去看话剧的初中生来说,这个提醒非常必要,让学生的体验从正式、规范开始。
活动反馈	活动手记	无	活动手记是用来记录学生参加活动的感受,既可以作为活动效果的反馈,也可以作为评价手段之一。

（三）重点扶植了试点学校，但没有持续发挥其示范辐射作用

根据区域内各初中的实际情况，笔者尝试与几所学校合作，共同开发实践活动场所，完善实践活动方案，形成新的运作机制，以点带面，发挥试点学校的示范、引领作用，从而促进实践活动的区域推进。笔者深入学校，发现了学校在实施过程中的有效做法和存在的问题，组织了多次不同类型的调研活动，保障了项目开展的科学性；同时区域层面开展不同形式的专题培训，既有针对年级组长的系列专题培训，也有针对各学校骨干教师的培训；搭建交流分享的平台，组织策

划了学校研修专场展示。

试点学校代表了不同层次的学校，具有典型性。通过在试点学校召开实践活动展示现场会、研讨会、经验交流会等，消除了学校校长、教师的畏难情绪，提高了学校领导、广大教师对实践活动的认识，促进了该活动在整个区域范围内的实施与推进。试点学校实践活动展示的成功，促使学校领导、负责实践活动相关教师对实践活动的关注度与投入度更高。但随着活动展示结束时间的推移，再加上区域层面不再有新的推进举措，也没有对试点学校进行深入的研究与指导，导致试点学校开展实践活动的内驱力越来越弱，一段时间后又回复到试点之前的状态，有的甚至还有倒退的趋势。

三、存在问题的原因

笔者认为，只有认真分析上述问题产生的原因，及时调整，并能采取相应的对策，才能使区域推进学生实践活动切实发展下去。

（一）缺乏对学校开展实践活动的监督、过程性评价的机制

虽然我国一直在推行素质教育，但是升学质量、升学人数和考试成绩往往作为学生评价、学校评价的主要甚至唯一的依据。假如教学获得了较高的分数、较多的升学人数，校长即被誉为优秀校长。关于另外一些工作，例如学生综合能力的高低等，都没有得到足够的重视。

因为评价导向出现偏差，学校与教师在开展教育工作的过程中关注智育，却忽略了对学生劳动技能的教育；关注升学的学生数量，却忽略了学生综合能力的培养。一些学校找寻各种借口来缩减学生参与实践活动的时间，导致学校实践活动形同虚设①。此外，现如今各学校在评价学生实践活动的时候，往往着眼于结果层面，对实践过程的评价没有给予足够的重视。首先是植根于知识，偏重学生通过实践活动学到的知识技能；其次是片面强调研究获取的成果，关注点在成果的汇报与展示，对实践过程缺乏思考，没有足够重视学生在参与实践活动过程中所表达出来的情感与体会到的价值理念。②

例如当前国内很多学校，即使会要求学生在假期参与实践活动，但是只要求学生在开学后上交实践报告或单位证明就可以了。没有明确的目标，也没有相关

---

① 杨晓虹.中学社会实践活动的现状分析及对策研究[D]. 上海：华东师范大学，2006：48.
② 方银汇，潘洁婷.解析综合实践活动课程实施过程中的问题[J]. 当代教育论坛，2005（05）

内容与要求，学生参与实践的优劣未能明显体现，使得学生参与实践活动的积极主动性欠佳。缺少有效的监督和科学的评价，使得很多实践活动形同虚设，有的学生上交的实践证明等都是弄虚作假的，一部分学生家长甚至参与其中，使得学生的成长严重失衡。除此之外，对于教师的评价，很多学校设定的评价标准就是学生学习成绩，缺少对实践活动指导老师的合理评价，教师是否真正为学生实践活动的开展提供相应的指导，并不会对其晋升、评优造成影响。因为并未将科学合理的教师评价机制构建起来，使得教师指导学生参与实践活动的热情度欠佳。

（二）缺少常态化、持续性的区域性研究与交流

实践活动和普通的学科课程存在一定的差异，没有独立全面的知识技能机制，[①] 缺乏配套的资源设备，也不具有能够完全照搬的套路与模式，其开展完全是根据学校管理人员与实践人员的认知，通过众多群体意识形态的转变，来探索挖掘出有用的实践资源，例如学校周边的地域文化、人文资源等，将活动内容与组织模式自主构建起来，从而达到理想的教育成效。正因为此，导致管理人员不知道从何处着手实施管理工作，实践活动的指导老师也不知道从何处着手指导学生，仅仅为了完成任务敷衍了事，没有做到尽职尽责。

面对这样一种局面，传统的依纲据本、按部就班的模式已经难以胜任实践活动的现实要求了，区域推进实践活动更是难上加难。[②] 当前众多学校在开展实践活动的过程中，表现出很多极具代表性的问题，因此，最关键的就是寻找针对性的解决之道，妥善处理这些问题，这就需要开展常态化、持续性的区域性研究。通过研究，寻找出产生问题的原因，并尝试提出解决问题的方法。然后，将这些方法运用到学校实践活动的实施过程中，通过试点学校的实践，总结出有效的经验。最后，试点学校在区域范围内进行展示交流，将研究实践的成果进行推广。区域层面对于实践活动的研究，完全不同于学科教研活动，如两周一次，按固定时间，由固定人员开展的持续有效的研究活动。实践活动最多采用的是专题研讨、交流展示，而且是不定期的，需要时才会有。这样的做法可能有一时的效果，但是远远满足不了学校的需求、教师的需要，无法真正解决实践活动区域推进过程中的一些问题。

---

① 李丽芳.综合实践活动区域推进策略研究——以山海关区课程推进经验为例[J].河北教育，2012（1）.

② 陈志溪，林丁寿.综合实践活动课程常态化区域推进策略与途径[J].福建基础教育究，2010（02）.

（三）缺乏区域层面对教师的系统培训与有效指导

实践活动能顺利实施、获得最终成功的关键在于教师。参与实践活动的主体具有多元化的特征，因此，在组织实施实践活动的时候一定要将学校里各方面的人才集合在一起，运用科学手段集中全体教学人员的智慧。但是在很长一段时间内，学校学科划分非常明晰，假如没有针对实践活动的主体人员提供相应的培训，就会导致理念与实践存在一定的偏差。落实实践活动的基本单位往往是年级组，负责把静态活动方案转化成能够践行的行动方案往往是各年级的任务。除此之外，还要在年级组内部对全部学科教学人员、学生、家长进行协调，让他们能够共同参与到实践活动之中。这个挑战是巨大的。并非所有的年级组长都有较强的组织能力，必须对年级组长进行实践活动的专项培训，帮助他们尽快地理解理念、掌握方法。因此，区域层面为整个区域内中学年级组长提供了针对性的培训，充分运用众多培训形式来开展培训活动，例如方案撰写、讨论分享等，形成了一支强有力的开展实践活动的年级组长队伍。

但是，由于种种原因，区域层面的培训没能持续开展，没有涉及更多的教师，培训内容也未形成系列化，导致大量学校的教师在对学生实践活动提供指导的时候，运用的指导方式与行为有所欠缺。例如强调活动形式，却没有足够重视为学生提供必要的方法指导；侧重学生活动方案的制定，却没有重视指导方案的制定。[1] 据对静安区统计，大部分指导学生实践活动的教师都并未制定相应的指导方案，没有提前设想在指导过程中可能遭遇的困难等，没有制定出有针对性的解决方案。例如教师在指导学生实践活动的过程中，没有为学生提供详细的方法指导，在学生践行活动主题的时候，只是要求学生开展"调查活动""搜集所需资料信息等"，但是对于"调查"的开展方式、调查问卷的制定要点等，没有提供相应的指导。[2]

① 胡秀琴.中、小学综合实践活动课程若干问题的分析和建议 [J].山东教育学院学报，2005（2）.
② 胡秀琴.中、小学综合实践活动课程若干问题的分析和建议 [J].山东教育学院学报，2005（2）.

第四部分　实践活动区域推进的优化策略

本研究希望通过现状调查与深度分析，提出实践活动的区域推进策略。以区域推进的方式进行研究与实践，有利于充分发挥行政部门的统筹作用，有利于发挥区域教育业务部门的引领作用，有利于资源共享、同伴互助，有利于学校的和谐发展，更有利于区域教育文化特色的形成，促进每一个学生持续健康成长，达到素质教育均衡高速发展。

一、多方合作，整体规划

实践活动的开展涉及教育行政部门、教育业务部门、学校、社区等多个部门，涉及教师、学生、家长等各个方面，是一个庞大的系统工程，需要科学的顶层设计。要让实践活动积极蓬勃地开展，还需要制定相关的制度、政策，更需要方方面面的支持与参与。

（一）从实际出发，创新实践活动区域推进的有效机制

在实践与探索中，静安区形成了"一车双轮"实践活动推进的机制，"一车"即静安教育，"双轮"即教育局和区教育学院。这种"两个轮子一起推"的工作机制，使工作成效大大提升（实施路径如图6所示）。

整个实施是上下互动的过程。每一次行动之前，不同层面的参与者要对各项实施问题进行充分的对话：有哪些举措？如何实施？持续充分的对话与交流使上下互动整合设计得以实现，提高了决策的科学性，也促进了实践执行层面的高效。上下互动的过程使学校的创造性和亮点经验被发现，观念引领下的实践活动的内涵得以确立，行动的方向明确了，行动的路线也清晰了。这种上下互动的整合设计也贯穿在后续的实践推广过程之中，它完全不同于自上而下的行政命令式的缺乏学校呼应和实践基础的方式，也完全不同于自下而上的缺乏方向性引领和整体布局、宏观思考的方式，保障了区域推进实践活动的行动方向和路线确定的科学性、可行性和可持续性。

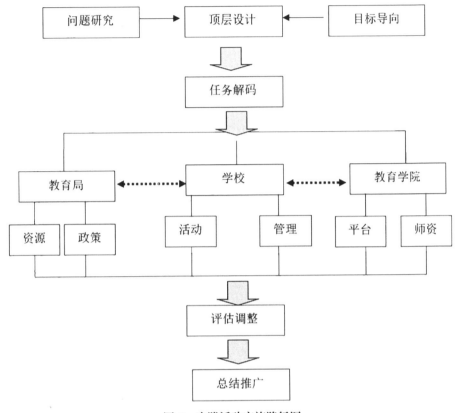

图 6　实践活动实施路径图

本研究还进一步形成了静安区初中实践活动的整体推进思路和策略。一是三方协作，教育行政、教育业务和学校、家庭紧密结合，分别从各自的功能和教育重心出发，探求实践活动的途径与方法，形成全方位立体的合力。二是点面结合，作为一项区域性研究，本课题所涉及的不是一所学校或几所学校的个别或局部探索，而是全区初中学校的整体追求和全体师生家长的共同实践；但在实施的具体内容和过程上，又采用调研、探索、经验归纳、全区推进的策略。三是坚持"三化"。"三化"即校本化、课程化、体系化。"校本化"是以国家制定的学生德育目标、要求为准绳，以学校的办学理念、办学特色和本校学生的实际需要为出发点，来制定本校的工作计划，并组织实施，使学校学生实践活动更具有针对性与实效性。"课程化"是以"大课程"的理念为指导，将学生实践活动纳入课程这一载体进行运作，让学校所有的时间与空间、教师的一举一动都成为有目的、有步骤、有方法的教育活动。"体系化"即学校将校本化、课程化的学生实践活动予以统整，构建学校实践活动的框架结构，同时形成与之相匹配的运行机制和合理保障体制，旨在扫除盲点，形成合力。

将观念和学校取得的经验办法从点到面进行实践推广，从而转化为教师的育德能力，是教育行政部门实现组织领导的一项重要工作职责。教育行政部门还要构建相关机制，把有效做法、典型经验进行辐射，大力地推广。从点上取得的经验，区教育专业机构要通过研究、梳理、提炼出规律性的内容，并对相关教师进行系列培训。

（二）教育行政部门强化政策导向约束，健全监督机制

区域要想促进各学校积极推进实践活动的开展，必须构建科学、规范的机制。贯彻落实"四个到位"方针[①]：首先为思想认知到位，即为运用政策引导体系与全面的舆论宣传，从点到线再到面，逐步带动起来，让众多的教育工作者与社会各界人士都明确，在新世纪大力推行实践活动能够有效提升学生的素养与能力；其次为政策扶持与约束到位，即教育机构要以国家教育部门的要求为依据，将与自身实际状况相符的措施与制度制定出来，例如专项设置、构建奖惩机制等，从而贯彻落实社会实践教育任务；再次为资金与监督体系到位，即保障实践活动有足够的资金支持，严加管控设立的资金款项，确保资金能够真正运用在实践活动之中；最后为时间的安排到位，即学校要明确实践活动开展时间，确保实践教育真正得以贯彻落实。

实践活动的区域推进需要整合各方力量，为学生丰富经历、提升素养创造有利的环境和氛围。区域教育行政部门、教育研究培训机构、课外教育机构等要紧密合作，充分发掘和利用校内外优质的教育活动资源，从各个不同的角度为学生获得各类经历提供保障，搭建平台，创设机会和空间。区域各个部门需各司其职：实践活动研发设计、分析、指导等工作都是由研究部门负责的。教育部门颁布有关文件并对其进行监督控制，妥善处理一些和实践活动开展有关的问题，并对学校实践活动的开展情况进行监督、评价。区域课外活动机构承担学校外出活动的协调联系，建立健全课外教育机制。将区域内实践活动资源充分挖掘出来，将社会教育、家庭教育、学校教育有机联系起来，形成"三位一体"的良好教育环境。

---

① 如何促进中学生社会实践[N]. 人民政协报，2004（02）.

教育行政部门还需明确指出，学校方面也要合理规划实践活动。在规划的时候要分析实践活动开展的基本要素。设定学校开展实践活动的总体目标，并制定出不同年级的不同目标。针对不同目标，选择相关的实践活动，促使学校的实践活动无论是目标方面还是内容方面，都具有螺旋上升的趋势。学校还需要建立相应的制度规范，包括：针对教师的培训制度、教师工作量认定制度、激励与评价制度以及针对学生的参与活动的流程规定、任务规定、评价激励机制等，从而保障实践活动的有效开展。

（三）指导、帮助学校开展实践活动校本化的探索与实践

只有着眼于学校、教师与学生具体实际，开展校本化的设计与研发活动，才能够切实将区域层面的实践活动的指导意见转化成具体的践行策略。区级要植根于区域实践活动规划的制定，为学校研制活动的具体实施方案提供必要的指导。随后，从整个区域角度来论证、评价并健全各学校的方案。这些都是引导学校实践活动校本化建设的非常关键、高效的方式。[①] 多年来，学校已经习惯于做上级活动实施和改革命令的被动执行者，不懂得学校对活动的理解、对活动实施的掌控、在活动实施中对团队的有效建设，才是决定学校落实并创造性实施实践活动校本化的关键。学校校长和校长率领的团队在设计制定活动计划与践行方案的过程，即为其成长的过程。因为要制定出与其自身实际相符，又要将其引导作用充分发挥出来的计划，前提是拥有充分的学习与研究。一定要深入分析各要素，例如国家课程改革方案、学校具体情况、学校的内外部资源等，将系统全面、详细的应对策略制定出来，对各个时期的目标与工作进行明确，全面了解、分析、选择，提炼出尽可能全面、具体的实施方案，并明确各阶段的目标和工作内容，减少随意性和盲目性，增强实现目标的可控性。

在学校实践活动校本化过程中要注意以下几点：①要将学校实践活动的具体践行方案与学年规划制定出来。学校通过制定、筹备的整个过程，有效协调社区、其他部门间的关系，从而获得相关的支持。②处理好实践活动各要素的关系。需要教师引导学生在实践活动主题的开展过程中，适当地通过研究、服务、宣传、设计、制作、信息技术实践等多种活动形式的体验，达到各要素的整合。实践活

动的践行方式必须是"任务取向"，也就是假如实践活动主题与一些知识技能相关，教师要适时为学生提供讲解，这是妥善处理实践活动过程中有关知识机制问题的方法。③将实践活动资源充分开发运用，以学生具体状况与教师引导需求为依据，制定出极具针对性、科学合理的教师指导手册，让实践活动真正得以贯彻落实，避免流于形式。

（四）吸引骨干教师、家长和有能力的学生共同参与活动的设计

各个年龄阶段的学生有着不同的教育要求和不同的生活、知识基础，虽然区域层面创设的活动从整体上进行了科学、合理的规划与设计，但还不能完全满足当代初中学生的需求。因此，可以吸引骨干教师、家长代表、感兴趣的学生，共同谋划区域初中实践活动的项目、要求、方案等，让实践活动更有针对性、更有意义、更有意思。

下面摘录一些从问卷调查中反馈的意见以示佐证。

"最主要不能为了办而办。搞形式主义只会让学生、老师和学校更累且没有意义，可以了解学生需求及不足，开展适合学生的，且是青少年喜闻乐见的活动，少些假、大、空的内容。"

"关注校园学生的实际情况，根据学生差异、校情差异开展，可充分挖掘家长资源，让有能力的家长参与实践活动的设计实施。"

"活动要以学生为主体，既能拓宽学生的视野，又能有益学生的身心健康，同时还要兼顾学生的安全，可以在开展活动之前对学生、教师进行调研，甚至可以让部分学生、教师参与到区级实践活动的设计团队中。"

1.吸引骨干教师主动参与

让设计、开发、实施实践活动成为教师发展的途径之一。实践活动本身是一种综合性较强的活动，教师在设计活动方案时，要深入研究本学科课程体系融汇于实践活动中的，而又非语言所能传递的，只能在行动中被察觉、被意会的内容，或者说通过行动能加深感知的内容，促进教师进一步了解学生、了解教材。教师还必须广泛涉猎相关的其他学科，乃至与其他学科教师一起就共同的目标，研究相关活动方案，使德育、教学形成合力教育学生，也为同伴互助、校本研修等提供共同的舞台。

2.赢得家长的支持与参与

从现状调查可以看出，初中大部分家长还是支持学生参与实践活动的，但也

有一小部分家长是反对的。家长反对的原因多数是认为，学生参加实践活动会占用学习时间，会影响学生成绩。其实，家长关心学生的学习成绩无可厚非，但是在关注孩子知识增长的同时更应该关注他们心灵的成长，而实践活动恰恰为学生的精神成长提供了一个契机。教育部门应该从内容、实践形式、考核评价等方面调整完善，选择一些能紧扣时代脉搏、密切联系社会生活、注重实际效果的实践活动。从学生接触的生活实际出发，为学生提供一个更广阔的学习和发展的空间，让学生把学到的知识能够在实践活动中学以致用，让每一个学生都能在实践活动中真正有收获。实践活动的内容、形式得到学生的认可与喜爱，家长肯定会支持。还可以吸引家长参与到学生实践活动中，发挥家长志愿者的作用，解决学生实践活动中的安全、发掘资源等问题。

3. 鼓励学生成为实践活动的主体

充分发挥学生在实践活动中的主体性，让学生成为活动的主体。学生实践活动的教育目的是使学生在实践中受到教育，增长知识和才干。[①]假如学生并未亲身参与其中，实践就无从谈起，其目的也无法达到。因此，在开展实践活动的时候，一定要将学生的积极主动性充分调动起来，学生是活动的主导者，需要掌握活动的主导权，让学生独立思考探索，从而制定出与自身实际相符的实践规划，实现自我教育、自我锻炼，让学生在实践中充分发挥其主体作用，充分发挥已有的才能。

二、专业引领，培育典型

在此次问卷调查中，有一个问题是：除了组织研修活动外，学校还需要得到哪方面的帮助？66.9%的教师选择了帮助学校培训实施实践活动的相关教师，看来教师们普遍认为教师是区域推进实践活动的关键因素。54.8%的教师选择了搭建平台，学校进行交流展示，49.2%的教师选择了区域层面设计的实践活动校本化的研究与指导。

鉴于静安区的实际情况，及基层学校老师们的建议，笔者将从区级培训、校级培训、骨干教师培养三个方面，提出相关建议与措施，进一步提升教师的专业性发展。

---

① 张跃聪. 增强大学生社会实践活动实效性的思考 [J]. 经济与社会发展，2003（08）.

（一）完善教研网络，保障区域推进的持续发展

1.构建起区、校两级教研网络

笔者认为，应定期开展区级专题教研活动，在专业人员、培训时间方面确保实践活动的区域推进。教师是实施实践活动的关键力量，开展调研活动、实践活动评选等各种活动来发现、培养骨干教师。将各校德育教导、骨干教师聘为区级中心组成员，形成区级活动教研网络。由各校德育教导再挖掘、吸收众多本校优秀教师组建成校级教研网络，让他们成为学校开展实践活动的关键力量。其一，学校构建以区级骨干教师为核心的集体备课组，将教师的资源优势充分发挥出来。其二，突破各学校间的禁锢限制，构建起学校与学校的分享机制。构建区域指导小组，将骨干教师的榜样作用充分发挥出来，举办各类交流、分析讨论活动，让各学校得以均衡发展。高效的沟通协作能够有效地启发、协助各方人员，教师的负担得以减轻，从而形成优秀的教师队伍，实现共赢。[①]

2.构建网上、网下相互支撑的教研网络

除了定期开展区级、校级教研活动之外，积极运用当代的高新技术手段，例如微信、微博等，把网络中的教育资源充分利用起来，构建起科学、协作式的网络教学研究平台，共享社会的资源与信息，通过教育的信息化来促进教育的发展。

（二）调整校本研修，增强校级培训的有效性

要指导学校组织开展实践活动，形成特色品牌，要统一思想认识，加强校本研修，学校和个人兼顾，确定重点，然后才能付诸实践。学校开展的实践活动一定要将其所在社区以及学校自身的特色展现出来，从而得以通过学校来贯彻落实。所以，要支持各学校着眼于自身的具体状况，统筹规划实践活动的整个规划，以贯彻落实"以校为本"的方针。[②]如静安区五四中学六、七年级实践活动设定的实践目标，是培养学生主动参与社区服务的意识和能力，提高学生的公民意识、社会道德意识，激发学生的社会责任感方面。因此，学校组织实施了一系列"知我社区、爱我社区、建我社区"的相关实践活动。

在对"以校为本"研究的过程中，需要关注下面三点：首先，引导各学校着眼于"以校为本"来开展相关的学校培训活动。其次，着眼于学校具体状况来处

① 林洪灿.区域推进 策略先行 化解问题——综合实践活动实施现状与对策[J].福建教育学院学报，2008（12）.
② 姜平.综合实践活动区域性整体推进策略[J].小学青年教师，2003（08）.

理问题，获得成熟的实践经验。例如，某中学为妥善处理指导老师精力欠缺的问题，为每个班级分别配备了三名专门的指导老师，并且构建教师指导队伍。三名指导老师有明确的分工，其中一为内容研发人员、一为成果物化人员等。因此，指导老师之间不仅分工明确，还能够有效合作，将指导老师精力欠缺的问题进行了妥善的处理。最后，要将确保实践活动有效实施的管理机制成功构建起来。

各学校在对实践活动的意义、内涵等进行深入了解的基础上，充分发挥学校的主观能动性，充分挖掘教师的创造性，并将其和学校原有的活动相结合，创造性地开展校本化的实施，这是实践活动顺利推行的重要保障。每所学校将一个活动方案转化为行动方案，一般分为以下几个步骤。

1. 制定方案，统一思想

首先，在区域推荐的实践活动的基础上，结合学校实际情况，设计学校的"实践活动实施方案"。在这份方案中，根据学校原有的校园文化活动和年级特色活动，对开展的年级、活动场地、活动形式、责任部门或责任人以及项目支持者等都要作基本的规定。在每项活动的时间安排上，尽量利用学校原有活动的时间，避免重复。在每项活动的内容选择上，确定"年龄适当"和"学科教材相匹配"的原则。尽可能地整合学校原有的活动资源、课程资源，从校领导层面进行合理调配、规划。在每项活动的形式设计上，各年级有所侧重。根据学生面临的学业实际情况，设计"全覆盖"与"指定年级开展"两种形式，如确定"我的旅行故事""参加一次朗诵会""出一期班级黑板报"等活动，作为在"对应年级"各个班级中每学期开展的活动，有些活动则作为各年级的特色项目分年级开展。

2. 年级研修，项目引领

学校在制定方案时，就确立以年级组为单位，组成"实践活动项目组"的设想。年级组是由各学科教师组成的，且任教同一个年级，无论从哪一点来说，在承担实践活动这样的综合性活动上都要优于其他任何的组织形式。在设计学校方案的基础上，为每个年级确定了相应活动开展的序列。规定年级组每学期必须确定一个年级特色实践活动项目，作为本年级本学期的年级组研修中研究设计的特色。每个年级学科教师们在研修的专属时间里群策群力，共同谋划本年级的特色实践活动，并深入思考本学科的教学如何为特色活动项目服务，自己又能为年级组的特色活动项目做些什么。特色活动项目真正调动了各科教师们参与到实践活动中的积极性，也加深了教师们对实践活动的理解，更提高了教师们实施实践活动的能力。

3. 学科覆盖，形成合力

有了学校方案和年级组特色项目方案的引领，再由学校教导处根据每个年级实践活动开展的时间周期，统一排定每周涵盖实践活动的周课表。至此，每位学科教师都非常明确各自承担的任务：根据年级组研修实践，学校各学科教师参与实践活动的可以达到100%，即人人参与，形成合力，收到实效。

4. 构建相关机制，提供有效保障

学校一定要建立健全相关的规章制度，例如实践活动师资配备制度、教师工作量制度、教师教研制度、教师奖励制度等。透过制度的构建，让学校能够将与时代相符的与时俱进的教育文化构建起来。[①]

（三）培养骨干教师，夯实实践活动推进的基础

当区域实践活动方案进入学校后，面对最大挑战的就是教师了。教师的精心策划、合理组织、有效指导是活动成功的关键。因此，对于教师的培训更显重要与迫切。通过培训能够促进教师教育观念转变，提高教师对实践活动的认识，提高教师开发与实施实践活动的能力。学校校长对实践活动的认识，直接影响到其在学校的开发与实施，因此，把校长、教师作为推进实践活动的骨干，把对他们的培训放在首位。

1. 明确培训目标，制订培训方案

通过问卷调查，了解区域内教师对实践活动的认识情况、教师在实践活动开发与实施中需要的知识以及喜欢的培训方式等。结合实践活动开发与实施的需要，可以从实践活动的基本理念、活动目标、活动内容、实践活动资源的开发和利用、实践活动校本开发的策略和方法、实践活动实施过程中教师的指导、实践活动的评价、实践活动的管理等方面，分层、分类对骨干教师和校长进行系统的培训。

2. 采取多样的培训方式

根据不同的培训内容，结合不同时期教师的不同需要，采取不同的培训方式对区内教师进行培训。比如，专题讲座。可以围绕实践活动的理念、实施、组织与管理、校本开发等一系列问题，与校本培训相结合，可以邀请市区内的专家，

---

① 姜平. 综合实践活动区域性整体推进策略[J]. 小学青年教师，2003（08）.

通过专题讲座的方式，对全体骨干教师进行培训。又如，案例分享。通过分析一个案例，让教师对如何开展实践活动、如何进行实践活动的校本开发，特别是实践活动开展实施的细节问题有一个更深入的思考与全面的认识。再如，现场观摩。从调查中反映，现场观摩是广大教师最为喜欢的一种培训方式，可以组织教师去观摩典型学校开展的实践活动，了解该实践活动实施的整个过程，使教师们对一个实践活动如何开展有了更为形象且透彻的认识。

三、评价拉动，持续发展

评价是促进学生实践能力不断获得发展的重要环节。评价的目的在于完善实践能力培养的过程，充分发挥评价所具有的定向功能和激励功能，激发学生积极参与，完成道德认知和能力的转化。[①]关于区域推进实践活动的评价，笔者做了相关的调查问卷，数据如表9所示。

表9 对学校开展实践活动的情况进行评价

问　题	备选项	百分比 %
Q30：是否应该对学校开展实践活动的情况进行评价？	是	71.2
	不是	16.1
	无所谓	13.7
Q31：应该由谁来评价？	教育行政部门	23.4
	教育业务部门	33.1
	学校互评	22.6
	学校自评	34.7
	学生	61.3
	家长	46.0
Q32：评价的结果是否需要公布？	需要	42.7
	不需要	57.3

调查表明：71.2% 的教师认为应该对学校开展实践活动的情况进行评价，说明大部分教师都认为评价在区域推进实践活动过程中非常重要，是不可缺少的环节。61.3% 的教师认为应由学生评价，说明大部分教师都认为学生应成为评价的主体，充分体现了"以学生为本"的教育理念。

为了提高学生实践活动的实效性，必须建立合理、客观、系统、积极的评价机制。[②]

① 王燕.有效实施中学生实践的三个措施[J].现代教学，2012.

② 杨晓虹.中学社会实践活动的现状分析及对策研究[D].上海：华东师范大学，2006.

（一）健全评价激励机制

对于实践活动这样一项校内外结合、时间跨度长、涉及面广、操作程序复杂的工作来说，建立有效的评价方案是必不可少的。[①] 这是促进活动目标实现的重要环节，也是管理的重要手段，发挥着导向和监控作用。通过评价，不仅可以及时指导和帮助学校、师生改进行为，调整不足之处，促进此项工作的不断发展和完善，促进学生不断成长和教师专业发展，还可以反映学校教育观念和管理与水平，从而不断提高学生活动质量。

1.构建"三方互评"激励机制

完善实践活动的评价、激励体系，形成有力地保障所有方案践行的具有激励功效的评价机制，建立合理、客观、系统、积极的学校、学生、基地"三方"双向互评的评价激励机制。具体见图7所示。

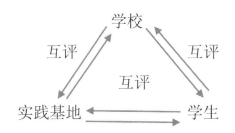

图7　三方双向互评激励机制示意图

区域推动实践活动开展的主体包括各学校、实践基地、学生等，在整个评价体系中，他们既是实践活动开展效果的评价者，也是实践活动推进的被评价者。实践活动的评价要将"分数第一"的理念彻底抛弃，主要考虑学生在实践活动过程中的具体表现，为学生的自我成长提供相应的帮助，让学生积极反思。因此，在制定评价体系的过程中，尤其需要注意以下内容。

（1）凸显学生作为评价主体的地位与作用

学生评价的具体项目包括学生自评、学生互评、教师评价与学生家长评价等，内容侧重于组织协调、同伴合作互助、研究方法使用、成果水平等，评价结果向

---

① 刘玲.中小学社会实践活动：误区与对策[J].今日教育，2012（04）.

学生反馈后收入其成长档案袋中。[1] 学校应把学生参加实践活动的情况纳入学籍管理内容，并作为评优条件之一。[2]

在全面评价学生的过程中，同时还要让学生评价学校实施实践活动的具体状况与实践基地所提供的服务优劣程度。学生是实践活动的参与主体、体验者，他们能真实地感受到活动的开展，体验到活动的成功，感受到活动的意义。同时，评价过程也是促进学生成长的过程。所以，学生是实践活动最佳评价者之一。

（2）开展过程性评价

过程性原则就是以过程作为评价的价值取向，评价指向教育过程本身，关注教育活动的内在价值，要求评价贯穿整个教育过程，进行全程评价。教育意味着一些有价值的活动，它们具有内在价值，而不是达到别的目标的手段。[3] 实践活动的评价理应关注其活动的内在价值，关注其活动的过程本身，认为实施过程是最优化的，实施结果才有可能是良好的；实施过程不科学、不优化的，其实施结果不可能是优秀的。[4] 评价实践活动除要给予学生活动成果质量足够的重视外，还要关注学生的参与态度、处理问题的水平与创造力、从中获取的经验等，给予学生参与整个活动过程足够的重视；关注教师在实践活动设计、实施过程中的教育技能的提升、教育理念的更新，更关注教师的收获与成长；关注学校通过实践活动的改变。过程性评价原则要求评价贯穿实践活动的整个过程，在各个阶段均可以对区域推进实践活动的各个要素进行全面评价。

2. 完善学校评价激励制度

评价学校一定要充分重视对学校落实区域推进实践活动情况的评价，具体的评价内容有实践活动的时间安排、师资力量、具体实施状况等，让实践活动得以真正贯彻落实。[5]

对教师的评价内容包括：教师开发资源、设计活动与指导学生实施活动的情况。具体来说，可以从实践活动的整体构思、学生活动的前期准备、教师指导学生实践活动的有效性、任务设计与反馈效果等几个维度进行评价与反馈。

---

① 王国云. 区域推进综合实践活动课程常态化实施的实践与思考 [J]. 江苏教育研究，2012（5）.
② 王艳. 有效实施中学生社会实践的三个措施 [J]. 现代教育，2012.
③ 叶澜. 更新教育观念，创建面向 21 世纪的新基础教育 [J]. 中国教育学刊，1998（2）.
④ 周雪娇. 论综合实践课程评价的目的和原则 [J]. 现代教育科学，2004（4）.
⑤ 杨晓虹. 中学社会实践活动的现状分析及对策研究 [D]. 上海：华东师范大学，2006：59.

3.完善实践基地评价激励制度

对实践基地等单位的评价可以从基地活动的质量和数量、基地工作人员的专业性、基地的服务等多方面给予评价。

最终，还要把评价和指导相结合，区域层面根据评价结果对被评学生、学校、基地提出切实可行的意见与建议，以避免为评估而评估、走过场的现象。还要坚持评价与奖惩激励相结合，定期表彰奖励先进，评选优秀集体或个人。

（二）完善监督反馈机制

教育行政部门要进一步提高对实践活动重要性的认识，切实加强领导。教育行政部门每年初要制定中小学生实践活动计划，制定活动方案，确定活动总量、内容及时间。比如学校必须有一个校园网上实践活动的专题网页、一个实践活动实施方案、一次学生成果展评、一本学生活动成果集和一位实践活动负责教师。[①]教育督导部门要负责各项活动的督导评估，采取明察暗访、实地抓拍、实践基地走访等不同方式，定期检查、反馈，每学年整体考评一次。[②]考评结果在区域教育网上公布，要与校长、书记绩效挂钩，作为学校办学年度考核内容之一。对于工作敷衍、没有落实的学校，给予批评与整改建议。要对有创新、实效性强的社会实践活动学校予以鼓励和支持。

同时，还应该要求各中小学校认真做好实践活动的组织工作，要把实践活动作为学生必修内容列入教育教学计划，切实予以保障。学校要建立健全实践活动的领导机构和管理机制，并指定专人负责。要以教导处牵头负责实施实践活动，少先队、团委协助做好各项工作。要将学生参加实践活动的评价写入每个学期的成绩册中，并作为学生评优的重要依据之一。

（三）建立宣传推广机制

为了规范学校实践活动的开展，可以建立实践活动的月报／季报制度，下发实施月报／季报表，要求学校将一段时间实践活动的实施情况做好小结，从校本研修的开展、各年级每月具体主题活动、存在问题与反思等方面加以总结并汇报至教育行政部门。根据各校月报／季报情况，及时进行汇总提炼，针对教师实施中的具体困惑提出解决策略，将报表汇总意见再反馈给学校，推广学校的先进做

---

① 沈丽萍.从"三无"课程到"三本"课程——区域推进小学综合实践活动课程建设十年回顾[J].江苏教育研究,2013（1B）.
② 高义.加强中小学生社会实践活动的思考[J].宁夏教育，2012（9）.

法，做到校际之间取长补短、互相学习。

定期总结区域推进实践活动的有效做法、相关措施以及学校实施实践活动的典型案例、经验亮点等。可以通过区域教育网、微博、微信等进行信息的实时发布，让实践活动的最新消息以最快最便捷的形式进行交流宣传。也可以通过实践活动专刊的发表，交流各所学校的有效做法、活动案例、学生心得、活动基地介绍等。

四、资源共享，拓展空间

实践活动的顺利开展，受到诸多因素的影响。但是，实践活动的资源是开展实践活动的基本保障之一，资源是否丰富直接影响着实践活动的推进与效果。因此，笔者从资源库的建立、资源提供者等方面进行了调查。见表 10。

表 10　区级学生实践活动资源库的建立

问题	备选项	百分比 %
Q16：是否需要建立区级学生实践活动资源库？	无所谓	2.4
	不需要	6.5
	需要	91.1
Q17：如果要建立资源库，资源可来源于	教师	53.2
	家长	68.5
	学生	45.2
	网络	52.4
	专业机构	83.9
	其他	0.0

调查表明：91.1% 的教师认为需要建立区级学生实践活动资源库，这说明建立区级学生实践活动资源库的必要性与迫切性。在建立资源库的来源中，选专业机构的占 83.9%，这说明教师们普遍认为专业机构是建立资源库的最大来源，希望能够得到外脑的支持。有了实践活动的资源，教师们就能集中精力组织、实施好活动。

建立区级学生实践活动资源库，可以从以下两方面实施。

（一）挖掘资源，拓展实践活动的时空

虽然学生实践活动与其他学科课程相比，没有现成的教材，也缺乏现成的可利用的资源，但是，可以充分挖掘整合好学校、社区、社会中的各种资源，使它们都成为学生实践活动开展的有力保障。

1. 整合好校内资源

学校可以根据校内资源和传统特色，积极开发和利用学校资源，以专题（或项目）的形式，将学生的主体作用充分发挥出来，明确学生实践活动实施方案。学生实践活动内容的优劣决定了学生参与的积极性，因此活动的设计一定要与学生爱好保持一致，将学生积极性充分调动起来，让学生能够主动参与到实践活动之中。除此之外，要在考虑学生能力的基础上，选择实践活动的具体内容。为小学生量身定制的活动项目往往不适合中学生，由于中学生生理、心理与实践能力的成长，实践活动的具体内容、主题等必然要发生相应的转变。例如新加坡的小学生与中学生一天的文化课与课程辅助活动时间各占一半，此外全部学生一定要参与四大组别内的其中一项活动。所有的老师都要担任一项活动的指导教师，以学生的需求为依据，将丰富多彩的单元活动制定出来，并且规划其实施周期为三十周，学生参加的每一项活动都能够切实掌握相关的知识技能，还为学生才能的发挥提供了表现的舞台。[①]

2. 利用好社区资源

学校要和社会、众多企事业单位加强交流，加强实践活动长效机制的探索，进一步对教育工作进行强化与改造，不仅需要学校与教育机构的支持，还需要家庭与社会的支持。实践活动涉及的范围与相关内容非常广泛，当前众多社会中坚组织机构还没有形成，开展实践活动需要社会众多组织、机构提供相应的支持与协助，积极接纳学生参与实践活动。从长期发展角度出发，怎样培育与新社会环境相适应，且能够妥善应对众多社会挑战的优秀人才是素质教育需要关注的问题。社会与企事业单位为实践活动提供必要的支持与协助，最终受益的依旧是社会。还应着眼于社区层面，社区是青少年教育的关键区域，能够有效指引、协助青少年进行教育实践活动，很多实践活动都只能在社区实施，因此对社区与企事业单位的接纳进行分析，对实践活动的有效机制的建立、相关资源的整合是非常必要的，只有这样才能够实现多方共赢。

3. 开发好社会资源

实践活动相关的领域非常广，因此学校与社会都应该给予支持与鼓励，尤其

---

① 田益.国外的中小学社会实践趋势[J].今日教育，2012（04）.

是学生实践活动的接受机构一定要积极地配合。现如今，众多学校在贯彻落实实践活动的时候，实践基地的落实是一大难点。笔者认为，有关方面应以实践活动合理化、体制化的相关要求为依据，构建起层次、规格各异的实践活动基地，并使之正规化、制度化、持续化。学校若能与此类实践活动基地进行有效对接，那么这方面的问题就会迎刃而解，整个实践活动的道路也将更为宽广。

（二）整合资源，建立实践活动资源库

建立完善实践活动资源库，主要包括以下两个方面。

1.建立活动材料资源库

资源库的开发，可以为学校提供比较丰富和系统的实践活动资源，为实践活动课程实施提供有力支持。实践活动的资源包括理论材料和实践材料。理论材料包括区域推进实践活动的指导意见、具体要求等；区级培训的先进理念、讲座内容等；学校开展实践活动展示的相关材料等。实践材料包括学生、教师、学校、实践基地原创的优秀活动案例及相关材料；网络中的优秀实践活动案例及相关材料；针对实际情况，借助外脑设计的实践活动方案及相关材料。将所有材料进行梳理，形成序列，并编制目录，根据不同年段提供不同类型的实践活动方案及配套材料。

2.建设好指导教师队伍资源库

各学校一定要运用"内外并举"的方略，逐步将专兼职教师团队构建起来。每所学校都要配置一位专门负责实践项目的教师，积极倡导班主任与科目教师担任实践活动的指导人员。除此之外，因为实践活动要求学生到社会中开展活动，学校要将社会教育力量充分运用起来，邀请一些学生家长、相关的专家、政府部门负责人等来为学生实践活动的开展提供相应的指导。①

因此，实践活动的指导教师可以是学校教师、家长志愿者、实践基地教师、社区工作人员、专业机构人员等。将所有信息梳理，形成一份指导教师菜单，可由学生、学校根据需求自行选择。打破各自为政的格局，使人力资源的利用达到效益最大化。

---

① 曹慧.加快综合实践活动课程的区域性推进[J].小学时代（教师），2010（10）.

【活动方案一】

走走陕西路文化名人街

活动背景：

名人名居是城市的一笔精神财富，它们不仅仅记载了名人生命中的重要时刻和辉煌业绩，也记录着一段历史，是一个城市的文化积淀。名人名居是建筑，是历史，也是凝固的音乐，更是珍贵的文化。静安，是上海极富魅力的一个城区。今天，在它成为上海现代顶级商务区与居住区的代名词时，老上海的文化底蕴同样在这里留下了深深的烙印，其中体现得最为淋漓尽致的就是这一区域的经典建筑。有着近百年历史的陕西北路是一条蕴含了上海开埠后中西多元文化交融成果的特色风情街，仅巨鹿路到新闸路近千米的路段，就云集了名人旧居、典型风格建筑、革命遗迹等 21 处文化景观。

走走陕西路文化名人街，选取静安区经典建筑，学生可以了解那些在繁华旧景背后的老房子的建筑特点、人文典故、轶闻趣事等。名人名居游不仅为学生了解乡土人文、打开文化视界提供了生动的平台，也有利于提高静安文化品位，更重要的是显示了静安的人文深度，提高了区域的知名度。

活动目标：

了解陕西北路·静安名人名居文化景观线的现状（具体位置以及经典建筑的名称）。

了解与静安名人名居相关的轶闻趣事，并至少会讲述其中的一个小故事，能体会到静安的深厚文化底蕴。

学会观察、欣赏不同风格的建筑。

培养学生参观名人名居时应具备的基本素养。

活动建议：

活动对象：

四年级—七年级学生

活动内容：

可以选择参观比较有特色的名人名居

比如：西摩会堂，陕西北路 500 号（上海建成时间最早、远东地区规模最大的犹太教会堂）；私立崇德女中旧址，陕西北路 461 号（弄堂里飞出了金凤凰、现七一中学）；何东公馆，陕西北路 457 号（文艺复兴的投影、上海市优秀历史建筑）；董家老宅，陕西北路 414 号（香港特区首任特首董建华旧居）；怀恩堂，陕西北路 375 号（上海基督教可容纳人数最多的教堂之一，被列为上海市级保护建筑）；荣氏老宅，陕西北路 186 号（设计无处不飞"花"）；马勒别墅，陕西南路 30 号（人称"梦幻公寓"、全国重点文物保护单位）。

可以参观不同类别的名人名居

比如：名人旧居类——董家老宅、何东公馆、荣氏老宅、许崇智住宅、马勒别墅等；典型风格建筑——西摩会堂、怀恩堂、犹太住宅、华业大厦等；革命遗址类——上海大学遗址、华业大楼。

活动时间：
根据选择参观地点的数量时间长短不限；全程参观需要 2.5—3 小时。

活动方式：
以小队为单位（可以聘请老师或者家长作为小队辅导者）。
与历史类、美术类的校本课程相结合；与学校爱国主义教育、民族精神教育活动相结合。
与学校团队活动相结合，可以设置相关的特色章作为活动的考评手段之一。

活动地点：
静安区陕西北路（北起新闸路，南至巨鹿路）。

活动指南：
亲爱的同学，作为静安区的一名初中学生，你了解静安的历史吗？你能说出在我们身边有多少历史名人吗？你能讲出与他们有关的小故事吗？如果你只知道几个甚至一个都不知道，那么你应该去走走陕西北路·静安名人名居文化景观线，在那里你可以找到你想了解的一切。如果你特别喜欢风格迥异的建筑，别忘记带个相机，或者准备好画具，用你喜欢的方式把那些如画的景色永恒地保留下来！

2008年6月14日，陕西北路·静安名人名居文化景观线正式挂牌。有着近百年历史的陕西北路是一条蕴含了上海开埠后中西多元文化交融成果的特色风情街，仅巨鹿路到新闸路近千米的路段，就云集了名人旧居、典型风格建筑、革命遗迹等21处文化景观。沿线包括荣家老宅、怀恩堂、董家住宅、西摩会堂、华业大楼、马勒别墅、何东公馆、太平花园、平安大楼、私立崇德女子中学、西摩别墅、犹太住宅等文化景观。每处景观设有两块铭牌，其中景观牌由海上名家书写，景观介绍牌是对景点人文底蕴的高度概括。

如今，这些名人名居有的住进"72家房客"，有的成了单位、企业的办公场所。和周围高耸的现代楼宇相比，这些老房子并不起眼。但熟悉它们的人知道，当年出入这里的不少人曾在中国历史上声名赫赫，而老房子也在层层尘埃里堆积着属于自己的独特故事。我们不但要看到老房子的风采，还要品出老房子的韵味，更要读懂老房子的故事。如果你想很容易地在密密麻麻的老房子中锁定目标，那么请你在出发前先去翻翻书、上上网，辨辨选定对象的样子，看看发生在里面的故事；如果你不想独乐乐更愿意众乐乐，那么请你好好准备，在走走看看中做一名小导游，带领同学们享受一次视觉的盛宴，聆听老房子轻唱一首首美妙的昨日之歌。

同学们，亲近老房子就是探寻我们的血脉，亲近我们的根。在现代文明匆匆向前的步履中，偶尔驻足停留，将眼光投向那渐渐被人遗忘的藕花深处，相信你们肯定会有意外的发现和感悟！同学们，心动了吗？心动不如行动，快去走走陕西路文化名人街吧！

礼仪提醒：

* 预约开放区域，也是一种保护

虽然市民参观秩序井然，但由于人流过密，一些年代久远的历史建筑不堪负荷，为此，许多文化遗产开放时间和开放区域都会有一定的限制。在参观前我们应该通过媒体了解相关信息，并给予积极配合。在文化遗产参观过程中，应听从工作人员指引，凡看到"请勿动手"字样，便自觉不触摸；凡标明"谢绝入内"的场所，也不要擅自闯入。在参观时不要追逐打闹，要保持安静。

* 热情认真听讲解，做好参观功课

文化遗产一般都有历史故事和独特的建筑设计理念，我们在参观前不妨先做些功课，了解老房子背后的故事。在文化遗产现场一般设有讲解员，讲解员讲解时，应耐心倾听，不要轻率插话。如果对某一问题感兴趣或想进一步了解时，可在讲解间歇时向讲解员有礼貌地提出来。万一讲解员的答复不能使自己满意，也应向讲解员表示感谢。如果没有讲解员，我们小组中的成员可以充当小小讲解员，讲解时要轻声慢语。

* 静静感受文化，不惊扰使用者

目前开放的老房子中，不少建筑有居民或单位在使用。在一些里弄住宅，我们照相机的"闪光"、过于频繁的进出、探头探脑的张望、不合时宜的好奇心，都会影响居住者正常的生活。因此，在这些地方参观时，为了不过多影响正常使用，我们应该"忍痛割爱"，克制自己的欲望。这时，默默沿着名人足迹，穿过弄堂和小巷，静静从老房子窗下走过，是对文化最好的追忆和重温。

活动手记：

活动主题：_____

活动时间：_____

你和谁一起参加这次活动？_____

你最大的收获是_____

给你自己参与活动的情况做个评价：

用什么方式来留下活动的记忆？（附上材料）

【活动方案二】

我们野营去

活动背景：

当突发事件发生时，许多人将面临如何生存的问题。身体越强健、拥有知识越丰富，生存的机会就越多。现代社会越来越城市化，学生生活在高楼大厦的"丛林"中，生活安逸舒适，与野外的接触越来越少，他们与大自然抗争、应对突发事件、在艰苦环境中生存生活的能力比较差。中学生情感丰富，喜欢新奇事物，但缺乏应激能力，遇到危机易惊慌失措，挫折耐受力较低；中学生正处在生长发育时期，年龄小，经历少，面临危险缺乏自我保护能力；中学生意志品质逐步发展，反应快，行动快，但易将轻率当成果断；自我意识迅速增强，强调自身内心体验而忽视同伴的感受，团队意识、合作能力较弱。因此，开展青少年学生野外生存活动显得十分必要。

野营有利于锻炼身体，强健体魄；有利于开拓学生的眼界，增长见识，了解更多的社会知识；有利于培养学生的团队意识，增强合作精神，提高集体主义观念；有利于培养学生的吃苦精神，提高心理素质，强化毅力；有利于减轻学生的学习压力，放松心情，提高学习效率；有利于锻炼学生坚强的意志，提高他们的野外生存能力；有利于提高他们的沟通能力，学会为人处世的方式方法；有利于培养学生独立生活的能力，减少娇气，锻炼成熟的人格。

活动目标：

了解野炊的基本方式与知识。

在野外完成一顿中饭，增强学生的动手能力。

培养学生的团队意识，增强合作精神。

活动对象：

七年级—九年级学生

活动内容：

活动前：

学校做好安全知识的宣传工作，杜绝安全隐患。

学生学习了解有关野营方面的知识；学习并熟练掌握地形图的使用，掌握野营各种器材（如指北针）的使用方式。

挑选购买适合的用品，提倡自助、节约，反对浪费。

活动中：

开展野炊（垒灶、生火、煮饭等）。

开展户外拓展训练。

活动开展建议以小组为单位，小组负责人协调好工作，为每位组员安排好任务，可带好相机等记录工具，及时记录野营过程中的点点滴滴。

活动后：

在班级中以野营俱乐部的形式让学生畅谈野营中的收获，不拘泥于形式。

评出野营中的最佳搭档、最佳组织者等，总结经验。

活动要点：

服从组长安排，以团队为主，提倡团结互助精神，注重自身和他人人身安全。

到宿营地，要求学生注重环保，不要随地乱扔垃圾及采摘野花。

在野炊时，提醒学生注意防火，不在树林茂密处生火。

活动时为了保证学生的安全，要求学生一律穿运动服和运动鞋。

活动时间：

建议安排在春季或者秋季，防止出现中暑、天气过于寒冷等不利因素。

活动方式：

以班级或者年级为单位。

可与科学课、体育课、思想品德课等相结合，也可与社会实践活动相结合。

活动指南：

同学们，旅游途中，你看到过那些背着大大的行囊、三五成群的"驴友"吗？看着他们自信的笑容、专业的装备、自由的行程以及显示出来的丰富的野外知识和生存技能，你羡慕吗？不用羡慕，我们马上就要开始我们自己的野营了！野营涉及许多方面的活动，不可缺少的也是最重要的一项就是野炊，因此你们可以先从这项活动开始。走进大自然，相互帮助，相信通过你们的共同努力，在野外一定会尝到一顿你们自己制作的可口大餐！

知识窗：

野炊就是在野外烧火做饭，一般是指休闲娱乐的一种活动。

野炊活动中利用地形地物建野炊灶是野外生活中一种很重要的技能，是野炊的基础和必备条件。各种炉灶还要根据所能寻找到的燃料修建。现今，野外生活可以携带汽油炉、煤气炉等现代化设备。但在不具备这些条件时，需修简易、实用的炉灶，用以烧水、做饭等。以下给同学们介绍两种比较简单的炉灶。

1. 三石炉灶

三石炉灶是最简单且历史最久远的一种炉灶。取三块高度相同的石块呈三角形摆放，锅或壶架放在当中，一般情况下锅底或壶底需距地面 20 厘米左右（高度需视所用燃料确定，如用牛粪燃料高度不宜超过 20 厘米，如用木柴可适当加高）。

2. 吊灶

找两根上方有杈的树枝平行插在地上，中间横一木棍或树枝、帐篷杆等，将锅或壶吊挂在横木上，下方生火。也可用石块垒一道 U 形墙，在其上架一木棍或树枝，锅或壶吊在木棍上，下方生火。U 形的口应向吹风方向，以利于燃烧。

以上两种炉灶是使用最普遍的，至今，边远地区的少数民族仍沿用此种炉灶。野炊灶还有很多种，如坑灶、垒灶、火塘灶、散沿灶、避光灶等，可根据人数多少，就地取材修造。

活动要点：

活动前：充分准备，事半功倍。

1. 通过各种方式学习了解有关野营方面的知识；学习并熟练掌握地形图的使用，掌握野营各种器材（如指北针）的使用方式。

2. 挑选购买适合的用品（食物、炊具等），提倡自助、节约，反对浪费。

3. 同学要做好自我保护，一律穿运动服和运动鞋。还可携带一些常规药品。

活动中：互帮互助，团结协作。

1. 按组次在指定地点开始野炊活动，分工合作，完成一顿可口的午餐（野炊的基本步骤为：搭灶—生火—炒菜做饭—用餐—收拾场地—收拾各组垃圾）。

2. 要互帮互助，男生要发扬绅士风度，积极主动地承担比较繁重的任务，照顾好女生或者体弱的同学。

3. 各小组做好活动记录（相机、摄像机）。

活动后：及时总结，畅谈感想。

温馨提示：

野炊有"四忌"

1. 忌食品不卫生、不新鲜

要准备一定数量的食品。秋季气温仍偏高，有利于各种细菌的繁殖，使某些食物容易腐败变质，人们吃了就可能引起食物中毒。所以，购买食品时应注意其生产日期和保质期，以免误食过期变质食物。装食品最好用消过毒的专用容器，也可用清洁干净的塑料保鲜袋。

2. 忌烟熏火烤食品

野炊中，在篝火上烤鱼片、肉饼、羊肉串，恐怕是让人最跃跃欲试和垂涎欲滴的了。其实，吃烟熏火烤食品易使人患上癌症。大量研究表明，食物经过烟熏火烤以后，可以生成大量多环芳烃。这种多环芳烃一部分来自熏烤时的烟气，但主要来自食物本身焦化的油脂。烟熏火烤食品中还有一些亚硝胺化合物，这些物质都有强烈的致癌作用。要预防消化道癌症的发生，最好不要吃烟熏火烤食物。若偶尔为之，可多吃新鲜蔬菜水果，能起到一定的防护作用。

3. 忌喝生水

野外的水源，大都是自西向东流淌，呈自然"野性"，切莫见溪水清澈透明而乱饮。一些风景点有泉水，游人总好抢饮。但是，那么多游客，共用一把勺子或木桶，其中难免会有消化道传染病病人。因此，风景区的泉水，虽然看上去清碧透底，实质上很容易被病菌污染，是万万喝不得的。否则易染上病毒性肝炎、肠炎等疾病。

4. 忌采食野蘑菇

山边、草丛、树林中常有野蘑菇生长。一些游人见了，往往情不自禁地去采摘，或烩菜，或烧汤，味道确实鲜美。然而，因误食有毒蘑菇导致中毒者并非少见，若中毒严重，处理不及时还可导致死亡。一般而言，凡是五颜六色，含有乳白色汁较多的蘑菇多数有毒，千万不可食用。游人在没有掌握识别有毒与无毒蘑菇之前切忌随便采摘食用。一旦食后出现中毒症状，如恶心、呕吐、腹痛、腹泻、全身冒汗等，须立即送医院急救，不可延误抢救时机。

当然，外出秋游野炊时还应注意个人卫生和环境卫生，最好随身携带消毒纸巾供擦手和消毒餐具用。野餐后不要乱扔瓜果皮壳、饮料瓶罐等，还要及时把野炊用火扑灭，以防发生事故。

活动手记：

1.此次野营活动，最让我难忘的是什么？

2.在活动中，我独立完成的工作（或者任务）是什么？我和别人合作完成的工作（或者任务）是什么？完成得最出色的工作（或者任务）是什么？

3.通过野营活动，我掌握得比较熟练的野外生存技能有哪几项？

4.如果下一次还将开展野营活动，我将关注的是什么？

【活动方案三】

我为爸爸妈妈过生日

活动背景：

我国当前绝大多数孩子都是独生子女，受到父母无微不至的照顾，家长让孩子吃好的、穿好的，但是有些家长对子女照顾过多，教育不够，造成很多孩子只知道接受他人之爱，而不知道付出，认为父母的照顾是理所应当的，不懂得回报和感恩父母，缺乏责任感。父母亲每年都会给子女过生日，在生日当天能够吃蛋糕、收礼物在学生看来是一件很平常的事情了。但是，又有几个学生能清清楚楚地记住自己父母亲的生日？有多少学生会给爸爸妈妈过生日呢？很多学生在自己快乐幸福时，早已把父母的付出看成理所当然，他们记得住自己喜欢的明星的一切喜好，却记不住自己父母的生日；他们喜欢去麦当劳、肯德基，喜欢用时尚的手机，却不知父母为了生活而辛勤工作。

通过"我为爸爸妈妈过生日"活动，让学生体会到为父母过生日是愉快的，记住父母的生日是自豪的；让学生知道作为家庭中的一员，每个人都有应尽的责任和义务，产生对他人、社会和自然给予自己的恩惠和方便感到认可并意欲回馈的一种认识，一种情怀和行为。学校和家庭能配合起来，把学生教育成"懂得爱、珍惜爱、回报爱"的人。

活动目标：

知道爸爸妈妈的生日，了解爸爸妈妈的喜好。

通过为父母过生日活动，加深学生对父母的热爱，引导学生学会用实际行动去关心父母。

增强学生的责任感。

活动建议：

活动对象：

三年级～七年级学生

活动内容：

学生根据实际情况，选用适当的方式为爸爸妈妈过生日。

活动方式：

以家庭为单位开展活动，学生自己在家完成。

活动要点：

1. 建议学生：为爸爸妈妈过生日，可以秘密筹备，当天给他们一个惊喜。

2. 建议学生：为爸爸妈妈过生日，要量力而行，不能攀比，心意到了即可。

3. 提醒学生：作为小辈，不但要为爸爸妈妈过生日，还应该知道其他长辈，比如爷爷、奶奶、外公、外婆的生日并能送上祝福。

4. 教育学生：长辈生日的那一天要给他们惊喜，在日常生活中更应时时处处都能为长辈分忧解难，承担起作为家庭一分子应尽的责任。

活动指南：

亲爱的同学：

如果问你的爸爸妈妈你的生日是哪一天，他们肯定可以不假思索地说出来。那么同样的问题问你，你知道爸爸妈妈的生日是哪一天吗？如果你还不知道，希望你去问一问，并能牢牢地记住；如果你知道爸爸妈妈的生日，你有没有想过给你的爸爸妈妈好好过一个生日呢？作为一个学生，我们在享受爸爸妈妈以及其他人给我们的爱的同时，应该学会去回报给予我们爱的所有人，也要担负起我们应该担负的责任。现在，就让我们用实际行动来回报自己的爸爸妈妈，为他们过一次生日吧！

友情策划

★方案

说一句"爸爸/妈妈，祝您生日快乐！"

主动承担一些家务劳动。

★★方案

说一句"爸爸/妈妈，祝您生日快乐！"

主动承担一些家务劳动。

送上一张自制生日贺卡。

★★★方案

说一句"爸爸/妈妈，祝您生日快乐！"

主动承担一些家务劳动。

送上一张自制生日贺卡。

端上一碗亲手煮的生日面或者送上一个蛋糕（能自制更佳）。

★★★★方案

说一句"爸爸/妈妈，祝您生日快乐！"

主动承担一些家务劳动。

送上一张自制生日贺卡。

端上一碗亲手煮的生日面或者送上一个蛋糕（能自制更佳）。

送上一份用自己节省下来的零花钱购买的生日礼物（爸爸、妈妈喜欢的）。

★★★★★方案

说一句"爸爸/妈妈，祝您生日快乐！"

主动承担一些家务劳动。

送上一张自制生日贺卡。

端上一碗亲手煮的生日面或者送上一个蛋糕（能自制更佳）。

送上一份用自己节省下来的零花钱购买的生日礼物（爸爸、妈妈喜欢的）。

邀请爸爸/妈妈的好朋友，共同为爸爸妈妈庆祝生日。

★★★★★……方案

说一句"爸爸/妈妈，祝您生日快乐！"

主动承担一些家务劳动。

送上一张自制生日贺卡。

端上一碗亲手煮的生日面或者送上一个蛋糕（能自制更佳）。

送上一份用自己节省下来的零花钱购买的生日礼物（爸爸、妈妈喜欢的）。

邀请爸爸／妈妈的好朋友，共同为爸爸妈妈庆祝生日。

……

活动手记：

1. 爸爸的生日是___月___日，妈妈的生日是___月___日。

2. 我为爸爸妈妈过生日的方案是：

3. 我为爸爸妈妈过生日的感动瞬间（文字描述或者以照片、录像记录）。

4. 为爸爸妈妈过生日后的感受。

执笔人：上海市静安区教育学院　秦蓁

图书在版编目（CIP）数据

中小学职初班主任百问百答 / 秦蓁等著 . -- 上海：
文汇出版社 , 2022.11

ISBN 978-7-5496-3898-7

Ⅰ . ①中⋯ Ⅱ . ①秦⋯ Ⅲ . ①中小学－班主任工
作－问题解答 Ⅳ . ① G635.16-44

中国版本图书馆 CIP 数据核字 (2022) 第 188320 号

中小学职初班主任百问百答

著　　者 / 秦　蓁等
责任编辑 / 徐曙蕾
封面装帧 / 王　川

出版发行 / **文匯**出版社
　　　　　　上海市威海路 755 号
　　　　　　（邮政编码 200041）
经　　销 / 全国新华书店
印刷装订 / 上海普顺印刷包装有限公司
版　　次 / 2022 年 11 月第 1 版
印　　次 / 2022 年 11 月第 1 次印刷
开　　本 / 720×1000　1/16
字　　数 / 460 千字
印　　张 / 28

ISBN 978-7-5496-3898-7
定　　价 / 88.00 元